黎明前的胜利曙光

党的诞生地·上海革命遗址系列故事

上海市作家协会◎编

上海人民出版社

序言

虽说上海的历史可以追溯到 6000 年前，但人们最为关注的，却是它发展为闻名于世的都会城市的百余年。这一段不平凡的历史，为上海积淀了纷繁的色彩，人们从不同的视角去追寻那些色彩的源头，捕捉它们在不同的时空里曾经的耀动，从而为自己的心灵找到启迪、找到慰藉。

谈到上海的历史，我们要说，1921 年夏日在一所普通的石库门房子里，中国共产党的成立，揭开了历史篇章中极其壮伟的一页。从石库门走向天安门，再走进新时代的时间之门，中国历史呈现出前所未有的波澜壮阔的景象。上海，也因为做了中共诞生的"产床"和"摇篮"，增添了无比的荣光——它成为中国红色历史、红色文化的重要起源地；在历史赋予它的诸多色彩中，红色堪称最为耀眼的代表色。

近百年来，红色历史在上海的演进，留下了无数珍贵的财富。其中，遍布全市城乡、街巷的 600 多处革命遗址，就是人们可以走进、可以触摸、可以体验的瑰宝。它们是印刻在红色丰碑上的一道道足迹，是树立在红色历程中的一个个坐标，是深埋在红色记忆里的一条条脉络。而每一个红色遗址，都蕴含着不止一段值得后人传诵久远的故事。这些故事无论情节是平淡朴实还是奇崛不凡，都充满着信念与执着、坚韧与奋斗、艰辛与牺牲。

在大力弘扬红色传统的当下，践行以人民为中心的创作导向，我们的作家有责任和义务，用文学的手法去发掘、整理和写作这些故事，使人民群众通过文学阅读的途径，深入革命历史，感受红色文化，亲沐先辈遗泽，获得深度启迪。

"红色足迹——党的诞生地·上海革命遗址系列故事创作项目"，正是在这样的背景下产生的。该项目由中共上海市委宣传部、中共上海市委党史研究室、上海市文化旅游局和上海市文物局指导，上海市作家协会主办，重点围绕中共革命斗争历史的轨迹，根据遗迹历史进行文学创作，以此发掘中共的文化基因、精神灵魂和历史根脉，凸显上海城市的红色文化、革命文化、社会主义先进文化的特质。这些故事，从纵向上说，主要涵盖中共建党时期和第一、二次国内革命战争时期，在横向来看，又包括党的建设、武装斗争、工农运动、思想文化运动、妇女运动、学生运动、隐蔽战线斗争等各领域。

此次创作涉及题材，有的或许是人们耳熟能详的，有的则可能鲜为人知，但每一个题材都经历了重新采访、研读新史料和精心写作的过程。上海作家和文学写作者以高度的热情投入其中，孙颙、叶辛、叶永烈、赵丽宏等著名作家领衔，一批专业作家、签约作家和"大神级"网络作家加盟。创作者们融合历史与现实、倾注感动与情怀，力求把一个个故事写得生动感人、新意迭出。

红色主题创作会延续若干年，我们将以这一创作项目为契机，更好地运用文学的力量，全面、深入、具体地发掘和传播上海的红色文化，使人们更加了解中共的奋斗历程，了解上海这座城市的光荣与传奇。

上海市作家协会党组书记、副主席　王伟

2021 年 8 月

目录

随鲁迅亦步亦趋

程小莹

★ **冯雪峰旧居简介**

景云里，横浜路 35 弄，建于 1925 年。旧式弄堂，砖木结构，坐北朝南，三排三层的石库门楼房群。1929 年 2 月，冯雪峰迁居景云里 11 号茅盾家的三楼。

北川公寓，虹口区四川北路 2099 号。四川北路、多伦路口，一幢四层欧洲古典式建筑，原先叫拉摩斯公寓。1928 年，英国人拉摩斯投资建造而得名。占地约 1450 平方米，建筑面积 5675 平方米。钢混结构四层，后加一层；坐南朝北，平面长方形，三段式立面，竖线条构图。装饰艺术派风格，入口门洞有券饰，二至四层均挑出阳台，花式铸铁栏杆，四层顶部设半圆券。拉毛墙面有勾缝。室内楼梯栏杆螺旋式，转角立柱雕刻精致。1930 年 5 月，冯雪峰迁入此处，住地下室，居室面积约 50 平方米。上海解放后，拉摩斯公寓改称北川公寓。2004 年 1 月 13 日，拉摩斯公寓被虹口区人民政府公布为虹口区文物保护单位。2005 年 10 月 31 日，又被上海市人民政府公布为上海市优秀历史建筑。

景云里，鲁迅 1927 年到上海后的第一个居所地。此里弄位于"越界筑路"的华界一侧，其时，刚落成时既无卫生设施，也无煤气，并非上海中产阶级青睐之居所。鲁迅选择此地落脚，有诸多原因。

1927 年 10 月 3 日，鲁迅到上海，初在共和旅馆暂住，10 月 8 日起，入住景云里 23 号，此后又移居 18 号、17 号。在景云里居住 2 年后，鲁迅之子周海婴在福民医院出生。"因为是在上海生的，故名海婴。"

这一条与多伦路相通的小弄堂，确实不起眼，即使在石库门建筑中也不属于高档次的，但就是这条小弄堂，曾有"历史文化名里"之称。

20 世纪二三十年代，鲁迅、陈望道、茅盾、叶圣陶、冯雪峰、柔石、周作人等一大批文化人，于此相邻而居，从事创作、编刊等文学活动。景云里，方寸之地，鲁迅创作了大量的杂文；茅盾创作了《蚀》三部曲；叶圣陶创作了扛鼎之作《倪焕之》；柔石写成了《二月》……景云里，如进步文学之发祥地，万众瞩目。

景云里 11 号（前门）是茅盾、冯雪峰、叶圣陶旧居。叶圣陶 1927 年 5 月迁来景云里 11 号，主编《小说月报》并写下《倪焕之》，编了整整 24 期的《小说月报》，发现扶掖了大批文学新人，日后这些文学新人都成了著名作家。巴金的小说《灭亡》，丁玲的处女作《梦珂》、成名作《莎菲女士的日记》，戴望舒的《雨巷》，施蛰存的小说《绢子姑娘》，沈从文、朱自清、王统照、鲁彦等都是经叶圣陶之手，先后在《小说月报》上发表作品而风靡全国的。

同年，茅盾因躲避通缉，秘密住进景云里 11 号。他足不出户，蛰居 10 个多月，在苦闷和彷徨中创作《蚀》三部曲，包括《幻灭》《动摇》和《追求》3 个中篇。就是在这里，他开始用"茅盾"做自己的笔名。

2 年后的 1929 年 2 月，冯雪峰迁居景云里 11 号茅盾三楼家中，与鲁迅过从密切。

1929 年 9、10 月间，李富春找阳翰笙谈话，约在霞飞路（今淮海中路）

一家咖啡馆。李富春告之，党很注意你们和鲁迅的论争。现在情况如何？阳翰笙简要汇报论争起因，并介绍鲁迅在翻译苏联文艺理论，说："现在论争已经缓和很多。不像去年那样激烈，有些同志也意识到，与鲁迅争论其实没有什么意义。"

李富春批评创造社、太阳社的某些同志对待鲁迅的错误态度，指出鲁迅是新文化革命运动的老前辈，是先进的思想家，应该争取和团结他；文化界应加强团结，集中一切进步力量对准国民党反动派及其在文化界的走狗进行猛烈进攻，这是党的一件重大任务，应该加快完成这一任务。李富春要求阳翰笙负责通知创造社、太阳社的同志们共同讨论一下，解决这个问题。

阳翰笙完全接受李富春的意见。阳翰笙并未著文直接参与和鲁迅的"革命文学"论争，原因在于阳翰笙就读中学、大学期间，便是鲁迅作品的拥趸，阳翰笙钦佩鲁迅，甚觉先生看到中国革命之特质、革命的主要问题是农民问题，鲁迅作品中塑造的祥林嫂、阿 Q、闰土等农民形象深入人心。

1929 年 10 月至 11 月间，潘汉年找到冯雪峰，说党中央希望创造社、太阳社和鲁迅及在鲁迅影响下的人们联合起来，以这三方面人为基础，成立一个革命文学团体。

具体事宜，潘汉年要冯雪峰去同鲁迅商谈。"跟鲁迅先生联络之事，看来就得交予你去做了。"潘汉年表示，他自己也会寻找合适机会面见先生，向先生做个姿态。

潘汉年以为，"此事雪峰先出面与鲁迅谈比较合适。至于未来这个团体的具体名称，我们初步拟定为'中国左翼作家联盟'，当然，这个也可以听听鲁迅先生有什么意见"。

李富春同阳翰笙谈话的两天后，阳翰笙即与潘汉年商议，召开党员会议传达李富春的指示。1929 年 10 月中旬。路口拐角的公啡咖啡馆里，人头攒动；青年才俊，济济一堂。参加会议的除潘汉年、阳翰笙外，创造社是冯乃超、李初梨，太阳社的钱杏邨（阿英）、洪灵菲，以及与创造社、太阳社均有较好关系的夏衍。

潘汉年主持会议，传达党中央对"革命文学论争"的意见，认为主要错误是教条主义、宗派主义，并为自己未能及时发现问题作自我批评。

会议决定：创造社、太阳社所有刊物即刻全面停止对鲁迅的批评，即便鲁迅再对两个团体有批评文章，也不要反驳，对鲁迅要尊重。另一个决定，是指定由冯雪峰、夏衍、冯乃超负责，经常与鲁迅联系，并要向他说明，是中共决定停止这场论争，并对以往批判他的错误做法，做出自我批评。

根据中央指示，会议推选包括鲁迅、郑伯奇在内的 12 人，作为"左联"的筹备工作小组。这个小组的任务是，尽快拟出两个文件：一是拟出左联发起人名单；二是起草左联纲领。

会议决定，要将筹备情况及时向鲁迅报告；这两个文件草案一经拟出，要先送鲁迅审阅，得到他的同意后，再由潘汉年报送中共中央。

"左联"筹备工作遂进入实质性阶段。冯雪峰、吴黎平受党组织委派，负责同鲁迅联系，以期取得合作和支持。

他们约于内山书店，吴黎平、潘汉年与鲁迅见面。吴黎平回忆："我们谈了文学界的情况和作家团结的一些问题，希望左翼作家团结起来、组织起来，共同对付帝国主义和国民党反动派。我传达了党的意见，希望鲁迅在组织左翼作家的工作中多参加、多出力、多指导。鲁迅完全赞成我们的意见，对攻击过他的同志也表示了谅解的态度，认为他们的心是好的，只是态度不对。"

冯雪峰，1903 年 6 月出生于浙江义乌山村的一个农民家庭，1921 年秋进入杭州浙江省立第一师范学校。不久，他和同学潘漠华、赵平福（柔石）、汪静之、魏金枝等人成立了青年文学社——晨光社。1922 年，应修人、冯雪峰、潘漠华、汪静之四人合出一本集子《湖畔》，"湖畔诗社"得名。

冯雪峰崇拜李大钊，为继承李大钊遗志，冯雪峰于 1927 年 6 月加入中国共产党。

初识鲁迅，是 1922 年 4 月，冯雪峰和湖畔社诗友将刚印出的《湖畔》诗集寄赠鲁迅，并在书的扉页上用钢笔题字："鲁迅先生请批评，漠华，修人，雪峰，静之敬赠。"

三年之后的 1925 年春，北京，冯雪峰旁听北京大学鲁迅的课。1926 年，冯雪峰将自己翻译的日本森欧外的短篇小说《花子》的翻译稿托李霁野送交鲁迅过目。

鲁迅做了校改，于当年 6 月发表于他主编的《莽原》。这给冯雪峰很大的鼓舞，此后不断投稿于《莽原》。

1926 年 8 月，冯雪峰第一次登门拜访鲁迅，在北京西三条胡同，冯雪峰特地跟鲁迅提及曾于北大听课一事；鲁迅没什么印象。当然，也对"漠华，修人，雪峰，静之敬赠"的《湖畔》诗集不甚了了。冯雪峰又说，"我们几个人想编一个杂志，探问先生能否介绍给北新书局出版。"鲁迅回答："李小峰恐怕不想再出版刊物了吧。"冯雪峰无话，没有多坐，便匆匆告辞，连名字都未曾留下。

鲁迅当天在日记中写道："晚冯君来，不知其名。"

冯雪峰对鲁迅的第一印象是虽然热情，但也冷得可怕，既愿意为青年披荆斩棘，也好像对一切人都有疑虑和敌意。由此揣测，鲁迅大概是个内心充满矛盾，很难接近的人。

1928 年春，冯雪峰到上海。9 月，正当创造社、太阳社猛烈攻击鲁迅为"封建余孽""双重反革命""跟着弟弟说几句人道主义的美丽的说话"时，冯雪峰发表《革命与知识阶级》一文，有针对性地指出：鲁迅并不反对革命，而是站在革命一边的；鲁迅在文化艺术上的成就，不能否定；鲁迅的人道主义是反封建势力的，是革命的"友方"；创造社某些人是在搞"小团体主义"，排斥异己，抬高自己，是有害于革命的。但冯雪峰也受到当年国际共产主义运动中"左"的影响。他认为，知识阶级中有两类角色，一种是坚信和勇猛地参加革命，一种是在"承受革命，向往革命"与"反顾旧的，依恋旧的"之间"徘徊着，苦痛着"；而鲁迅，属于"第二种人"。

冯雪峰后来在《回忆鲁迅》等著作中承认，自己当时是受了"机械论"的影响，把鲁迅判定为"同路人"了。

鲁迅看过冯雪峰的这篇文章，认为："这个人，大抵也是创造社一派！"那时候，鲁迅身边有柔石，好在柔石与冯雪峰同窗于浙江省立第一师范学校；遂对先生解释，雪峰的文章，主旨在批评创造社的小集团主义。如此，他也便不再说什么了。

后来柔石将鲁迅之态度告知冯雪峰。这令冯雪峰觉得，他对自己的反感是对的，是看出了自己的"肤浅与轻浮"。冯雪峰对柔石坦承，在文章发表后不久，自己就感到其中的错误。柔石便说，其实先生还是赞扬过冯雪峰翻译的苏联文学，认为这种译介对中国文艺有好处。

有一天，柔石给冯雪峰带来一本关于辩证法的日文书，并转述鲁迅的原话："我买重复了一本，去退还内山书店也麻烦，你带去送你那个同学去罢，省得他再买了。"

这一看似随意之举，令冯雪峰感受到鲁迅冷峻背后的温情。柔石还告之，先生与他一起办朝花社，编《朝花旬刊》；先生是怎样从编辑、组稿到经费都给予他们以支持。柔石后来移居景云里，离先生近，的确得到先生很多帮助。"其实先生对青年，向来是有一种热情和诚恳的。"柔石说。

冯雪峰熟知柔石为人忠厚朴实；他确信，柔石说的是肺腑之言。

1928 年 12 月的一个晚上，柔石陪冯雪峰再去见鲁迅。冯雪峰还是有点失落，期盼的那种再与鲁迅会面一见如故相见恨晚的状况，并没有出现。鲁迅的态度甚至都是有点冷淡的。柔石有事先走，鲁迅入座后，淡淡一句："我们好像是见过的。"冯雪峰答："是的。"

说起北京大学听课和登门拜访一事，鲁迅也没有接下话题。冯雪峰当时正在从日文转译马克思主义的文艺理论著作，而鲁迅也在从事马克思主义文艺理论的翻译工作，根据的也是日文译本。冯雪峰遇到一些疑难，请教鲁迅。鲁迅对此还是悉心的，对冯雪峰疑惑之处，一一作答。不过气氛还是冷淡。局促之间，冯雪峰便告辞了。

其时，冯雪峰正与施蛰存、戴望舒等筹划编一套马克思主义文艺理论的翻译丛书，系统地介绍马克思主义文艺理论，几个人晓得，冯雪峰有机会可以面见鲁迅，便托冯雪峰去征询鲁迅的意见，并希望他来担任主编。

于是，冯雪峰再次登门拜访。这一次，鲁迅倒是很爽快地答应了，并允诺提供几篇译作，可作为丛书之一种，但不能出面主编。他的话还是不多。

也许柔石说的是对的——"先生对不熟悉的人，尤其是初次见面的人，话极少，但熟悉以后，话是很多的。"冯雪峰想，以后相知相熟，应该会有很多话的。

这之后，冯雪峰与鲁迅的往来逐渐频繁起来，话也多起来。

1929 年 2 月，冯雪峰住进景云里茅盾家的三楼，与鲁迅家同在一条弄堂，且两门相对，往来很方便。冯雪峰在《回忆鲁迅》一文中写道："于是到鲁迅先生那里去的次数也多起来，谈的话也更多，常常谈一两个钟头以至三四个钟头。"

两人都在学习、研究马克思主义，都在翻译马克思主义文艺理论，可以互相探讨、相互交流。许广平在《鲁迅和青年们》一文中，这样描述冯雪峰：

"在闸北和先生住在同里，而对门即见，每天夜饭后，他在晒台一看，如果先生处没有客人，他就过来谈天。他为人颇硬气，主见甚深，很活动，也很用功，研究社会科学，时向先生质疑问难，甚为相得。"

冯雪峰后来在回忆鲁迅的文字中，有不少篇幅记录鲁迅对自己思想认识的说法。如《触到他自己的谈话》《这时期所表现的思想毅力》《思想上又有新的发展的征象》等。对照鲁迅的著作、书信和其他人的回忆录，这些记载基本上是合乎鲁迅的思想实际、合乎史实的。

冯雪峰另有使命在肩。根据党的指示，冯雪峰鼓动、劝说和追随鲁迅参加了不少革命活动。鲁迅自己也知道，他不是书斋里的马克思主义学习者，他要力所能及地参加社会革命实践。鲁迅到上海不久，参加过中共领导的济难会（后改组为革命互济会）的活动，并捐过几次钱，但并不是济难会或革命互济会的成员。鲁迅参加中共领导的第一个社团组织是中国自由运动大同盟，并是该盟的发起人之一。鲁迅作为自由运动大同盟的发起人，其实也是他公开向社会宣告：他站在中国共产党一边。

鲁迅与冯雪峰之间，有认识上的差异，也会有争执。

《鲁迅和青年们》（许广平）

敲门声响，他来了。一来就忙得很。《萌芽》、《十字街头》、《前哨》等刊物的封面、内容固然要和先生商讨，要先生帮忙。甚至题目也常是出好指定，非做不可的。有时接受了，有时则加以拒绝。走出了，往往在晨二三时。然后先生再打起精神，做预约好的工作，直到东方发亮，还不能休息。……这青年有过多的热血，有勇猛的锐气，几乎样样都想来一下，行不通了，立刻改变，重新再做，从来好像没见他灰心过。有时听听他们谈话，觉得真有趣。F说："先生，你可以这样这样的做。"先生说："不行，这样我办不到。"F又说："先生，你可以做那样。"先生说："似乎也不大好。"F说："先生，你就试试看吧。"先生说："姑且试试也可以。"于是韧的比赛，F目的达到了。

"他""F""这青年"，便是冯雪峰。

"有什么法子呢？人手又少，无可推诿。"鲁迅说。有一次，鲁迅与柔石在一起，说到冯雪峰常来找他谈工作，便说：

"至于他，人很质直，是浙东人的老脾气，没有法子。他对我的态度，站在政治立场上，他是对的。"

"F目的达到了。"是指鲁迅同意一起组建左翼作家联盟。

1930 年 5 月 12 日。鲁迅搬离初到上海入住的景云里，入住拉摩斯公寓。

之前的住所，鲁迅曾叫苦不迭："苦于终日伏案写字，晚上是打牌声，往往睡不着。"还有一个原因便是，鲁迅参与发起组织中国自由运动大同盟，被人跟踪，常避居于内山书店的假三层楼上；拉摩斯公寓就在内山书店对面，索性换个住处，安定下来。

鲁迅入住后曾留影，照片上的鲁迅，照例是板寸短发硬直，目光深沉远眺。当年，鲁迅站在公寓沿街的窗口，能望见马路对面的内山书店，以及白俄人开的咖啡馆。

鲁迅居住于拉摩斯公寓 2093 号 4 室。

几乎同时——1930 年 5 月，冯雪峰迁入此处，住地下室。

许广平回忆："我们住在北四川路底的公寓里，正是面对着当时的日本海军陆战队的司令部，1 月 28 日晚鲁迅正在写作的时候，书桌正对着司令部，突然电灯全行熄灭，只有司令部的大院子里人头拥挤……我们跑到晒台上则见红色火箭穿梭般在头顶掠过，才知道子弹无情……就在书桌旁边，一颗子弹已洞穿而入……"

拉摩斯公寓所处的四川北路地段，当年在上海不算高档地域，距离市中心较远，租金较低，刚租住时，鲁迅仅预付 300 大洋。但对鲁迅来说，算很实惠，也相对安全。内山书店旧址，现为工商银行营业所，二楼设一间内山书店纪念室，陈列的老照片中，内山书店的大门就在银行门口浮雕处，当年书店的营业面积不足 20 平方米，因地处"越界筑路"地段，名义上，这里是公共租界，实际由日本人管理，国民党当局警察到不了此地；书店就成了地下工作者和左翼文学人士的联络点或暂避所。

鲁迅于 1930 年 5 月至 1933 年 4 月，居住于拉摩斯公寓 2093 号 4 室。在此居住期间，共发表译著 170 多篇，《为了忘却的记念》《论第三种人》《友邦"惊诧"论》等，都在这里创作完成。

住在拉摩斯公寓，鲁迅总有许多传奇往事。冯雪峰在此处，将瞿秋白介绍给鲁迅先生，令两位中国革命文学巨人在拉摩斯公寓首次相聚，共同领导上海左翼文化运动；1932 年，一·二八事变爆发，冯雪峰与鲁迅等联合发表"上海文化界告白书"。

1933 年 6 月，冯雪峰任中共江苏省委宣传部长后，迁出拉摩斯公寓。

革命时期的文学与爱情

程小莹

★
★
★   **创造社出版社旧址简介**
★
★   麦拿里，上海四川北路的一条弄堂。建于宣统三年（1911年），占地面积
115平方米，建筑面积229平方米。联排式新式里弄建筑，砖木结构假三
层，坐北朝南，立面连续券柱式构图，多种券式混合使用，壁柱上有简化柱
头，中置券心石。一层下部为桃红色粉刷墙面，二层裸露砖墙面。坡顶，开
老虎窗，檐口作层叠式。2003年12月16日，虹口区人民政府公布创造社
出版社旧址为虹口区登记不可移动文物；2005年10月31日，上海市人民
政府公布麦拿里为上海市优秀历史建筑；2006年1月5日，虹口区人民政
府公布创造社出版社旧址为虹口区历史遗址纪念地。

新文学运动初期，创造社成立。

此新文学团体，创立于郁达夫在日本之寓所，即日本东京帝国大学第
二改盛馆，初期成员主要由在日本留学的郭沫若、成仿吾、郁达夫、张资
平、田汉、郑伯奇等人组成。这些创造社的初始者，于1921年秋在上海出
版发行《创造社丛书》，最初收入郭沫若的诗作《女神》、郁达夫的小说集

《沉沦》，以及郭沫若所译德国文豪歌德的《少年维特之烦恼》等。随后，于1922年5月起在上海出版《创造》季刊（至1924年2月止，共出6期），1923年5月起出版《创造周报》（至1924年5月止，共出52期）。同年7月，在《中华新报》编辑文学副刊《创造日》（至1923年11月止，共出101号）。这些著译和刊物，以新颖的文艺思想和创作倾向的独特性，吸引大量读者。1929年2月，创造社被国民党当局封闭。

1924年初，创造社与泰东书局分离，《创造》季刊于2月停刊。《创造周报》由成仿吾维持到5月中旬。5月，郁达夫从北京赶回上海，经与成仿吾商量后，在《创造周报》终刊上刊登预告——创造社将与太平洋社共同合办一种周刊，即《现代评论》。郁达夫与太平洋社协商几个月后，《现代评论》于同年12月13日创刊，为综合性周刊，出版至1928年12月19日终刊，共出版209期。

由于没有一个稳定的出版阵地，创造社同人的稿件在其他刊物发表，多有不便，所以，他们致力于建立自己的出版部，除了出版期刊，也可出版书籍。

郁达夫主张恢复《创造》以及《洪水》杂志，此时却身患肺结核，不停咳血。他明晓，没有资金来源，所有努力均无用。于是，印发5元、10元的小额股票。读者认购入股后，再购买创造社出版物，可享7折优惠。此举颇吸引青年人，很快筹到资金。在创造社同人的协助下，出版部终于成立。病体刚愈的郁达夫，立即投入到《创造月刊》的编辑工作中，1925年9月16日创刊的《洪水》半月刊，也自第2卷第13期起收回到创造社出版部自印（原由光华书局出版）。创造社出版部的成立与《创造》复刊，标志着创造社后期活动的开始。

创造社出版社于1926年4月先成立于宝山路三德里，1928年1月迁至四川北路麦拿里41号。创造社出版社成立初，由周全平、叶灵凤、潘汉年负责。迁至麦拿里后，由成仿吾、冯乃超、王独清主办。先后编辑出版《文化批判》《畸形》《流沙》《文艺生活》《创造月刊》等刊物，大力介绍马克思主义文艺思想，倡导无产阶级革命文学。1929 年 2 月，被国民党当局查封。

四一二反革命政变后，广东梅县学子黄药眠只身赴沪，进入其时由成仿吾主持的创造社出版社。黄药眠晚年在回忆录《动荡：我所经历的半个世纪》中，记载了几件发生在动荡年代的浪漫故事，与其时的创造社出版社有关。

首先是郭沫若第二本诗集《瓶》中的女主角，即日籍李安娜女士，与创造社出版社管财务的成绍宗发生恋情。成绍宗乃成仿吾亲戚，这位老兄裹卷出版部现款，携带安娜女士私奔外逃。其时，郭沫若因参加南昌起义，随部队撤退到广东汕头，转道经香港去了日本，以逃避蒋介石的通缉。李安娜在上海只身带着孩子，住在创造社出版社内，与成绍宗同楼相居，岁值春秋鼎盛，朝夕相处，日久生情，亦在难免。

第二件也是花边新闻。主角是一位安徽人，名唤梁预人，文化程度不高，长相一般，乃出版社工作人员。他有一安徽老乡，带着年轻妻子跑来上海。这位安徽老乡颇具诗情，但在上海找不到活路，只得回安徽去。不料，那位年轻妻子突然不想回去，原委竟是同梁预人"要好"起来。两位男性老乡公开谈判，乡下诗人一时诗情豪发，说是尊重女性意见，既然自己的老婆愿意跟梁预人，便遂其愿，留下她在上海，诗人只身回乡。可是，诗人回乡半途，思想生变，忽然就想不开了，半道没再搭船往乡里去；第二天大清早，到上海再来找梁预人"结账"。梁预人刚从床上坐起身，诗人便一菜刀劈下去，幸好有墙挡着。经诸多朋友左右相劝，"红杏出墙"的女人回心转意，跟着乡下诗人回去重做乡下人。事态平息。

黄药眠，1903 年出生，其时二十四五岁，正值青年英俊。他在上海站稳脚跟后，这位广东高师毕业生既在创造社出版社当编辑，做校对，又外出兼课教书，还译书赚版税。一年多后，他每月已有 180 元左右的进账，去咖啡店消费，一杯 2 角钱的咖啡，常常扔下 1 块钱结账，不要找头。店里的女招待自然极其欢迎他这样的惯派头，每次去时，"就投怀送抱，调笑一番"。

蒋光慈也是安徽人，留苏生，当时也才二十六七岁，在创造社出版社同样吃"文字饭"。1930年，蒋光慈娶绍兴柯桥来的女学生吴似鸿为妻，但自己于1931年5月病倒，入上海同仁医院治疗肠结核；6月30日逝世。吴似鸿在《大风》杂志上发表纪念丈夫的文章，内中有言："光慈的为人，和他的思想完全相反，是很守旧的。他的理想中的女性，是一个具有贤妻良母的资格、能料理家务、终日不出、日日夜夜可以在闺房里伴他著书的女性。这，我却办不到，因此在他的晚年，每有和我意见相左的地方。"

1927年，白薇从广州辗转武汉，最终抵上海，寄住于创造社出版社。

1926年4月，陈西滢曾著文于《现代评论》，推出两位女作家，一位是当时"几乎谁都知道的冰心女士"；另一位则是当时"几乎谁都不知道的白薇女士"。陈西滢认为，白薇是"突然发现的新文坛的一个明星"。此后，她被左翼作家钱杏邨认可，是"现代女性作家中的一位最优秀的戏剧家"；阳翰笙则以为，"在左翼女作家中她堪与丁玲比肩"。

白薇长相清丽，雅致脱俗；再加文采飞扬，才华横溢，是名副其实之才女；但所经历的情感历程却是坎坷。

白薇16岁，于老家湖南资兴，即遭生活厄运。先是抗婚，未果，被强行嫁到婆家，受尽摧残，甚至有一次，脚筋被婆婆咬断。甚是离奇。白薇难以忍受，遂出逃，一直到远离家乡的异国日本求学。

那时候，留日学生边打工，边学日语。白薇考入东京高等女子师范生物系，与田汉的爱人易漱瑜为室友。与田汉接触，是机缘。受他影响，白薇开始对戏剧文学产生兴趣。后来她认田汉为自己步入文学之门的"导师"。1924年，白薇认识同在东京留学的诗人杨骚。他俩坠入爱河。

杨骚有诗人气质，风度翩翩，潇洒豁达，性情浪漫。这样的"文学性"，颇吸引文学女青年。

白薇原名黄彰，在给杨骚的信里，她对自己的名字有解："白薇的白字，我不是起颜色形容的意义。白＝'枉然'＝'空'，我是取'枉然'与'空'的意义……我是深深悲哀的命名。白薇含尽女性无穷尽的悲味。"

而现在，燃起新生活的希望。"两个寂寞而狂热的灵魂，终于像暴雨中冲出的两股闪电，完全融合在一起了。"

杨骚的回答是："我非常爱你，我爱你的心、灵、影"，"你是我在这世上寻来找去最理想的女子"。

白薇谈感受："你是我发现的最清新、纯洁、不带俗气的男性，你有流星一样美丽的光芒"，"我以为一天有他，我的精神就是活的，我的力量会十倍地充实起来"。

文学之美，诗意之美，却并不长远。白薇似乎注定自己的"含尽女性无穷尽的悲味"。几个月，白薇没有见到杨骚身影，也没有他的音讯；于人间蒸发一般。白薇伤感消沉，弱弱的，一病不起。

1925 年的 4 月。万物复苏。杨骚来信。出乎意料的是，诗人已独自离开日本回国，没有说明理由，只有一句"十二分对不起你，我没有和你告别"。

白薇且惊且喜且悲，急于倾诉。"中夜雨，明月何时出？雨洒悲尘悲越新，病扰脑筋脑更病。假睡终夜，合不着怅望西湖的眼睛，心震震，可不是你在湖滨送来的叹声？""啊，我丝丝垂着的发端上，都吊着一位青衣曼陀阴郁的诗人你？我眼仿佛迷惑在海底，手被风妖雨怪拖去似的……"

情书寄往当时白薇晓得的杨骚所在地杭州。最终，白薇不愿意如此煎熬；不惜筹措路费，只身回国，直奔杭州。西子湖畔。他们终于见面。

白薇期望的爱情与浪漫并没有如期而至。此时的杨骚，正满怀到南洋发财的梦想，一时却行程未定。于是，无聊无奈，心绪恶劣；白薇的从天而降，一点没给他带来惊喜，反而更觉自惭形秽。积下的无名火，竟一股脑儿朝向白薇发泄。大声呵斥痛骂后，白薇领教到冷面和绝情。数日后，杨骚扔下一句话："三年后再来找你。"便扬长而去。

被甩在杭州的白薇，又一次病倒。生活无着。昏睡中，竟还在念叨杨骚的名字。天无绝人之路。身陷困境的白薇卖出一部诗剧作品，才脱困境。遂只身返回日本东京。哪里来，回哪里去。文学使白薇恢复神志与精神。她用自己的文字，开始表达："人无心，宇宙昏，我受不了这些凄风厉雨的摧残，我要发狂了！……我闷、我哭、我跳、想死。死，我不！我要和世界这一切恶毒宣战！我要革命！"

1926年初冬，"我要革命"的白薇回国，抵达广州，甚受创造社作家郁达夫、成仿吾、郑伯奇等人欢迎。此前，在日本，白薇即与创造社有联系。白薇在广州的生活，亦由创造社同人安排。

这年，《小说月报》第17卷第1号上，刊登白薇的三幕剧《苏斐》。《苏斐》故事情节曲折，内容跌宕起伏，将爱情、人性、宗教糅合到一起，剧情发展充满悬念，既在想象之中，又在意料之外。特别是全剧优美的语言和丰富的想象力，将白薇的文学才华展现得淋漓尽致。白薇由此叩开文学之门。

继之，白薇的另一部诗剧《琳丽》出版，再次受到文坛极大关注。陈西滢将其与郁达夫的《沉沦》、鲁迅的《呐喊》并列入"新文学以来的十部著作"。

白薇到上海，寄住于创造社出版部后，杨骚也从南洋抵达上海。此刻的他一贫如洗，狼狈不堪。他得知白薇也在上海后，便迫不及待地去见她。

出现在白薇面前的杨骚，已无往昔骄狂和傲岸；青年诗人脸形瘦削，挂着疲态；目光双垂，满是歉疚。白薇动恻隐之心。杨骚即发誓；女人再做情感俘虏。白薇陶醉其中，难以自拔。白薇诗曰："潜伏的爱，经了多年的潜伏，该变为火山的冷熔岩，但你来又投进火星一点点，使我潜伏的爱呀，将要像炸弹一样地爆发！"

这一次的情感抚慰，给白薇带来创作旺盛期。她创作的剧本有表现在农民运动冲击下豪绅家庭变故解体的《打出幽灵塔》；鲁迅曾评价："《打出幽灵塔》写的不差。"

另有痛斥革命叛徒的《革命神的受难》；表现姊妹俩在大革命的激流中沉浮的长篇小说《炸弹与征鸟》。这些作品迎合时代潮流，符合当时青年审美情趣，读者爱不释手，其中的情节和主人翁深入人心。此后，白薇创作有小说《接江》《爱网》《天地之死》，自传体长诗《琴声泪影》，多幕剧《蔷薇酒》《莺》，独幕剧《姨娘》等。

白薇的作品大多发表于鲁迅主编的《语丝》和《奔流》。其时，创造社倡导革命文学，与鲁迅激烈论战；感情上更倾向创造社的白薇，没有直接参与论战，但在思想上，与鲁迅并不很接近，加上白薇素有"不高攀名人巨柱的怪癖"，因此，身在左翼文坛，白薇却未曾与鲁迅谋面。

《奔流》《语丝》均是有影响的进步刊物。白薇并没有因为自己与鲁迅并不是很接近，而影响给刊物投稿。她的稿子多半由朋友捎去，即使自己去送，也总是匆匆将稿子塞给许广平，然后赶紧跑开。为此，鲁迅说："白薇怕我把她吃了。"

这时的杨骚，也常给《奔流》投稿，发表诗作，与鲁迅多有接触。一次，杨骚有意将白薇引荐给鲁迅，将其带到鲁迅寓所。白薇进门后，天生尴尬和胆怯，想转身跑开，只听楼梯口传来鲁迅的招呼声："白薇，请上楼来呀！上来！"

此前，杨骚征求鲁迅意见，说是要带白薇来访；鲁迅很是高兴，说也想见见这位只闻其名不见其人的女才子。

白薇微微低着头，迈进鲁迅书房，不敢抬眼看鲁迅。倒是鲁迅，眼见小女子之怯生生，反而多了温和；鲁迅给白薇扇风，拿出许多书画给她看，并打趣："有人说你像仙女，我看也是凡人。"

拘谨便没有了。白薇抬眼，才看清楚"他原是我父辈的、严肃可亲的长者"。从此白薇对鲁迅敬重有加。

白薇的长篇小说《炸弹与征鸟》，便是在鲁迅的鼓舞下，创作并在《奔流》上发表。曾有人要鲁迅亲自操刀，对白薇的这篇作品作点修改。鲁迅说："修改它做什么，那正是她的别有风格。假如什么文章都由我修改，那整个杂志的文章，只有我独一的风格了。"

白薇的独幕剧《革命神的受难》，还令《语丝》杂志受到国民党当局的警告。鲁迅并无忌惮，反而对编排白薇的稿子煞费苦心。许广平回忆，在连载白薇的《打出幽灵塔》时，鲁迅曾说："这样长的诗（剧），是要编排得好，穿插得合适，才会有人看，所以每期的编排就很费斟酌。"

因为知道白薇与杨骚的关系，鲁迅还刻意将他俩的稿子同期编发，并排在一起。

1930 年，白薇与杨骚一起加入中国左翼作家联盟。

田汉、夏衍主编的《舞台与银幕》，是左翼作家在电影界争得的一块重要阵地。白薇颇得田汉信任，遂被列为特约撰稿人。白薇随即成为左翼文坛十分活跃的女作家。而杨骚则是左翼诗联的发起人之一。

白薇与杨骚的感情却再生变故。杨骚又移情别恋。木知木觉的白薇一无所知，结婚大喜之日，喜结良缘之时，新郎无端缺席。人生如戏。白薇因此再受打击。大病。

情感生活的不幸，让白薇转向更深邃的文学世界，性格上也趋于坚强，有志于以文学为民族解放疾呼。1931 年 12 月，她反映抗战的文学剧本《北宁路某站》，在丁玲主编的左联机关刊物《北斗》上发表。剧中台词曰："世界是劳苦大众的手造出来的，无耻的强盗把我们的幸福夺去了，我们的血被吸尽了，我们的心坎深处的痛苦再也忍受不住了，我们不能尽在压榨机下呻吟了，我们的愤怒点的火燃烧了。"

钱杏邨说："白薇是个戏剧作家，也是现代女性作家中的一位比较优秀的戏剧作者。虽然她近来也写小说，可是她的小说远不如她的戏剧上有成就。当时上海戏剧界的演出，田汉的作品外，演出次数很多的还有楼适夷、袁殊和白薇诸人的作品"。

另外，白薇还有小说《受难的女性们》、特写《三等病房》以及长诗

《火信》《父和女》等作品发表。白薇是当时左联中难得的多产女作家。

白薇身心两亏。鲁迅对其多有关照，说起白薇的病，鲁迅对她说："我想你还是开刀好，反正病到那样，不开刀也是痛苦，始终不会长命的，不如一刀两断割了它。"

关于情感问题。鲁迅说："你以为没有感情就不好吗？我倒以为很好，没有感情就做没有感情的事，你别以为写文章才是你的事。"然而，鲁迅还是关心她："身体和感情到底什么要紧些，你去比较看！在不能两全其美的时候，你还是牺牲感情救身体吧！救着身体总有用。"

鲁迅还说："开刀以后如果真是不能写文章了，你就坐在工厂里去摇纱，今年摇纱，明年摇纱，一辈子也摇纱，做个彻底的普罗列答里亚。"

跳 马

路 内

★
★
★
★
★

娄塘游击队纪念碑简介

娄塘游击队纪念碑位于嘉定工业区娄塘学校内，于 2008 年 10 月 23 日竣工落成。纪念碑为乳白色花岗岩制成，宽约 4 米，高约 1 米，碑名由原娄塘游击队副大队长谭继诚题写，背面刻有介绍娄塘游击队事迹的碑文。娄塘游击队是抗战时期嘉定地区党领导下的一支抗日武装，由王波任大队长，谭继诚任副大队长，组织抗日宣传，开展武装抗日。后接受"江抗"直接领导，将队伍更名为江抗嘉定青年抗日救亡团，又称江抗娄塘游击队。为缅怀先烈、激励后人，嘉定人民在娄塘学校内立碑以铭之，是缅怀革命先烈、传承红色基因、弘扬革命精神的红色教育基地。

王波（1908—1939），娄塘镇人，娄塘游击队大队长，指挥队员配合江抗三支队在徐行西北八字桥抗击侵略者。后被伪军匪徒劫持至大井塘惨遭杀害，壮烈牺牲，时年 31 岁。

谭继诚（1921—2008），娄塘游击队副大队长，以保卫娄塘镇之名商请当地士绅出面借步枪等武器装备，组织起武装力量。

小孩小名叫阿毛，姓董，副大队长到嘉定拉队伍时，他正在路边讨饭，不知怎的跟定了副大队长，就一起到了镇上，听口音是上海本地人。福元问了好几次，小孩不肯讲他的身世，只说爹娘都被日本人炸死了。问他几岁，回答十三。大队长对福元说，这么小的孩子，不会是奸细，就带在队伍上吧，只是不要给他耍刀玩枪，出去贴贴标语也好，暂先住到你家。福元点头，我们不管他，他就饿死了。小孩是读过点书的，国民革命、江抗、新四军、抗日救亡，全都会写，只是缺乏管教，满口脏话，两个队长调教了好些天，现在可以带出去了。

这支队伍，大队长是体育教员，31岁，副大队长是读书郎，只有18岁。小孩有一天问福元，阿叔，我是不是跟错了人，我想跟一个杀人不眨眼的大王，天天与日本人干仗，能一刀劈开汉奸的脑壳。我怎么跟了两个先生？不但不发枪给我，还要读书写字，要练游泳和跳马。福元大笑，说你要是实在不满意，就去投靠孙庆荣的队伍，他们除了抗日以外还打家劫舍。

昨天夜里，两个队长去见抗日救亡队的徐主任，商量关于孙庆荣公开投敌的事。徐主任说，不劳贵军动手，我自己清理门户。又说孙庆荣素与大队长有仇隙，如今得了日本人的钱粮军火，必来寻衅，提议队伍撤出上海。两个队长告辞出来，连夜召集人马，大队长却崴了脚，只得回家休养，副大队长孤身往西走了。

天亮时，福元带着小孩去看大队长。大队长说，咦，你们两个还在？福元说，副队长留我下来做你警卫员。大队长说，你带小孩去芦苇荡避避风头吧，若有情况再说，让你老婆也去娘家。福元嫌小孩走得慢，大队长说，这小孩在外面贴标语多日，也早就暴露了，不要留在镇上。临别，大队长摸摸小孩的头，问说，跳马练得如何？小孩说，报告司令，矮一点的木箱能跳过去。大队长说，你记得我说的话，练好体育，等你长大，去参加奥林匹克运动会，日本人的跳马水平很高，不要输给他们。小孩说，司令，都打仗了，还参加什么运动会，开运动会也是跟日本人拼刺刀罢了。大队长说，体育和读书写字一样，让你学会做人，亡国奴才是没有资格上赛场的。

两人一出门，小孩就骂，福元，我什么时候动作慢了？我跑得比你快！福元说我只是找个由头，你话太多，动静太大，带着你容易暴露。小孩说，你终归是怕死，你去参加运动会吧。福元不语，回家找他老婆阿娣。阿娣很胖，她才是那个跑不动路的人，但她比谁都不怕死，她说随便好了，老娘嫁给你，脑袋就挂在裤腰带上了，你逃进野地里，总要有人给你送吃的，不然你们两个互相吃屎吗。福元又劝了半天，阿娣答应去莲芳家的茶馆躲一躲，再也不肯多跑半步了。

福元背着步枪，唉声叹气，带小孩往西走。走了一段，福元数落小孩，阿娣前年嫁过来的时候，讲话细声细气，现在被你带坏了，你嘴巴太脏了。小孩背着箩筐，一颠一颠敲打着屁股，正要还嘴，福元大声说，副队长有命令，不许你再骂脏话！小孩闭了嘴。

这是 8 月的天气，没有一丝风，到了湖边，福元口干舌燥，掬了水要喝，小孩大声说，司令有命令，不许喝生水，染上痢疾掉队死得快。福元把小孩拽过来，翻他身后的箩筐，只翻出两卷标语纸，写着抗日救亡驱逐日寇等。福元说，你吃的喝的不带，带这个。过了一会儿又说，我都已经是游击队员了，还能指望天天早上去茶馆泡茶喝吗？小孩卸了箩筐，脱掉衣裤往水里跳，福元气急。小孩说，我捞虾给你吃，你这个不会游水的旱鸭子。

8 月的湖水是温热的，岸边的芦苇长得很高了，福元点了一根香烟，蹲下身子，一会儿又站起来手搭凉棚看远处。道路明晃晃，无人经过，另一边是树林，福元在里面搭了两个窝棚。他数了数口袋里的子弹，还有 6 发。

阿叔，你手上这杆枪是我搞来的。小孩从水里冒出头说，当天副司令只带了我一个人去警察局，为什么？因为我年纪小，副司令说就扮个书童吧。给我换了件干净衣服，说我们去借东西，借了也不会再还，必须穿得体面些。警察一问副司令才 18 岁，胆气冲天，又不像土匪，又不像帮会，吓死了，不肯借枪。后来司令进来了，司令是本地人，警察有点相信他了，问他会不会打枪。司令借了一杆，哗哗地拉了枪栓，走到街上，又往对面巷子里走了五十步，一枪就把警察局的招牌给打下来了。警察很生气，副司令就说，日本人马上要到了，你这招牌反正要换，至于你的枪嘛，日本人能留几杆给你？警察一听就服了，问他们的来头，副司令说，区区一个学生，江抗嘉定青年团副队长。司令说，鄙人曾是中学教员，教体育的，如今是队长。警察就说，二位的气度，能带十万兵。备长枪十支，短枪两支，子弹五箱，送至府上。那是我第一次见到司令，我问他教体育的为啥会打枪，他说射击也是体育嘛。

你不用介绍大队长，我从小就认识他。福元说。

小孩在水里扑腾，福元扔了烟屁股。小孩嚷道，阿叔，你这样会暴露。福元说，你动静忒大，游起来哗啦哗啦的，要静悄悄地游。小孩说，游得快，动静肯定大。福元说，我们是游击队，要静悄悄地游，日本人养的狼狗，耳朵很灵，你哗啦哗啦的，我们就全暴露了。

小孩游了回来，递给福元一只虾。福元放嘴里嚼着。小孩说，我饿了，我游了半天才摸到一只，你将箩筐给我，我好捉多些。福元让小孩噤声，大路上有马车经过。小孩矮身，摸到岸上套裤子，福元看了看他，忍不住又打趣说，莲芳讲了，等你毛长齐了就把她堂妹许配给你，王桥村的那个小姑娘，叫啥名字。小孩说，叫芳蕙，不大识字，跑得比我还快，司令说她可以做田径运动员，司令天天想开运动会。福元说，大队长就是这样的，他是体育教员。

福元决定进树林，日近中午，想着夜里未必能睡好，窝棚里可以眯一觉。小孩却不肯跟他走，一再嚷道，跟日本人干仗，宁可跳水里，不可躲树林里。福元又气又笑，说，你搞得自己像老兵似的，你跟几个日本人干过仗？小孩还嘴说，我当然见过日本人，倒是你们，拉队伍三个月没朝日本人放过一枪，干来干去都是中国人，徐有芳、孙庆荣、卢得奎，还有几个打家劫舍的土匪。福元说，斗争形势复杂，大队长讲过我们全凑齐了才五六十个人，大概都算上你和阿娣了，你想怎么打？小孩说，反正孙庆荣已经投敌了，砍他的脑袋就像砍日本人的脑袋。福元不想再听小孩嚷嚷，拉着他的胳膊进了树林。

这片树林很深，背靠一座小山包，林间一片空地，是平日练兵的场所。枪靶和人形草垛早已收走，如今仅剩一个大木箱，是大队长亲手量出的尺寸规格，并辟了一条跑道，让队员们练习跳马。小孩撂下箩筐，沿着跑道奔过去，箱子于他而言太高，停住了招呼福元，你来试试。福元摇头说，我也不会跳马，弹跳力不行，只是力气大，大队长说我应该去练举重。小孩哈哈大笑，爬上木箱，腾空起来蹦到福元面前，做了三个侧手翻。福元让他动静小些，找到窝棚，用树枝扫了扫，抱枪钻了进去。

你既然睡觉了，枪不妨交给我。小孩说。

我怕你拿了枪就去找孙庆荣拼命，你一个人冲过去不够人家填牙缝的。福元又打趣。

我才不想死在中国人手里呢，小孩说，老子的命要留着跟日本人拼刺刀的。

福元只想浅睡一会儿。小孩也算是老兵了，不必交代就能自觉放哨站岗，迷迷糊糊听到他跑动的声音，猜想是在跳木箱。大队长曾经叹息，说我军颇有些十五六岁的少年兵，小小年纪便要上阵与日人血战，思之不忍。福元想，仗是打不完的，过了今天，还是求队长把小孩送到酱菜店去做个学徒吧。

小孩站在林间空地上，有一会儿听到福元打鼾。远处窸窸窣窣的声音，必是有动物钻过。小孩怕蛇，想起大队长教的，便捡了一根长树枝，往草丛里扫一圈，一些灰蓝色的小蛾子飞了起来，在树木阴影里浮动。小孩知道这是坟头上的蛾，又爬到木箱上，向镇子方向眺望，那一带起了薄薄的烟，没有枪声或叫喊，必是有人家在做午饭。福元的鼾声大了起来，小孩想，像这副样子是做不了游击队的，倒头就能睡死。小孩渐感无聊，走过去看了看木箱，大队长曾说找漆匠来刷一下，日本人来了几次后，队伍化整为零，练兵场便也荒废了。他上了跑道，踢掉鞋子，挺腰抬腿，按大队长教的做了几个预备动作，随后跑向木箱。这一次居然跳了过去，且稳稳地落在地上。小孩十分高兴，寻思是否要叫醒福元，让他也看看，这时听到有布谷鸟叫。游击队的暗号，不是学鸟叫，就是学猫叫。小孩喝道，是谁。只见芳蕙从一棵树后面绕了出来。

福元也醒了，吓得不轻，摸到枪，从窝棚另一头爬出去，这才站起来看。芳蕙与小孩同岁，个头比小孩还略高一点。福元问，你是怎么知道这里的？芳蕙笑嘻嘻说，阿娣带我来的，阿娣在后面，她跑不动路了，挎了一篮子烧饼。福元松了口气，又打趣，说你来看你阿哥了。芳蕙脸涨得通红。说话间，三人听到沉重的喘息声，树枝哗啦啦响，知道是阿娣。福元心想，要都像阿娣这动静，有多少人马都得落在敌人手里。等了好一会儿，阿娣才出现，左手挎篮子，右手拎着一罐水，热得两颊通红，几乎累成一摊泥。福元和小孩欢呼一声，揭开布头各抓了一个烧饼啃，又喝饱了水。小孩说，大事不妙，我要去拉屎。从箩筐里捡了一张纸，直往山丘后面跑去。

福元还在啃饼，阿娣拽他，说，我和芳蕙来时遇到一队兵。福元即刻警惕，问是哪家的兵，有多少人。阿娣说，中国兵，二十多个人，都穿便装背长枪，往镇上去了，有个看上去是长官的还拦住盘问我，我说送自家妹子回村，他就放我走了，顺手拿了我一个饼，还拍了我的屁股。福元问，他们是鬼鬼祟祟地走，还是大摇大摆地走？阿娣说，我看他们鬼鬼祟祟的，不如你正派。福元说，你不要觉得我是你男人就正派，我是游击队员，我们出去干仗都是鬼鬼祟祟的，大摇大摆就暴露了。阿娣说，那我觉得他们大摇大摆的。福元说，这时节敢集结人马往镇上去的，十有八九，是孙庆荣的兵。

福元咽不下饼了，蹲在地上想了一会儿，将长枪背上肩，说要回镇。阿娣不解。福元说，孙庆荣已经投敌了，我得去通知大队长，实在不行把他背出来也行，总之不能让他落在敌人手里。福元拍拍芳蕙的肩膀，又说，阿哥拉屎回来你就让他去找副队长，我们的人都在你家王桥村的祠堂，告诉他赶紧带救兵来。说罢往镇上飞步奔去。阿娣两头不是，抱起水罐喝了几口，对芳蕙说，你就跟阿哥一起回家吧。追着福元也走了。

芳蕙还是笑嘻嘻的，小孩从山丘后面跑出来，她已经骑在木箱上。小孩说，这个木箱你跳得过去吗？芳蕙说，司令讲过，木箱是男人跳的。小孩点头。芳蕙说，司令讲我跑得快，可以去参加短跑比赛，要是他的学校没有被日本人炸掉，他就推荐我去那里训练了，专门教体育的学校，将来我可以做个女体育老师。小孩端起水罐，发现里面已经空了，问福元和阿娣去了哪里，芳蕙说，有一队兵进镇了，他们回去救司令啦，让我带你去王桥村的祠堂找副司令，找来副司令，就可以去救司令啦。小孩说，这么重要的任务你为何不早说，还在这里与我闲聊，笨得要死，只会瞎跑。芳蕙愣了一会儿，哇哇大哭起来，几乎从木箱上掉下来。

芳蕙是个爱哭的小姑娘，她父母是王桥村上弹棉花的，她虽然不识字但一门心思想跟着游击队走。因为大队长说她可以成为体育老师，副队长说她聪明伶俐可以成为读书郎，福元说她相貌标致可以成为女演员，总之不必跟着父母学弹棉花。这样一来，她就变得不一样了，任何人训她都会让她大哭。小孩连忙拍打芳蕙的后背，她抽抽噎噎，讲不出一句话。小孩想，这样下去简直没完没了。便说，你再哭的话，我只能一个人去王桥村了。芳蕙说，你走，你走，你晓得王桥村在哪里？小孩摇头，说，那你别再哭了，赶紧带我去王桥村，若去晚了，只怕副司令也遭了暗算，你堂姐这一腔单相思就落进棺材板里去了。芳蕙说，呸啊。

此地距王桥村尚有十里路。两人出了树林向西走，太阳高照。芳蕙步子快，一会儿工夫就走到小孩前面去，又慢下脚步等他。小孩说，司令说过你能跑，你也不必这样吧，真跑起来我不会输给你的。说完拔腿狂奔，芳蕙喊了一声，在后面急追。跑了有半里路，芳蕙早已遥遥领先，站在一棵树下等他。小孩喊道，不行，这么跑的话，用不了多久我就瘫了。芳蕙得意，说，我能从王桥村一直跑到娄塘镇上，要不然，你在后面慢慢走，我先跑去找副司令。小孩说，那也不行，我是传令兵，任务被你做掉了，我军法从事。芳蕙问何谓军法从事，小孩说，轻则关禁闭，重则砍头。

小孩走到树下，在阴凉处喘了一会儿。芳蕙将他的箩筐背在自己身上，问道，我堂姐的事你是如何知道的。小孩吐了一口苦水，说，莲芳想嫁给副司令是人人知道的事。芳蕙说，堂姐也跟我说过，只是不让我告诉别人。小孩说，大家看得出苗头，副司令一到镇上，莲芳就涨红了脸，催着阿娣带他去茶馆。芳蕙问，你觉得莲芳配得上副司令吗？小孩说，福元阿叔告诉我，大敌当前不可儿女情长，不过副司令少年儒将，有好女子相中他，也是人之常情。芳蕙说，我问的是他俩般不般配。小孩说，般配，般配，我现在歇够了，赶紧上路。

芳蕙从箩筐里拿出了标语纸，边走边看，那上面的字多半不认得。小孩说，这一张写的是驱逐日寇、抗战到底。芳蕙又展开一张，小孩说，这一张是今早写的，孙庆荣临阵投敌，死无葬身之地。芳蕙说，孙庆荣为啥投敌了？小孩骂道，孙庆荣这个婊子养的，全队人马齐刷刷做了汉奸，司令早说他匪性难改，墙头草两边倒。芳蕙说，副司令不许你再骂脏话。

路越来越窄，周围尽是稻田，又经过一片小树林，远远看见一座小石桥。小孩问，前面是不是王桥村。芳蕙摇头说，那是张家桥。就在这时，听到一阵嗡嗡的声音，不知从哪里传来。芳蕙四处张望，小孩顿时紧张起来，不好，日本人的飞机来啦。芳蕙大骇，往树林里跑，小孩一把拽住她背后的箩筐，说，躲到桥底下啦。两人奔了一阵，下到河里，那水却很深，不敢往桥洞下钻，只得紧贴在桥墩北侧。果然两架飞机从南边过来，飞得很低。小孩说，这是要回他们虹口的飞机场。想了想，又说，遇到飞机，你要记得，不可往树林里躲。

飞机像是在头顶盘旋了一圈，发出巨大的声响，芳蕙捂住耳朵。又等了好一会儿，见两架飞机掠过头顶，向北飞去，像两只大鸟。芳蕙觉得小孩在发抖，拍了拍他，等到飞机远了，听到小孩的牙齿发出咯咯哒哒的声音。芳蕙说，你害怕了。小孩没说话，打了自己一个耳光，方才镇定下来。

芳蕙爬上岸，鞋全湿了。小孩光着脚，从她的箩筐里拿出鞋子，套在脚上，又跑回河边，蹲下喝了两口水，洗了洗脸。芳蕙也想喝水，小孩却说，你要记得，不喝生水。芳蕙说，你刚才喝了。小孩说，我实在渴得忍不住了，我是传令兵，完成任务要紧。他站起身，看了看远处，飞机已不见踪影，这才说，孙庆荣投敌，我们的人马在镇上待不住了，要往西撤，找主力部队，什么时候回来只有天晓得，你在这里不要说认识我，也不要说认识司令他们，也不要说认识福元，这是我要交代你的第三件事。芳蕙说，前两件是什么？小孩说，飞机来了不要躲树林里，不要喝生水，其他没了。小孩说完上桥，走出几步回头去看，芳蕙捂住了脸，站在桥上不动。

我想跟你们走，但我阿爸不答应，他说你们迟早都会死光。芳蕙哭道。阿哥你不要去跟日本人拼刺刀。

司令说过，等到要拼刺刀的时候，哪有什么你情我愿的，是个活人就要上去。小孩说。

太阳已经西落，逐渐沉到他们眼前。小孩加快了步伐，到黄昏时，看见远处两棵大树，一间大屋，芳蕙说，那是王桥村的祠堂。小孩松了口气，跑进祠堂，见队伍里的王大贵正在香案边上抠脚底板。小孩过去踢了王大贵一脚，问副队长在哪里。王大贵说，副队长刚走，有些人肯跟他撤，有些人不肯跟他撤，有些人不知道该不该跟他撤，他在想办法。小孩说，你屁话多，找到副司令，我有要紧的情报。王大贵哦了一声，慢吞吞穿上鞋子往外走，小孩追上去问，你的枪呢？王大贵说我没领到过枪，我只有一颗手榴弹，一把刺刀。小孩揪住王大贵，说，武器留给我，天黑了你要是寻不到副司令，老子就把手榴弹丢到你家里去。王大贵一道烟地跑了。

小孩觉得很累，脱下鞋子看了看，脚上没有起泡。大队长说过，若走路脚上打泡，便没有资格做游击队员。芳蕙不知道去了哪里，猜想她是回家了。小孩想找个地方睡觉，看了看香案，觉得太短，高度与他下午跳过的木箱几乎是一样的。他只能坐在地上，背靠墙壁，双手抱腿，一会儿就打起了瞌睡。迷迷糊糊中听到有人进来，抬头看是芳蕙，她端着一碗米粥。

这碗粥怕是你的晚饭吧，我吃了，你吃啥？小孩说，与你一人一半吧？芳蕙说，我已经吃过了，你不用分给我，吃饱了去我家睡一觉。小孩说，军令如山，我得在这里等副司令。接过碗筷，粥是凉的，上面放了一块咸豆腐干。小孩说，你对我的好，我决计不会忘的。芳蕙也坐到地上，与他并排靠墙。芳蕙说，你好讲讲为啥飞机来了不能躲到树林里。

我吃完了告诉你。小孩说。

天色渐暗。芳蕙忽然又跑了出去，片刻后回来，手里摇着一把蒲扇。芳蕙说，我帮你赶蚊子。小孩已经把碗吃空，让芳蕙坐到身边来。

去年，日本人是从海上登陆的，离我家不远，打了七天七夜，炮声越来越近，我爷娘不敢在家待了，带着我和我阿妹逃难。到了大路上一看全是人，拖儿带女，拎着大包小包的。日本兵从后面追了上来，远远地开枪，一枪打死一个，有时一枪打死两个。大家拼了命地逃，大包小包都不要了，儿女都不要了。我被人群冲到了一个水沟里，日本人的飞机来了，很多人往树林里躲，我爷娘带着阿妹也躲了进去，喊我快点跑过去。那树林里全是人，比庙会还挤。飞机往他们头上扔了一串炸弹，轰的一下，整个树林全飞上了天，起了大火。我又被震飞到了水沟里，起来一看，很多冒烟的人尖叫着爬出树林，衣服都被炸没了，还有人在火里面跳，跳着跳着，倒了下去，就变成了一段焦炭。

我懂了。芳蕙说。

小孩讲完这些，睡了过去。梦见大队长带着自己练跳马，福元与兄弟们围观，全都扛着长枪短炮，歪把子机枪三挺，刺刀明晃晃。小孩沿着跑道奔跑，那木箱却越来越远。小孩转头去看大队长，已经变成一个体育教员，穿运动背心，脖子上挂着铜哨，四面全是哨声，催促他往前跑。小孩醒了过来，睁眼看外面天色已黑，月光笼罩田野，芳蕙仍在身边扇着蒲扇，间或拍打着他的脸和腿。问是什么时辰，芳蕙说，天刚黑不久。小孩说，我刚才听见司令吹哨子。芳蕙说，司令没在，你刚才听见的大概是蚊子叫。

小孩又睡了过去，这次睡得沉，上一个梦没有接续上。不知过了多久，被一阵讲话声惊醒，眼睛却睁不开。那声音他一听就知道是福元。福元说，大队长已经牺牲了。福元哭了起来，接着是副大队长的声音，问怎么牺牲的。福元说，我要背他出来，他不肯，给了我一份名单，全是我们的人，然后让我快走，我来不及出镇，只得躲进茶馆，过了一会儿莲芳跑进来告诉我，孙庆荣的兵进了大队长家，绑了他，在后院开了枪。

小孩心想，我肯定是在做梦。努力睁开眼，见祠堂外面点着几束火把，副大队长带了七八个人站在空地上，福元蹲着。大队长是条汉子啊，福元边哭边说。

小孩爬了起来，向祠堂外面跑去，被芳蕙的腿绊了一下，直刺刺扑倒在地，摔岔了气，喊不出声音来。芳蕙醒了，连忙爬过来看他，往他背上拍了好久，小孩放声大哭。

司令到底还是死在中国人手上了。

优雅而坚定

姚鄂梅

★
★
★ 宋庆龄故居简介
★
★ 上海宋庆龄故居位于淮海中路 1843 号，是中华人民共和国名誉主席、伟大
的革命先行者孙中山的夫人——宋庆龄女士生前的寓所。故居四周古树环绕，
环境优雅宁静，庭院中的白色假三层主楼融合了欧洲多种建筑风格。1949 年
春，宋庆龄入住于此，这里是她一生中居住时间最长的地方和从事国务活动
的重要场所。她在这里欣然接受中国共产党的邀请，北上参加开国大典和第
一届中国人民政治协商会议，并当选为中央人民政府副主席，参与制定国家
各项大政方针。她经常在故居举行各种国务活动，会晤和宴请来访的各国贵
宾，促进中外交往，维护世界和平。她所创建的新中国妇幼文化福利事业和
对外宣传刊物也在此处酝酿、筹划。

1949 年 5 月 26 日晚，枪声戛然而止，街上异乎寻常地安静，但门户后
面，人们的激动心情却在彼此间默默传递：战争结束了！上海解放了！

林森中路 1803 号（现在的淮海中路 1843 号）也是如此，已近凌晨，宋
庆龄还在办公，她身穿藏蓝底子白色圆点连衣裙，外搭一件黑色罩衫，正在

跟儿童剧团的负责人通话，轻言细语地吩咐他明天的表演细节，再三核实表演场地、表演节目和行进路线，甚至包括她安排好的那辆接送孩子们的大卡车。

孩子就是我们的未来。事关孩子，她总是格外仔细，必须面面俱到，万无一失。前不久，儿童剧团在暨南大学礼堂演出《兄妹开荒》时，有特务上去捣乱，为了孩子们的安全，宋庆龄立即作出指示，暂停演出，迅速隐蔽。她在虹口老靶子路（今武进路）找到两间空房子，让孩子们住了进去，白天排演节目，轻声练唱《我们的队伍来了》《没有共产党就没有新中国》等解放区歌曲，晚上拉上窗帘，缝制秧歌舞的服装，制作标语和彩旗，做好迎接上海解放的准备工作。

凌晨 3 点，外面传来一阵异样的动静，宋庆龄走上阳台，看到解放军的装甲车沿着林森中路缓缓开了过来，由衷地笑了：感谢上苍，我们现在终于可以自由呼吸了！

很久没有露出如此舒心的笑容了。她的政治立场一直是鲜明而公开的，她坚持孙中山的"三大政策"，反对国民党专制独裁统治，这导致她在很长一段时间里，被许多人视为目标。李宗仁在南京上台当日便迫不及待地写信给她，希望她出面助力他与中共和谈，后又派特使甘介侯上门求见。宋庆龄直率地告诉他："德邻先生，我曾经明白表示过，在国民党未实行孙中山先生的三大政策以前，我绝不参与这个党的任何工作。"上海战役打响后，在临近解放的那些日子里，白色恐怖更是令人窒息，国民党行刑队在大街上出没，抓到"共党嫌疑分子"就地处决。很多人突然失踪，黄炎培之子黄竞武到宋庆龄住所去过后立即被捕，宋庆龄因此警告常来看望她的杨杏佛之子杨小佛，暂时不要同她来往。

现在，那些让人透不过气来的日子一去不复返了。

太阳刚刚升起，一切已准备就绪。一辆大卡车来到位于横浜桥的中国福利基金会儿童剧团本部，把剧团的孩子们接到了位于安福路的上海影剧界集合点，跟其他表演团队会合后，一起走上街头，边游行，边扭秧歌、打莲湘，欢庆上海解放。

到处都是游行队伍，锣鼓喧天，歌声嘹亮，人人走上街头，不便出门的人也趴在窗台上，汇入这欢乐的海洋。喜悦同样填满了林森中路 1803 号的每个房间。宋庆龄眼含热泪站在她和先生的合影前，那是先生去世前一年拍下的，照片上，先生微蹙的眉头，今天似乎也舒展了许多。她默默地向先生传达了这一巨大喜讯。

连续几天不眠不休地工作，终于让她感到了疲倦，她来到卧室。这套黄褐色的藤木家具跟随她很久了，它们总能带给她安慰踏实之感。抚摸着它们，她的思绪回到了 34 年前的那个秋天。

1915 年 10 月的上海，晴空万里，空气中弥漫着浓烈的桂花甜香。宋庆龄在客厅忐忑不安地等候父亲。她刚从日本回来，带着一个艰巨的、难以启齿的任务。

她觉得她应该能取得父亲的同意，父亲和她，从来都是中国民主革命的支持者、参与者，为了支持好友孙中山先生的革命事业，身为传教士兼实业家的父亲自始至终不遗余力，除了财力上的大力支持，还有大量秘密而又危险的具体工作，家里的印刷厂看似在印刷宗教宣传书册，到了深夜，一俟四下无人，滚筒下就源源不断地吐出中华民国的宣传单。革命失败后，父亲和好友共同流亡日本，为了便于开展工作，父亲电召大学刚毕业的女儿奔赴日本，去做先生的英文秘书。就这样，她来到了儿时就十分崇拜的英雄和偶像身边。

她从没停止过关注他和他的事业，即便后来去了美国威斯理安女子学院读书，他的名字依然时刻伴随着她，除了父亲的书信，还有各大报纸和电台，总在提醒她，他在哪里，他在干什么。辛亥革命爆发后，年轻的她激动得夜不能寐，通宵执笔，为校刊写下了她的第一篇政论文章《二十世纪最伟大的事件》，高度评价了辛亥革命的历史意义。

没想到，当她说出那个请求时，父亲却大发雷霆。

岂有此理！我可以用我的心、我的钱支持他的革命，但是你，绝对不行！

父亲，想想您为什么要让我读书？为什么要送我出国留学？我是个受过教育的人，我有知识，有思想，有热血，我也想为拯救中国出力，这一次，我是不会后退的。

父亲见说服不了她，竟将她软禁在家里。突如其来的处境让她明白，她在美国新泽西州为之热血沸腾的革命，在佐治亚州为之撰文讴歌的革命，在日本为之身体力行的革命，终于降临到自己家里来了，她不能妥协，不能只做一个旁观者、鼓掌者，她必须行动起来。

当天傍晚，她毅然提起裙摆，从窗口跳了出去，弯腰穿过院子时，她听到母亲一声低低的呼唤：庆龄！母亲站在二楼窗前，一动不动地望着她。她喉咙一热，差点喊出声来，但她忍住了，只是抬起手，冲母亲使劲挥了两下。知女莫若母。母亲没有声张，也没有追出来阻拦，她知道这个外表娴静的女儿，其实内心坚定如铁。

婚后，夫妇二人返回上海，父母定做了这套藤木家具送给他们，算是对这桩婚姻的认可与祝福。后来，几番波折，几度搬迁，这套家具，始终跟随着她，对她而言，它们不仅仅是一套舒适的家具，也是亲人的包容和护佑。几年前，宋家人陆续离开了上海，上海战役打响前夕，弟妹们来信劝她去往更加安全的地方，她思念他们，但这里需要她，她更愿留在这片土地上，为实践自己的理想和信念而亲力亲为。

这是一段漫长而艰辛的跋涉。1938 年 6 月，"保卫中国同盟"在香港成立，宋庆龄担任主席，"保盟"在香港的抗日救亡活动主要集中在两个方面，一是使香港成为国际援华物资中转站；二是动员香港各界资助身陷战火之中的内地民众。由于交通信息的封闭和阻隔，国际社会对于艰苦卓绝的中国抗战所知无多，因而对华物资援助有限。"保盟"利用香港的有利条件，以多种方式把中国大众的深重灾难和中国战场的紧迫需要传达给国际社会，从而为中国抗战，尤其是为八路军、新四军募集了许多资金和物资。除了送医送药，还送去了白求恩，此后又有柯棣华、马海德，还有加拿大、美国、印度援华医疗队。香港沦陷后，"保盟"迁到重庆，1942 年至 1945 年，宋庆龄带领"保盟"致力于国共合作，争取国际援助，输送物资救助伤员、孤儿和难民。1945 年 8 月，日本宣布无条件投降，"保盟"于次年改名为中国福利基金会，支持中国人民解放事业，同时开展儿童文教福利工作，实现从抗日救亡组织到社会救济福利机构的转变。没多久，国民党发动内战，宋庆龄虽然身在国民党的心脏地区，却继续募集大批医药物资，利用各种机会和条件运往解放区，支援共产党领导的解放战争，为建立新中国立下了特殊的功勋。1950 年 8 月，中国福利基金会改名为中国福利会，重点在妇幼保健卫生、少年儿童文化教育福利方面进行实验性、示范性工作，加强科学研究，开展对外交往与合作。

经过半个多世纪的精心培植，福利会已成了她的家，福利会照顾过的那些孩子都是她的孩子，而对福利会来说，淮海中路那个种满了香樟树的寓所也是他们最亲切的地方，中国福利会的年会常常在此举行，儿童艺术剧院的演职员特别喜欢回忆到宋庆龄家里做客的时光。他们在这里与亲爱的宋妈妈拍过很多照片，在小桌旁说笑，在草地上翻滚追赶……据他们回忆，20 世纪 50 年代初，每逢宋庆龄在家接待外国贵宾，就会邀请儿艺小乐队来演奏中国民族乐曲。而每一次来演出，宋庆龄都会要求他们提前一些时候到，利用这个难得的机会，与他们聊天，了解他们学习与生活的情况，向他们介绍将要接待外国贵宾所在国家的文化特色和经典艺术。

时间终于来到那个悲伤的日子。由于冠心病及慢性淋巴细菌性白血病持续恶化，宋庆龄渐渐进入弥留状态，1981 年 5 月 15 日早晨，难得体温下降、神志清醒，她向前来看望她的彭真、邓颖超、王光美等人第三次提出了入党要求，彭真等人深为感动，当天下午，政治局召开紧急会议，一致通过

"关于接受宋庆龄为中国共产党正式党员的决定"，并建议人大常委会委任她为中华人民共和国名誉主席。6时，中共中央书记处书记、中央组织部部长宋任穷和人大常委会副委员长廖承志，受党中央委托，驱车赶到宋庆龄的住处，正式将这一喜讯告诉了宋庆龄。宋庆龄万分激动，她一生最大的心愿，终于得以了却。5月29日20时18分，宋庆龄在她北京的住所溘然长逝，火化后的第二天，骨灰就运往上海，安葬在万国公墓的宋氏墓园（现为宋氏陵园）。她生前说过：孙中山安葬在南京中山陵，他是伟大的革命家，要接受人民的瞻仰，我不应去沾他的光。

而在她淮海中路的寓所，却永远挂着孙中山先生年轻时的照片，以及他们婚后的合照，在这里，先生只属于她一个人。

千万英雄，有一个是你

——致长眠于川沙烈士陵园的英灵

薛 舒

★
★
★
★
★

川沙烈士陵园简介

川沙烈士陵园，位于浦东新区川沙新镇华夏东路 2575 号，原名川沙烈士墓，由江苏省人民政府始建于 1956 年，是为永久纪念为人民解放事业英勇献身的革命烈士而兴建的烈士陵园。1993 年，浦东新区成立后，川沙烈士墓更名为川沙烈士陵园。1994 年，被浦东新区管理委员会命名为"浦东新区青少年爱国主义教育基地"。现安葬着在第一和第二次国内革命战争时期、抗日战争时期、解放战争时期为国捐躯和解放后在保卫祖国、抗洪抢险斗争中不幸殉职的烈士共 383 名，占地面积 15218 平方米。川沙烈士纪念馆坐落在广场西面，陈展面积为 400 平方米，采用了影景合成、幻灯投影、场景变换等现代科技手段，展现了各个时期牺牲的部分烈士事迹。

安葬在川沙烈士陵园的 383 名烈士中，有 5 名为川沙籍：杨培生、王剑三、林钧、顾燕、黄竞武。

火种正在孕育

王鸣岐终于等来了上学堂的日子，那天，15岁的少年身着单薄的衣衫，提着被褥包袱，包袱里装着简陋的笔墨和课本，他离开川沙杨园金光村的家，去到了远在20公里外的川沙县两等小学堂（现观澜小学）高级班。他兴奋极了，终于，他要开始"上学堂"的生活了，他那张已经生出小胡子的四方脸上不可抑制地露出憨厚的笑意。

1897年，距清政府垮台还有15年，那一年，康有为第五次上书光绪皇帝呼吁改革，指出"变则能全，不变则亡；全变则强，小变仍亡"。清朝政府依然不为所动。那一年，处在长江出海口的上海，虽已被西方列强武力开埠50余年，然而黄浦江对岸隶属于松江府海防同知直辖的川沙抚民厅，受到的影响似乎微弱。那一年，王鸣岐刚刚出生。父母为他起名"鸣岐"，许是希望孩子的出生能带来吉祥。谁都没有预料到，这个孩子，未来竟会成为川沙县第一个革命政权的创建者和领导者，他并没有给父母带来荣华富贵和如意吉祥，他们要承受更多的是担心、是恐惧，是日复一日等待孩子安然回家的忧虑。

1911年，辛亥革命成功，川沙抚民厅改为川沙县。因为家境并不宽裕，父亲只是送王鸣岐上了几年私塾，没让他外出求学。可是，世界正在发生天翻地覆的变化，王鸣岐想出去看看，他不想留在家里做一个没有文化没有见识的乡村野小子，他想上学堂，想读书，这早已成了他梦寐以求的事，他有些迫不及待。

次年，王鸣岐终于进了学堂。长久的等待，来之不易的机会，他的求知欲更为急迫而殷切。这个"大龄"少年从不敢懈怠，成了班里读书最用功、最刻苦的那一个。令15岁少年大开眼界的是，除了课堂与课本，他还能阅读到大量的书报，他不再是那个被隔绝在村里的孤陋寡闻的野小子，他投入了一个崭新的世界。两年后，17 岁少年考入松江中学，又是两年后，王鸣岐得亲友资助，考入了无锡江苏省立第三师范学校。

在师范学校的图书馆里，王鸣岐看见一本杂志，封面上写着三个字——新青年。那一年，王鸣岐已是一名 20 岁的青年，他发现了一个更辽阔的世界，他分明感觉到，混沌中，一道隐隐的亮光正吸引着他，使他像一支待发的箭，竭尽全力而又默默无闻地蓄势。

1919 年，五四运动及新文化运动的影响迅速在中国扩展，王鸣岐即将毕业，他准备以全新的面貌进入社会，做一名新世界的教育者，他打算先从自己的名字下手。两年来，在江苏第三师范学校学习，王鸣岐每天都能看到刻在石碑上的校训——弘毅。这两个字，出自《论语·泰伯》，曾子曰：士不可以不弘毅，任重而道远。仁以为己任，不亦重乎？死而后已，不亦远乎？王鸣岐还想起了"周武王挥剑出岐山"的豪情壮志，这个胸怀大志的青年，便为自己改名为"毅"，号"剑山"（又名剑三）。

1921 年，已为自己改名为王剑山的王鸣岐完成学业，回到家乡，成为川沙顾路镇惠北高等小学的一名教师，先进的教育思想和出色的教学能力使他迅速成为川沙教育界的翘楚。不久，川沙师范讲习所创立，王剑山任教务主任，自此，讲习所成为培养新型进步师资力量的摇篮。

星火正在燎原

1924 年 11 月的一天，梧桐树叶还未落尽，川沙师范讲习所里来了一位年轻人，他身着蓝布长衫，高挺的鼻梁上架着一副玳瑁眼镜，消瘦却沉静的脸上带着一股由内而外的儒雅。他向王剑山自报家门：剑山兄，在下林钧，你的老同学，幸会！

王剑山想不起来自己有一位叫林钧的老同学，却见眼前的青年眉清目秀、风度翩翩，一派学者模样，便不由心生好感。王剑山请这位叫林钧的

"老同学"坐下，一壶清茶，两人交谈起来。

时年，林钧还是上海大学社会学系的一名学生，却同时任上海大学附属平民学校的教务主任。细聊起来，王剑山才知道，林钧与自己有"三同"，同岁、同乡、"同校"。作为一名大学生，林钧的年龄有些偏大，1897 年生人，已是 27 岁，与自己同年。林钧是川沙城厢镇人，王剑山是川沙杨园人，自是川沙同乡。所谓同校，便是多年前，王剑山盼望许久终于如愿以偿背起书包上的那所学堂，川沙县两等小学堂，只是，王剑山进学堂的那一年，林钧已于两年前从这所小学堂毕业。后来，林钧考入江苏省立第一师范学校，去苏州上学；两年后王剑山考入江苏省立第三师范学校，只是，他去念书的地方在无锡。同是师范生，亦可称为"同学"，两人之前一次次擦肩错过，如今却在川沙师范讲习所相遇，王剑山高兴极了，忍不住抱拳行礼：林师兄，您是我的学长，请多指教。

林钧笑而还礼：剑山，你我同年，兄弟之间，无须客气。

从那以后，林钧成了川沙师范讲习所的常客，这位刚加入中国共产党一个月的大学生，开始频繁出现在川沙故乡，他与他的"老同学"王剑山，亦开始了紧密而又特殊的交往。他时常带来最新的中国共产党理论刊物，王剑山又一次看见了他在无锡江苏省立第三师范学校图书馆里曾经看过的那本杂志——《新青年》，还有他从未读过的《向导》杂志。林钧还常常带来最新的革命形势，以及王剑山听说过，却未曾透彻理解的一个名词——共产主义。同为教务主任，两位年轻的教育者常常促膝而谈，谈论刚刚发生过的"天后宫事件"，谈论大学生们呼喊的那些"打倒一切军阀，打倒一切帝国主义"的口号，谈论中国革命的道路，谈论教育者的责任，谈论旧世界的读书人两耳不闻的"窗外事"，谈论一群为着真理而付出青春与前程的人，他们的名字叫——共产党。

1925 年夏天的一个傍晚，知了在树梢头嘶声鸣叫了一整天，烈日虽已将尽，地面却还持续蒸腾着潮湿的闷热。林钧来了，夏布长衫，依旧戴着玳瑁眼镜，依旧一脸沉静儒雅，他朝王剑山走来，虽然面露疲惫之色，镜片后的目光却炯亮。

五卅惨案已发生两个月，作为工商学联合会的主要领导，林钧紧接着参与组织发动了全上海罢工、罢市、罢课的"三罢"斗争，还在南市公共体育场组织召开了一场10万人的反帝集会，大会通过了与帝国主义使团严重交涉、与英日两国经济绝交等议案，林钧被推举为与政府交涉代表之一。

林钧忙于革命斗争，却从来没有忘记在故乡川沙的王剑山。

斜阳透过树荫照在王剑山身上，他亦是向着林钧走去，他看见斑驳的树影落在林钧瘦削的脸上，看见他在微笑，微笑着走到自己面前，而后，伸出了他汗湿的双手："王剑山同志，我以介绍人的名义，同时代表党组织，欢迎你加入中国共产党！"

王剑山感觉到了掌心里的热度，以及潮暖的湿度，他不知道是自己的手出汗了，还是林钧的手汗染湿了他的手。两个握住彼此双手的年轻人，从此在"同岁""同乡""同学"的"三同"之后，又多了一个——同志。

海啸，由千万朵浪花聚集

杨培生去启昌机器厂做学徒的那年，已是23岁，他在川沙小营房的老家有妻小，但这份学徒工的营生，是他在纱厂工作的姐夫托人找关系好不容易得来的机会，无论如何，他是不能放弃的。杨培生很努力，还心灵手巧，很快，学徒工长成了熟练的钳工。七八年后，杨培生已是英国和记洋行所设的祥生船厂下的浦东祥生铁厂的一名"老师傅"。他技术精湛，老成持重，他还是个热心肠，工友们喜欢与他聊家事、谈国事，很快，他成了工人中那个最有威信的钳工领班。

1919年，五四运动爆发，当王鸣岐满怀豪情壮志改名为"王剑山"，从无锡的江苏省立第三师范学校回到故乡川沙时，林钧已然在川沙的诸多学校辗转活动，他一边做小学教员，一边与志同道合的朋友一起办起了进步刊物。他们著文讨论社会问题，揭露黑暗现实，传播革命思想，发表演说，痛斥卖国贼的无耻行径和贪官污吏的荒淫腐败。彼时，36 岁的杨培生已经是一个有资历、有技术、有觉悟的工人师傅，为支持北京学生发起的五四反帝爱国运动，上海的 6 万工人举行了罢工。杨培生出现在祥生铁厂 400 名参加同盟罢工的工人中，他们要求铁厂的大班发电报给北京政府，释放被押的学生，惩办曹汝霖、陆宗舆等卖国贼，罢工从 6 日持续至 9 日。

一个月后，杨培生响应孙中山发展实业的号召，发起并参加"钢铁机器业工会"。

1925 年 6 月，五卅惨案刚过去十多天，天气有些闷热，黄梅季已然到来。杨培生的妻子周筱发正在发愁，家里有 6 个孩子，大的 16 岁，小的还抱在手里，除了杨培生在铁厂工作赚一份薪水，以及大儿子在英美烟厂当童工赚点钱贴补家用，剩下的便是几乎不识字的自己，以及嗷嗷待哺需要抚育的幼儿。因为罢工，那几个月，杨培生没有收入，幸而周筱发与孩子们住在川沙小营房，乡下人家，还有几分薄田，勉强能糊口。还有三天就要过端午节了，宅里有人家已经在准备包粽子的芦叶和糯米，自己却一筹莫展。芦叶倒是好办，川沙农村，家门外总有几处环绕的水塘河道，水边沼泽里长着茂密的芦苇，往年端午节，周筱发都会去采来，包几个草头干馅儿的粽子，给孩子们打打牙祭。可是如今，家里的米缸就要见底，杨培生也已经好多日子没有回家，也很久没有交钱给她了。她知道，浦东铁厂的工人没有上班，他们在罢工、在集会。她有些担心，家里的几分薄田，有一天也会保不住，杨培生已经在她面前提及多次，罢工还要继续，工友们没有收入维持生活，家里的田，有没有可能卖掉……周筱发知道丈夫在外面闹革命，可是闹革命不是为了活得更好吗？为什么自己的生活，过得愈发捉襟见肘？

周筱发不知道的是，闹革命是要抛头颅洒热血的。周筱发更不知道，就在这个 6 月，端午时节，她的丈夫，42 岁的杨培生，成了一名中国共产党党员。

五卅大罢工还在持续，杨培生正带领祥生铁厂的工人参加罢工、罢市、罢课"三罢"运动，他没有时间回家，更顾不上关心一下他的妻子和 6 个孩子，他们是如何过端午节的。

这个初夏季节，还有两位 28 岁的川沙小老乡，一个叫林钧，另一个叫王剑山，他们与杨培生一样，也出现在"三罢"运动的街头和广场。也许他们并未相遇、相识，他们也不一定知道，攒动的人群中，有着许多叫不上名字的老乡和亲人。

大海正在沉默中蓄积一场海啸，杨培生、林钧、王剑山们奔走街头，他们如同大海中的一朵浪花，随时扑向浪尖的最高处。为着当家作主，为着国家兴亡，为着一场轰鸣的海啸，他们正共同发出竭尽全力的呼喊。

战场在前线，战场在后方

川沙城厢镇人林钧进入上海大学社会学系学习的那一年，距离城厢镇仅 5 公里之遥的川沙王港乡暮二村顾家宅里，顾燕出生了。父母给她起名"燕"，许是女孩出生时，家里的屋檐下正有燕子筑巢安居，也或者，他们希望女孩能像燕子一样，带来春天的暖意和花开的气息。谁能知道，未来的小燕子，会成为一名新四军战士，被战友们称作"战地春燕"呢？

1932 年 1 月，寒夜，10 岁的顾燕正熟睡中，枪炮声忽然响起，顾燕睁眼，窗外已然火光冲天，飞机在夜空里呼啸盘旋，炸弹的爆炸声震耳欲聋。是夜，驻沪日军向闸北的国民党第十九路军发起攻击，一·二八事变爆发。顾燕吓坏了，她躲在被窝里不敢动弹，她想不明白，为什么有人要在自己的家门口做出如此残酷的暴行？为什么中国的土地要被别人践踏？

1937 年，抗战全面爆发，日军向闸北、虹口、杨树浦大举进犯，烧杀抢掠、无恶不作，江浙一带大量难民为逃避日军轰炸，源源不断地涌进上海。15 岁少女顾燕和同学自告奋勇，报名参加中共党组织领导的难民救济所的工作。上海市民开展起了群众性抗日救亡运动，难民收容救济所成为党的重要阵地，也是党储存、培养和输送人才去抗日前线的重要基地。

在难民救济所里，顾燕结识了一群同样年轻的"前辈"，她与他们朝夕相处，为难民救死扶伤，照顾他们的生活，她被"前辈"的爱国之心深深感染，她还发现，她可以通过"前辈"的引荐，去内地就业，去做一些伟大的事业。

什么样的事业才是伟大的事业？顾燕不禁怀想。

1938 年，寒意料峭的 1 月，还有半个月就是春节，顾燕等不及了，她没有留到在上海陪父母和弟妹过年，就悄悄地出发了。这个 16 岁的少女已经做好了准备，她要去做伟大的事业，那个吸引着她背井离乡毅然前往的地方叫皖南，那个闪闪发光的伟大的名字，叫"新四军"。

顾燕和同学一起，离开了沦陷的上海，跟着大队一路辗转，历时一个月，途经温州、金华等地，到达皖南新四军总部，已是春节过后的 2 月。一路艰辛，终于胜利到达，这让顾燕兴奋不已。那一天，她成了新四军军部教导总队八队的一名战士，她从队部领到了一套军装、一副绑腿、一条薄薄的棉被、一支步枪、几发子弹，还有一条米袋子，以及一双草鞋。看着这些简陋的"装备"，她告诉自己，从此以后，她不再是一个穿着棉袍走在上海街头的小姑娘，她也不再是一个在日本鬼子的枪炮声中躲在被窝里不敢出来的柔弱女孩，她换上军装，握住步枪，从此，16 岁女孩开始了她的戎马生活。

那一年，身为华华中学校长、上海大学同学会总干事的川沙同乡林钧，经八路军驻沪办事处同意，在浦东组建边区民众抗日自卫总团（简称"边抗四大"），同年冬天，边抗四大在川沙朱家店伏击日伪军，首战告捷。

这一年，新四军战士顾燕结束了为期 8 个月的教导总队女生八队的学习生活，在"毕业上前线"的歌声中，奔赴她的第一个工作岗位——新四军军部战地服务团。

1939年5月，林钧组建的边抗四大和另一支中共领导的游击队"保卫四中"共同发起潘家泓战斗，围击下乡"扫荡"的日军，打得日军在麦田里乱窜，击毙日军数人，俘虏2人。10月，边抗四大在宝山县小川沙袭击日军海军陆战队40多人，激战3小时，全歼日军，缴获一批汽车和武器弹药。

这一年冬天，远在皖南的川沙小老乡顾燕奉命随陈毅去往新四军江南指挥部。顾燕能歌善舞，她在指挥部服务团里担任编导，负责文艺演出、民运和战地勤务工作，"战地春燕"的名字，就在这里被叫响。

1940年春天，身在上海的林钧按照新四军驻沪办事处的指示，肩负起了更危险更艰巨的对敌策反工作。林钧经常穿行于浦西与浦东之间，有时候，他是一个头戴礼帽、身穿西装的上海商人，有时候，他又化身长衫马褂、手提皮箱的乡下绅士。在浦西，他的身影遍布有轨电车、浦江轮渡；在浦东，他的足迹踏遍星夜阡陌、田埂河道。他胸藏证件，面对敌人的盘问，总是沉着淡定。丰富的斗争阅历，使他在复杂艰险的统战工作中，游刃有余。

这一年3月，"战地春燕"顾燕站在镰刀斧头的红旗下，举起右手，握拳宣誓：我志愿加入中国共产党！

2年后，顾燕调任苏中军区司令员粟裕的机要秘书。

这就是顾燕所能理解的最伟大的事业，她正朝着理想的大路奔跑，而这一份事业，在前线的战场上，也在后方的城市里，在一处处隐秘的角落，生根、发芽。

为了迎接解放

1949年，黎明即将到来，破晓时分。4月，解放军兵临长江北岸，准备渡江南下。大势已去的国民党正准备后路，计划将储存在上海的黄金等财物抢运台湾。4月20日，解放军渡过长江，迫近上海。

暮春，上海街头，黄竞武照例一身西服，提着公文包去上班。他下车，抬手，轻轻梳理了一下本就整齐的头发，压了压心头暗涌的激动，沉住气息，向着他中央银行内的404办公室走去。这几天，解放军开始在他的家乡川沙、高桥等外围打响了"上海战役"，黄竞武与所有上海人一样，早已按捺不住，他们在等待，枪炮声已近在咫尺，上海快要解放了。

黄竞武是著名教育家、政治活动家黄炎培先生的次子，这一年，他46岁，任中央银行稽核专员。这位毕业于哈佛大学的经济学硕士，正为上海的解放马不停蹄、竭尽全力地奔走。身为上海民建的常务干事，他利用自己中央银行的工作之便，根据中共党组织的指示，收集"四行两局"（中央银行、中国银行、交通银行、中国农民银行、中央信托局、邮政储金汇业局）的金融情报，为我党接管上海做准备。"战上海"的日子快要来临了，黄竞武不断向上海的金融界和工商界同仁们传递着消息："我们不能坐等解放军来，我们要做配合工作。""我们要保存国家财产，不让国民党转移。""如果解放的是一座空空的上海城，怎么养活600万人口……"新闻界和报刊纷纷曝光并揭露国民党的偷运阴谋，工商界人士发文诘难，上书抗议。父亲的一些工商界老友，以及本打算离开上海赴台湾或香港的朋友，在黄竞武的劝说下，纷纷改变主意。

4月24日夜，黄炎培先生在北平通过新华广播电台向上海人民呼吁：配合人民解放军，迎接解放。

黄炎培的广播谈话，随着电波传遍了上海。那几日，黄竞武发现身后总有鬼鬼祟祟的身影跟随，他知道，父亲的呼吁让穷途末路的国民党恼羞成怒，自己被特务监视了，处境非常危险。

亲友和同事劝黄竞武离开上海，去川沙的老宅避难。彼时，川沙郊外，农家门口的桃树已花落，油菜籽正孕育饱荚，青麦还未变黄。生活本该如此，黄竞武更可以过得舒适安然，然而，20年前，他从哈佛大学学成归来，又何尝是为了一份安逸享乐的生活？黄竞武拒绝了亲友同事的善意安排，他并未犹豫，危险时刻，亦是紧要关头，他留在浦西，开始转移民建的机要资料。

5 月 12 日，早上，黄竞武照例告别妻子，离开家去上班。妻子有些担心，却也并未多话，只说了一句：路上当心。

这一日，踏进中央银行 404 办公室的黄竞武，再也没有回家。

5 月 17 日，南车站路 190 号，保密局监狱，黄竞武与难友们躺在牢房里，连日严刑拷打，他身上已是千疮百孔。深夜，特务开始从牢房里提人，每 20 分钟提走一个，黄竞武默默地数着：一个、两个……六个、七个……

他听见了自己的名字：黄竞武！

第八个，是了。黄竞武踉跄起身，拖着皮开肉绽的身躯，蹒跚走出牢房。他仿佛听见来自黄浦江东岸吴淞口的枪声，解放军正在上海外围断敌后路，他的家乡，川沙，已在两天前解放，上海市区的战斗很快就要打响……太阳正在升起，他看见了，他宽阔端正却血肉模糊的脸上，仿佛绽开一丝笑意。

1949 年 5 月 27 日，上海国民党守城部队投降，上海彻底解放。28 日清晨，上海市民打开家门，看见满身蒙尘躺在街边的解放军战士。人们涌上街头，挥洒热泪与欢笑，为上海庆祝，为解放庆祝。

被关在提篮桥监狱等地的共产党人和民主人士相继获释，可是，没有黄竞武的消息，他消失了，没有人知道他去了哪里。家人不知道，同志不知道。妻子每天都在外面寻找，不祥的预感越来越强烈，那些日子，她只要听说哪个地方挖出了死人，就要跑去看，她希望那些死人里没有她的亲人，可她又希望，他在里面，她能找到他。民建会的同仁也在寻找，竭尽全力，终于，在保密局监狱的空地里，烈士的遗骸被发现。

十三名志士排躺在土坑里，五花大绑，头套蓝布，口目洞穿，手足残断，指甲俱脱……他，是其中的第八个。

　　1949 年 6 月 3 日，上海《大公报》发布新闻报道：匪党杀人惨绝人寰，爱国志士被活埋……

　　黄竞武牺牲后不久，已是中央人民政府副总理的黄炎培写了一篇纪念文章，那是一位父亲对儿子说的话：

> 　　竞武！你死了，倘若你预知死后八天，上海六百万市民便得解放，全中国四万万七千万人民将先后得到解放，竞武！你虽死得惨，也可以安心了。

　　黄炎培的客厅里摆放着一张黄竞武的遗像，照片的空白处，是黄炎培的亲笔：

> 　　我们每一回走过北京天安门，
> 　　望见高高的人民英雄纪念碑，
> 　　想起千千万万为国家和人民的利益而牺牲生命者中间，有一个是你。

千万英雄，有一个是你

　　他们，她们，与 383 名为革命、为抗日、为解放事业付出生命的战友一起长眠在这里。这里是他们的故乡，让我们记住他们的名字，抑或，在走过苍松翠柏环绕的纪念碑时，想起有一个人，是你。

在路上

——艾青的故事

孙 未

★
★
★
★
★
艾青旧居简介

丰裕里位于淡水路自忠路的西南角，建于 1928 年，清水红砖立面，两层砖
木结构，联排单间石库门住宅。自忠路北门进入往南走有一条主弄堂，被
东西走向的 6 条横弄堂交叉。丰裕里 4 号为诗人艾青旧居。艾青于 1932
年从法国回国后，与力扬、江丰等在丰裕里 4 号创建 "春地美术研究所"。
1932 年，艾青被捕，关在马斯南路监狱（今思南路建国中路口）。

　　沿着淡水路梧桐的树荫缓缓前行，听着自行车经过的清脆铃声，便可以
看见丰裕里这个建于 20 世纪 20 年代的老式居民小区，拐进去，找到丰裕里
4 号，红色砖墙上爬着老藤，紧闭的黑色木门沉默地讲述了往日的故事，这
里便是中国著名诗人艾青的旧居。

　　艾青 1932 年从法国回国后，与力扬、江丰等在丰裕里 4 号创建"春地
美术研究所"，在此被租界巡捕房逮捕，后又引渡给国民党当局被判刑。在
狱中，艾青开始写现代诗，从画家成为一名现代派诗人。出狱后辗转数地，

周恩来的一番话让他终于走上了去往延安的征途。

1941年，重庆，这是春寒料峭的2月，艾青坐在一辆国民党中央政府盐务局的汽车中，汽车在大路上疾驶，因为临行前，周恩来曾嘱咐他："走大路，不要走小路。"这恐怕是他有生以来最危险的一次旅行，也必定是他人生最重要的一次，开着国民党的车作掩护，他想要去往的地方是延安，他心中梦想的圣地。

这一路上将要遇到多少惊险，是否能平安到达，他完全没有把握，只知道一路过去，将来的许多天行程中，每天将要经过的都是国民党统治的地盘，每天都要通过许多国民党设置的关卡，一旦身份暴露就是必死无疑。但是他还是毫不犹豫地出发了，甚至满心激动，出发前一天夜里，没有噩梦，反而梦见了蓝天碧水，春花灿烂，各种颜色缤纷，一夜睡到天明。

山城重庆在视野中渐渐消逝，艾青这才发现，自己手中攥着的证件已经被手心中的汗弄湿。这是一张"绥蒙自治区长官公署高级参谋"的通行证。艾青教过书，通行证是他过去在山西革命大学的学生帮着弄来的。证件上原本写的是一个人，上面早先端正的一横墨迹被小心地添成了三横，变成了一个"三"字，因为他有两个朋友也坚持要同行。他们是画家张仃和作家罗峰。此刻他们同坐在车里，也是一脸的紧张和兴奋。

大路上黄沙漠漠，暂时没有其他的车辆，窗外飞驰的乡野残破的风景，令艾青回忆起了他走向延安的第一步，那里没有荒山焦土、西南官话，有的是上海的梧桐小径、清水红墙和吴侬软语。他回忆起他曾经居住的上海市中心丰裕里4号，静谧的弄堂，石库门房子，看上去的岁月静好，是他人生的一趟炼狱与涅槃的起点。

艾青原名蒋海澄，生于浙江金华的一个地主家庭，与亲生父母并不亲近，却与农民身份的乳母感情甚笃。年少时他考入杭州国立西湖艺术院，校长是林风眠，林风眠先生赞赏他的才华，推荐他去法国巴黎进修西洋画。他在法国学习过梵高和雷诺阿的画，也学习了维阿哈伦和马雅可夫斯基的诗歌。1931 年，发生了震惊海内外的九一八事变。当时他正在巴黎郊外写生，有个法国人经过时大声对他说："你们都要亡国了，你还有心情在这里画画？"艾青听了大受震动，国难当头匹夫有责，他关切国难，匆忙踏上了归国的行程，青年壮志，想要报效祖国，救祖国于水火。

上海是他想要实现报国壮志的起点，经画家江丰介绍，他正式参加了"中国左翼美术家联盟"，与江丰、力扬、于海、黄山定等画家同行选址上海丰裕里 4 号，创办起"春地美术研究所"，并开始筹备"春地画展"，获得鲁迅先生的大力支持。

艾青还记得，石库门房子窗外的梧桐深深，麻雀歌唱，弄堂门口的小馄饨非常美味，这一段创作的日子曾经激情满怀。尤其是与年龄相仿的同行一起讨论与工作，生活充满了斗志与乐趣。"春地美术研究所"创作的画作大多是反映当时惨痛的民生状况，日军侵略的罪行，以及中国人民抗日的题材，从而唤醒更多的民众，鼓舞抗日的士气。没想到这样的工作遭到了当局的残酷镇压。

1932 年一个盛夏的夜晚，知了的鸣叫充盈于耳，正在热烈讨论创作的画家们喝着大麦茶，擦着额头的汗珠，完全没有意识到危险已经逼近。就在那天夜晚，法租界巡捕房的密探包围了丰裕里 4 号，将正在"春地美术研究所"工作的 13 名青年画家全部逮捕，后来将艾青与江丰等"政治犯"引渡给国民党当局。由于"春地美术研究所"被认定为"以危害国民为目的而组织的团体"，国民党当局以"危害国民罪"将这些青年画家全都判处了年数不等的徒刑。

艾青在法庭上听到了法官对自己的宣判，他大声申辩，然而并没有人有兴趣听他说话，警察沉默着将他带走。艾青有生以来第一次觉得，世间的事情怎么可以这么荒诞，明明是为了报国，当局却将他们当作破坏者，难道在这个所谓的政府里，没有人真正关心祖国的兴亡，关心的都只是自己的权力和民众对自己的顺服吗？

监狱里没有条件作画，但是铁栅栏关不住一颗为国家为民众呼喊的心，艾青凭着狱中有限的纸笔条件开始创作诗歌，他写下了《大堰河——我的保姆》《铁窗里》《透明的夜》等许多诗作，由律师悄悄带出去发表，以"艾青"为笔名，他的诗歌赢得了许多人的喜爱。就这样，23 岁的画家蒋海澄变成了诗人艾青。

汽车匆匆行驶，等到艾青发觉车窗外天色渐暗，这下想到因为紧张与急于赶路，竟然忘了午饭还没吃过。他问车里两位同行的朋友，肚子饿不饿？张仃和罗峰哈哈大笑，大家都浑然忘记了吃饭这回事。罗峰说："没关系，没关系，赶路要紧。"张仃也说："早半天一天到延安，比填饱肚子重要多了。"可是天黑之后，就算他们可以不吃饭不睡觉，车辆依然是无法在黑暗中行驶的。于是他们趁着夜色完全降落下来之前又快马加鞭，终于赶到了宝鸡过夜。

宝鸡有他们的朋友，画家陈执中。三人在街头找了点食物果腹，就寄宿在陈执中家的阁楼上，打算第二天起个清早继续赶路。没想到夜深时分，有人来拜访，也是他们的朋友，逯斐和严辰夫妇。这对夫妇想要去往延安已经很久了，一直在筹措路费和寻找可靠的通路，听说艾青要去延安，途经此地，当然不会错过这个机会。他们一进屋子，还没客套几句，就直截了当地说一定要跟着艾青一起去延安，无论如何都要请大家帮忙，带上他们两个人。

带不带他们一起同行？艾青用眼神征求同伴的意见，罗峰和张仃都是一脸无奈的表情，都是向往延安的年轻人，大家志同道合，怎么可以拒绝呢？艾青在心里笑话自己："疯了疯了，一个不要命的自己遇到了越来越多和自己一样不要命的同行者。"当即大家一拍即合，决定无论如何危险，都要生死与共，一起去延安。

艾青取出"绥蒙自治区长官公署高级参谋"的通行证，将上面的"三"字再次小心地改作"五"字。五个人这么多，在遇到关卡检查的时候必须在身份上要有个说法，这可难不倒这些年轻的艺术家，他们想出了乔装打扮的主意。

　　艾青玉树临风，个子高瘦，当然是扮成长官，也就是高级参谋。为了逼真起见，他们还连夜找地方给艾青刻印了一套精美的"高级参谋"的名片。罗峰自告奋勇剃了一个光头，穿上一身褪色的军装，装扮成艾青的勤务兵。严辰戴着眼镜，看上去相当斯文，刚好装扮成随性的文书副官。张仃原先在这一带住过，通晓一些当地的风土人情，他穿上长筒马靴坐在前面开路，应付盘查。

　　有些麻烦的是严辰的妻子逯斐，她是个女子，又这么年轻，没有部队里的角色适合她。大家思考再三，想到了一个好办法，让她扮成高级参谋的夫人不是刚刚好吗？为了让她符合"夫人"的身份，他们还找来了演戏时用的一件羊皮大衣和一双高跟鞋，放进了她随身的手提箱里。

　　五个人清早出发，途经咸阳，黄昏时抵达耀县，又要经过国民党盘查的关卡。张仃将艾青的名片和通行证交给检查的军警，故意装出一副盛气凌人的样子。军警用手电仔细照着名片和通行证查看，又打开他们随身的箱子检查，羊皮大衣和高跟鞋让他们确信这是"长官"和他的夫人。

　　进了县城，他们刚找到一家旅馆安顿下来，又有国民党的军警来查房，不由分说就把通行证给拿走了，说要给局长看过才算数。这一下，所有的人都睡不着了，巴巴等着通行证被送回来，就怕那边看出破绽。5个人等了又等，过了大半夜，还是没有人把通行证送回来，罗峰决定冒险去警察局探个究竟。他穿上军装去敲警察局的门，值班的军警睡眼惺忪，罗峰趁机吓唬他说："我们的长官在发脾气了，你们局长看通行证要看整整一个晚上吗？"

　　军警揉着睡眼去局长办公室，发现通行证搁在局长桌上，局长早就下班回家了，这会儿还在自己家里睡觉呢，压根没看过。军警折回来对罗峰说："我们局长还没看完呢，你们再等等，明天上午肯定还给你们。"

　　罗峰说："我们明天要赶路，上面有任务，耽误了时间你们负得起这个责任吗？"军警看看情况不太妙，多一事不如少一事，就去局长桌上取了通行证，拿出来还给了罗峰。

罗峰拿到通行证，心中暗喜，他不敢停留，手握通行证飞快地回到旅馆与大家会合，众人也无心休息了，就怕军警又回来检查这本没有被局长看过的通行证，他们一等到天亮就赶紧出发，逃离了这个危险的地方，从耀县一路向北，向铜川方向前进。

艾青望着被抛在身后的军警的身影，回想他当年在上海狱中的生涯，自此之后，国民党强权的阴影就一直跟随在他身后，令他分外向往自由与光明的新生活。1935 年，他出狱之后辗转数地，坚持诗歌创作。1937 年抗日战争全面爆发后，他自上海先后到武汉、西安、桂林等地参加抗日救亡活动。1940 年抵达重庆，任育才学校文学系主任。

1941 年初皖南事变后，重庆的形势变得分外严峻，国民党特务加紧了对进步文学人士的监视与迫害，艾青知道自己也在此列。不久之后，艾青收到国民党要员陈立夫、谷正纲、吴国桢联名邀请他参加国父纪念周的请柬，但他和另外几位收到请柬的文化界人士都没去，从此之后，他们出门总发现有人盯梢。

这时候，艾青得知，周恩来将军在讲话中提到了他："像艾青先生这样的人，到我们延安去可以安心写作，不愁生活问题的。"这番话深深留在了艾青的心里，从上海丰裕里 4 号起步踏上救国征途的艾青，流浪多年的艾青，渴望着阳光下真正的生活与战斗。

"到延安去！"这成了艾青内心的一个梦想。也是当年许多青年人共同的梦想。

过了铜川，就接近陕甘宁边区了，满目黄土预示着延安近在咫尺，同时国民党的盘查也变得分外多，简直是五步一岗十步一哨，让人十分紧张。

最糟糕的是，艾青他们的汽车边上多了一队"同行者"，那是一个真正的国民党军官，骑着马，带着马夫，一前一后与艾青他们同时在道路上行进着，两队人白天十个小时都可以近距离地看见彼此，甚至听见彼此的聊天，要是继续这么走下去，很可能哪一刻不小心便给看出破绽，延安还没到，脑袋就先没有了。

怎么解决这个麻烦呢？艾青和罗峰、张仃私下商量了一下，逃是逃不开的，既然逃不开，不如迎头而上，知己知彼。于是，罗峰在两支队伍歇脚的时候，给对面的车夫扔了一支烟过去，两个人就这么聊上了，打探来的消息是，那边的军官是洛川警备区的牛司令，是从战场上真刀真枪打下的军衔，然而因为是杂牌军，一直没有受到国民党的重用。

这样的人直性子，头脑简单，应该好应付，艾青这么判断，于是就决定再次反客为主，主动请牛司令吃饭。到了宜君，艾青就开始实施他的计划，摆下酒席请牛司令赴宴，只要和牛司令一起吃过饭，那么他们五个人的身份就算是得到了证实，以后再也不会有国民党的军警来检查他们，找他们的麻烦了。

酒过三巡，牛司令开始把艾青当作了知己，不停地跟他抱怨，蒋介石怎么看不起他们这些杂牌军，他的内心有多委屈，等等。艾青心中好笑，表面上装作同情与替他着想的样子，劝他"莫谈国事"，乱世之中，保全自身太平最重要。听得牛司令哈哈大笑，真心把艾青当作了值得信任的好朋友。

果不其然，艾青一行与牛司令把酒言欢的消息很快传开了，当地的国民党军警包括旅馆老板都从此对艾青他们以礼相待，艾青知道，他们逃离虎口已经不再是一个梦，而且这一天已然近在眼前。

经过了国民党47道关卡的盘查，一路历险，艾青等一行5人终于平安抵达了延安，他们下车步行，用自己的双脚奔向心中的圣地，在泪水和欢呼声中彼此拥抱。远远望去，在延安清澈的蓝天之下，山岗上是扛着红缨枪的妇女与孩子，正在唱着信天游，一切都这么熟悉，宛如梦中千万次梦见过。在这一刻，艾青知道，他回家了。从上海的石库门房子出发，经过国民党阴暗的监狱，一路辗转，如今他终于抵达了报效祖国的真正的大家庭。他将从这里继续出发，与所有的同行和战士一起，一直战斗到新中国成立，写下赞美生活的真诚篇章。

硝烟散去

王若虚

★
★
★ **原公共租界工部局大楼简介**
★
★ 坐落于汉口路，落成于 1922 年，为当时公共租界最高行政当局——工部局
的办公地，也是武装组织万国商团总部。1942 年日军进入租界，解散万国商
团。日本战败后，大楼作为国民党政权市府所在地。1949 年 5 月，原工部
局大楼成为解放后上海市政府办公地一直到 50 年代。

"上海的梧桐树在夏天是天使，在春天是恶魔。"他们总是这么说。是
啊，在炎热的夏日，马路两侧的梧桐树浓荫盖顶，为行人们提供惬意的清
凉。但 5 月里，梧桐树那宛如雪花般飞扬的飞絮又能叫你窒息。很多年前工
部局为了引进这些叫人爱恨交加的植物，每棵树花了一两白银。

"一天要打上二十个喷嚏，该死的。"当年苏格兰队的骑兵大胡子孟席斯
常说，"连我的（爱马）哈吉斯都在打喷嚏"。

但 1949 年的那个 5 月中旬，我记得清楚，再也没人在意那些恶魔般的
梧桐树飞絮，这座城市的所有人都在关注战局进展：将近一个月前，国民党
失去了总统府所在的首都南京，皇家海军远东舰队的紫石英号军舰在镇江附

近被击退。之后是无锡、常州、苏州、杭州、昆山，接着是平湖、金山、奉贤、青浦……汤司令显然已经丢失了上海的外围阵地。

"我不明白，内德"，维克多坐在绿龙酒吧里端着杯朗姆酒向我抱怨，"听说那些共产党的部队没有坦克，没有装甲车，也没几架飞机，他们是怎么做到的，难道是上帝用雷霆和霹雳为这些无神论者助一臂之力？我真闹不明白"。

维克多50来岁，一战时操作过75野炮，战后迁去西贡做橡胶生意。日本人进入越南后，厌恶维希政权和法西斯分子的他逃到上海，经营咖啡馆。在他的观念里，一支军队没有一大堆大炮、飞机、军舰和坦克，压根是没办法打仗的：看看德国人，日本人，还有美国人，苏联人，都是这样，"啊，还有你们英国人"。

维克多有着法国人的固执，无论我曾经多少次跟他纠正，我是个来自澳大利亚的乡巴佬。

我姓多诺万。1880年生在阿德莱德附近的一个小镇。这年，著名匪帮"凯利帮"的头子内德·凯利被击毙了。我想我和他有诸多地方很相像：都叫内德，都是爱尔兰罪犯后代，嗯，都不算守法公民。14岁起我就和一帮偷牛的家伙混在一起，16岁打劫邮政马车，18岁像"凯利帮"的前辈那样抢银行，不幸的是有次出了岔子，我太紧张，对着一个举起双手的银行警卫扣动了手枪扳机……

我开始了在远东世界里的逃亡，先是去了新加坡，但在那块手帕大小的地方太容易被殖民当局的侦探认出来，于是又去了马尼拉，再是香港，最后来到上海。

上海和其他地方不同，不光是这座城市的繁荣，更因为租界当局为自保而组建起一支武装民团，当地人称为万国商团。从这个名字就能看出来，成员来自五湖四海各个国家。当时我只有21岁，体格强壮，力大如牛，除了喝酒跟打架，没有谋生的一技之长。在老家的伙伴和侦探们肯定做梦也想不到，那个爱尔兰罪犯的逃犯后代现在穿上了商团英国队的制服。

商团的教官和司令都由英国陆军正规军官训练和领导，乍看之下的确像那么回事儿，可不当值也不训练的时候，我们就分散在各处酒吧、妓院和鸦片馆里，和白人黑帮、华人黑帮打交道，必要时还会收钱为他们干点"体力活儿"。这也没什么可奇怪的，万国商团的普通士兵来源就和这座城市的人口构成一样复杂，有流浪水手、海军逃兵、在本国被仇家追杀的小混混、刚从债务监狱里出来的破产者、正规军退伍的老兵油子、被其他殖民地当局开除的臭警察，当然还有我这样的逃犯。除了天生就带点贵族气的骑兵部队，你几乎很难找到一个身世清白、洁身自好的士兵。

用一句中国的老话说，我们这帮人在这座城市，就像鱼儿回到了水里。当然，我也很怀疑我们这支部队的实际战斗力，但这话从来不敢跟上级说。

我最初在步兵分队，后来又去马克沁机枪队担任机枪手，当了下士。不知不觉，时间在酒精、妓女的微笑和阅兵中飞快流逝，中国的皇帝没有了，代之以大总统，然后是欧洲大陆可怕的一战，租界里的德国人成了众矢之的，悉数被开除出上海总会，花园总会也被没收、拍卖。

大战结束后又过了四年，新的工部局大楼也落成了。哦，我的上帝，那座大楼可真是漂亮，三层高，足足有四百个房间，大门口有漂亮宏伟的立柱。他们说设计师来自约克郡，叫特纳。这栋楼融合了古典主义、巴洛克和文艺复兴式样，我可没什么文化，既然他们这么说，那就是这么回事吧。因为外立面是花岗石筑成，所以人们也管它叫"石头房子"。

工部局大楼是环形的，当中是个巨大的广场，万国商团的总部就在这里。这一年我又被调去了装甲车队，成了中士。原本商团只有一台装甲车，一战结束后从英国又运来五台，足足六台！我就在其中的"奥古斯"号上担任机枪手。这种用劳斯莱斯底盘改造的新式武器可不是盖的，威风凛凛，据说大名鼎鼎的阿拉伯的劳伦斯在沙漠里就用过。可惜给机枪手的空间太狭窄了，在夏天可不好受。

也是那一年，法国的霞飞元帅来到上海——是的，就是霞飞路的那个霞飞——检阅了商团，还在工部局大楼出席了为他举办的晚宴。我们这些当兵的进不去，只能在门口簇拥着，想看看传说中的战争英雄。之后又来了个大人物，不过我以前没听说过，叫爱因斯坦，似乎是个博士，科学家，显然他对检阅我们这些武装部队没兴趣，只是在工部局礼堂里开讲座，讲一个叫作相对论的玩意儿。他是用德语说的，不少单词我都能听懂，但连起来就一点也不明白了。

是的，我虽然是个来自澳大利亚的土老帽，小时候一直跟牛粪和袋鼠打交道，但来到这座魔幻都市之后也学会了一些其他国家的语言。我想我还是有些语言天赋的。毕竟，在租界里你不需要聘请什么外语老师，只要善于打交道，人人都可以是你的外语老师：讲英语的，讲法语的，讲俄语的，还有德语、西班牙语、葡萄牙语、匈牙利语、希腊语、日语、越南语、印地语、朝鲜语……当然，还有华语，虽然这门语言很难，但我还是掌握了一些，还为此救了两条生命。

那是 1927 年，中国的北伐军在 3 月中旬进入上海，各国为了不让他们取缔租界，都派出了海军和陆军到上海，租界当时足足有 4 万多各国部队。有白俄雇佣军在和北伐军交火时身亡，不过那些俄国人是张宗昌的手下。

最后，蒋介石在各国威逼下屈服了，没有对租界展开行动。反倒是 4 月 12 日那天，我记得很清楚，国民党右派的人像发了疯一样的在大街上追捕另一批中国人，追捕者中有军队，有警察，还有明显是黑帮分子的家伙。被追捕的有工人，有市民，知识分子，甚至是年轻的学生。他们抓到目标之后，就当场用手枪、步枪甚至大刀处决对方。

上帝，就连"凯利帮"当年也不曾有过如此野蛮残忍的行径。

当时各国部队已经开始陆续撤走，我正好不当值，去华界找一个叫菲比的在夜总会上班的中国女孩。走到一条略为僻静的小路上时，忽然跑来两个中国人，一脸惊慌，其中一个多看了我几眼，连忙用英语喊道："多诺万中士！"

　　我终于认出他来，他叫张，曾是商团的中华队步枪队的队员，这个由中国人组成的中华队是 1907 年才组建的，和我们这些外国士兵不同，中华队的兵员是严格选拔的，一些军官还受过良好教育。我之所以记得张，因为他会点英语，当过下士，还是个天生神枪手，在靶场上弹无虚发，我曾跟他比试过。四年前他离开了商团，去向未知。

　　"中士，请帮帮我们！"张喘着气，转而用中文道，"到处有人在抓我们。"

　　"你们要去哪儿？"

　　"去虹口，去我亲戚家。"

　　我瞟了一眼张，又瞟了一眼他的同伴，是个更年轻的小伙子，满脸是泥。我并不想惹麻烦，毕竟这是中国人内部的事情，虽然这事很血腥肮脏。但，我也不能见死不救，尤其是个神枪手，我还输过给他三瓶啤酒。我掏出手绢给年轻小伙子擦干净脸，还用随身携带的酒壶里的威士忌给他们洗了满是泥巴的手，说，跟我走吧，走大路，别走小路，追你们的人肯定都在小路上搜捕。

　　我们沿着大马路往北面走去，很快就在一个路口遇到一队政府军。为首的背着大刀的小军官拦住我们，问干什么的。我没穿制服，但至少带了证件，先是用英语回答，然后给他看证件。显然小军官既不会英语，也看不懂英文。我继续用英语告诉他，我是万国商团的上尉，后面两个是我的仆人和翻译。我对张使个眼色，张上前几步，对我说了几句英语，又对小军官翻译了我刚才的话。

　　小军官狐疑地看看我们，摆摆手，说在抓共产党，不能通过。张进入角色，用英语告诉我，其实我早已听懂，转而对小军官大声呵斥，说以女王和大英帝国的名义，以租界工部局的名义发誓，今天要是不让我通过，我就会给他颜色看看，把他送去澳大利亚铲牛粪。

显然我的严厉神情和高声的英语起了作用，小军官退后半步，犹豫片刻，最后还是放行了。

在虹口附近和他们分别后，我就再也没有见到过张。后来我才知道，他们或许是工人纠察队的成员，正是这支算不上正规军的队伍曾打败了上海的军阀。

4月12日那天的风波，对这座城市，甚至是这个国家而言，只是无数劫难的一部分而已。1927年，美国爆发的经济大萧条席卷全球。接着，是日本人引起的战争。万国商团虽然多次动员，在路口24小时戒备，但一直都是有惊无险。1936年我以上士的职衔从商团退伍，转而在工部局大厦的门房当差，管着几个人，也算是个小头目，本以为会就这样度过晚年。

可1941年底太平洋战争爆发后，连租界都无法阻止日本人了。有着90年历史的、2000多现役成员的万国商团被解散。而我这个60多岁的老头也和其他6000多名外侨也在第二年被日本人送进了龙华的集中营。在那里吃不饱，穿不暖，还要干活。我被分派去清理下水道，和我一起干活的还有昔日上海天主教的大主教奥格利坎。作为爱尔兰人的后裔，我觉得这实在是有点讽刺。

到了1945年，日本人战败了，我们终于从集中营里走了出来。但此时的上海已经没有租界了，各国的侨民都纷纷离开上海。我一个在这里生活了40多年的外国老头却能去哪里呢？好在，工部局那栋大楼还在，没有毁于战火。随着国民党大员的到来，英国和美国的领馆也回来了，要和当下政权进行交流沟通。于是我又回到那里，继续做个看门的门房，不过不再是小头目，而是个被集中营生活压垮的外国老头。

虽然日本人走了，但我亲眼看见了那些国民党部队的表现后还是很感慨——他们比起当年万国商团有过之而无不及，甚至更糟，因为至少商团当时的军官可没这么集体性的堕落。

眼下，到了1949年5月的眼下，看来一切又要发生变化了，共产党的军队兵临城下——虽然就像维克多纳闷的那样，他们没有那么多飞机坦克，可能连我早年服役过的老式装甲车也没几辆。

一个最明显的征兆是，原先的上海市长吴国桢在 5 月头上辞职，继任的市长陈良只干了 20 多天就把职务委托给一个叫赵祖康的人，自已也跑了。如果指挥官永远想着逃跑，那说明人心早就散了。

巧合的是，这个继任的赵以前是工程师，个子很高，四方脸，头发都往后梳去。5 月 24 日，我记得很清楚，市区的枪声越来越频繁，据说共产党的军队已经进入市区。晚上，外面来了 20 多个人，自称是财政局的中共组织派来的纠察队，戴着红色臂章，是来维持秩序的。

第二天的凌晨，这支纠察队已经封锁了工部局，哦不，市政府大楼的各个出入口。赵市长向警察局下达命令不许抵抗，并在上午派人在大楼顶上插上了白旗。与此同时，据说南京路上的永安公司升起了红色的旗帜。

又过了一天，下午，赵亲自站在大楼的门口，迎接一群穿着黄绿色军装、带着软软的圆帽的军人。他们就是传说中的共产党的军队，也叫解放军。我仍旧在门房里喝我的红茶，与世无争。忽然一个解放军的干部模样的中年人走了进来，用中文问，你是，你是，多……多中士吗？

我站起身，摸了半天脑门，一点也记不起这个人。他说，你可能忘记我了，当初，20 多年前，你曾经救过我，送我们去虹口。我这才想起来，想起了张，想起那个用我手帕擦脸的年轻人，便用中文说道，原来是你，天啊，原来是你，你回来了。

他笑着说，是我们回来了，来解放这座城市了。我双手颤抖，像遇到好友，问，张呢？张也回来了？他黯淡了眼神，说，他，牺牲了，打日本人的时候。我慢慢坐回去，感慨，唉，这是……这是上帝的旨意……他是个很好的神枪手。

他说，是的，他消灭了很多帝国主义侵略者。我说，啊，那年上海的街头都在流血，到处都在杀人，太可怕了……他读到了我脸上的恐惧，便解释说，我们和那些国民党反动派不一样，我们是人民的政权，无产阶级的政权，今天我们来了，绝不会欺负老百姓，那些曾经作恶的，只要不是罪大恶极，只要配合改造，我们不会杀他头。

我说，那太好了，唉，我今年69岁了，从故乡来到这里，快50年了，虽然有快乐的时光，但也见过太多悲剧，太多的硝烟，太多的刺刀，太多的血腥，还有太多的堕落……上帝啊，宽恕我，我也曾是双手沾血的其中一分子。

说到后面，我已经在用英语诉说，边在胸口画着十字。他似乎猜到我的意思，说，你是这座城市很多历史的见证者，明天，或者后天，陈毅市长就会来参加接管仪式，今后，你还将见证我们共产党人的伟大事业，不只是这座大城市，还有很多很多地方，我们是全新的军队，全新的政权，将把那个积贫积弱、被外国列强欺负、被资本家压榨的旧中国，变成一个全新的中国。

我喃喃道，一个全新的中国。

他笑笑，说，对，全新的中国，全新的上海，今天我们进来了，最后一声枪响结束后，就会是这座城市最后的一丝硝烟。

永不屈服

——记外冈游击队

血 红

★
★
★
★
★

外冈游击队纪念馆简介

1937 年，七七事变爆发，日本发动全面侵华战争。

国土沦陷，山河凋零。日本帝国主义侵略者凶残成性，于中国大地上烧杀抢掠，无恶不作，其所作所为毫无人性、血腥残暴。淳朴善良的中国百姓一时身陷血雨腥风之中，生灵涂炭，朝不保夕。

1937 年 11 月 12 日，嘉定沦陷。

日本侵略者于嘉定肆意杀戮、纵火、奸淫、掳掠。据不完全统计，自 1937 年至 1945 年，嘉定全县被日军杀害者有 16600 余人。其他被日军枪击、殴打致伤致残者，超过 24000 人。

国家危难之时，总有仁人志士挺身而出，于浓浓黑暗、无边血色中，振奋献身，对抗仇寇，向敌人发出永不屈服的慷慨高歌。

1938 年 2 月，在外冈中医吕炳奎的发起下，嘉定热血爱国青年自发组建了杨甸民众抗日自卫队，也就是后来的外冈游击队。

1939 年 4 月 5 日，朱泾河畔。

略带寒意的小风吹过河面，吹过河边厚厚密密的苇草，吹过岸上农田中的麦子，吹过田间凸起的小坟包。几根孤零零的杆子插在小坟包上，白色的招魂幡摇摇晃晃，似乎在预示着什么。

4 月的风吹在脸上，冷飕飕的。

吕炳奎趴在河岸上，面前是一小片浓密的苇草，身边是摇晃不定的麦子，附近还有几个小坟包。

风吹得脸冷，但是太阳晒在穿了夹衣的身上，又闷热灼人得很。

热力顺着手臂流到了手掌上，紧握着枪支的手渗出了汗水，黏糊糊的，让人感觉不舒服，同时枪支的手感也变得滑滑的，总给人一种不踏实的感觉。

吕炳奎小心地、慢慢地挪动了一下手臂，将湿润的手掌在袖子上轻轻地擦了擦。

他能听到粗重的呼吸声。

他向身旁看了看，在他身边，一个班的战士正和他一样，静静地趴在麦田里，静静地趴在小坟包的后面。

他看到了战士瞿宗信，他正咬着牙，紧握着枪，有神的大眼睛死死地盯着前方的河湾。

这是一个年轻、活泼的小伙子，更是这个年代少见的师范学校的学生。他应该站在课堂上教孩子们读书识字，他不该在这里，握着杀人的武器。

但是，日本入侵，同胞身处水深火热之中，偌大的国土，已经难以放下一张安静的书桌。

正如身为中医的吕炳奎自己，他也难以找到一方安全净土，摆下一张治病救人的诊桌。

几只白色的水鸟从远处飞了过来。

它们张开白色的大翅膀，极其潇洒地划出一道道美丽的弧线，掠过田地，掠过苇草，落在了清澈的河岸浅滩。它们优雅地迈动长长的腿儿，争相捕捉水中的虾蟹。

吕炳奎略有点贪婪地看着这美丽的景色。

多好的风景啊。

他有点紧张地握紧了手中的枪。

外冈游击队成立以来，他们已经和日本兵打过了好多场仗。像趴在身边的瞿宗信，他就参加了过去的所有战斗。

但是这一次，是外冈游击队的第一次主动出击，第一次主动的伏击战。

他很紧张，他看得出来，战士们也很紧张。

"该死的小鬼子。"吕炳奎低声地嘟囔着："要是没有鬼子，这日子得能有多好啊。"

"噗噗噗噗"，一阵轰鸣声从远处隐隐约约地传了过来。

随之而来的，还有怪腔怪调的叫声、笑声。

几只美丽的大水鸟被惊动，它们猛地一跳而起，拍打着大翅膀，飞快地划过了河道，逐渐消失在了远处。

吕炳奎抓紧枪，低声地向身边的战士们叮嘱着："大家小心，放近了打。"

战士们一个接一个小声重复着吕炳奎的命令。

"放近了打！"

有战士咬着牙，小心地举起袖子，擦了擦额头上的汗水。

一条日军的小汽船喷吐着黑烟，慢吞吞地绕过河湾，顺着朱泾河驶了过来。一面惨白的日军旭日旗在船头歪歪斜斜地飘荡着，一挺机枪架在船头，机枪手正歪着身体，和身边几个穿着黄色军服的日军聊着天。

船上的日军斜背着三八大盖，叼着烟卷，很是轻松地大声说笑着。

他们不时地放声大笑，甚至大叫大嚷，甚至有人怪声怪气地唱几句难听的小调。

骄横猖狂，肆无忌惮。

这些日本侵略者，他们已经将脚下的土地看成自家的领土。他们不觉得被他们屠杀了一茬又一茬的原主人还有胆量来攻击他们这些满手血腥的屠夫。

吕炳奎咬着牙，准星锁定了船头的那个机枪手，枪支慢慢地随着汽艇的前行而挪动着。

这个距离，他没把握打中敌人。

他和身边的战士们，原本都是淳朴、善良的中国百姓，他们的手，用来救人、用来教人、用来建筑、用来耕地……他们的手，没有一只是为了杀戮而生。

是这些无恶不作的侵略者，逼迫他们变成了保家卫国的战士！

枪械是陌生的，战斗是生疏的。

"放近了打……放近了打……放近了打……"吕炳奎喃喃地念叨着。

冷不丁的，"嘎嘎嘎"一连串密集的枪声响起，设伏的战士中，操控机枪的战士过于紧张，他手指一抽，直接扣动了扳机，小半梭子子弹伴随着刺耳的枪响飞了出去。

枪声打破了河道的宁静。

汽艇上的日本兵就好像屁股上被捅了一刀一样，他们怪叫着跳了起来，忙不迭地俯下身体，极力在汽艇上找到藏身的角落，将自己藏了起来。

子弹擦着汽艇飞了过去，没有能击伤一个敌人。

藏好了身体的日本兵，纷纷举起手中的步枪，朝着枪声传来的方向胡乱射击。

趴在船头的日本机枪手，也是调转了枪口，冲着吕炳奎他们所在的方向，"嘎嘎嘎"的就是一梭子子弹扫了出来。

"咻溜……轰！"

一名日本掷弹兵躲在汽艇的船舱斜后方，一发榴弹带着啸声冲上高空，然后一头落了下来。

榴弹落在了远处，"轰"的一声巨响，一道黑烟腾空而起，炸起的泥土喷洒出来，落在了清澈的河道中。泥土在河水里侵染开来，大片泥浆将河水弄得一团混沌。

"打！"吕炳奎大吼了一声。

他扣动了扳机。

枪身一震，一发子弹飞出了枪膛。

"啪！"

子弹打在了汽艇的船舷上，碎木溅起，打在了一个日本兵的身上。那个日本兵怪叫了一声，几乎是下意识地冲着吕炳奎这边就是一枪。

"嗖！"

子弹从吕炳奎的身边划过。

几根麦草被子弹划过，麦秆被击断，麦草重重地坠落在地。

吕炳奎咬着牙，瞄准了那个敌人，再次扣动了扳机。

"啪！"

子弹依旧打在了汽艇上。

刚刚的那个日本兵大声叫嚷着，他直起了身体，冲着这边又是一枪。

吕炳奎身边的战士们，也不断地开枪。

子弹带着啸声飞向了汽艇，一些子弹擦着汽艇飞过，一些子弹打在了汽艇上。

日本兵猖狂地叫嚣着，他们似乎察觉到岸上的敌人并不能给他们带来太大的威胁。汽艇很大胆地向吕炳奎他们设伏的位置驶了过来，日本兵也大胆地站直了身体，朝着岸上不断开枪射击。

汽艇越来越近。

越来越近。

日本兵叫嚣着，蠢蠢欲动，准备冲上河岸，将敌人一网打尽。

吕炳奎再次瞄准了敌人。

"啪！"

汽艇上，一名日本兵应声而倒，污血从他身上喷出，洒在了汽艇上。

汽艇上的日本兵越发叫嚣漫骂，"咻溜……轰"，又是一发榴弹落下，这一次，榴弹落在了一个小坟包旁，弹片带着刺耳的啸声，几乎是擦着战士们的身体飞过。

子弹就在身边"嗖嗖"不断地掠过去，尖锐的啸声就好像恶魔的嘶吼。

"嘎嘎嘎！"

游击队的机枪响起，一梭子子弹犹如暴雨，朝着汽艇劈头盖脸地打下。

汽艇上的日本兵发出凄厉的吼声，一名日本兵身体一抖，身上同时冒出了好几个血窟窿，污血迅速染透了黄色的军服，血液浸染处，变成了死一般的黑色。

汽艇"噗噗噗"地向岸边疾驶。

战士们经过了最初的紧张，他们缓过了那口气，瞄准，射击，射击，瞄准，他们打得越来越有章法。

突然就听一声闷响，汽艇上一团黑烟翻滚了出来。

不知道是谁一枪击中了汽艇的发动机，汽艇动力被破坏，停在了距离岸边没多远的河面上，只能依托刚才的势头，慢慢地向前漂动。

在汽艇上被动挨打的日本兵大吼大叫着，从汽艇上跳了下来。

他们在河水中跋涉，想要冲到岸上。

日本兵的行动，更方便了战士们的射击。双方的距离已经足够近，战士们的子弹更有威胁。

他们居高临下，能够清楚地看到日本兵的一举一动。

而日本兵，却只能看到浓密的苇草、大片的农田，还有一个个小坟包，以及小坟包前那飘飘荡荡的招魂幡。

"打，狠狠地打！"吕炳奎低声咆哮着。

战士们扬起手,将早就准备好的手榴弹用力地投掷了出去。

"轰、轰、轰!"

水柱炸起,又有日本兵哀嚎着倒在了血水中。

战斗持续了半个多小时后,吕炳奎一声令下,战士们有条不紊地撤离了伏击地点。整场伏击,无一人伤亡,而击毙、击伤了七八个日本兵,更破坏了一条日军的汽艇。

这一场伏击,是英勇无畏的嘉定热血爱国青年们,用自己的勇气向敌人发出的怒吼——无论你们有多么疯狂、多么凶残、多么强大,我们势必以牙还牙,永不屈服!

2008 年 7 月,嘉定区外冈游击队纪念馆初建,地址位于嘉定区外冈镇杨甸村。

时代的尖刺

朱 蕊

上海市保护建筑红色印记民立中学旧址简介

民立中学旧址位于静安区威海路 412 号，1903 年创办于上海南市，1937 年八一三淞沪抗战中，校舍毁于日军炮火；1940 年 2 月搬入威海卫路 444 号；2004 年，学校迁至威海路 681 号。该校在五四运动时期即为上海学生联合会发起学校之一；1925 年五卅运动中，参加全市罢工、罢课、罢市反帝斗争；抗日高潮中建立全市第一个中共学生党组织，团结师生投入抗日救亡运动，并向抗日根据地输送了大批优秀学生。

该建筑原为颜料商邱氏住宅，于 1920 年至 1930 年建造，欧洲城堡式花园住宅，坐北朝南，砖混结构三层，南立面竖向三段布置，中间内凹有门廊，南立面两侧塔楼原对称，二层中部设券柱外廊，檐部山墙为巴洛克式。北立面有中国江南建筑特色。1999 年 9 月 23 日，被上海市人民政府公布为上海市第三批优秀历史建筑。

他是殷夫。

他是"左联五烈士"中最年轻的，牺牲时只有 21 岁。

他翻译的匈牙利诗人裴多菲的诗"生命诚可贵，爱情价更高。若为自由故，二者皆可抛"流传广泛，脍炙人口，成为真正的名译。

鲁迅在《为了忘却的记念》中说他"看去是一个二十多岁的青年，面貌很端正，肤色是黑黑的……我们第三次相见，我记得是在一个热天。有人打门了，我去开门时，来的就是白莽，却穿着一件厚棉袍，汗流满面，彼此都不禁失笑。这时他才告诉我他是一个革命者，刚由被捕而释出，衣服和书籍全被没收了，连我送他的那两本；身上的袍子是从朋友那里借来的，没有夹衫，而必须穿长衣，所以只好这么出汗……我很欣幸他的得释，就赶紧付给稿费，使他可以买一件夹衫……同时被难的四个青年文学家之中……较熟的要算白莽，即殷夫了，他曾经和我通过信，投过稿……"，在这篇著名的文章里鲁迅写了一首著名的诗悼念"左联五烈士"："惯于长夜过春时，挈妇将雏鬓有丝。梦里依稀慈母泪，城头变幻大王旗。忍看朋辈成新鬼，怒向刀丛觅小诗。吟罢低眉无写处，月光如水照缁衣。"

他原名徐孝杰，表字柏庭，学名徐祖华、徐白、徐文雄，笔名白莽、任夫、殷夫、殷孚、莎菲、Ivan 等。

殷夫于 1923 年至 1926 年在上海民立中学就学。

1923 年初秋，14 岁少年殷夫，左胳膊下夹着几本书，来到上海南市大南门中华路的民立中学门口。

他穿着一件长衫，脚上是黑色布鞋，还是簇新的。他记得小时候母亲在象山东乡大徐村老家的油灯下，一针一线地纳着鞋底，很多个晚上，他在自己房间就着油灯读书写作时，母亲在隔壁房间也在"用功"，她的房门总是开着，他能看到她总是将用钝了的针尖在自己的头发上磨一下再继续缝纳，好几次他想问，这样做真的能"磨快"针尖吗？但始终也没问，他习惯于默默发奋，想自己的事，他想要知道的事情太多了，有更多更大的问题想搞明白。

殷夫 11 岁时——那时他叫徐祖华，是 7 岁时因为要入学"徐氏宗祠"

义塾而取的学名，父亲病故，素来吃斋念佛的母亲不久去丹城北门外的西寺带发修行，将家交给二哥兰庭打理。那时，在殷夫去西寺看母亲的路上，能看到路边山旁有一座比大徐村南汤家店"孩儿塔"更高更大的"孩儿塔"，常有大群乌鸦围绕塔顶盘旋，还时能看到妇人伤心啼哭着将婴儿埋到塔下，他只能远远地看着这"幼弱的灵魂的居处"，内心极其震动以及忧伤——这是为什么？这样的问题是殷夫更想搞清楚的。他想要的未来世界，孩子们应该快乐地成长，妇人们也应该没有这样的悲伤。

看上去有点少年老成的殷夫站在校门前打量着新的学校，和他刚毕业的象山县立高等小学校比自是更加气派，虽然象山县立高等小学校已经比"徐氏宗祠"义塾宽敞亮堂了不少。县立高等小学校是光绪末年清政府废科举兴学堂时集全县学田收入，在"丹山书院"旧址上创办的，免费入学，称为"官学堂"，民国后改名县立高等小学校，这是当时象山县的最高学府，在小殷夫的心里，县"最高学府"已经是很大的学校，让他长了很多见识。那时，五四运动大潮汹涌过后，县立高等小学校校长思想开明，他请的都是进步青年教师，教师们爱国反帝，宣扬科学民主，赞同使用白话文，还积极开展体育教育。就是在那个时候，殷夫跟着教体育的王老师练习武术，他学会了螳螂拳和十二路谭腿，锻炼了身体，拳脚功夫也厉害，搞得同学都"忌惮"他。而国文教师樊老师在课堂上讲秋瑾的《宝刀歌》、文天祥的《正气歌》，还带领学生进行课外活动，去瞻仰民族英雄戚继光、张苍水抗倭的遗迹；也是在小学校里，殷夫受到老师的鼓励，开始写作白话诗和白话文，显现出他诗人的气质和才华。

而现在殷夫面前的民立中学则可能让他有更广阔的视野，他满怀着渴望到这里来寻求他要的答案。殷夫看到宽阔的校门两边立柱上架起两道拱形的铸铁门楣，门楣上是圆形的"民立中学"四个字，大门旁边还有一扇小的边门。进入校门，道路开阔，两边植有树木，道路尽头是几排横向的校舍，教室一字排开——他想到在明亮的教室里他将得到知识的慰藉，有点兴奋，但更多的是期待，他像海绵一样的求知欲在等待着饱吸真知的养料。

1923年7月12日的上海《新闻报》上刊登有民立中学录取新生案通告，内有"徐白"的名字。殷夫小学毕业，进入初中时，他叫徐白。在上义塾以前，他叫孝杰，表字柏庭，是家里最小的孩子。因为最小，还因为他的聪慧良善，他得到了父亲最多的宠爱。父亲是书生，守着祖遗的五六亩田地和一些山林，耕读传家，兼行中医，擅长妇科和治疗小儿麻疹。

殷夫记得小时候，父亲买过一头骡子，经常带着他骑骡出游，对小殷夫来说是出游，对父亲则是出诊。那时，大姐祝三刚出嫁，长姐大他十多岁，长姐如母，小殷夫几乎是长姐抱大的，祝三的出嫁，让他陷入思念中。后来母亲告诉他，那时他3岁，姐姐出嫁时，他双手死死箍住姐姐的颈项不放，哭喊着不让姐姐离开。为了转移他的注意，也为了自己出诊方便，父亲才买了骡子。在带着殷夫出游（出诊）的路上，父亲会指点田野山水风光，给小儿子讲民间故事和神话传说，还教他吟咏《三字经》和《神童诗》，加上哥哥姐姐陪小弟玩耍时教他认字背唐诗，他几乎过目能诵，聪颖敏慧过人。据说有一年象山干旱，村里人聚集跪地求雨，小殷夫曾受命即兴作诗一首祈雨，而巧的是当晚即下起了雨，村里人将功劳归之于那首祈雨诗，因此，小殷夫被称为"神童"。这些也是母亲后来讲给他听的，他现在并不记得那首祈雨诗到底写了什么，也不太相信"祈雨"真能有效，而是将之归于巧合了。

而小殷夫的早慧，确实也是有目共睹，在义塾里，他的表现极为突出，塾师虽然是本村有名的老童生，修的是旧学，但因为当时民国政府已经颁布新学制，因此他在义塾里也开始讲授新式的初级小学课本，当然，塾师也不忘自己的强项，也经常给孩子们讲授《论语》《孟子》，因此好学强记又善思伶俐的殷夫新旧两种课文都学得很有心得，在义塾时就能看各种小说。殷夫是塾师的得意门生，老夫子经常登门向殷夫的父母夸赞"孺子聪颖过人，前程无量"，这让父母对这个最小的儿子更增添了一分爱怜和希望。

现在，父亲虽然已经离去，但母亲对他的学业更加寄予厚望，母亲经常敦促大哥徐培根多关心小弟的成长，将心爱的幼子托付给大儿子培根。这时的徐培根已经从北京陆军大学毕业，在军队里任少校参谋，也已结婚，在杭州安了家。

小弟殷夫小学毕业了，大哥徐培根回到老家，遵母命处理了祖上的家产（分爨），并让二弟兰庭管理祖家，自己则带着母亲和小弟到杭州去。

第一次离开故乡的殷夫，一颗心飞向了远方，他知道那里有更广阔的天地。自己的家乡山岭重重、港湾交错，虽然美好，却也偏僻，虽然有乡贤良师，但还闭塞落后，而杭州的气象完全不同了，有一种都市的恢弘，灵隐山、玉皇山、西湖等山水的景致，也和家乡的田野山地沙滩不同，宏大而不失精致。他先住在大哥家，用了几天时间饱览杭州美丽的风景，他知道了什么是山外青山楼外楼，少年的心飞向了更远的远方。他要去上海。

殷夫提了一只藤箱——到上海他就叫徐白了——藤箱里是他正在看的几册书，还有几件换洗衣物，行李极其简单。他登上了去往上海的火车，车票是大哥帮他买好的，临行反复叮咛他好好读书，不负母亲的期望。大哥说，此行你一个人了，你要像大人一样懂事，照顾好自己。殷夫点着头，他对独自远行并不担心，虽然这是他第一次离开家人去往一个完全陌生的地方，想到母亲说的他 3 岁时对大姐的依恋，他觉得自己像变了一个人，他想，自己已经长大了。

火车比骡子和船都跑得快，杭州离上海三四百里路程，要是骡子不知要跑几天，火车一天就到了。殷夫出了车站，看到乱哄哄的到处都是人，本来想节约一点钱自己走，但想了想，还是听大哥说的，找了辆人力车，跟拉车的说了地址，拉车的将他拉到了八仙桥畔的一条弄堂里，他找到了在上海一家工厂做工的三哥松庭的家。此时三哥结婚不久，殷夫也第一次见到三嫂。

三哥家现在就是殷夫在上海的家了。他在三哥家用功了一段时间，考取了民立中学"新制初级中学一年级"。

民立中学由福建永定籍富商苏氏兄弟创办于 1903 年，他们遵从父亲的遗愿，立志"教育救国"。首任校长苏本铫是圣约翰大学的首届毕业生，受西方教育思想影响颇深，办学自由开放民主，允许多种学说纷呈，注重学生人格培养，也注重尊重学生的爱好和发挥学生特长。当 1923 年殷夫入学时，这所学校已经办了近 20 年，是一所颇有声望的学校，教育设施和师资力量都不弱。殷夫从"僻壤"进入光怪陆离的"十里洋场"，又进入了一所开放自由的新式学校，思想触动很大，他将自己完全浸入到学习中。

殷夫喜欢英文，因此对英文特别用功，他知道英文可以打开一个更大的新世界，几乎废寝忘食，整天泡在图书馆，他自创的学习方法也使他的英文进步神速，他读小说、散文和诗歌，凡是能拿到手的原著都设法去啃。他不是两耳不闻窗外事的"读书人"，更喜欢带着现实的问题去读书，去找寻答案，所以他愿意走出校门看世界，关心当下发生的事情，包括新的思潮。五四运动刚过去，新思潮扑面而来，书店里大街上，书籍报刊纷呈，各种信息交杂，这时他如饥似渴地读着"时尚"读物——胡适的《尝试集》、郭沫若的《女神》、冰心的《繁星》《春水》和用格言式自由体歌颂母爱、人类之爱和大自然的小诗，还有潘漠华、冯雪峰、汪静之、应修人的作品。

一个礼拜天，殷夫照例去逛书店，看到一本这年秋天新出版的鲁迅短篇小说集《呐喊》，虽然他零花钱不多，但毫不犹豫地买下来，当晚即读了大半，《狂人日记》《孔乙己》《药》《阿 Q 正传》《风波》……读得心潮起伏，隐含在字里行间的作者对社会的批判和对国民性的揭橥使殷夫对鲁迅充满敬意。

新文化运动健将的力作让少年殷夫的思想感情接受了五四运动的洗礼。他更加热心学习新诗的写作。他的新诗有时代的印记，更是他思想的印迹。

虽然他入学一年来写了很多诗，但迄今可见的，只有他第一次用白莽的笔名编入诗集《孩儿塔》的原稿残页是被鲁迅保存下来的。

1925 年 5 月 15 日，上海日商内外棉七厂的日商借口厂里原料存货不足，故意关闭工厂并停发工人工资，顾正红带领群众冲进厂里找日本资本家论理，要求复工和还钱，日本资本家非但不同意，还对工人群众开枪，打死顾正红、打伤工人十余名。这一惨案激起全市工人、学生和市民的极大愤怒。次日，中共中央发出第 32 号通告，紧急号召各地党组织动员工会等社会团体一致援助上海工人的罢工斗争。19 日，中共中央又发出第 33 号通告，决定在全国范围内发动一场反日爱国运动。

上海市民成立了"日人惨杀同胞雪耻会"。上海学生联合会联合各大、中学校学生奋起募捐、演讲，支持工人罢工。上海学生在走上街头进行反对帝国主义暴行和支援受难工人的宣传、募捐活动时，遭到租界巡捕拘禁。

5 月 30 日上午，上海工人、学生分组在公共租界各马路上散发反帝传单，进行讲演并游行示威，揭露日商枪杀顾正红、抓捕学生的罪行。公共租界当局妄图驱散示威队伍，且拘捕了数十名爱国学生。殷夫被帝国主义的残暴和蛮横所震惊和激怒，他和同学们一起游行，呼喊口号，以"我们也是个热血青年！"的姿态加入运动。

下午，殷夫在南京路听蔡和森发表演讲："帝国主义枪杀中国工人顾正红倒没有罪？中国工人、学生在自己的国土上声援被害同胞，反而有罪？遭工部局逮捕、坐牢、判刑，这是什么世道？哪一国的法律？帝国主义这样横行霸道，难道我们中国人能忍受吗？"殷夫和同学们以及市民热烈响应，他们高呼："打倒帝国主义""收回租界"等口号。租界巡捕在浙江路一带逮捕和殴打演讲学生，愤怒的群众聚集在南京路老闸捕房前，坚决要求释放被捕学生。英巡捕头目下令开枪射击，当场打死 13 人，伤者无数，造成震惊中外的五卅惨案。

五卅惨案后，中共中央决定成立"上海工商学联合会"，作为全市反帝运动的统一领导机关，把运动迅速扩展到全国各大城市以及农村去。民立中学校董会响应号召，宣布罢课。殷夫和老师、同学们一起，节约下来伙食费，支持罢工工人。

　　直接置身于汹涌澎湃的反帝怒涛，经历了五卅运动的徐白突然成熟了，许多个为什么似乎已经能找到呼之欲出的答案，他看见了社会、国家，看见了世界，也分辨了敌友，以及应该为民众的不平去抗争。

　　五卅运动使他向成为革命者迈出了步伐。

白色小洋楼里的"最后一课"

——记国立暨南大学在上海的旧址

杨绣丽

★
★
★
★
★

国立暨南大学在上海旧址简介

静安区康定路528号，国立暨南大学在上海的旧址。1937年8月13日，在日军飞机大炮的狂轰滥炸下，华侨最高学府——国立暨南大学真如校区夷为废墟，被迫迁入公共租界继续办学，地址就在康定路528号。1941年12月太平洋战争爆发，上海租界随之陷入日军手中。校董事会紧急会议作出了关闭学校的决定，以示对日本侵略的抗议。康定路528号的小洋楼，从此成了暨南大学孤岛时期上海办学的唯一遗存。目前属于上海市第三次全国文物普查不可移动文物名录。

1941年12月8日。

清冽的风穿过梧桐树光秃秃的枝桠，风尖划出丝丝冷峭的哨音。天色还未敞亮，微薄的光投在石子路上，像洒了一把惨淡的银屑。康脑脱路上人烟稀疏，走过的几个行人穿着破旧的棉袄，身体不住地打着寒噤。

康脑脱路528号（1943年后康脑脱路改名康定路，以下称康定路），国立暨南大学的校址。一幢三楼三底的小洋楼伫立在路边街沿，欧式风格的砖混结构，白色的墙面渗透出凛然的寒意。

此刻，晨曦微露。校长何炳松已经从底楼的卷拱大门里走进办公室。这位 6 年前就受聘于国立暨南大学的校长，被誉为"中国新史学派的领袖"。

何炳松身形瘦削，面貌清癯。他神色凝重地走向几位年轻教师，用颤抖的声音郑重地宣布：

"今天，若大家看到一个日本兵或一面日本旗经过校门时，大家立刻停课！将这所大学关闭结束！"

教师们在拥挤狭小的办公室里齐齐站立，面面相觑，然后用力地点了点头。

大家都知道校长的话意味着什么。

何炳松的眼角渗出一丝晶莹的泪花……

在这幢白色的小洋楼里，校工叮当地摇响了上课铃，老师们纷纷拿起备课夹，走向教室，准备分头上课。学生们整整齐齐，像以前一样坐在了课桌边。

国立暨南大学文学院院长郑振铎，迈着沉着的脚步，走向讲台。

就在那天黎明时分，郑振铎还在熟睡中，就被一阵急促的电话铃声惊醒。朋友告诉他，就在前一天，12 月 7 日，在离上海很遥远的夏威夷基地珍珠港，日本海军突然袭击了美国海军太平洋舰队，同时袭击了美国陆军和海军在瓦胡岛上的飞机场。之后，一个接一个的电话传来了同样的消息：日本已向英、美宣战！战争的导火线一点即燃。太平洋战争由此爆发。

郑振铎获悉，就在这个黎明，日本兵已经占领了上海的租界，击沉了黄浦江上英军的军舰，迫使美国炮舰投降。许久以来大家惴惴不安的担忧终于变成了可怕的现实：上海"孤岛"，这最后的"诺亚方舟"，也落入日本的魔掌！

郑振铎再也无法入睡，他索性披衣下床，背着双手踱来踱去，一支接一支地抽着香烟。

天刚蒙蒙亮，郑振铎连饭都没吃就匆匆忙忙赶到了康定路 528 号的学校。他来到学校的时候，校长和其他一些领导都已经到了，大家都是一脸的严肃，就连空气也仿佛凝固了似的。

郑振铎迈着沉着的脚步，走向了讲台。

他站的讲台高度，能看得见外面的街道。他看了下窗外，扫视了一下教室里一张张年轻的面孔，然后握紧拳头，一字一顿，向学生们宣布了校长的决定：

"我这一门课还要照常地讲下去，一分一秒钟也不停顿，直到看见了一个日本兵或一面日本旗为止。"

学生们脸上都露出了坚毅的神色，坐得挺直，听老师讲授"最后一课"。

"多情自古伤别离"。人们只有在离别的时候，才会感受到依依不舍的眷恋。平日里司空见惯的东西，在这别离的氛围中陡然间会增加许多别样的亲情。"黑板显得格外的光亮，粉笔是分外的白而柔软适用，小小的课桌，觉得十分的可爱；学生们靠在课椅的扶手上，抚摩着，也觉得十分的难分难舍。"

郑振铎不荒废一秒钟的工夫，开始在讲台声情并茂地讲解着。同学们时而仰起头认真地听讲，时而低下头做着笔记，心无旁骛，仿佛什么都没有发生，只听得笔尖在纸上的沙沙声。

"没有伤感，没有悲哀，只有坚定的决心，沉着异常地在等待着，等待着最后一刻的到来。"

郑振铎的声音铿锵有力，亲切清朗，连他自己都辨别出语音里异样的苍凉和悲壮："似带着坚毅的决心，最后的沉着；像殉难者的最后的晚餐，像冲锋前的士兵们上了的刺刀，引满待发。"

郑振铎忽然想起德国作家都德的《最后一课》中的句子："韩麦尔先生已经坐上椅子，像刚才对我说话那样，又柔和又严肃地对我们说：'我的孩子们，这是我最后一次给你们上课了。柏林已经来了命令，阿尔萨斯和洛林的学校只许教德语了。新老师明天就到。今天是你们最后一堂法语课，我希望你们多多用心学习。'"

今天是你们最后一堂课！是的，此刻，郑振铎觉得自己就是都德笔下的韩麦尔先生，他整了整衣服领子，恨不得在离开之前，把自己知道的东西全教给学生们，一下子塞进大家的脑子里去。

谁都明白这"最后一课"的意义。老师愿意讲得越多越好，学生们愿意记录得越多越好。

这时候，寂静的康定路上远远传来轰鸣的马达声，伴着沉重的车轮碾地之声，还有刺耳的汽车喇叭声，声音混杂一起，由远而近，此起彼伏，街上一片纷乱。大家的心一下揪起来了！郑振铎的嗓音还在教室里铿锵飘荡，和着窗外纷杂的车轮滚动声，一起组成了 12 月的史诗交响。

几分钟后，几辆满载着全副武装日本兵的军用卡车经过校门口，由东向西，徐徐地驶过。白晃晃的刺刀在冬日的阳光下闪烁着炫目的寒光，肆无忌惮地刺激着人们敏感的神经。

最前面的一辆军用车，插着一面旭日旗，飞扬跋扈地在风里飘荡着。旗帜上一个血红的圆圈，像血盆大口要吞噬掉上海这座最后"孤岛"。

郑振铎和学生们永远记得，这是上午 10 时 30 分。最后一课就在这样的画面中定格。

郑振铎挺直了身体，作着立正的姿势，沉毅地合上书本，以坚决的口气宣布道：

"现在下课！"

学生们一致地立了起来，默默地不说一句话，有几个女生低低地啜泣着。

没有一个学生有什么要问的，没有迟疑，没有踌躇，没有彷徨，没有顾虑。

学生们一个个站起来，有秩序地向门口走去。

他们似乎都知道了应该怎么办，应该向哪一个方向走去。

当最后一位同学的背影消失在郑振铎的视野里之后，郑振铎才转过身来，从容地擦掉黑板上的板书，拍了拍手上的粉笔灰，把讲义折叠好，轻轻地放进公文包，他深情地向空荡荡的教室行了一个注目礼，然后迈着坚定的步伐，头也不回地步出校门，消失在街头的人流中。

同是这一天，暨南大学王统照教授正在给一年级学生讲国文。在最后一刻，王统照教授放下讲义，沉痛而又关切地对学生们说：同学们，刚才校长和我们多次商量，决定向全体师生员工发出通知：学校从现在起开始停办了！因为日本军队已经开始进入租界！我们决不能让敌人来接管我们的学校！今天这一课是最后一课，我们现在要解散了！

同学们默不作声，王统照看了大家一眼，极其严肃地说："同学们，你们都很年轻，都二十岁不到，我们的日子正长，青年人要有志气，要有能冲破黑暗的精神，学校可能内迁，你们跟不跟学校到内地去，这要看每个人的家庭环境来定，学校不勉强。因为留不留在沦陷后的上海，这不是决定性的问题。问题是不论留下来，还是跟着内迁，都要有个精神准备，这就是坚持爱国，坚持抗日！"

多年后，郑振铎在散文《最后一课》中，用沉重的笔调记下了1941年12月8日暨南大学悲壮的这一幕。

都德的短篇小说《最后一课》，描写了普法战争法国战败后，爱国师生上的最后一堂法语课时的情景。可是，极少有人知道，在上海静安区这条普通马路边的小楼中，铮铮铁骨的郑振铎、王统照等中国知识分子，在抗战期间给学生所讲的这最后一课——

这就是烽火连天的时代下，中国版的《最后一课》。

这幢三层的白色小洋楼，在这一节课后，从此关闭！

康定路528号，成为了"华侨第一学府"——暨南大学在上海"孤岛"

办学时期唯一的"遗存"。见证"最后一课"的这幢小白楼，也成为那一代爱国师生心中永远的精神高地。

时间回溯到 1906 年，清末南京。满洲正白旗人端方，在赴欧洲考察宪政归国路上途经南洋，发现当地有的华侨子女已不谙祖国语言文字，也不懂祖国历史地理文化，"宏教泽而系侨情"，他深感有兴办国内华侨学校、以教育海外华侨子女的必要。

1906 年，端方把首批从爪哇归国的 21 名侨生接到南京，经报朝廷批准，创办国立暨南学堂，在南京鼓楼薛家巷妙相庵建起一所专门招收华侨学生的学校。

出身东莞的探花陈伯陶提出，取《书经》"东渐于海，西被于流沙，朔南暨，声教讫于四海"之意，把学堂命名为"暨南"。

这就是中国历史上第一所由国家创办的华侨学校，也是暨南大学的前身。

早期暨南学堂相当于现在的中小学校，开设国文、讲经、算数、英文等科目。侨生年龄一般在十三四岁，因为远离父母，远渡重洋，常有不适应的情况，所以学堂采用的是"家庭学校制"，师生关系如家人般亲切。端方对侨生更是多方照顾，不仅豁免学费、食宿费和医药费，还另发冬夏两季制服。小侨生难免有顽皮的时候，端方便令学堂制定规章对侨生严加管理，要求侨生每周发家信一封，联络感情之余也借机练习文字，提高国语水平。

学校成立后，不少海外华侨前来求学，南京的校园已经不能适应当时的办学要求。于是，1922 年 3 月 19 日，暨南学堂校董事会召开会议，议题之一为选择新校址，建设新校舍。与会校董认为上海的地理位置等条件有利于拓展海外华侨教育，决定到上海选择新校址。

经黄炎培、柯成懋、高阳、赵正平等人多处考察，最后选在真如车站北隅征地 240 亩，兴建新校舍，名为暨南学堂。1923 年 6 月迁校更名为暨南学校，1927 年更名为国立暨南大学。

真如建校是暨南大学发展史上的一个重要转折点。在上海这座大都市里，暨南大学吸引了国内外一大批名师硕学前来执教。可谓群贤毕至：鲁迅、蔡元培、郑洪年、夏丏尊、马寅初、钱亦石、郑振铎、王统照、夏衍、周谷城、梁实秋、林语堂、洪深、沈从文、黄宾虹、钱钟书等；培养和造就了一代代栋梁之材，校友中担任重要领导职务的黄炎培、严济慈、周建人、许德珩、周谷城、楚图南、胡愈之、陶铸、吴学谦、李岚清等著名学者都曾活跃在暨大的讲台上。学校也发展成为拥有 5 个学院、16 个学系、2 个专科的大学。

1937 年，抗日战争全面爆发。真如校区地处战区，日军在 3 日之内于真如校区投弹 40 枚，巍巍学府，损毁殆尽，仅存一栋理学院楼（科学馆）和教工宿舍。

而后，几经辗转，校长何炳松率领全校师生把学校迁到了公共租界康定路 528 号一幢三楼三底的小洋房里，暨南大学遂成为租界里唯一的一所综合性大学。

学校于 1938 年 11 月迁入。事后清点人数，全校师生只剩下 200 余人。

"其时大江南北各地之公私立学校多奉令避地上海，青年云集，弦歌不辍，俨成敌后之精神堡垒。文教同人，如此支持危局者凡四年有余，敌伪虽威胁利诱，均终屹然不动。"

战争伊始，大量的人流涌入租界，上海租界也人满为患，房屋十分紧张，暨大几十位教授、几百名学生只好将就着在这么个小洋房里安顿下来。很快，大家似乎也适应了这"螺蛳壳里做道场"的环境：全校只有一间办公室，校长、教授、办事员都挤在一间二十几个平方米的房间里办公。老师也都没有自己的办公桌，他们一般只在上课前 5 分钟到校，在办公室里报个到，就往教室里上课，上完课就回家。学生更没有休息的地方，只是在二楼走廊里放一张长桌，供同学们课间交流之用。

虽然康定路 528 号的小楼面积还不到原校舍的十分之一，但此时暨大除

本校学生外还同时接收了中央大学、北大、清华、燕京、复旦等因时局变动
而无法返校的学生在此借读，并规定所有家在战区学生的学杂费用一律全
免，以保证正常学业。

即便在这样简陋的条件下办学，全校从校工到校长都没有一句怨言。因
为大家知道，他们不仅仅是在办学，更重要的是承载着国民的希望，彰显着
不屈的民族精神，是在以另外的一种形式顽强抵抗着敌军的占领。

"孤岛"时期是暨南大学历史上最为艰险也最为悲壮的时期。师生们居
无定所、颠沛流离、内外交困，但大家仍坚守民族气节，教育的血脉在这栋
小楼里得以延续。

在 1941 年 12 月 8 日那堂著名的"最后一课"之后，校长何炳松积极筹
划创立暨大分校，率师生迁往福建建阳，保存了实力。

1946 年，暨大又回迁至上海的宝山校区。宝山校区如今也仅有一块纪
念碑，作为后人探访和缅怀的纪念物。

1949 年，新中国成立，暨南大学合并于复旦大学、交通大学等高校，
结束了在上海二十余年的办学历程。

1958 年，经国务院批准，暨南大学最终得以在广州重建。1983 年暨南
大学被列为"国家重点建设大学"。1996 年成为国家首批"211 工程"重点
建设大学。

回溯暨南大学的历史，康定路 528 号的小洋楼，成为暨南大学孤岛时期
上海办学的唯一遗存。暨大撤校之后，这幢小楼曾成为上海市第九制药厂的
所在地，后药厂改制为上海通用药业。药厂搬离后，这栋西式建筑又作为静
安区的少年教育基地被继续使用。再后来，产权转移，小白楼被租赁为临街
商铺，存留至今，房屋结构依然完整，保存良好。

多年后，暨南大学上海校友会会长徐名亮老先生，第一次走进这座小白

楼。当时已年过六旬的他，一个人默默地从一楼走到三楼，又从三楼走到一楼，一遍、两遍、三遍，他用双脚丈量着时光的遗痕。与空气中悬浮的灰尘一起扑面而来的，是战乱中那段艰苦的办学岁月……

徐名亮老先生看到了何炳松校长手书的四个大字"忠信笃敬"的校训，"忠信笃敬"，其出处古老且富含哲理。据《论语·卫灵公》记载，孔子的学生子张问怎样才能使自己到处行得通？孔子曰："言忠信，行笃敬。"意即"言语忠诚老实，行为敦厚恭敬"，"忠信笃敬"这四个字是暨南精神最重要的组成部分，出现在所有暨南曾经留下足迹的地方，更铭刻在所有暨南学子的心头。

"扬子滔滔连珠江，暨南教泽播八方"，这是暨南大学校歌的第一句，是至今仍被暨南学子代代传唱的歌曲。"扬子滔滔"即指暨南发轫于南京，成长于上海。这所著名高校身在广州，但她最辉煌的历史和记忆，却发生在上海，发生在烽火连天的时代。

从北到南，三落三起，五度播迁，暨南大学许多校史遗迹文物已消失在时间长河中。但是今天，我们仍能从康定路528号的这幢白色小洋楼的遗址里看到暨南大学往昔的峥嵘岁月、沧桑传奇。我们仿佛还能穿越到那个1941年12月8日早晨的"最后一课"，郑振铎在讲台上声情并茂地讲解着，同学们低下头做着笔记，仿佛什么都没有发生，只听得笔尖在纸上的沙沙声……

锦绣里的春风

——记沪西工人半日学校遗址

杨绣丽

★
★
★ **沪西工人半日学校遗址简介**
★
★ 沪西是上海最早建立近代工业，产业工人最集中地区之一，也是中国工人运
动的发源地之一。沪西革命史是近代上海革命历史的缩影。从 1919 年沪西
工人率先登上政治舞台，到 1949 年上海解放，无数优秀儿女在沪西这块土
地上演绎了一幕又一幕的悲壮史诗。沪西工人半日学校遗址位于普陀区安远
路 62 弄（槟榔路锦绣里）178—179 号，由一栋简陋的两层砖木结构工房
组成。1920 年，由李启汉等人筹备创建的沪西工人半日学校，在工人中传播
马克思列宁主义思想、壮大党的力量，培养了一大批工人骨干，是中国共产
党早期组织创办的第一所工人学校。

这里曾住着几千名工人

安远路在上海市区中部，为静安、普陀两区界路。东起西苏州路，西至
长寿路，长 2003 米。1911 年至 1914 年工部局越界筑路，以英国原在东南

亚的殖民地槟榔屿命名槟榔路。1943 年以江西安远改今名安远路。

20 世纪初，在远离市区的苏州河上游，这里因沿河运输和排污方便吸引了越来越多的商家来此开设工厂。槟榔路的锦绣里两排共 38 栋旧式里弄砖木民居就曾住着几千名工人。

锦绣里，地处当时的工业区中，周围布满厂房。这个紧邻苏州河的旧式里弄，于 1920 年由日商内外棉纱厂建造，两排 38 栋楼空间狭小，环境脏乱，但比起只能住在周围棚户区甚至是苏州河上的船篷里，能住在锦绣里已算幸运。当时，锦绣里的南面靠槟榔路处的街面上和槟榔路东京路口的东南角聚集了不少商店。其中有中药店存仁堂国药号、理发店亚东理发所、当铺宝大当、饮食店大兴菜馆、大饼摊和酒行同庆祥号等等。在东京路尽头的围墙边，小贩们还摆出了一些街边书摊，市声喧沸中沉积了多少岁月的过往……

这个锦绣里就是我们本文中将要讲述的一个革命遗址，它成为红色革命的遗存，穿越历史的风烟，告诉我们这里曾经发生的故事……

"人活着，总要有期盼"

中国共产党是中国工人阶级的先锋队，先天就和工人有着血脉之亲。1920 年中国共产党发起组成立时，就已经将组织开展工人运动作为工作重点。

李启汉，中国共产党最早的党员和开创工人运动的先驱之一，他认为："人活着，总要有期盼，日子才会有意义。"于是他把追求革命真理作为自己的人生目标。

李启汉在长沙岳云中学上高中期间，就结识了同乡毛泽东。他积极参加毛泽东等发起的"驱张运动"，并在毛泽东等率领下，北上赴京请愿，使"驱张运动"最终获得了胜利。

在北京期间，李启汉得到湘籍同学邓中夏的热情帮助，到北京大学旁听李大钊讲课，精心攻读马克思列宁主义的论著，受到很大启迪。1920年春天，李启汉来到上海，结识了陈独秀、李达等共产主义知识分子。其时陈独秀等人发起成立的马克思主义研究会，经常在法租界环龙路（今南昌路）渔阳里2号《新青年》编辑部开会讨论。为方便来往，李启汉就租住在附近的霞飞路（今淮海中路）新渔阳里6号。

这年8月，上海成立共产党早期组织，接着成立社会主义青年团，团机关即设在新渔阳里6号，李启汉是最早的团员之一。后来，又在新渔阳里6号创办外国语学社，培养青年干部，李启汉不久即由团员转为共产党发起组的成员。同年8月15日，上海共产党早期组织创办《劳动界》周刊，专门向工人宣传马列主义。为实践马克思主义与工人运动的结合，在工人阶级中传播马克思列宁主义思想、壮大党的力量，小组成员的李启汉受陈独秀委托到纱厂集中的沪西小沙渡组织纺织工会，开办工人补习学校。

为了尽快让工人受到教育，同年秋，李启汉租下了锦绣里的三间门面房子，分别作教室、小公室兼宿舍用。半日学校设在锦绣里弄内第二弄第二家的楼下（今安远路62弄178、179号）。楼下三间连成一大间作教室，内放28套课桌和凳子，可坐五六十名学生。楼上两间，一为李启汉的宿舍兼办公室，一为备用教室。两间简陋的教室、一盏煤油灯、一台留声机，供学生学习时使用。半日学校就这样成立了。校舍后面是英国人开办的白礼氏洋烛厂，周围有一些空地，便于课余活动。

李启汉根据工人做工的时间，分早晚两班上课，故称"半日学校"，这是中国共产党历史上最早开办的一所工人学校。于是，锦绣里从此就和这所"半日学校"紧密地相连一起了。

里面传来热闹的唱戏声

这天，上海日商同兴纱厂的几个青年工人趁着厂休日，走进了槟榔路锦绣里。带头的工人名叫孙良惠，他听人说起锦绣里办了一个新学堂，义务教工人学习，觉得很新鲜，便怀着好奇心，约了几个工友前来一探究竟，刚到学校门口，只听得里面传来一阵热闹的唱戏声。孙良惠和工友走进门去，一个中等身材的年轻老师，穿着灰布旧夹袍，大笑着从屋里走出来，用一口上海话亲切地招呼他们进去听留声机。此时，孙良惠看见已有几个工友坐在里面，也就走了进去。教室里摆着 20 来张没有油漆过的白木桌凳，墙上挂着一块黑板，收拾得干干净净，大家就坐下来听戏。

这位穿着灰布旧夹袍的老师就是李启汉。李启汉把他们接进教室里，就和大家攀谈起来。他一一询问孙良惠他们的姓名和生活情况。他看到工人有些拘束，又捧出一个足球来，请大家到外面荒场上去踢球。正玩得高兴，孙良惠带来的一个工友一脚踩在粪污坑里，把球也弄脏了，李启汉却和气地安慰他，拉着他的手，领他到自来水龙头那里去洗脚，再把足球洗干净，这件小事使孙良惠一行感动得掉出了眼泪。

回到教室后，李启汉又忙着倒茶倒水，并鼓励大家说，工人要尊重自己，力求进步，不要因为社会上一些势利眼看不起工人就灰心丧气，一定要人穷志不穷。受李启汉的教导，孙良惠日后成为了沪西第一个加入中国共产党的工人，沪西半日学校也成为"在上海的共产党人开展工人运动的起点"。后来，沪西纱厂的工人时常回忆起那所半日学校和李启汉先生，因为在那里，"他们听到了有关他们切身利益的真理"。

"工"和"人"加起来就是天

当时，沪西工人半日学校根据工人三班倒的作息时间，分早晚两班上课。工人们可以免费到学校读书。做夜班的工人每天上午 7 点到 9 点上课，做日班的工人每天晚上 7 点到 9 点上课。课堂上不设讲台，教材则用的是基督教青年会编的普通识字课本。教师和学生坐在一起，先听一会儿留声机，一起聊天、喝茶、谈家常，再教工人识字，回答工人提出的问题。如教"工人"两字时候，教师启发大家说："工"和"人"加起来是"天"。我们工人头顶青天，脚踩大地，世界上的财富都是工人创造的，工人穷，不是命运不好，而是创造的财富都被资本家吃了、喝了，装进腰包，工人越来越穷，资本家越来越富，这是社会制度造成的。"工人为啥苦？""帝国主义怎样压迫我们？""资本家怎样剥削我们？"李启汉用通俗的语言传播马列主义思想，用革命理论来启发工人的政治觉悟，工人在学习中逐渐懂得了革命的道理。

由于工人补习学校是首创，李启汉又缺乏经验，没有做好宣传动员工作；初办学时，学生不多，而且工人做工太劳累，加上生活困苦，连吃饭都成问题，所以读书兴趣不大，学生最多时来过近百人。不久，就逐渐减少，加之经费困难，教室设备简陋，到 12 月初，天气寒冷，更少有人读书了。劳动补习学校只得在阳历年底提前放假。

李启汉遇到了挫折，却不泄气，他积极地改进了活动方法。为了便于同工人交谈，他克服了重重困难，下苦功夫学会了上海话，并想方设法打入青帮组织，利用帮会关系结交工人。他考虑到工人做工时间长，工余时间读书十分疲劳，便决定适当开展文娱活动，以便吸引工人来上学。党组织同意了李启汉的建议，让他把"工人半日学校"暂时改为"上海工人游艺会"。

"走！听道理去"

1920 年 12 月 19 日，李启汉和上海早期党组织成员杨明斋、邵力子、沈玄庐等借白克路（今凤阳路）上海公学召开"上海工人游艺会"成立大会。

在"上海工人游艺会"成立大会上，他们几个人分别进行了讲演，鼓励工人破除陈旧观念，振奋精神，努力学习，团结互助，奋发上进。大会开得很成功，上海工人游艺会的宣传动员起了作用。李启汉也借机帮助他们组织了纺织工会沪西支部。1921年春，"工人半日学校"重新开学，当时，"半日学校"的影响还在，前来报名上学的工人增加了不少，有200多人，其中女工约20人。

工人们把上学称为"走！听道理去"。教员在课堂上除了教认字，还对工人进行革命的启迪，向他们讲解资本家剥削的真面目，鼓励大家团结起来斗争。

1921年8月，中国劳动组合书记部成立后，派干事李震瀛来小沙渡，在沪西半日学校基础上恢复办学，改名为"上海第一工人补习学校"，李启汉和李震瀛（兼任校长）等人轮流授课，传播马克思主义的真理。学校给工人补习文化和宣传马克思主义，培养了一批工人运动的骨干，为沪西纺织工会和沪西工友俱乐部的成立打下了基础，也为中国共产党的诞生作好了思想和干部上的准备。就这样，李启汉千辛万苦地在小沙渡这块工人运动处女地上播下的革命种子，终于在工人中生根、发芽、开花、结果了！

穿越春天的风烟

1922年7月18日，中国劳动组合书记部被租界当局查封，当月迁往北京，学校引起租界当局的注意，被封闭，被迫停办。这年秋，中国社会主义青年团上海地委派张秋人、嵇直以及徐玮在原小沙渡路（今西康路）、劳勃生路（今长寿路）依照半日学校的形式办了两个工人补习班。他们从开办小型工人补习班做起，还为工人解决生活上的一些困难，赢得工人的信任。1924年5月，邓中夏将两个补习班合并为更大规模的工人补习学校，设在小沙渡路（今西康路）和槟榔路（安远路）交界的一套三间平房里。而当时在社会上已经颇有名气的上海大学师生，也给予工人补习学校以有力的支持，从中发展党团成员。

而李启汉随后在省港大罢工的推动下被党组织安排去广州继续组织工人

进行罢工。1927 年继蒋介石在上海发动四一二反革命政变之后，国民党反动派又于 4 月 15 日在广州发动反革命政变，疯狂地搜捕和杀害共产党人、工农领袖和革命群众，李启汉在此时被捕，于 4 月下旬惨遭国民党反动派杀害，年仅 29 岁。李启汉如一支默默燃烧的蜡烛，用满腔的革命热情去激励身边的每一位有志之士。他在上海留下的足迹永远是我们的骄傲！他开创工人半日学校，在沪西一带传播革命火种的光辉，永远留在历史的星河。

工人半日学校历经多次打压，虽然最终被迫停办，但它向工人阶级传播的火种却掀起一片燎原之势。在前来听课的工人中，不少人后来参加了中国共产党，在 1925 年的二月大罢工和五卅运动中发挥了积极作用。其中曾为该校工人学员的孙良惠，不仅成为上海纺织工人中的第一个中国共产党党员，成了工人运动的积极分子，后来还被推举为纺织工会的负责人，当选为中华全国总工会执行委员。

沪西工人半日学校旧址以后一直为居民住宅，房屋在 1974 年进行了大修，改砖木结构为水泥结构。

1989 年 9 月，沪西工人半日学校旧址被公布为普陀区革命纪念地。普陀区人民政府在锦绣里弄口立碑，以志纪念。

春风再一次吹绿苏州河岸。沪西工人半日学校，曾经锦绣里的遗址，红色革命的遗存，穿越春天的风烟，再一次告诉我们这里曾经发生的故事……

上海心脏，暗夜曙光

苏　德

★ 中共上海市委秘密机关旧址（五原路）简介

五原路，旧名赵主教路，1943 年改名为五原路。212 弄位于乌鲁木齐路以西段（永福路之间），又名大华新村。弄内多为三层花园里弄洋房，居住有不少名人。7 号，是一栋白色三层建筑，原为国民党高级将领张发奎寓所，史称"张公馆"。张发奎曾参与淞沪抗战，抗日战争胜利后，主张严惩日酋田中久一，后因与蒋介石政见不同而闲居上海。直至 1949 年初被起用任国民党陆军总司令后，张将其寓所交由秘书莫振球（为中共秘密党员）打理。同期，中共上海市委机关秘密电台遭到破坏，报务员秦鸿钧和中共上海市委书记、电台领导人张承宗的弟弟张困斋被捕，张承宗差点也险遭不测。上级指示上海党组织主要领导人立即撤离，进入解放区，但他们坚决要求留在上海指挥迎接解放的战斗。

因此莫振球配合中央安排，让张承宗迁至张发奎寓所居住。当人民解放军向上海郊区发起攻击，上海局和上海市委的刘长胜、吴克坚、沙文汉、张承宗等人就在张发奎家里指挥迎接解放军，这里也成为中共上海党组织迎接上海解放的地下指挥部。

在沪语里，五原路的读音近似"媭源路"。国共之战局势虽到了紧张关头，但城厢里，面子上，该有的日常生活和时间一样，照例流转。穿旗袍去买菜的阿姊，挎个菜篮子"去媭源路迪化路买小菜！"声势里就有着烟火气。五原路与迪化路交会的东侧，是露天自由市场，水产、蔬菜、水果、干货、时鲜，伴随着市井里闹腾的讨价还价声。

"先生，艾叶蒲草要伐？端午节快到了，门廊厢吊几串，侠气好！廿分洋钿拿下廿七根，清清爽爽……"

莫振球站在迪化路五原路交叉口，正准备过街，一旁的摊贩甩着一把艾叶蒲草例常问道。他看向树影，在大脑里迅速过了几个画面，脸上却没动声色。

"不用，谢谢。"

他摆了摆手，趁着车流速度缓慢，迅速越过了迪化路，像把另一头的五原路密封起来一般，将自由街市的吵闹声远远甩在身后。右拐，是大华新村的弄堂口，莫振球放缓脚步掏出怀表确认了时间，5 月 24 日下午 4 点 15 分，已经有临街的灶披间里飘出了粽子香。

平日里，莫振球是绝少在这条巷子里逗留的，他有时坐人力车，要不小汽车，或者干脆大步流星利索地走到 7 号大门口按响门铃。可这一天，他允许自己放慢了脚步，傍晚的光线将将好。他深深地吸了一口气，心想，应该是赤豆甜枣粽啊，忽然意识到自己这一整天没吃饭了。

来到 7 号朱红色的大门前，莫振球按了两短一长声的门铃，有点年头的铜门铃依然兢兢业业，打出的声响虽不算悦耳，却能敏捷地区分出长短缓急。几个月来，他和里面的伙伴们就依靠这样的信号确认来者是谁，是否安全。

7 号院子里，是江南常见的庭院灌木，铺了一列青石踏板。1948 年这时候，莫振球第一次走进院子时，也被这花园小洋楼的景致惊了个亮眼。当然，更让他开眼界的，是张发奎"张主任"的财务管家取出的一箱"大黄鱼"，足足有 50 多条。这是他作为行辕主任的翻译官后，第一次近距离见识到张的实力，彼时张已经卸任广州行辕主任，调去南京任职国民政府战略顾问，是个名副其实的闲差。而莫振球就是张发奎离任时带走的三位随从之一，继任者则是蒋介石钦点的宋子文。

莫振球虚岁三十三，正值壮年。他的父亲莫雄，曾在粤军时期与张发奎共事。3 年前，也就是 1946 年，莫振球因癫疯回老家广东英德养病，病情好转后通过父亲介绍，进入广州行辕工作，成为张发奎近身的翻译上尉。

几年间，几经辗转，随张北上南京，再退居上海。不过莫振球对上海不陌生，因为这是他从读书起就居住的城市，里里外外认识了不少人。

1949 年初，退闲顾问的张发奎被起用调任国民党陆军总司令，并决定离开上海，他将这栋张公馆交给莫振球打理。

"振球，你安心留下来，帮我看管好房子。"张临行前叮嘱："就算共产党打进来了也不会对你怎样，这屋是用我夫人刘景容名字买的，只要你不说出它和张发奎的关系，就能保存下来。"可张发奎万万没想到的是，走马上任的张司令离开后，这一栋大华新村 7 号的张公馆，便成为另一个"张公馆"。

应着门铃声，前来开门迎接莫振球的是妻子谭营生。

"陈师傅今天安排了不少好小菜，刚才老刘来过电话了，带两位朋友，要给张老板过生日！"谭营生迎面取过莫振球的公文包，递交给身后来的女佣。莫走进门厅，"张老板"正坐在一张书桌前看电报。

"20 军拿下了浦东，27 军拿下虹桥、徐家汇，看这样子，光明就在这几天了。"莫振球走到挂历前，数了数日子。

其实早在十几年前，还在上海圣约翰大学读书时，莫就成了共产党员，一直担任上海地下党学委兼大学区委书记。自 1948 年起，由于张发奎在广州和香港都有公馆，所以在上海的行馆并不久留。于是，莫振球经常会在方便的时候，将它提供给"张老板"召集开会、接收情报，而"张老板"的真实身份，是中共上海地下党市委书记——张承宗。

就这样，大华新村 7 号成为不可多得的党组织安全庇护所。

"战情是外面同志给的讯息？"

"嗯，迪化路路口情报员给的信。"

"浦东、虹桥、徐家汇都拿下了？太好了！那汤恩伯应该今晚就会从海上撤退。""张老板"从案桌前起身，在上海地图上画了三个圈，涂抹了几笔，并在吴淞口画了个叉。

"长胜同志什么时候来？要怎么庆祝？我看这张公馆不仅合适做'上海心脏'，更适合给暗夜一道黎明的曙光！"莫振球应和道。

"张老板"拍了拍莫的肩膀："莫，感谢你，难为你，也亏得你。长胜同志说今晚就带两位老朋友来，一道庆个生！"

到了饭点，门铃又响了两次，一次是来送粽子的小贩；另一次，是一台老福特汽车。从汽车上下来的，是三个素服整洁而利索的男人。谭营生照例一一向他们打招呼：

"刘长胜同志、沙文汉同志、吴克坚同志。辛苦了！"

开车的，是司机陈浩。他将车停去汽车间，这里已然是这台老福特汽车熟门熟路的"家"。刘、沙、吴三位陆续走进客堂，张、莫二人上前一一握手，激动之情溢于言表，似乎有很多想说的，可话到嘴边，又觉多了。谭营生在一旁看得真切，赶忙招呼大家先吃上几口粽子，再开会。

而随粽子来的，是另一份情报。就在今晚，解放上海的最后战役打响。

"好消息！下午第 23 军先头部队攻入龙华，歼灭击溃敌军第 75 军、交警第 12 总队，现在龙华机场和其他据点已解放，沪南重镇龙华已解放！"

"我看今晚第 23、27 军会从徐家汇、龙华入市区，第 20 军主力则大概率从高昌庙西渡黄浦江进入，就看第 10 兵团、第 26 军能不能拿下大场与江湾？"

"外部包抄完成后，看看吴淞、宝山、杨行拿不拿得下，苏州河以北的市区，这要靠一定的兵力乘夜暗强渡苏州河。"

"目前上海有9000多位党员、6万保安、4万宣传队队员，需要向他们传达指令，今晚守夜，进入各岗位，配合迎接解放军！"

"工厂机器运转保证如常，学校继续上课，商店开门营业不受影响，水电煤不可中断，市政交通要正常，公务勤务人员照旧。"几人商量。

对内已经"易主"的张公馆，对国民党而言依然是陆军总司令张发奎的住所，所以最危险的地方成了最安全的地方。

这里离上海交通大学也不远，作为中共地下党大学区委书记，莫振球很支持新民主主义青年联合会刻印、出售革命著作，包括了《新华社每日战讯》《每日新闻》等，毕竟舆论宣传是第一道信息传递。而张承宗领导的中共党员，有组织地团结群众，组建了人民保安队，坚持护城运动。从1949年初起，通过情报，截留了299辆企图拆装运往台湾的水陆两用战车；公共交通公司枫林桥营业所和保养场的中共党员带领群众为争取发放"应变费"而罢工，但惨遭国民党特务血腥镇压；张承宗的弟弟张困斋在国民党发动的"秘密电台围剿"中不幸遇难，报务员秦鸿钧也惨遭杀害，中共上海市委机关的秘密电台遭到破坏。

张公馆内外的气氛显得有点紧张。党中央原本指示刘长胜、张承宗等人撤离到解放区，但他们毅然要求留沪协助迎接解放的战斗。于是，莫振球放手一搏，干脆让张承宗住进了张公馆，并把大量的党内文件存放在公馆里，还有一部分备用金条，甚至有一台老福特汽车。

就这样，大华新村7号的张公馆，成为中共党组织迎接上海解放的地下指挥部。

莫振球自己一有空，就和妻子谭营生躲在亭子间抄写秘密文件，无论是文件、信函还是简报，夜晚抄写，白天分头将情报掩护传出。一次，他穿着国民党少校军服，按照"张老板"的吩咐去外白渡桥礼查饭店取文件，又利用自己张发奎秘书的身份，怀揣印有"陆军总司令"字样的空白信笺和一枚张发奎私章，乘坐三轮车将文件带回张公馆，翌日再次将沉甸甸的文件箱，送到衡山路张美道家中，完成一次情报输送。这样以 7 号张公馆为信息枢纽，输送出去的任务不计其数，在国民党看来"闲置"的张公馆，大半年时间里，却成为中共党组织的"上海心脏"，源源不断向外输送血液与养分。

"现在最重要的是顺利平稳过渡。"刘长胜为这一晚的"庆生"工作定下基调。

"没错，半年时间里反破坏、反屠杀、反迁移，是我们工作的重中之重，不能让国民党留下个废城。"

"9000 名党员带头，10 万保障力量支持，护厂护校。"

"国民党机关、海关、邮电、铁路、水电煤气、公共交通、银行报馆、工厂企业、学校、医院等，所有的财产档案也做好保护，为党和人民的接管做好准备。"

"就像刚才我收到的情报，下午龙华地区人民保安队，很好地协同了解放军向龙华兵工厂发动强攻。刚一打响战事，预伏在厂内的人民保安队便迅速打开大门，接应解放军进入厂区并全歼守敌。华东局特地发电报鼓励了我们！"张承宗兴奋地说。

"龙华兵工厂可是国民党武器弹药主要存放地，美制武器 1000 多件，待修武器 4000 多件，各种口径大炮 13 门，大口径炮弹 2800 余发，燃烧弹药 2 吨。"莫振球说。

"人民保安队在中共党员的带领下，趁敌军逃窜之机，打开了秘密封存的武器弹药库，并对敌军驻厂警卫排进行缴械，还立刻接应了解放军第 23 军先头部队入厂。由此完成了对龙华地区的解放，市南重镇也回到了人民的手中！"

"长胜，我怎么有点说不出的兴奋？"

"承宗、文汉、克坚，你们是什么感觉？"

"不想合眼！哈哈哈哈……"

是日夜，解放军各部队多路快速推进、迂回包围、勇猛穿刺，直插每条街道，抢占街垒和楼房火力点。至拂晓，部队已全面控制苏州河以南市区。随后，发动全线继续猛攻，国民党守军纷纷被歼。负责指挥上海国民党军余部的淞沪警备副司令刘昌义，在强大的军事压力和政治攻势下，率部投诚。

5 月 24 日夜晚，陈毅、张鼎丞率华东局机关干部抵达上海交通大学。为几天后的政权接管做准备。

大华新村 7 号楼里已经三天三夜灯火通明，今天厨师老陈，准备了不少好菜。

"陈师傅说了，他也是入党的积极分子，今天这几道菜，各有各的名头。鸡胸肉炒腐竹，胸有成竹；剁椒蒸鱼头，鸿运当头；而这清炒虾仁，虾仁、虾仁，沪语就是'欢迎'……"

"哈哈哈哈哈……"

五原路迪化路西侧的夜晚，依然宁静而幽深，这使得巷弄里的笑声格外明显。这是大半年来的第一次，从大华新村 7 号楼传出了清晰而爽朗的笑声，就像一道暗夜的曙光，微微寻找着光明。

被捕前后

——昆山花园路 7 号丁玲旧居

陈　思

★
★
★　**丁玲旧居简介**
★
★　丁玲旧居位于昆山花园路 7 号。该处为美商于 20 世纪初建造，每栋住宅占地
　面积约 600 平方米，总建筑面积约 4200 平方米（丁玲居住处面积 30 平方
　米）。砖木结构假四层，坐北朝南，早期联列式低层公寓建筑。清水红砖墙面，
　红砖作横竖向线条装饰，券式木门窗。1999 年该处被上海市人民政府公布为
　上海市优秀历史建筑。2003 年公布为虹口区登记不可移动文物。现为民居。
　1933 年 2 月至 5 月，著名作家丁玲居住于此。这里亦为中共党组织的联络
　处。在此，丁玲创作了短篇小说《奔》、散文《我的创作生活》等。

　　1936 年 5 月 14 日，是我三年前被绑架的日子，我去北平的准备工
作已经完成。我从沈岳萌（沈从文的胞妹）处要到一张去北平的往返免
票。同时我去信给李达夫人王会悟，告诉她我要到北平看望他们。我故
意向姚蓬子透露我去北平探望王会悟的打算，说大约两个星期可以回
来。我还假意托他们好好照料病中的冯达，但是我没有告诉他启程的日

期。姚蓬子是否把这事报告了国民党和怎样报告的，我都不知道。这天谭惕吾、方令孺恰巧都来看我，看见我情绪极好，都诧异地问我：有什么高兴的事么？我说："今天是我的生日，这一天曾经是我的死日，现在又变成了生日了。"他们始终没有弄懂，还真以为是我的生日。

——摘自丁玲《魍魉世界　风雪人间》

一

潘梓年坐在长沙发上，手里拿着一份《社会新闻》。丁玲坐在床头，紧紧攥着手里的衣服。她几次想要开口，看见潘梓年不慌不忙、从容淡定的样子，话到嘴边又吞了下去。她打开怀表，又看了看时间。已经一点多了，冯达肯定是出事了。

两个小时前，丁玲回到家。30平方米的小屋堆满了书刊，阳光照在桌上的报纸，光线很好，空气里看得见细微的浮尘。她坐在桌前，掏出怀表，离约定的时间只有半小时了，冯达还没回来。这一早上，她先绕道去穆木天、彭慧夫妇家告知他们情况，再去愚园路胶州路参加正风文学院的文艺小组会议。冯达只是去看看两个通讯员，理应回来得比她早。她随手翻了翻桌上的报纸，阳光刺眼，看不清字。表声滴答，不能再等了。丁玲站起身，开始收拾东西。

文件和报刊是关键。这里不仅是她和冯达的住所，也是党组织的联络处。桌上有自己的手稿，已经完成的小说《奔》和散文《我的创作生活》。《奔》写的是一群贫苦农民坐着火车来上海找工作，《我的创作生活》谈了谈自己的创作经验和体会，这些问题不大。她突然想起家里还留着几本《北斗》，杂志早被国民党禁了，一定得带走。自从去年冯达到《真话报》工作后，家里的各种文件更多了。《真话报》负责人潘梓年和江苏省委宣传部的丁九同志常常来家讨论工作，她总觉得，不同系统的同志在一起开会，目标太大，早晚要出问题。

丁玲收拾完衣物，正准备离开，敲门声响，潘梓年来了。她匆匆说明了情况，准备和他一起走，谁知道他坐在长沙发上看起《社会新闻》。潘可是老党员了，是自己转述得不够准确么？他是冯达的上级，又是她入党仪式的主持人，自己是不是显得太沉不住气、小题大做。到底该怎么开口呢？她想起早上出门冯达的千叮万嘱。不行！真的不能再等了！潘梓年仍在翻看手里的《社会新闻》，丁玲攥着衣服准备起身。当她从床上站起来的一刻，楼梯上响起杂乱的脚步声。砰地一声，红木门开了。

二

昨天夜里，冯达9点钟才到家。他脱下帽子搁在桌上，坐在长沙发上喘着大气。他说自己去看了《真话报》两个通讯员，两人住在亭子间，窗户临弄堂。他在窗下的弄堂叫了几声，听见屋里脚步声很杂，灯光摇晃，便转头就走。走到大马路上才跳上一部电车，半途又换了几次车，估计把尾巴甩掉了才往回走。但是刚到门口，钥匙插进锁孔，回头望望又看见马路对面有黑影。他来不及走避，只好回来了。两人静坐，过了一会儿，丁玲听见冯达的气息渐稳。今天早上，冯达依然要去看看两个通讯员。他说，如果不去，两个人的组织关系就丢了，那很不好。8点多，他戴上帽子，穿戴整齐，腋下夹几张外文报纸，和丁玲告别。出门前冯达再三嘱咐：12点以前都一定回家。如果有一个人未回，另一个人就要立即离开家，并且设法通知组织和有关同志。丁玲点头。

丁玲和冯达搬进这栋小楼才3个多月。这里是美商20世纪初建造的联列式低层公寓。砖木结构假四层，清水红砖墙面，红砖作横竖向线条装饰，券式木门窗。丁玲特别喜欢这个对着窗的书桌，那是她特意让冯达收拾的。去年一·二八事变之后，由于上海的白色恐怖和工作安全的需要，他们经常搬家。一·二八事变让她记忆犹新，那是她第一次站在抗日前线。她跟着冯雪峰从外线绕道，去过几次闸北前线慰劳伤兵，宣传鼓舞抗日将士的士气。3月，日本签订停战协定。丁玲越来越觉得，光写几篇文章是不行的，只有参加党，才能了解社会各方面的情况，才能更好地和敌人斗争。不久，入党仪式在南京路大三元饭店的一间包房秘密举行。瞿秋白和文委负责人潘梓年主持，和她同时宣誓的有田汉、叶以群、刘风斯等。她在宣誓时讲："我只是一个同路人的作家是不满足的，我要当一颗革命的螺丝钉。"那时，左联不设党支部，盟员也不能参加街道支部，因此她一入党就是左联党团成员。之后，她常到复旦、光华、暨南等大学和中国公学去讲演，谈文学创作和个人创作体会。下半年，她接替钱杏邨担任左联党团书记，冯达调到中共江苏省委，参与《真话报》工作。为了方便工作，他们一起搬进了这座楼。这里是公共租界，国民党特务不能随便抓人，所以小楼也就成了中共党组织的联络处。如果被发现，后果真的不堪设想。

三

　　门开了，3个陌生人挤了进来。一个人把守在门边，另一个翻查书架。一个高个子的特务站到书桌前，翻了几张纸，严厉地看着丁玲和潘梓年。丁玲和潘梓年都明白了，一句话不说。约三四分钟后，门外又进来两个人，30平方米的小屋显得格外拥挤。丁玲抬头，两人都一脸诧异。

　　丁玲见过这个人，他叫胡雷。3年前，那时胡也频还没牺牲，由于他在济南受到国民党通缉，他们被迫返回上海，住在环龙路临马路的一家客堂间里。经潘汉年介绍，她和胡也频都参加了左联，胡也频被选为执行委员，任工农兵通讯委员会主席。他在王学文和冯雪峰负责的一个暑期讲习班文学组教书，很少在家。丁玲经常一个人留在家里写小说《一九三零年春上海》。11月，她进医院待产。一天早上，雷雨很大，胡也频到医院来看她。他眼睛红肿，一夜没睡，很兴奋地告诉她，小说《光明在我们的前面》已经完成了。现在，光明不是在我们面前么？中午，她生下一个男孩，胡也频坐在床边哭了，他很难哭的，丁玲也哭了。再后来，胡也频越来越忙，出席全国苏维埃第一次代表会，加入中国共产党。她觉得也频变了，他前进了，而且是飞跃的。后来，这个胡雷来找过他们，他介绍自己在《真话报》工作，想邀请他们夫妻参加《真话报》读者座谈会。《真话报》是江苏省委的机关报，胡也频也在上面发表过文章，两人参加了这个座谈会。她记得这个登门拜访的年轻人，戴一副眼镜，高瘦白净，话不多，但很热情。不久，胡也频被党中央派去江西。临出发前，在参加第一次全国工农兵代表大会预备会议时被捕。后来她听说，胡也频是在龙华国民政府淞沪警备司令部被乱枪打死的，他的身上有 3 个洞，同他一道被捕的冯铿身上有 13 个。听到时，她已经没什么感觉了，总之，胡也频不在了，他的一生就这样结束了。

　　胡也频去世后，丁玲一直在想，作为一个写小说的人，到底该写些什么才能对革命有用？她写够了小资产阶级知识女性的愁苦，大众生活到底在哪？丁玲把刚出生不久的儿子送到湖南老家，不断向潘汉年、冯雪峰请求，一心想要上江西苏区。她迫切地想要离开这旧的一切，闯进一个崭新的世界。夜里睡不着，她经常像孤魂一样在街上彷徨或者起来写作。但是，冯雪峰交给她一份更紧急的工作——主编左联的机关刊物《北斗》。冯雪峰告诉她：现在有的人很红，太暴露，不好公开出来工作；你不太红，更可以团结党外人士。左联的很多刊物都被国民党查禁了，所以杂志要表面上办得灰色一点。她迫切地想要忙起来，便接下了任务。为了给《北斗》找一些插图，她第一次见鲁迅。见面那天，她兴致极好，穿了最喜欢的连衣裙。她怕生，但那天却表现得格外自然。之后冯雪峰告诉她，先生说她还像一个小孩子。自己已经经历了那么多，哪里还会是个小孩子呢？1931 年 9 月，《北斗》出版面世，封面为淡黄色基调，衬有一幅天体图，北极星清晰可见，并有"北斗"两个醒目大字。那段时间，她一直在尝试写点新的东西。她以 1931 年中国 16 省的水灾为背景，写下小说《水》的第一节，发表于《北斗》创刊号。可是，《北斗》刚办到第 8 期，就被国民党禁了。

不知不觉，胡也频已经去世两年多了。她忍不住抬头再看看眼前的人，会不会记错了，胡雷为什么会在这里？他是被抓了么？还是叛徒？还是……他最好别是叛徒啊！胡雷冲她笑笑，点了下头。那笑容让丁玲起了一身鸡皮疙瘩，高个子立马将胡雷拖了出去。潘梓年依然坐在沙发上，只不过放下了报纸，皱眉紧盯着屋内翻书架的特务。丁玲真的恨极了叛徒和特务，不过一会儿，所有人都会知道他们是谁了。胡雷和高个子很快就回来了，门再次开了，5 个人拥在门口。丁玲瞥见其中一个人，她坐在床头，突然喘不过来气儿。

四

约定的时间是 12 点。到了 12 点，如果任何一个人没有回来，就离开这里。冯达是这样告诉她的。可是谁会料到开门时正好撞上了潘梓年？

丁玲一直觉得冯达是一个好党员。胡也频牺牲后，是冯达用一种平稳的生活态度帮她度过了那段最艰难的日子。她曾经特别害怕一个人在家，总觉得四周是棺木般的墙壁，只听见自己的叹息声。那时，《法兰克福时报》社记者史沫特莱要见她。这位美国朋友请她的翻译兼私人秘书先过来找到丁玲，约好见面的日子。那是她第一次见到冯达。西装革履、穿戴整齐，腋下夹着英文报纸。他接她到西摩路，同那身材高大，目光闪烁，肤色、骨架据说有印第安人基因的史沫特莱娓娓而谈。她聊到创作、追求、经历，以及这一年的遭遇和现今的处境，当然还有破碎的小家庭和私生活。冯达静静听着，用流利的英语进行翻译。之后冯达常去看她，话不多，好像只是想帮她做点什么。有时也陪她出去走走，看看朋友，买点东西，或者陪她去看水灾后逃离灾区的难民。冯达常说一些国内外的红色消息，她也听得新鲜。她喜静，冯达也不多言。看见她在写文章，他就走了。她肚子饿了，冯达就买一些菜、面包来，做一顿简单的饭。那时，冯达已经26岁了，他说自己没有谈过恋爱，还有个母亲和弟弟在广州老家，但很少通信。后来，她慢慢能接受他，冯达就搬到她后楼的亭子间住着。再后来，他们搬到了一起。冯达辞掉了秘书职务，进了党中央的"工农通讯社""时间通讯社"。他每天都到通讯社在"棉业银行"4楼的办公地点上班，写稿、译稿、打字，工作负责、耐劳，有病也不休息。给史沫特莱做秘书时每月赚100元，后来每月只有15元生活费，但他生活上也没有其他的嗜好，从不乱花钱，也不叫苦。他就是一直那样平平静静地工作。

但是认识两年，是冯达只展现了这么多，还是自己只知道这么多？丁玲不知道冯达为何会出现在这里，是他泄露了地址？他和胡雷一样是叛徒么？

冯达低下头，好像谁也不认识一样。他呆呆地往床头一坐，丁玲迅速地站起身来，自己怎么能和一个叛徒坐在一起呢？不是他告密，还会有谁知道这里呢？说不定那两个通讯员也是他编造出来的，他连通讯员的名字都没说。她冷冷地看着眼前低下头的男人。

高个子特务做了一个手势，屋子里的人动起来了。他们推着丁玲和潘梓年，丁玲顺手拿了两件刚收拾的衣服和一件皮大衣。两人被推下楼，进了一辆停在路边的汽车。她和潘梓年坐在后边，冯达坐在前面。丁玲望向窗外，这里向来安静，附近只住了几家俄国人，不可能有救他们的人。她碰了碰潘梓年的胳膊，也不清楚自己想要表达什么。她不知道汽车要开去哪儿，接下来会发生什么，她仿佛只能抓住潘梓年了。她不知道，丁九同志在三小时后带着连夜起草的罢工传单，来这栋小楼准备与他们商讨工运事宜。在与特务打斗中，他从四楼窗口坠落，当场牺牲。

五

1933年5月15日《申报》刊发《无名男人坠楼殒命》的消息："身穿

灰色哔叽纱长衫，内衣上有怀表同一枚小指南针……那人高高瘦瘦，右额破碎，肠子流出，当场死亡。"

5月17日，上海《大美晚报》登载消息《丁玲女士失踪》。

5月23日，蔡元培、杨杏佛、胡愈之、沈从文等38人联名，向南京国民政府行政院长、司法部长发出营救电报，呼吁"尚恳揆法衡情，量予释放，或移交法院，从宽处理"。

6月10日，文化界成立丁潘营救会，发表《文化界为营救丁潘宣言》称：迄今丁玲何在，尚在秘密中。

6月19日，左联发表《为丁潘被捕反对国民党白色恐怖宣言》称：现在丁玲，或许已经被埋葬在国民党刽子手们经营的秘密墓地中。6月28日，鲁迅写下《悼丁君》："如磐夜气压重楼，剪柳春风导九秋。瑶瑟凝尘清怨绝，可怜无女耀高丘。"诗歌刊于9月30日版《涛声》。

在此期间，中国民权保障同盟主席宋庆龄致电行政院长汪精卫要求援救，巴比塞、瓦扬·古久里、罗曼·罗兰等国际友人也发起抗议和声援。

1936年4月，鲁迅向刚到上海的冯雪峰转告了史沫特莱的口信，说丁玲正在寻找党组织。9月，丁玲终于转沪去陕北苏区，于当年11月顺利抵达保安。在被监禁数年后，丁玲终于完成自己的夙愿——到苏区去。

为有牺牲多壮志

——访林达故居

刘 迪

★
★★
★★
★★
★★

老港林达故居遗址简介

浦东新区老港镇成日村成一 569 号，为一座古旧的瓦顶老平房，已有百年历史。林达（1914—1947）原名林有璋，上海市人。1940 年加入中国共产党，历任抗日游击队特务长、军需、中队附，淞沪游击第三支队队长，新四军浙东纵队第三、四支队队长，政委，新四军第一纵队第三旅和中国人民解放军华东野战军第一纵队第三师第九团政委、团长等职。1947 年 7 月 29 日光荣牺牲。

　　浦东新区老港镇成日村，村里的楼房带着彩色贴面，错落有致。林达故居的五间平房仿佛被时光遗落，停滞在了一个遥远的日子。林达（原名林有璋）1914 年出生在此，上有两个姐姐和两个夭折的哥哥，故被家人格外宝贝，取乳名野宝。他第一天上学回来，父亲问：学到什么了？他朗朗地说：天地、江河、日月。父亲满意地笑着说：这娃胸有乾坤，将来能做大事。父亲从此供他读书，从乡办成一小学，到南汇的惠南小学，直到考取上海市立新陆师范学校。① 林达学习优异，成绩总是名列前茅。当时，新陆师范学校是进步青年向往的学校，小火车从祝桥直通那里。那时的林达，穿着竹板领学生制服，眉眼高瞻，风华正茂。1932 年，林达毕业后，经人介绍进入江南造船厂，从事账务。1937 年，日军在金山汇登陆，他辞职返乡参加抗日，目睹了日本军队疯狂残杀乡民的暴行，他的婶婶、堂兄、堂妹、外甥女被杀，他和两个弟弟林有德、林有仁也险些遇难。从此，他跨出家门，扛起了枪，走上了抗日救国的英勇之路。林达 1947 年牺牲，时年 33 岁，十年戎马，血溅沙场。

故居屋后是一条河浜，两岸装有护栏。据说从前河道宽阔，碧水泱泱，橹声悠悠。林家在此运回田的风车、牛车、水车，以及收获的水稻、大麦、小麦、高粱、玉米、大豆、花生、山芋和棉花……林达参加革命后，这里便开始迎来送往抗日队伍，以及情报和物资……

浦东

谭震林曾经对谭启龙说：浦东有个林有璋，师范毕业生，曾在我们教导队学习过，是我党在浦东创建抗日武装的骨干分子。

1940 年 5 月，正是江南春暖花开的季节，林达来到江苏江南抗日义勇军司令部教导队受训，虽然他腰部的伤还在隐隐作痛，但并不妨碍他对学习的热情，他刻苦学习，积极讨论，这个英俊精干、有勇有谋、抗日立场坚定的小伙子，给身经百战的谭震林司令员留下了深刻印象，我们的抗日队伍里，是多么需要这种善于指挥打仗的好苗子呀！

① 新陆师范学校：浦东地区最早的公立师范学校，也是抗日救亡的重要阵地。1929 年 8 月，由上海特别市政府拨款，在杰出的师范教育家杨保恒故乡不远处的新陆，创办了新陆师范学校。1937 年淞沪会战中，学校被日军飞机炸毁，仅剩一座水塔。学校后来迁往市区租界，改为私立立德中学。1945 年，在九龙路 657 号第四国民小学校舍复校。1952 年，并入华东师范大学。

谭震林指示"中共浦委","林有璋回浦东后，不要再搞经济工作，要让他带兵打仗。"

不久，林达被任命为新组建的"五支四大"① 大队副，他对这支从伪军反正过来的队伍，用刚学来的知识，进行了政治和军事的强化训练。

1941 年 4 月 5 日，芦苇已经返青，天气依然寒冷。天黑透后，林达带领 40 多人，在暗夜的掩护下，经过三小时的行军，按计划抵达了青墩伪军据点外围。在战前动员中，林达曾说：伪军为日本人打仗，打的是非正义的仗，故他们怕死，我们为劳苦人民打仗，是正义之师，故我们勇猛。我们要用这次打青墩伪军据点来检验这些天训练的成果。凌晨 2 点围剿开始，果然像预料的那样，和伪军哨兵刚遭遇，还没开枪，哨兵就喊：不得了了，有人来了。屋里的伪军开火顽抗，被队员的一颗手榴弹压了下去，然后伪军以谈判为由想拖延，等待川沙的日军增援，英勇的一排长当机立断，拿着机枪冲上去，迫使伪军缴械投降。

太阳从海面探出了头，海天一片血红的朝霞。

部队撤离后，他们听到小火车拉着汽笛驶向青墩，知道增援的日军来了。这一仗，有侦察、有部署、有预案，俘获伪军 31 人，队伍多了 30 杆新的日式三八步枪，我们一名战士负伤，以少量的伤亡换来了部队的壮大，给了队员们莫大的鼓舞和信心。

三北 ②

1941 年 6 月 15 日，黄昏时分，部队进入南汇小洼港，在天主教堂集合，三只木帆船已经停泊在海滩，林达和队员 136 人，告别浦东父老，夜行 300 海里，翌日 7 点多抵达姚北相公殿，转战浙东。

---

① "五支四大"：灰色隐蔽番号，全称是国民党淞沪游击第五支队第四大队。
② 三北：浙江余姚、慈溪、镇海北部地区。

新的战场，环境不熟，粮草不足，怎么才能打开局面呢？

6月18日，林达得到情报，庵东有一股日军，大约三十几人，要到相公殿伪保长处拿八担酒、两担鸡。林达当机立断，这一仗要打，而且一定要打胜。他马上派人侦察日军人数和火力配置，一方面和教导员蔡群帆等骨干研究战斗部署。

相公殿一仗，日军8死8伤，我军无一伤亡。

后来人们在相公殿立"打响浙东敌后抗日第一枪"纪念碑。

这一仗打得漂亮，打出了抗日士气。"三北"群众终于看到了一支真正打鬼子的队伍，同时，他们看到这支队伍，遵守纪律，作风严明，坚决抗日，爱护百姓。

相公殿名士许深洋（学校校长）儿子许中惠（肖林）和长工胡金潭，都加入了林达的抗日队伍。

6月22日，林达走进许深洋家的客厅。

林达说："许先生，尽管部队省吃俭用，但经费已剩下不多，若再不及时筹款，部队的给养将成问题，请您出出主意、想想办法。"

许深洋沉思良久、突然一拍脑袋说："糊涂，真糊涂了，怎么将偌大的钱库给忘了，本乡多有盐田，有盐田就有盐，有盐还愁没钱粮。"

"自日军来到后，盐场的盐警望风而逃，相公殿附近有十多个无人看管的盐库，每个盐库都有七八万斤盐。你们是抗日的队伍，尽可以售盐作为抗日经费。"

林达会心笑道："许先生的主意好，但不明具体情况，还需许先生介绍情况和与地方有关人员沟通一下。"

许深洋说："相公殿的乡长（伪）陈庭辉是我的好友，他的辖区不成问题；再就是袁公亭等四兄弟，这一带不少盐库是他们盐田产的，我去与他们交涉，想必会给面子。"

两人筹划一番决定第二天就行动。

第二天上午，袁家客厅里坐着袁家四兄弟。

许深洋、林达和警卫员如约前来。

许深洋拱手："袁家兄弟，给你们介绍一下，这是上海淞沪五支队四大队的林大队长，相公殿战役的指挥官。因需筹集军费想动用盐库的盐，请大力协助为盼。"

兵荒马乱，袁家兄弟也想与抗日游击队结识，好有所依傍，自然顺水推舟。

袁老大对林达拱手道："林大队长相公殿一战，在浙东无人不知、谁人不晓，今日光临，叫寒舍蓬荜生辉。结识林大队长，乃我袁家兄弟三生有幸。盐库本为官方所有，兄弟只是代为保管，贵部筹款需动用只要出具收条，兄弟自然将盐库交予贵部。"

林达："袁家兄弟如此深明大义，实为难得，我定将此事禀报上级，至于出具收条乃天经地义，决不会使袁家兄弟为难。"

第三天，林达带着战士，浩浩荡荡向盐区出发，仅用一天就接管了相公殿附近十几个盐库，每个盐库都贴上了盖了"淞沪游击第五支队第四大队"的封条，又在盐垛下沿盖上了大印。随即派人联系船只准备装运。

周围盐民纷纷参加搬运，盼早日卖出盐拿到工钱。

没几天，地下联络站人员就联系了苏、浙、沪一带的商人，将几十个盐库的盐买空了，换来了部队的给养，贫苦盐民也拿到了拖欠的工钱。

"五支四队"是共产党领导的一支新四军武装抗日队伍，但沿用的是国民党的灰色番号，名义上隶属国民党第三战区淞沪游击指挥部。林达借此灰色番号，团结一切可以团结的力量，做了很多艰苦卓绝的统战工作。

他拜访社会贤达，宣传抗日，他们纷纷为抗战捐钱捐物，还联名把刻有林达名字的金盾，捐赠抗日武装。

林达的老上级，谭启龙在回忆时曾说："1942 年 6 月，当我来到浙东与他们会合时，他们已经在'三北'地区初步站住脚跟。……勇猛顽强、遇变不惊、多谋善断、虚心好学、爱护部署、严格治军，是林达一贯的作风。"

1943 年初，为争取鄞西国民党宁波警察总队郭清白抗日，林达深入虎穴，与郭清白会面，共商合作抗日大计。与此同时，林达带领部队深入到宁波近郊，开展游击活动。1943 年 4 月 2 日，经过周密部署，他们不发一弹，在日军鼻子底下，俘虏西城桥杨家祠堂守军一个排，缴获包括机枪在内的全部武器和物资。这一胜利，不但震慑了宁波日军，也使郭清白对"五支四队"刮目相看，派员来参加西城桥战斗胜利祝捷大会。是日，宁波日军向樟村地区实施报复性"扫荡"，郭清白畏手畏脚，不敢迎战，请求林达派兵驰援。林达为了打开鄞西局面，阻止郭清白部队左右摇摆的投敌暗流，亲自率领三支队，连夜冒雨，翻山越岭，急行军赶赴樟村东南迎战日军，激烈的战斗持续了 6 个小时之久，用血肉之躯为郭清白部队解了围。事后，郭清白既感动又羞愧，致函林达：

"有璋吾兄赐鉴，贵师解我重围，此恩此德，永远不忘……"

山东

1945 年底，部队整编为新四军第一纵队第三旅，林达先后任第九团政委和团长，随后转战山东。

九团是新组编的大军团中的小弟弟，从江南水乡转战北方山地作战，地形不同，局势不同，过去的伏击战、麻雀战、游击战显然不适合目前作战要求。

泰安驻防期间，也是全面内战爆发前夕，林达带领部队，针对敌人的防御特点，演练攻城、巷战、打坦克、攻碉堡、架云梯、爬城墙等战术和技能。他要求部队操场即战场，平时多流汗，战场才能少流血。

内战爆发后，林达率领第九团奋勇驰骋在齐鲁大地，边学边打，越战越勇。九团多次参加重大战役，比如和兄弟部队一举攻克泰安城、台儿庄反击战、曹家集之战等，九团从一纵队的"小弟弟"，迅速成长为能攻善守的华东野战军主力之一。战后，林达撰写了战术论文《鲁南两次防御战的经验》报告，用实例，从政治和战术上详细论述了成功和失败的教训。

有些战士行军时嫌累赘，不愿意带洋锹，他反复强调，打防御、阻击战，洋锹的作用和枪平分秋色。对于掩体、工事的修筑，他有过仔细的研究，比如，修筑正面工事的同时，不能忽视侧面，工事多厚、多深，多宽都应该量化。一次他在战壕里发现了一份国民党的报纸，上面有白崇禧一段关于修筑工事的介绍，他马上分享给战士们。

1947年5月，九团参加孟良崮战役，担负阻击国民党25师对张灵甫74师的增援，九团正面的防御战线有20至30公里之长，国民党飞机大炮轮番轰炸，战斗惨烈，林达率领团指挥所，前进到离二营阵地只有100米处指挥战斗，二营伤亡惨重，界碑阵地失守。往往一城一地的失守会影响整个战局的胜负，林达果断率领警卫排冲了上去，夺回机枪和阵地，胜利完成阻击任务。

1947年7月29日，林达率部强渡沙河时，遭遇国民党飞机俯冲扫射，胸部和大腿部中弹，由于流血过多不幸牺牲，时年33岁。临终前对身边战友说："我没有完成任务，艰巨而又光荣的任务要由你们去完成了。"林达在军中的恋人博尔赶到他身边时，他已经不能讲话了。博尔对林达的怀念几乎伴随她一生。

1946年9月4日，林达曾给家人写信，告慰父母，他有恋人了，原名坤儒，现名博尔，高中生，在部队做财务工作，品德极好，性格温柔，他还托家人买一对派克笔，为博尔买一只手表。他还说，我身边的战友很多都牺牲了，我死的概率比她大，我不能伤害她，等胜利了，我们再完婚。

岁月如梭，半个多世纪过去了，屋前的老井深情地注视着天空，林达父母生前为林达准备的婚床，依然日复一日地默默等待主人新婚大典的爆竹声……

朱家店抗日之战

刘 迪

★
★
★ **朱家店抗日之战纪念碑简介**
★
★ 朱家店抗日之战纪念碑坐落在浦东新区南六公路旁，高大的石碑，直指天空，
黑色的石墙上镌刻着：20 世纪 30 年代，日本入侵中国，大片国土被占，淞
沪相继沦陷。富饶的浦东大地惨遭敌军铁蹄之践踏。奸匪肆虐，痞盗为害；
田园荒芜，生灵涂炭。为救国于危亡，解民于倒悬，中国共产党率领民众开
展敌后游击之战。1944 年 8 月 21 日，日军龟田中队下乡为虐，新四军浙
东纵队浦东支队队长朱亚明率部设伏于朱家店，一举歼灭日军 34 人，敌酋饮
泣，民众欢颜……

五灶港河穿过朱家店，三埭石桥连接两岸，早年，桥北有个小集市，桥南大约五六百米处，是一幢有别于民宅的高房子，村民叫它张家袜厂。

这里雨水丰沛，作物四季生长。

自从日本人来了以后，袜厂停工了，田地少有耕作，集市门可罗雀。

8 月下旬的一天。

天气异常闷热，中午，村里的狗突然狂吠起来，炎炎烈日，人们懒得出门

张望，过了一会儿，狗不叫了，此起彼伏的蝉鸣，像是在宣布：平安无事喽！

午后1点左右，五灶港河南岸，突然响起"轰隆隆"的地雷声，接着是"乒乒乒"激烈的枪声。各家的狗在院子里又开始狂吠乱跳，但很快便被更密集的枪声压下去了……

大人们按住孩子的头，趴在地上，一动不动。

大约过了半个小时，狗不叫了，甚至树上的蝉都噤声了，外面死一样的沉寂。

住在五灶港河南岸的几户人家，有人探出头向外张望，胆子大的，出了门，走向河岸。

起初，只听到头顶"嗡嗡嗡"的声音，接着，看到成群的绿苍蝇，一团一团，在空中盘旋，又旋风一样直抵河岸。

顺着嗡嗡的声音望过去，三块石桥东侧的河岸上，齐刷刷摆着几十具日本人的尸体，自东向西，足有二三十米，唯一一个活着的日本人，目光呆滞地坐在尸堆里，时不时抬手轰赶脸上的苍蝇。

第二天，日本人来了。村里除了老弱病残，能跑的都跑了。日本人到各家卸了七块门板，把尸体抬出村外，用了六七十担柴，烧了整整一个晚上。

几天后，日本人集结了几百人到朱家店报复，六灶港河南岸的民房，被烧了一片。

人们好奇，这支来无影去无踪的天降神兵去哪了？

后来，人们知道，这支神兵，是朱亚民领导的抗日队伍，日本人悬赏10万军票要他的人头。

1944年8月中旬，朱家店南面的几个自然村，突然来了一些人，有生面孔，也有熟面孔，他们有的住在寺庙，有的住在野外的瓜棚、蟹棚。他们和其他武装的区别是和气、亲民。

秋天，黄豆、蚕豆、玉米到了收获的季节，村民不敢独自去地里收割，怕成了日本人的活靶子。日本人入侵后，一些粮田荒芜了，冒死种下的粮食比金子还贵重，怎么能烂在地里呢？这些人知道后，就一家家帮助收割。

此时，朱亚民支队的三个主力中队，共有 200 余人，正集结在此休整。

回想 1942 年受廖承志派遣，几经周折，来浦东开展敌后抗日，他带领的 12 人短枪队，驰骋浦江两岸，锄奸杀敌，威震浦东，令他痛心的是，战友董金银、陈龙生、路秋如、金文华、许培元、张宝都先后牺牲。队员朱刚在农户家养伤时，被日本人抓去，威逼利诱，坚不吐实，日本人用铁丝穿透他的锁骨，后来又叫匪徒用棉花把他活活噎死。想起这些，他心痛如绞，做梦都想杀敌。

8 月 20 日傍晚，情报员送来一个消息：明日驻周浦日军一个中队，要出来"清剿"，途经六灶去新场。这个情报，叫他顿时振奋起来，他默默自语：我倒要看看是谁在清剿谁？他拿出纸笔，画了一个三角，在三个角，顺时针标上周浦、六灶、新场，又在六灶到新场的三分之一处，画了一个石桥，然后若有所思地对参谋长张席珍说：朱家店三块石桥是六灶到新场的必经之路。

这一夜，他没有闭眼。不久前，他和日本人的收粮队在朱家店交过手，打死过两名日军。他对那里的地形了然于心。

第二天一早，他派联络员杨金泉通知六灶镇伪区长王季贤，伪镇长徐志良备饭好好款待日本人，尽量把日军出发的时间拖到午后。

午前，情报员送来消息，日军上午 10 点到达了六灶，日军 46 人，一个掷弹筒，两挺机枪，预计 12 点将向朱家店出发。

六灶到朱家店大约四公里，水网纵横，小路弯曲，日本人且行且看，预计到达伏击点大约需要 1 小时。

正午火辣辣的阳光把人逼进了阴凉的屋里，狗在树荫下东张西望。

如果不出意外，日军从北面来。从五灶港河北岸过三块石桥，路的东面是块棉花地，沿路向南延伸，长四五百米，宽五六十米，棉花地南端是张家袜厂，一个天赐的制高点。再往东，是条南北向小河，是五灶港河的支流。路的西面是一个与棉花地平行的狭长水塘。这真是两水夹一路的天然伏击圈。

中午 12 点整，队员分多路悄悄进入伏击隐蔽地点。

张锡祚的一中队带两挺机枪，埋伏在棉花地南面。陈金达和队员带一挺机枪埋伏在张家袜厂屋顶，控制制高点。三挺机枪负责正面击敌。二中队赵熊，带领队员隐蔽在小河东岸，侧面击敌。翁阿坤率领一个班，携一挺九六式机枪，埋伏在五灶港河北岸，石桥的西北面，封锁石桥，斩断敌人退路。余下的全部队员，作为预备队，埋伏在水塘西面，准备阻断绕过水塘西逃的敌人。队员们还用 16 颗手榴弹制作了四个土地雷，四颗一组，拧下保险盖，每七八米布设一枚，用麻绳连接。

烈日下，硕大的棉花桃在微风中摇曳。

战前的兴奋、紧张、焦虑，浮上每一个队员心头，时间真是难熬……

伪镇长（白皮红心）的假情报日本人相信吗？

地里正在收割毛豆的群众，会不会露出破绽？

所有的土地雷都能拉响吗？

日本人改变路线怎么办？敌人真的会进入我们的包围圈吗？

……

终于，前方哨兵传来消息，日本人来了。

三个尖兵和向导走在前面，后面大约 20 米外，是日军的单人纵队，拖延百米。

也许是伪区长和伪镇长的假情报，以及田里不慌不忙劳作的群众，麻痹了日军的警惕。

日军虽然保持着基本队形，但汗流浃背的日军显然有些麻木和懈怠。他们从北岸小路走来，逐一过了石桥，继续沿着棉花地，向张家袜厂走来。

看着敌人全部进了伏击圈后，朱亚民一声枪响，果断发令：打！

隐蔽在棉花地里的战士倪奎炳拉响了地雷，在一阵爆炸声中，他平安撤回。

轰隆隆的雷声过后，鬼子倒地一片。

隐蔽在棉花地里和屋顶的三挺机枪，一起开火，一些队员迅速向前，占领了棉花地当中的几个坟头，以此为掩体向敌人射击，这时，侧面的枪声也密集地射向敌人。

日军毕竟是训练有素的正规军，反应过来后，迅速反击，知道后撤是石桥瓶颈，必有伏兵，只能组织火力，拼死向前方突围，怎知前方已被火力牢牢封死，插翅难逃，伤亡惨重。随着队长龟田的毙命，日军乱了阵脚，成了一团散沙，部分日军掉头向石桥逃命，刚逃过几个日本兵，石桥便被前来的翁阿坤和队员用火力封死。敌人又绕过水塘，向西逃窜，遭埋伏在此的预备队堵截，走投无路的日军，只好跳河逃生，被击毙河中数人，也有几个泅水上岸，逃向了新场日军据点。打扫战场时，在棉花地里又找到两个日本兵，顽抗中毙命。战士毛林生，被躲在芦苇中的一个日本兵击中腹部，流血不止，不幸牺牲。毛林生是泥城暴动烈士的后代，部队要给予其母抚恤，其母说，你们部队这么艰苦，我不要你们照顾，默默安葬了儿子。

此次战役，击毙日军 34 人，逃跑 13 人，缴获掷弹筒一个、机枪两挺、步枪 30 支、子弹 400 发以及太阳旗、望远镜、钞票等，我军伤亡一人。

1972 年，此战被选入总参军训部与军事科学院战史部编写的《步兵连战例选编》，供全军学习。

2004 年 6 月，南汇区六灶镇人民政府，在当年朱家店抗日之战所在地立碑，并请朱亚民题写了"朱家店抗日之战纪念碑"碑名。

茅盾在上海

路　明

★
★
★　　**茅盾在上海寓所简介**
★
★　　茅盾（沈德鸿）从 1916 年抵沪到 1949 年定居北京，其间约有 20 年时间
★
　　在上海度过。据考证，茅盾在上海的寓所有 6 处（不包括早年商务印书馆的

　　宿舍）。其中比较知名的，一处是虹口区景云里 11 号（今横浜路 35 弄 11

　　号甲）；一处是大陆新村 3 弄 9 号（今山阴路 156 弄 29 号）；一处是大陆新

　　村 1 弄 6 号（今山阴路 132 弄 6 号）。

　　1927 年 8 月 27 日夜里，沈德鸿走出上海北站。他快步坐上一辆黄包车，拉低帽檐，对车夫说，横浜路，景云里。

　　之前，他经历了一段兵荒马乱的日子。四一二事变后，沈德鸿被国民党当局通缉，仓促离开庐山牯岭，乘船到了镇江。再辗转经无锡，搭乘夜火车，回到阔别一年半的上海。

　　时间推回至 1925 年 12 月，正值国共合作时期，沈德鸿以共产党员的身份当选国民党第二次全国代表大会代表。他离开上海，乘船前往广州。国民党"二大"后，沈德鸿担任国民党中央宣传部秘书，负责编辑机关报《政治

周刊》。当时宣传部的代部长正是毛泽东，在毛泽东去江西调研农民运动时，他就代理宣传部部长之职。

沈德鸿回到景云里的家中，只见到母亲和一双小儿女。母亲告诉他，妻子孔德沚因小产，正住在日本人办的福民医院里。

第二天一早，沈德鸿赶去医院探望。孔德沚见到丈夫，欣喜地握住了他的手，压低声音说，"德鸿，南京政府的通缉名单上有你的名字。前些日子，有熟人问起你，我对他们说，你到日本去了。现在你回来了，怎么办呢？"沈德鸿想了想，告诉妻子，仍旧说他去日本，这一段时间他先在家里避一避。

景云里位于公共租界，属于日本人的势力范围，当局不便公开搜捕。弄内共有三排朝南的红砖小楼，是典型的上海石库门建筑。沈德鸿和家人居住在 11 号甲，隔壁住着叶圣陶。由于附近书店与出版社众多，鲁迅、陈望道、冯雪峰、周建人、柔石等人也先后居住在这条弄堂里。

从福民医院出来，黄包车沿着北四川路走。看着街边熟悉的建筑，沈德鸿思绪浮动，往事一帧帧掠过心头。

11 年前初来上海时，他还是个稚气未脱的小镇青年。那时他刚从北京大学预科毕业，入职商务印书馆编译所，担任英文函授学社的阅卷员，月薪 24 元。宿舍在宝山路的一栋两层洋房里，房间除了 4 张床，一盏昏暗的电灯，几乎一无所有。平日工作繁忙，只有到了星期天，室友们都出去玩了，他才能安静地读一会书。

勤奋和天赋使这个来自乌镇的年轻人迅速崭露头角。来上海的第一年，他便翻译了美国作家卡本脱的《衣·食·住》，并与老编辑孙毓修编选出版了《中国寓言初编》。自 1917 年下半年起，他参与朱元善主编的《学生杂志》编辑工作，并在当年 12 月号的《学生杂志》上，刊登了一篇署名"雁冰"的社论——《学生与社会》。

当时的上海，无疑是中国新文化运动的中心，除了诸多文化名人，亭子间里更是蜗居着无数热血的文学青年。沈德鸿如饥似渴地阅读、写作。尤其在五四之后，受《新青年》等刊物的影响，他开始关注俄国文学。在当年的《学生杂志》第6卷第5、第6号上，连载署名"雁冰"的《托尔斯泰与今日之俄罗斯》。除此之外，他还接连在《时事新报·学灯》《解放与改造》《妇女杂志》等刊物发表文章和译作，成为一颗冉冉升起的文学新星。

转眼到了1920年。回头来看，那是他生命中至关重要的一年。5月，上海马克思主义研究会成立，他是最早的成员之一。同年，在李汉俊的介绍下，他加入了上海共产党早期组织，并参与秘密筹建中国共产党。1921年7月23日，中国共产党第一次全国代表大会在法租界望志路106号举行，随后，会议转移至嘉兴南湖的一条游船上。

当年另外一件事，是商务印书馆请他接替王莼农，出任《小说月报》主编，他欣然同意了。

他成为中国共产党最早的50多名党员之一。利用在商务印书馆工作的条件，他担任了中央联络员一职，负责将来自全国各地基层组织的信件转呈中央。每封来信的外封写"沈雁冰"，内封则写"钟英小姐"，有时直接写明"沈雁冰转呈钟英小姐"。久而久之，同事们纷纷猜测，"钟英小姐"不会是沈德鸿的情人吧？

他的嘴角浮起微笑。关于"钟英小姐"关系的种种猜测，自然也传到了孔德沚的耳朵里。加上他经常忙到深夜才回家，更加深了孔德沚的怀疑。在征得组织上的同意后，他向妻子"坦白"了自己的身份，"钟英"其实是"中央"的意思。从此，妻子对他的照顾更无微不至了。

"先生，景云里到了。"黄包车车夫打断了沈德鸿的思绪。他付了钱，信步走回家。还好，路上没遇到什么熟人。

眼下最大的问题，是如何维持一家人的开支。出去找工作显然是不可能的，思来想去，还是写作比较妥当。两天后，孔德沚出院回家，还是有点低烧，需要卧床调养。沈德鸿在妻子的病榻旁摆上一张小桌，一面照顾妻子，一面写起小说来。

从三楼窗口望出去，屋瓦层层叠叠，弄堂密密匝匝。正值夏末，天气依旧闷热，弄堂内的男男女女，一到晚饭后，便搬出躺椅、竹凳，在屋外乘凉。笑声哭声，闹成一片。与景云里只有一墙之隔的大兴坊，常有几人在户外打牌，忽而大笑，忽而争吵。有时不知何故，突然将牌在桌上用力一拍，"真有使人心惊肉跳之势"。

沈德鸿坐在家里，俨然有"大隐隐于市"的意思。写作虽然辛苦，相比这两年的东奔西走，能陪伴在妻儿的身边，倒不失为安定温柔的时光。上海的里弄庇护了他，他也将这市井百态写进了小说《幻灭》。

从9月初开始，他足不出户地写了4个星期。书稿完成将近一半时，他打算让孔德沚拿给隔壁的叶圣陶看看，听一听他的意见。叶圣陶通宵读完，第二天便登门拜访，直夸小说写得好，并表示将发表在《小说月报》上。

可是，署什么名呢？沈德鸿肯定不行，"雁冰"也不行，原来用过的笔名"玄珠""郎损"在武汉时写文章骂过蒋介石，也不能用了。沈德鸿想起历历往事，革命与反革命的矛盾，革命阵营内部的矛盾，各阶层之间的矛盾，以及自己生活与思想上的种种矛盾，随手写下新的笔名：矛盾。

叶圣陶表示反对，"矛盾"一看就是假名，加上内容多与大革命有关，容易引起国民党当局的猜疑。叶圣陶建议，在"矛"字上加个草头，成了"茅盾"。沈德鸿采纳了。

《幻灭》的上部登于当年《小说月报》的9月号（实际延期至10月），下部登于《小说月报》10月号。一经刊出，便引发了轰动。探讨小说之余，读者也在猜测，这个"茅盾"是谁？

据说徐志摩读完《幻灭》后，大为激赏，觉得这个小说不是一般人能写出来的。无论文字还是情节，一看就是个很老练的作家。他忍不住跑去问叶圣陶，"茅盾是谁？"叶公笑笑说："保密，不能跟你讲。"

徐志摩冥思苦想。多日后，他在戏院遇见了宋云彬，兴奋地告诉对方：

"圣陶不肯告诉我，我已猜中了，茅盾不是沈德鸿是谁！"

《幻灭》之后，茅盾又接连发表了长篇小说《动摇》《追求》。三部曲以《蚀》为名，由开明书店出版。在扉页上，他写下这样的题词：

> 生命之火尚在我胸中燃炽，青春之力尚在我血管中奔流，我眼尚能谛，我脑尚能消纳，尚能思维，该还有我报答厚爱的读者诸君及此世界万千的人生战士的机会。营营之声，不能扰我心，我惟以此自勉自励。

1928 年，茅盾东渡日本。他与上海的情缘仍在继续。1930 年 4 月，茅盾返回上海，住在愚园路口弄堂里的一间三层厢房里，后化名"沈明甫"迁至大陆新村 3 弄 9 号（现为山阴路 156 弄 29 号）。在大陆新村，他与鲁迅为邻，共同领导了左翼文化运动，参与创办、编辑了《前哨》《北斗》等多种进步刊物。尤其值得一提的是，1933 年 7 月，在鲁迅的过问下，《文学》月刊在上海创刊出版，公开出面的编辑人是郑振铎、傅东华，实际主持工作的是茅盾。创刊号刊登了茅盾的《残冬》、叶圣陶的《多收了三五斗》、郁达夫的《迟暮》、巴金的《一个女人》、艾芜的《咆哮的许家屯》以及鲁迅、朱自清、夏丐尊、丰子恺等人的散文和随笔。除了参加编务工作，茅盾还以铭、明、未明、东方未名等笔名发表了大量作品。在茅盾与同仁们的努力下，《文学》成为当时中国影响最大、销路最广的一本文学刊物，也是文化战线的一个重要阵地。

1935 年 3 月，茅盾从大陆新村迁出，搬去沪西极司菲尔路（今万航渡路）信义村居住，直至 1940 年 4 月去延安。抗战胜利后，他经香港返沪，住在大陆新村 1 弄 6 号（今山阴路 132 弄 6 号）朋友欧阳翠家的二楼。1947 年 12 月，经党组织安排，茅盾与郭沫若等人一起离开上海，前往香港。

多年后，茅盾回忆道："我如果不是到上海来，如果不是到商务印书馆来工作的话，可能就没有自己文学上这样的成就。"上海是成就他事业的舞台，也是他感情最深、投入最多、发表作品最集中的地方。在这片土地上，初出茅庐的小青年沈德鸿，最终成长为伟大的文学家、革命家、社会活动家茅盾。

"小先生"泥蛋

简 平

中国福利基金会第一儿童福利站遗址简介

抗日战争结束后，苦难的中国又陷入了内战的混乱之中。为了救济在战乱和贫困中挣扎的穷苦儿童，并让他们得到受教育的机会，宋庆龄主持的中国福利基金会决定在上海创办儿童福利站，中国共产党予以全力支持，并派出多名党员协助工作。1946 年 10 月 12 日，首先在金源小学（胶州路 725 号）创办儿童图书阅览室；1947 年 4 月 4 日，又在图书阅览室的基础上建立第一儿童福利站，虽然只有两个简陋的圆顶铁皮活动房，但却成了穷苦孩子的"诺亚方舟"，使他们得到温暖的庇护。第一儿童福利站建立后，宋庆龄多次前往视察工作。首任站长马崇儒是中共党员，他积极推动教育家陶行知倡导的"小先生"活动，物色周边中学品学兼优的学生，利用课余时间为贫困失学儿童以及上海西部地区工人开办扫盲班，儿童福利站编写的"一体"扫盲教材，适用于不同年龄的儿童和成人，受到宋庆龄的赞扬。儿童福利站不仅为孩子提供教育，同时还为贫困母亲和儿童提供医疗服务，开展健康知识教育，免费进行健康检查和疫苗接种。在"小先生"活动中，儿童福利站内部也培养了一批优秀的"小先生"，使他们先后走上革命道路，成为建设新中国的栋梁之材。1949 年春天，为了迎接上海解放，儿童福利站停止日间活动，在晚上秘密制作欢迎解放军的标语和丝带。当中国人民解放军进入上海时，儿童福利站的"小先生"是第一支出现在街上的欢迎队伍。1950年2月，儿童福利站完成了历史使命。

一

天快亮的时候，泥蛋从停在路边没有盖子的垃圾车里爬出来，身上只穿了一件又破又薄的单衣，为了驱寒，他在腰间扎了一捆稻草。

这是1947年的冬天，上海的阴冷让人有一种刺骨之痛。

刚满10岁的泥蛋是个孤儿，老家在江苏镇江，两年前，侵华日军的一颗炮弹炸毁了他家的农舍，母亲倒在了血泊中。父亲带着他逃难到上海，在十六铺码头扛大包。不料，一天深夜，疲惫万分的父亲出了事故，一脚踏空，掉进了黄浦江里，连尸首都没找到。

失去护佑的泥蛋只得在街头流浪，以乞讨为生。

天气实在太冷了，泥蛋奔跑起来，他想或许跑步会让身子发热，可是，饥肠辘辘，他很快就跑不动了，他感觉眼前直冒金星，晕晕乎乎地靠在街边的一堵砖墙上瘫了下去。

忽然，泥蛋觉得有人在拍他的肩膀，他睁开眼睛，看到一位微笑着的圆脸女士。

"你怎么了？是不是又冷又饿啊？"

泥蛋点了点头。

"我带你去个地方吧，不远，就在前面的胶州路余姚路口。"

泥蛋没有起身，他心里打鼓，害怕碰到坏人。

"你别怕，我是儿童福利站的，你叫我黄老师好了。"

泥蛋犹犹豫豫地站了起来。

黄老师一边走，一边温和地问起泥蛋的身世，并告诉他，中国福利基金会第一儿童福利站就设在胶州路 725 号的金源小学里，这个儿童福利站是由孙中山先生的夫人宋庆龄女士开办的，专门救助失学儿童和流浪儿。

泥蛋跟着黄老师走进学校。

黄老师指着两个圆顶的铁皮活动房说，这就是儿童福利站，里面已经有很多孩子了，你可以在这里安顿下来。

泥蛋将信将疑，不敢迈开步子。

只听黄老师叫了一声："有新来的小朋友啦！"

这时，铁皮房里呼啦啦地涌出一拨人来，都是和泥蛋差不多大小的孩子，站在他们前边的是位戴眼镜的先生。

黄老师向泥蛋介绍说："这是福利站站长马崇儒先生。"

马站长很亲切地摸了摸泥蛋的头，当他听说泥蛋是镇江人时，笑了起来，"我是无锡人，我们都是江苏的，算是半个老乡了，那我以后就叫你小老乡吧。"

马站长让黄老师和其他孩子一起，帮着泥蛋换上了干净又暖和的棉衣棉裤，还给他拿来了一个甜大饼。

泥蛋一下没有回过神来，觉得自己像是在做梦。

二

儿童福利站的两个铁皮活动房，是由外国友人捐赠给中国福利基金会的，落成时，宋庆龄亲自前来视察。两个铁皮房，一个用作图书阅览室，一个辟为保健室。由于泥蛋没有住处，黄老师跟马站长商量后，允准他和另外几个流浪儿晚上在图书室里打地铺睡觉。

那晚，后半夜的时候，泥蛋做了一个噩梦，他被一群地痞流氓团团围住，他们脱光他的衣服，让他站在雪地里。看着泥蛋冻得瑟瑟发抖，他们哈哈大笑，然后又拿来一根橡皮水管，把冰冷的水朝他身上喷去，很快，那些水变成了一个巨大的冰块，他被嵌入其中，死灭般的窒息让他无法呼吸⋯⋯

泥蛋惊恐地从地铺上猛地坐起，发出一声尖叫。

这时，正好马站长前来查铺，他赶紧跑过去，轻轻地搂住泥蛋的臂膀。

"小老乡，你是不是做噩梦了？"马站长问道。

泥蛋惊魂未定。

"别怕，有我在呢，你安心睡觉。"马站长抚了抚泥蛋的头。

泥蛋看了看坐在他身边的马站长，放下心来，重新躺下了，这次他睡得很安稳。

听着泥蛋小小的鼾声，马站长叹了口气。他摘下眼镜，揉了揉眉心。

马崇儒自己也是个苦孩子，14 岁时来到上海，在一家工厂做童工。后来，发奋学习，接受了革命思想，积极投身抗日救亡运动。1938 年，加入中国共产党，在上海郊区从事农运工作，并当上一所乡村实验学校的校长，对穷苦的孩子充满怜悯，格外呵护。按党组织的指示，经赵朴初推荐，1947 年 7 月，宋庆龄委任 31 岁的马崇儒为中国福利基金会第一儿童福利站站长，他发誓要尽全力保护好福利站里的孩子们。

天亮了。

气温很低，但太阳很好。

泥蛋一早起来，就和小伙伴们一起做清洁，把一张张长条椅擦干净，将一本本书在书架上放整齐。泥蛋才刚刚开始识字，所以还读不了多少书，可他喜欢站在书架前，用手指一本一本地点数——其实，他也点不过来，因为他同样刚刚开始学习算术。

黄老师早早就来到了儿童福利站，她看见泥蛋正在书架前点数，笑着问道："你数到多少本了？"

泥蛋害羞地埋下头去。

黄老师告诉他，儿童福利站有藏书 6000 册，算是上海规模最大的儿童图书馆之一了。

泥蛋心里想，我要好好学习，争取把这些书全都看一遍。

泥蛋发现黄老师的肩上背了一架手风琴。

他好奇地问道："黄老师，你会拉手风琴？"

黄老师笑着说："我会啊，等你们上完'小先生'的课后，我来拉给你们听。"

"小先生"是马站长在儿童福利站推行的一项活动，这项活动的倡导者是著名教育家陶行知先生，他提出"即知即传"，也就是发动在校学生，将学到的知识传授给没钱上学的孩子，做他们的"小先生"。马站长到儿童福利站周边的金科、晋元、华模、南屏等中学去宣讲，招募品学兼优的在校学生，组织起一支"小先生"队伍，"小先生"们利用课余时间到儿童福利站帮助失学儿童扫盲。

泥蛋参加了扫盲班，他每天都盼着"小先生"们早点来，他们不仅教语文、算术、簿记等，还会和泥蛋他们一起做游戏、讲故事、唱歌、排戏。泥蛋每天的课程都排得满满的，他学得很用心。

那天，一位"小先生"教孩子们打算盘。他把教学用的一只大算盘挂在墙上，然后一边演示，一边让大家跟着他背珠算口诀表。孩子们大声地背诵加法口诀："一上一，一下五去四，一去九进一；二上二，二下五去三，二去八进一；三上三，三下五去二，三去七进一……"可是，到了减法口诀时，却开始乱了："一下一，一上四去五，一退一还九；二下二，二上三去八，二退一还四；三下三，三上二去六，三退一还五……"

"小先生"大叫道："错啦，错啦，快停下来，快停下来！"

可是，孩子们却来劲了，摇头晃脑，一边大笑，一边乱背，结果，"小先生"自己也忍不住大笑起来。

泥蛋也笑得很开心。

时间过得很快，几个月过去了，泥蛋能看书、记账了。

有一天，马站长问泥蛋："小老乡，你在儿童福利站感觉怎样？"

泥蛋回答道："我天天都很开心。"

马站长说："天天开心还不够，还要天天进步！"

泥蛋看了看马站长。

马站长拍拍泥蛋的肩膀说："你知道吗，我们儿童福利站不仅要请外面的'小先生'，还要培养自己的'小先生'呢。你得答应我，也要做个'小先生'！"

泥蛋摸了摸自己的脑袋。

三

泥蛋真的成了儿童福利站的"小先生"。

到了这时，泥蛋才明白，"小先生"肩负着怎样的任务。

1948 年，刚刚过了春节，新闸路金家巷便发生了火灾，火势凶猛。

由于金家巷是个贫民区，多为棚户、简屋，所以很快就被烈焰吞没了，1800 多名本来就穷困不堪的居民无家可归。

忙于内战的国民党当局行动迟缓，所以，宋庆龄主持的中国福利基金会和中共组织联手，迅速展开救援。

筹措到的 18000 公斤救济大米运来了。

马站长带领儿童福利站的"小先生"赶到金家巷。

时间很紧张，他们必须在三天内完成对灾民的走访、登记并发放救济大米，以缓解灾民的燃眉之急。

泥蛋接受的任务是灾民登记。由于简陋的棚屋在失火后都被烧毁了，灾民只能分散他处，这就导致找不到人，因而无法准确地进行登记。可泥蛋非常认真，只要有线索，他就追踪着一个一个找下去。

得知一户受灾人家去曹家渡那边的亲戚家避难了，泥蛋连忙徒步去找。

那里有着许多"滚地龙",居住地形复杂,泥蛋穿梭其中,一户一户找过去。他不断地询问是否有从金家巷过来的灾民,有人见他只是个孩子,不知他的用意,便说:"你一个小孩子找他们干吗,你有本事帮到他们吗?"泥蛋很诚恳地回答:"我是第一儿童福利站的'小先生',我们福利站收到了救灾大米,要送给每个灾民,如果我找不到他们,他们也就拿不到了,这样,他们会更加困难的。"听到泥蛋这么说,人们也就热心地帮他一起找了。

在做花名册的时候,生怕还有灾民漏了登记,于是,马站长带着泥蛋去找当地警察,希望与他们掌握的居民资料做个核对。

谁知,警察非但不配合,还索要救济大米。

马站长气愤地怒斥他们:"连救济灾民的大米也敢要,还有良心吗?"

泥蛋跟着说:"你们休想拿到!你们太黑心了!"

警察一听,恼羞成怒,操起警棍就朝他们打来,嘴里还叫着:"你们来这里捣乱,看我们怎么收拾你们!"

马站长拉着泥蛋赶紧离开。

气急败坏的警察在后面骂骂咧咧。

泥蛋最终完成了灾民登记工作。当救济大米精准无误地送到灾民手中时,许多灾民都跪地磕头以表谢意,这一幕让泥蛋感动得哭了。

不过,此后,经常有不明身份的人前来儿童福利站东张西望,甚至还有地痞流氓故意来找茬。

这一年的8月7日,夜晚溽暑难耐,泥蛋好不容易才入睡。忽然,他被叫醒了。他睁眼一看,马站长和黄老师站在跟前,他刚想说话,他们把手指贴在嘴唇上,示意他不要出声。

马站长贴在泥蛋的耳朵边告诉他,刚刚接到党组织转来的宋庆龄的口信,由于他的行动已引起国民党特务的注意,必须立刻撤离第一儿童福利站,转移到苏州。

泥蛋一听,扑到马站长怀里,泪水止不住地掉下来。

马站长按住泥蛋的双肩说："小老乡，答应我，你要作为'小先生'坚守在这里，直到天亮！"

泥蛋用力地点了点头。

夜更深了。

泥蛋紧挨着黄老师，注视着马站长走出铁皮房，消失在夜色中。

四

泥蛋非常想念马站长，有时，他会望着高高的天空，想着马站长此时正在何处。

黄老师走了过来，她站在泥蛋的身边，跟他一起静静地遥看天空。

忽地，黄老师问泥蛋："你还记得跟我说想学手风琴吗？"

泥蛋回答道："记得。"

"那你还想学吗？"

"想啊！我想将来做个音乐家！"

"泥蛋，我跟你说，国民党蹦跶不了多久了，人民解放军已打赢三大战役，共产党正在准备打过长江，解放全中国，我们也要积极做好准备，迎接上海解放！"

"黄老师，你告诉我，我能够做什么？"

"除了和其他'小先生'一起秘密制作欢迎标语，缝丝带，你还跟我学琴吧。"

泥蛋听后，兴奋得满脸放光。

在图书室里，黄老师帮泥蛋背起了手风琴。

泥蛋照着黄老师说的，用右手按键盘，用左手推拉风箱并按键钮。

可是，无论怎样摆弄，手风琴就是没有声音。

汗滴从泥蛋的额头滚落下来。

黄老师让泥蛋吸口气，然后给他按揉紧张到僵直的手指。

终于，手风琴发出了声响，虽然不是动听的乐音，但毕竟这是琴声。

黄老师拍手称好，这下，泥蛋大胆了一些，两条手臂的幅度也拉开了，当键盘和键钮同时按下时，发出了一个美妙的和音。

黄老师说："泥蛋，你要相信，你有音乐天赋呢！"

泥蛋的脸红得发烫。

就这样，泥蛋开始了手风琴的学习。

其间，也有好几次泥蛋都觉得学不下去了，尤其是他经常掌握不好左手的跑动乐句。可每当想到马站长的嘱咐，想到黄老师的悉心指教，他还是坚持住了。

转眼，1949 年的春天到来了。

泥蛋的琴艺有了很大的提高，他都可以在小伙伴们唱歌时为他们伴奏了。

黄老师教大家学唱《解放区的天》。泥蛋一边拉琴，一边也大声跟唱："解放区的天是明朗的天，解放区的人民好喜欢……"泥蛋弹着唱着，想象着自己来到解放区，扭着秧歌，敲着腰鼓，他不由得笑了。

当五月的鲜花盛开的时候，泥蛋盼望着的那一天终于来临了。

天亮时分，黄老师召集起儿童福利站的"小先生"们，他们打着标语，挥着丝带，唱着《解放区的天》走上街头，欢迎中国人民解放军进入上海——他们是第一支出现在街上的欢迎队伍，被人们称为"迎接解放的'小信使'"。

队伍中欢快地拉着手风琴的泥蛋朝气蓬勃，琴声朗朗，得到一路的掌声。

泥蛋刚刚回到儿童福利站，就被另一位"小先生"叫住了："黄老师要你去一下，她在保健室等你呢。"

泥蛋来到保健室。

　　两个身穿解放军军装的人正背对着他在交谈。

　　当他们听到脚步声，回过头来时，泥蛋惊喜地发现他们竟是马站长和黄老师。

　　马站长向泥蛋伸过手来："小老乡，我们又见面了！"

　　黄老师满面笑容地说："我们要正式通知你，你已被解放军文工团录取了，是我们为你推荐的，你赶紧准备一下，一会儿我们送你去军管处。"

　　泥蛋睁大了眼睛，他又一次觉得自己像是在做梦。

　　黄老师突然想起什么来，对泥蛋说："你要从'小先生'变成真正的音乐家了，我刚才和马站长商量了一下，我们给你起了个新名字，叫向音！"

　　向音，多好的新名字，一瞬间，泥蛋的眼睛里盈满了泪水。

万宜坊的楼上楼下

马尚龙

★
★
★
★
★

钱杏邨、蒋光慈旧居简介

1930 年 6 月至 1931 年 1 月，左翼作家钱杏邨、蒋光慈寓居于重庆南路
205 弄（原吕班路万宜坊）38 号。钱杏邨住二楼，蒋光慈住三楼。在寓居
万宜坊期间，蒋光慈不满党内"左"倾冒险错误，拒绝参加暴动，提出退党，
被开除党籍。也是在万宜坊里，蒋光慈抱病创作了反映 1927 年大革命前后
农民反抗地主武装的长篇小说《咆哮了的土地》。

钱杏邨（1900—1977），笔名阿英，1926 年春加入中国共产党，倡导无产
阶级革命文学。

蒋光慈（1901—1931），1922 年加入中国共产党。1928 年，与钱杏邨等
组织太阳社。1930 年 3 月，当选左联候补常务委员。1931 年 8 月 31 日，
病逝于上海。1957 年被追认为革命烈士。

咖啡杯里的咖啡差点晃出来

"是谁出的主意？要到我家里来开会！"蒋光慈手里的芭蕉扇笃了笃茶
几，咖啡杯里的咖啡差点晃出来："是你老兄要他们来的吧？"

钱杏邨知道蒋光慈的脾气，说话也就小心："我当然不会出这个主意的，不过，左联同志谁不知道我们搬进了万宜坊？他们说你的房间大，比我多一层，开会坐得下；还有也是为了照顾你，你身体不好，在你家里开会，就省得你跑来跑去！"

"我不会要他们照顾，我只要他们尊重。我不去开会，是我不同意他们的做法，作家就是作家。再说，到我家里来开会，这是对我最大的不照顾。一个房子，本来是可以写作的，往往因为开会，一开就开倒了。你想想，我们刚刚搬到这里，开会最容易暴露，暴露了搬家都来不及的。"

蒋光慈皱了眉头说，"你去跟他们说，我家里开会绝对不可以的。算了算了，不讲这种事情。"蒋光慈用扇子摇了摇，黄梅天的上海，闷湿相交，蒋光慈心里的不愉快，哪能是扇子可以扇走的？

钱杏邨一脸尴尬，悻悻下楼。到蒋光慈家里开会，本身也是找不到可以开会的地方的无奈之举，主意不是他出的，不过他也觉得没有像蒋光慈说得会"开倒了"这么严重，况且开个会，也是有利于改善蒋光慈和左联成员紧张关系的。蒋光慈版税多，生活也就考究优裕，他的脾气和做派，很多同志早就不满了，说他是追求资产阶级的生活方式。这一拒绝，肯定会加重人家对他的看法。

不过钱杏邨太了解蒋光慈了，他决绝关了的门，是不可能再打开的。虽然自己年长他一岁，但是人家是 1922 年就在苏联入的党，自己党龄比他少了 4 年，轮不到自己和他谈布尔什维克的。再说，这位才华横溢的兄弟，年纪轻轻，却已经是肺结核很严重了，心情怎么会好？搬来万宜坊，原本就是想清净一点的。

穿过法国公园，便是热闹的霞飞路了

一个月以前（1930 年 6 月），钱杏邨和蒋光慈，一起搬入了吕班路万宜坊（今重庆南路 205 弄）38 号。这是刚刚造好的弄堂房子，住房条件是最好的了，全部是法国风格。最好的是它周边环境，走出万宜坊，过了辣斐德路（复兴中路），就是被称作法国公园的顾家宅公园（今复兴公园），这个公园好像是和万宜坊有默契似的，一年以前的1929年，刚刚向华人开放。径直穿过法国公园，再走几步，便是热闹的霞飞路了。

钱杏邨和蒋光慈同住38号，钱杏邨住二楼，蒋光慈喜欢三楼。38号是假四层，也就是在三层之上还有一层，像是附着于三层楼屋顶，面积略小于下面，但是很有味道，三层楼还有晒台，看看弄堂看看天，创作灵感也就来了。由于只是和吴似鸿两个人生活，面积绰绰有余。蒋光慈喜欢享受生活，这一间看看风景，那一间写写文章，可以在好几间房间走来走去。当然也是吴似鸿喜欢的。

万宜万宜，事事却都不如意

万宜坊，很高档的住宅，匹配着很吉祥的弄堂名字"万宜坊"，但是对于蒋光慈来说，万宜万宜，事事却都不如意。

蒋光慈和左联、党组织发生了矛盾。1930年3月，左联的成立大会上，蒋光慈因病缺席，但是仍然被选为候补常委，负责编辑左联刊物《拓荒者》，这是左联成员对他的信任，没想到他会拒绝左联在他家里开会，当然开罪了不少革命同志。幸好还有钱杏邨为他解释了很多，不过钱杏邨两边都不讨好。

已经是三伏天了，午后太阳热辣辣的，弄堂里唯有知了声声。

钱杏邨上楼来了。

"明天上午8点到南京路上集会，你到时去！"

没想到蒋光慈很坚决地回答说："我不去。"

钱杏邨虽是和事佬，却也是有组织原则的："这是组织的决定，不去不好的。"

"这种决定是错的。这种活动不过是暴露了自己，没意思。"

那个时候，谁要是不去参加飞行集会，就被指责为不革命。吴似鸿问蒋光慈："你不革命啦？"

蒋光慈有他的主见，也自有他的道理。他向吴似鸿解释："现在群众还没有组织起来，武器也没有，条件尚不成熟，而且每一次集会暴动损失很大。"

话还没说完就狠狠地咳嗽起来。蒋光慈的肺结核已经是三期了。

钱杏邨不愿意看到蒋光慈与组织的矛盾越来越深。"我就和他们说一下，你最近身体不好……"

"不要说我身体不好，你就跟他们说，我蒋光慈不愿意参加这种活动。"

"何必这样呢？党内已经有同志说，你现在过着小资产阶级的舒适生活，应该到无产阶级大众中去锻炼。"

"我舒适的生活，都是我写文章稿费赚来的。这和工人做工养家是同样的道理。"

钱杏邨劝不了蒋光慈，只能向组织如实告知蒋光慈的思想。

几天后钱杏邨带来了更坏的消息，组织上要求蒋光慈停止写作工作，去做群众工作。

"写文章唤醒工农大众，这不重要吗？党组织说我写作不算工作，要我到南京路上去暴动才算工作。我告诉你，我的工作就是写作。"

"但是你是党员，要服从当组织的决定……"

钱杏邨算是非常了解蒋光慈脾气个性的人，但万万没想到蒋光慈打断了他的提醒："既然说我写作不算革命工作，我退党。"

"万万不可，万万不可！不能这样感情冲动。一定要冷静。"见蒋光慈情绪激动的样子，钱杏邨只好缓和一下："我们慢慢再说吧。"

钱杏邨下楼去了。

三伏天的下午，乌云聚集，雷声由远而近。

雨还未下，蒋光慈从一格一格楼梯走下来，到了钱杏邨房间里，脸色铁青："我写好退党报告了，请你转交吧。"

钱杏邨按住蒋光慈的手："听我一句话，不要这么做，对彼此都不利，对你更加不利。"

虽然入党要比蒋光慈晚 4 年，但是对党内的政治机制的了解，钱杏邨的成熟远非蒋光慈能比。钱杏邨知道退党意味着什么，也知道蒋光慈绝对是一个不可多得的天才作家，是左联和太阳社的旗帜性人物，他更知道蒋光慈的诗人气质和直抒胸臆的性格是悲剧。他要阻止蒋光慈退党悲剧的发生。

蒋光慈说："不是我想退党，是只有退党这条路可走了。"

蒋光慈上楼了，雨越下越大了。

钱杏邨把蒋光慈的退党报告压在了家里，心想可能过两天蒋光慈气消了就好了。

也就是过了两天，蒋光慈问钱杏邨："退党报告交上去了没有？"

钱杏邨苦笑摇摇头。

蒋光慈咳嗽着撂下一句话："一天不退党，就觉得跟着错误路线多一天，不如早日退党。"

无奈之下，钱杏邨将蒋光慈的退党报告交上去了。

根据党章规定，是允许党员退党的。但是左联觉得蒋光慈主动退党是对党组织提出挑战，与其坐视他退党，不如将他开除出党。

1930 年 10 月 20 日，在上海出版的中共中央机关报《红旗日报》公布了蒋光慈被开除出党的消息，其标题为《没落的小资产阶级蒋光慈被共产党开除党籍》。整个报道措辞严厉，特别在正文前强调了下面这段文字："因革命斗争尖锐化，动摇退缩，只求个人享乐，故避免艰苦斗争。布尔什维克的党要坚决肃清这些投机取巧，畏缩动摇的分子，号召每一同志为革命而忠实工作，为革命而牺牲一切，健全党的领导作用。"

已是零落的梧桐树叶飘落而下

冬天的法国公园，人影稀疏。公园的长椅上，吴似鸿还是像小鸟一样依偎着蒋光慈。淡淡的冬日下，已是零落的梧桐树叶飘落而下，有一片就落在了蒋光慈头顶的礼帽上。

吴似鸿正要将树叶拨去，蒋光慈却说："这就是自然，何必去破坏？"

蒋光慈并没有受到被开除出党的影响，反而倒是坚定了自己的意念：我的工作就是写书写文章，唤醒工农大众。似乎有点赌气，11 月，蒋光慈完成了长篇小说《咆哮了的土地》，写的就是农民反抗地主的题材。蒋光慈自己也不知道，这将是他生命中的最后一部长篇小说，他也不知道，这部小说日后会在文学史上被公认为是他最好的一部小说。

当然，蒋光慈也没有想到的是，《咆哮了的土地》刚刚出版，就遭到了查封。

蒋光慈和吴似鸿半年来很多次走进法国公园。两个人都很喜欢那里。不管是什么心情，到了法国公园长凳上一坐下来，惬意会加倍，烦闷会平和。路又近，这条他们选定的长凳，保留着他们的气韵。

两人今天坐在这里可谓百感交集：《咆哮了的土地》获得普遍好评却突如其来地遭到查封；与此同时，这是他们最后一次来法国公园了。刚刚住了半年的万宜坊，他们将要搬离。

蒋光慈作品被查封，打击的不仅是蒋光慈的精神，也是蒋光慈的生活。没有了书的版税收入，蒋光慈的生活顿时拮据。

更要命的是，蒋光慈的肺病开始恶化，住进了医院，还查出来肠结核。

搬出万宜坊，只是无奈而必然之举。就像那一片梧桐树叶飘落在蒋光慈头顶的礼帽上。

1931 年 1 月，蒋光慈和吴似鸿搬离了万宜坊，钱杏邨也一起搬走了。7 个月后的 8 月 31 日，蒋光慈在同仁医院去世，年仅 30 岁。

26 年之后的 1957 年 2 月，安徽省六安县人民委员会决定追认蒋光慈为革命烈士。如果蒋光慈还活着，也只不过 56 岁。

至暗时刻见曙光

——上海提篮桥监狱提前 3 天获得解放

陆海光

★
★
★ **上海提篮桥监狱旧址简介**
★
★　上海市提篮桥监狱坐落于长阳路 147 号（上海解放前为华德路 117 号）。

1901 年，由上海公共租界工部局交由英国驻新加坡工程处设计承建，1903
年完工启用。因建筑精良，规模宏大，超过日本巢甲监狱和印度孟买监狱，
当时号称"远东第一大监狱"。

1949 年 4 月 21 日，中国人民解放军打响渡江战役，南下解放全中国气
势如虹。国民党兵败如山倒，他们一方面准备逃往台湾；一方面把关押在江
浙一带监狱的共产党人向上海提篮桥监狱集中，准备在上海获得解放前，镇
压和屠杀关在提篮桥监狱的一批共产党人和民主人士。

密令隐藏杀机

1949 年 5 月 17 日，国民党淞沪警备司令部陈大庆下达了一道密令——

司法行政部直辖上海监狱

一、卅八年五月十一日，上监总字第八十四号代电暨附件均悉。

二、查暂缓释放之政治犯及巳，未决无期徒刑人犯暨未决死刑人犯，可移送定海及舟山群岛觅地羁押。所召人犯请贵监自行设法移送，至所需移送人犯交通工具及押送人犯警卫，本部当可协助办理。

司令　陈大庆

中华民国卅八年五月十七日

潜伏在国民党上海高等法院检察处的主任书记官、中共党员王容海获得密令后，第一反应就是国民党军警要对狱中的共产党人下毒手了，密令内藏杀机！王容海感到情况紧急，立即约见了他的上级领导，中共社会部情报和策反的负责人吴克坚，向他报告了密令的全文，以及对密令的预判。

吴克坚与王容海商量后，决定兵分两路：由王容海写一封措辞强硬的警告信，分发给与密令相关的执行人，检察官和法院院长等人。王容海在信中写道：上海即将解放，希望你们认清形势，为自己留条后路，不做危害人民的事，保证监狱内政治犯的生命安全。若有政治犯发生意外，中国人民解放军唯你们是问！

吴克坚又决定实施另一方案：马上通过监狱中的秘密组织中共上海市警察工作委员会（简称"警委"），取得被关押政治犯的名单，指示林亨元把名单交给翁正心，再由翁正心交给已被策反的提篮桥监狱中的典狱长王慕曾。

策反典狱长

1949 年初，中共上海市委的领导刘长胜、张承宗、张祺，会同"警委"

的领导人邵健、刘峰等人，未雨绸缪，商量出几套营救狱中 50 余名共产党员和民主革命人士的方案。但经过对各方面所获情报的比较权衡分析，觉得只有策反提篮桥监狱典狱长，成功概率才会比较大。

1949 年 4 月 25 日之前，提篮桥监狱的典狱长姓孔名祥霖。此人城府颇深，他知道国民党大势已去，为了给自己留一条后路，多次以身体不好为理由，给司法行政部递交辞呈。中共党组织经过分析，认为这倒是一个可以策反的对象，于是派国民党元老居正的女婿，中共党员祁式潜与孔祥霖进行多次接触，对他晓明大义，争取他弃暗投明。不料，司法行政部不久批准了孔祥霖的辞呈，对孔的策反只得中止。

1949 年 4 月 25 日，南京已获解放。一个身材修长、略带文人书卷气，名叫王慕曾的提篮桥监狱代理典狱长却逆风上任。据上海党组织所获情报：王慕曾系浙江新登人。早年毕业于浙江法政专科学校。曾出任过国民党杭州警察局局长，陕西临潼等县的县长，还参选过国大代表。抗战胜利后，他回乡经商，因不善生意，后闲居家中。因要供养妻子和一名情妇，还有 5 个未成年子女，经济状况拮据。迫于养家糊口而求职。1948 年底，王慕曾通过他的妹夫赵伯勋，找到时任国民党司法行政部代理部长赵琛，请求在司法部所辖上海、温州、宁波等地监狱谋一份工作。此时恰遇提篮桥监狱典狱长孔祥霖多次向司法部呈递辞职报告。赵琛就顺水推舟，通知王慕曾接任上海提篮桥典狱长之职，先挂代理。

1949 年 4 月 25 日，王慕曾带着行医的妹夫赵伯勋、一个女秘书、一个管财务的同乡等十余人，奔赴上海提篮桥监狱履职。王慕曾为了扎牢在上海的根基，到上海不久就拜会了上海帮会的头面人物，1927 年曾担任过淞沪警备司令的杨虎。

上海的党组织搞清情况后，吴克坚决定从多渠道尽快接近并策反王慕曾。吴克坚通过郭春涛和杨虎建立了联系；又通过杨虎推荐的人与王慕曾搭上了线；还通过民主人士王寄一与王慕曾面谈。王慕曾表示愿同共产党保持联系，给自己留一条后路。

为了尽快落实提篮桥监狱内共产党人和革命志士的营救工作。吴克坚又把此项任务交给了专事策反工作的林亨元、祁式潜。林亨元找到中学同学，当时已是国民党参议员的翁正心，请他直接去策反王慕曾。

翁正心见到王慕曾后，对他说："我是中共党组织派来的。目前，南京已经解放，中国人民解放军已在丹阳集结，马上要向上海进军。国民党大势已去，你要为自己的家庭想想，给自己留一条后路。"王慕曾说："我愿意弃暗投明，为共产党效劳，戴罪立功。你要我做什么？"

翁正心表示："现在监狱中关押着一批政治犯，其中有40多名共产党员。听说马上要移送到舟山群岛去了，为防不测，你要设法利用典狱长的身份拖延移送时间，设法保护他们的生命安全，最好悄悄把他们放掉。"

王慕曾回答："目前，上面盯得紧，放掉估计有困难。我能做的，就是拖延时间，不让移送。你是否把需要保护的政治犯的名单给我，我在监狱内先把他们保护起来？"

翁正心想，在监狱内的共产党员用的都是假名，我把真实名单给了王慕曾，会不会暴露他们的真实身份？翁正心不放心，借故推脱说："我确切名单还没拿到，等拿到后再给你。"

绿叶西餐馆

翁正心把与王慕曾见面的具体经过告诉了林亨元，林亨元又汇报给了吴克坚。吴克坚反复考虑了王慕曾的言行，及淞沪警备司令部已下达的移押政治犯的密令，决定把从狱警中党组织获得的政治犯名单交给王慕曾，让他把狱中的共产党员和革命人士尽快保护起来。

此时王慕曾也再次联系翁正心，说有紧急情况，请翁正心尽快把政治犯名单给他。于是，双方约定在提篮桥附近一家生意比较清淡、地理位置可以进退自如的绿叶西餐馆见面。

几道西菜上齐后，和翁正心共同前往的林亨元呷了一口咖啡，对王慕曾说：中国人民解放军马上就要攻打上海了。共产党对弃暗投明的国民党军政人员一律采取宽大和给出路政策。你要解除顾虑，顺应潮流，寻找一切机会，在上海解放前夕为人民做些善事，给自己留一条光明的出路。

翁正心随后把监狱中 50 个政治犯的名单交给了王慕曾。叮嘱他：特别要注意保护王中一等几位共产党员的安全。如他们出了事，拿你是问。

王慕曾不断点头称是。

王慕曾告诉林亨元：淞沪警备司令部已下达密押令，要把监狱内的犯人押解到舟山群岛，在押解途中或在舟山群岛上对他们可以采取"特别处置"。我正在以各种理由设法拖延执行，保证政治犯的人身安全。

林亨元点点头。

临分手时，王慕曾不放心地对林亨元、翁正心、祁式潜一行说：回监狱后我一定保护好政治犯，但你们也一定遵守诺言，解放军占领上海后，我的家室和亲人的人身安全必须得到保障。决不能言而无信，有事有人，无事无人。

林亨元当场表示：共产党人说话算数，请典狱长放心。

王慕曾回到监狱后，让在监狱中当卫生课课长的妹夫赵伯勋以检查卫生为名，对政治犯的生活条件优先进行了改善。5 月 20 日，王慕曾把政治犯从"和"字监房移换到条件较好的感化院二楼。并特地叮嘱下属在伙食、放风、活动等方面尽量善待。

政治犯全部移送到感化院后，王慕曾和赵伯勋一起到监房亲自点名。每叫到一个犯人，就温和地叫他们站起来，和他们聊上几句，意在辨认，加强印象，特别是林亨元、翁正心提及的王中一等人，王慕曾已了然心中。

5 月 23 日，王慕曾已获知中国人民解放军发起了解放上海的总攻。他把王中一、虞天石、王明远等共产党人请到自己的办公室。寒暄一番后，王慕曾说："我是这里的典狱长，你们是我监狱里在押的犯人。我已接到密令，你们的生命可能危在旦夕，但我愿意保护你们的生命安全。也许，几天后这里就天翻地覆，我们之间就要对调换位了，恳请你们不要忘记我们这段患难之交。你们出狱后给我留个通信地址、联系电话，我们继续保持这段友谊。"

5 月 24 日，王慕曾对自己的后路显得十分焦虑，他再次把王中一等人请到自己的办公室，向他们表达自己是如何保护他们的功劳。并恳请王中一是否给自己写一张书面证明。

提前 3 天见到黎明的曙光

监狱中的党组织并不知道中共社会部吴克坚等人策反典狱长王慕曾的事，因为分属两个系统，监狱中的党组织只接受中共"警委"的领导。为防止敌人狗急跳墙，在最后时刻杀害狱中的政治犯，"警委"命令狱中党组织马上行动起来，开展武装护监。

早在 1944 年，"警委"就在提篮桥监狱中开始发展中共党员。山东肥城人赵英盛是监狱中发展的第一个党员，以后又发展了 2 名看守人员入党，成立了党支部，赵英盛任支部书记。1949 年初，监狱内已发展到 120 多名共产党员，几乎遍布监狱内所有科室。

5 月 24 日清晨，监狱中党支部书记赵英盛，把监狱中 20 多名共产党员骨干和一些外围组织的积极分子召集起来，对他们进行了分工布置。上午 8 点，一名中共党员进入电话总机室，负责监控住监狱对外唯一的联系线路。为了防止敌人告密，同时也保证对外联络畅通。赵英盛命令：即刻起，必须坚守岗位。电话只允许接入，打出去的电话必须经过他批准。张宝善等人进入监狱警卫课，负责掌控各监房的钥匙。赵英盛又带领宁奎元、尹志超、何景祥等人来到枪械库，命令枪械库管理人员拿出枪支，分发给护监人员。每个护监人员还在左臂缠上事先准备好的红布条。

当天，黑漆漆的监狱大门紧闭。人员和车辆严禁进出。护监人员佩枪在狱中各自岗位上巡逻。典狱长王慕曾因事先已被策反，他对赵英盛表示：对护监行动绝不干涉。

当天，关押政治犯的各监所已不上锁。他们可以在整幢大楼内自由走动，自由地呼吸空气。有的人还跑到监房楼顶，倾听解放军进攻的枪炮声，判断战局的进展；有的甚至还扭起了秧歌，唱起了"解放区的天是明朗的天"。

5月25日，苏州河南岸大部分获得解放。

林亨元亲自打电话给典狱长王慕曾："上海就要全部解放了，你可以把监狱内的政治犯释放了。"

王慕曾回道："林先生，不是我不放哇。外面还有枪声，我怕放出去不安全呐！"

林亨元不放心，提出要叫王中一来接电话。王慕曾不敢怠慢，即把王中一叫来接电话。王中一告诉林亨元："我们现在人身安全没问题，在狱内可以自由走动。如果出去了，万一中流弹，反而不安全。"

王慕曾向林亨元表示："请你尽管放心，我一定会保护好这些政治犯的安全。"

5月27日，上海全市解放。

5月28日，上海市人民政府成立。上海市市长陈毅提出：立即释放监狱中的共产党人。中共上海市委领导刘长胜指定上海市委委员、中华全国总工会代表张祺负责具体办理手续；张承宗则通知"警委"系统的苗雁群陪同张祺一起去监狱办理手续。

上海军管会法院接管处第三组由监狱接管专员毛荣光率领，进驻提篮桥监狱，正式宣布接管。张祺和苗雁群也赶到监狱，会见了王中一，传达了华东局的指示。45名共产党员全部释放。

5月29日上午，在提篮桥监狱内召开了"慰问与欢送政治犯恢复自由大会"。王中一代表 45 位共产党员在会上发言。张祺带来了慰问金 300 块银元，分发给每人 6 块。下午 2 点左右，王中一率领 45 名共产党员，举着用自己的被单和席子制作的"跟共产党走"的横幅和旗帜，列队走出监狱大门，与亲属和前来欢迎的各界群众汇合，在欢呼和口号声中，一直游行到静安寺结束。

子夜之光

王　瑢

★
★
★　**中国青年新闻记者协会成立大会会址简介**
★
★

1937 年 11 月 8 日，中国青年新闻记者协会在上海市黄浦区山西南路 200
号南京饭店正式宣布成立。作为协会发起人之一的《大公报》记者范长江，
以及章丹枫、王文彬等 15 人出席。随后在广州、香港、桂林等诸多城市创建
分会，发展会员逾千人。

于抗战中成立的中国青年新闻记者协会，是抗战时期以及解放战争初期著名
的全国性新闻记者组织，是中国共产党领导下的新闻界统一战线组织，是中
国记协的前身，是爱国进步的新闻工作者的一面旗帜。

1941 年 4 月，协会总会被国民党政府查封。

原会址于新中国成立后一度为上海市总工会招待所。1958 年恢复饭店业务。

1937 年，上海。

秋木凄然，繁花早已萎谢。才刚落过一场雨，瑟缩晨曦中的马路两旁，
行道树徒留光秃枝丫，远远的天边有一轮淡青色月影，沉默地注视着一位学
生模样的女子，从拐角处的粮店走出来。如今米不容易买，一天能吃两顿稠

饭，已成奢望。女子怀里紧紧抱着好不容易买来的一小袋米，炮声隆隆响了彻夜，此刻她只是埋头疾走。

卢沟桥事变后，淞沪会战接踵而至，学校被迫停课。女子望向马路对面的南京饭店。高阶之上，有人正在演讲，感慨激昂道："我们特别致敬于全国新闻界对于抗战中艰难新闻事业的撑持，同时慰问陷落在战区及在战场上无畏艰险的同业，尤其致歉于战场上轰轰烈烈英勇抗战的军民，因为我们并未曾将主要英勇行为毫无遗漏地记述报道，并未曾将暴日兽行充分暴露……"围观者比肩接踵，人群中不时爆发出一声声呐喊，"抗战必胜！"女子凝立不动，怔怔痴看，然而那呐喊声话音未落，被隆隆的炮火声淹没。

硝烟未散，演讲之人振臂高呼，"民族与国家的命运九鼎一丝，上海新闻界同仁决心以笔作武器，为民族解放而战！"立刻引发雷鸣掌声。

最近一段时间，《救亡日报》总编辑夏衍与时任上海文化界救亡协会国际宣传委员会主任的胡愈之，经常在南京饭店碰面。上海的战局形势日益严峻、紧张，新闻界同仁清晰地感受到，"一切为抗战"已经刻不容缓。

这天二人一见面，胡愈之叫声"夏兄"，附耳道："如何能更好地运用手中之笔，以多种形式更好地宣传抗日救亡，如何最大化团结组织进步的新闻界爱国同仁，急如星火……"

忽听得邻桌有人悄声议论，一个对另一个说："前线实时战况到底哪能，报纸上根本看不到。这仗究竟打到何时，结局怎样？简直不敢想。"另一个摇头叹道："我以三根小黄鱼换得两张船票，明晚带太太动身去香港……"

淞沪会战爆发，给新闻学者的研究方向带来诸多改变，大家自发地将学术议题与著述方向一致转入"战时新闻理论"。业界同仁素日里著文，立场各有千秋，然而此刻求同存异。各大报纸杂志纷纷转向战时宣传报道。

夏衍埋头翻阅当日《大公报》，蹙眉颔首，默然良久，方道，"尽快在上海组织成立专门的统一性的新闻工作者团体，愈显有必要"。

实际上，八·一三淞沪会战后，由胡愈之出面，以"上海文教宣传部"

之名，新闻界已经召开过一次初期筹备会。当时参会者有夏衍、羊枣（即杨潮）、陆诒、胡仲持等七人。会议确定"中国青年新闻记者协会"的宗旨，意在团结指引青年人的抗战方向，并于同年 11 月 4 日，召开二次筹备会。然而进一步促成"中国青年新闻记者协会"正式成立，与党中央十分重视抗日民族统一战线的新闻宣传工作休戚相关。早在 1937 年 7 月中旬，周恩来代表中共中央到上海检查工作，曾多次给上海负责党的文化宣传工作的胡愈之、夏衍等同志传达党中央指示——要广泛团结爱国新闻工作者，组织统一战线，为民族解放贡献更大的力量。

须臾，夏衍与胡愈之邀约羊枣等人火速前来，共同酝酿后确定，在新闻工作者比较集中的上海，成立新闻工作者统一战线组织——一个永久性的团体。商定团体的名字为"中国青年新闻记者协会"（简称"青记"）。并推举范长江、恽逸群、羊枣三人负责具体筹备工作。发起人中还有《大公报》记者王文彬、章丹枫、孟秋江、陆诒等。

1937 年 11 月 8 日。子夜之光，黎明渐近。

苏州河两岸烽烟四起。爆裂声铺天漫地，硝烟笼罩之下的上海，仿佛披上一层厚厚的灰纱。

愁云郁结，朔风扫过死寂的街头。

晚 7 时许。夜幕下的上海最喧嚣繁华地段，南京东路北侧的南京饭店，此刻却是另外一番喧嚣景象。瓦斯灯在地上投下青白色的光影，暮色苍然，人影幢幢，高阶之下铺着一片大红色的毡毯，已经满是乌墨的鞋印。宾客散立两旁，不时徘徊瞻眺，指点笑语。

一个女孩跟随围绕，偶尔叫一声，"卖香烟，香烟咪"。声音怯生生的，显然还没习惯做生意。定睛再一看，正是清晨出门买米的女子，傍晚出来卖香烟，贴补家用。

几天前，"上海文化界救国会"发起人之一恽逸群，与夏衍、徐迈进等人商定，以商界召开座谈会之名，在上海黄浦区山西南路上的南京饭店开了一间套房。一年将尽，借此机会跟新闻界的旧识新交增进情感。饭店总台登记簿上订房人叫"齐为乐"，显然是假名。然则诙谐之中，却耐人寻味。

一辆黑色小轿车从街头拐角处径直开来，停在饭店门前。车门打开，下来一位青年男子，西装笔挺，皮鞋锃亮，礼帽下面一副金丝圆框眼镜又平添一丝文人气息，此人下得车来与已经等候在一旁的人拱手作揖，笑道："昨晚我已经听张了，清一色一条龙，真可惜……"

一辆黄包车紧随而至，一位年轻男子商人打扮，招手道："齐兄！齐老板！"

被称作"齐老板"的男子，即恽逸群，点根雪茄烟，含笑前迎，叫声"吴老板"，手直伸出去，"跟英国人的生意，谈得可好？"

一辆接一辆汽车跟黄包车相继而至，停在饭店门前，来者均为青年男子，且笑且谈。卖香烟的女孩紧步赶上，跟在后面，喊一声，"香烟咪，先生买香烟"。

"齐老板"正指天画地数说"吴老板"（即夏衍）商场得意情场失意，听见女孩的叫卖声，一时怔住，隔了几秒方才回过味来，挥手道，"所有的香烟，我通通买了"。

众人听了欣然。女孩呆着脸踌躇出神，如在梦中。门口保安叫她一声她始醒过来，不住地说着谢谢，骤然间恍悟，上午在高阶之上滔滔演讲之人，正是这位出手阔绰的青年男子，独自咕哝一声，"大老板！"

这些衣着时髦的年轻人，实则都是乔装打扮的记者。平均年龄不过 28 岁。一行人且笑且谈进饭店来，拾级登楼。与"齐老板"走在头前的人称"范老板"，此人正是历时 10 个月，行程 6000 余里，沿途写下大量旅行通讯，真实记录中国西北部人民生活的窘困，第一次以写实的笔法公开并客观报道红军长征，文章陆续刊发于《大公报》，一度至洛阳纸贵的记者范长江。他的《中国的西北角》一书，一经面世，立刻引发抢购潮，未及一月，初版数千部售罄，而续购者仍极踊跃。之所以一定要等到范长江回沪才正式召开此次重要会议，还因为他曾到访延安，并写下《动荡中之西北大局》一文，得到毛泽东亲笔信致谢。

范长江于 3 天前收到电报，即刻起身赶往上海，今天早上刚到。

"青记"之所以在上海成立，自然也得益于上海独特的报业环境。20 世纪 30 年代，位于租界内的南京饭店，是职业记者经常聚会座谈、协商探讨"新闻记者的组合问题"场所之一。而距此不远处的一条不过 300 多米的小马路，名曰"山东路"，又叫"望平街"，曾是中国报馆最为集聚之所在，有"报馆第一街"美誉。

"中国青年新闻记者协会"最终确定选择在南京饭店召开成立大会，首先与其所处地理环境不无关联——山西南路位于黄浦区中部，南起福州路，北至南苏州路。而饭店大楼毗邻黄浦江与苏州河，水路阔达。离火车站不远，出行便捷。且因其地处繁华闹市，万一有意外情况发生，出得楼来，顷刻间便淹没于熙来攘往之茫茫人海，所谓"灯下黑"。

其次，此楼的建筑设计师杨锡镠，毕业于南洋大学土木工程科。作为出生于江苏吴县，具有江南才子气息的上海本土建筑师，杨锡镠追求中西合璧的建筑风格。原上海南京饭店，建成于 1931 年，由新金记详号承建，钢筋混凝土结构。楼高 7 层，饭店临街，以满足不同的功能需求。大楼沿街面而起，5 层后逐层向后退缩。杨锡镠运用熟悉的装饰性手法，利用竖向的垂直墙板，与阳台分割外立面的比例与韵律感，并将细部图案几何化，同时利用不同材质材料强化其对比效果。通过设计师本土语境下的重新解读，南京饭店被赋予崭新的审美定义，亦使得杨锡镠名声大振。

一行人上得楼来，推开预定好的豪华套间房门。留声机打开，是白光唱的《等着你回来》，磁性的女低音，大方而又肆意，流淌开来，"我等着你回来，我等着你回来……"，反反复复那么一句，仿佛回环的 8 字。

被唤作"吴老板"的夏衍走至门前，探出头往外左右张看，走廊里静悄悄的。他忖了一忖，将"请勿打扰"的牌子挂在门外。

作为中国青年新闻记者协会的发起人，夏衍、范长江、碧泉（即袁殊）、恽逸群、章丹枫、王文彬等 15 人出席今晚的会议。

窗外隆隆的炮声，听了使人心思焕然。然而年轻的记者们悠闲镇定，哗啦哗啦洗牌，打起麻将来。就在这间 50 多平方米的小屋里，举行"中国青年新闻记者协会"成立大会。会上通过"青记"章程，选举领导机构，并提出"为民族解放而努力"的纲领。推举范长江、羊枣、碧泉、恽逸群、朱明等 5 人为总干事。夏衍、邵宗汉等人为候补干事。同为发起人的《大公报》记者陆诒、孟秋江，此时因正在山西进行战地采访，当晚未能到会。大家认真讨论当下战事的发展趋势。此时国民政府的中心已经西移至武汉，于是在武汉成立中国青年新闻记者协会武汉分会，迫在眉睫。经举手表决，授权范长江即刻开始着手筹备。

战事危急，不久上海沦陷。

1938 年 3 月 30 日（也有说法是 29 日），午 2 时，"中国青年新闻记者学会"在汉口青年会二楼礼堂宣告成立。出席会议的除上海武汉两地的记者外，还有来自长沙、广州、西安、成都、重庆、福建、香港、南洋等地的多位会员代表。近百名来宾中不乏国际友人，有苏联塔斯社的罗果夫，美国合众社的爱泼斯坦，以及美国记者史沫特莱。大会通过《中国青年新闻记者学会成立宣言》。《宣言》第一句即指出——"抗战一定胜利，且抗战一定会将中国腐旧的成分打掉，而在抗战过程中逐渐产生崭新的力量，这是我们的信念"。大会选举领导机构即常务理事会，推举范长江、钟期森、徐迈进为常务理事。同时当选理事的还有不久前刚刚出狱的老红军陈侬非，这位大革命时期的老战士，不仅善于执笔，更是带兵打仗的好手，可谓文武双全。

不久之后，在成都、长沙、重庆、西安、南昌、兰州、广州、桂林、昆明、贵阳、延安、香港、南洋等多地，均建立"青记"分会。

在战火洗礼中成长起来的"青记"会员，紧握自己手中沉默的笔，笔饱墨酣，以笔做枪，战斗在推动抗战捍卫国土的新闻岗位上。前方敌人轰炸无情，后方记者恪尽职守。

战火无情，"青记"会员无畏枪林弹雨，始终奔赴在第一线采访，甚至乔装改扮后深入敌占城市。一篇又一篇振奋人心的战地报道，经"青记"会员之手见诸报端——范长江、方大曾等 6 位战地记者在七七事变爆发后冒着生命危险采写下 10 多篇战地通讯。卢沟桥事变，陆诒率先进入宛平城，抗战中，他约有 4 年时间奔波辗转于战地采访，足不停歇，笔耕不辍，用灵与血肉写就诸如《马兰村访萧克》《朱老总胸有成竹》《周恩来派我见陈诚》，以及脍炙人口的战地纪实报道《娘子关激战》《踏进台儿庄》等。南口战役，"青记"发起人孟秋江，与前线将士同生共死，写就感人至深的《南口迂回线上》。《新华日报》记者陈克寒遍历山西战场，徒步考察晋察冀边区，他笔下的《晋察冀边区模范根据地》虽为一本小册子，却极大地鼓舞激励并坚定了民众抗战必胜的信心与决心。徐盈写下《朱德将军在前线》，范瑾写下《边德中：一个通讯员的故事》，邱溪映笔下的《平型关的胜利》，以及出自羊枣之手的《华北战局的危机和转机》等，不胜枚举。

浴血战场，巾帼不让须眉。被称为"抗日奇侠"的胡兰畦，书写上海保卫战，《血战东林寺》生动再现我军刚毅坚韧的革命大无畏精神，流传至今。

不少人献出了年轻的生命。据不完全统计，在抗战中牺牲的记者，有方大曾、高咏、李洪、萧韩渠、张幼庭、李密林、潘美年、陆从道、项秦、徐师梁、张杰、张清和吴大群夫妇、何云、李竹如、乔秋远、张家杰夫妇、骆何民等。许多烈士甚至没有留下一张照片。而正是战地记者真实详尽地记录，质朴无华地书写，感染激励着军民众志成城，昂扬的斗志终究为中华民族在反侵略战争史上留下永恒的镜头与珍贵史料。

"青记"历经战火洗礼，队伍不断发展壮大。1938 年底，会员人数已逾 600 人。据 1940 年底统计，会员已达 1156 人。

皖南事变后，因"青记"始终秉持中国共产党的路线方针，国民党当局慑于"青记"的巨大社会影响，于 1941 年 4 月 28 日，下令查封"青记"

总会。

　　"青记"总会虽被封，但爱国者已安全转移至全国各地，将革命的火种遍布四方。此时"青记"的会员已逾 2000 多名，延安分会、晋西分会、冀中分会、晋察冀边区分会等众多分会的活动，从未停歇。到 1946 年 4 月，"青记"在解放区以及国统区，包括香港和南洋，共成立 49 个分会。战斗一直坚持到抗战胜利。

傲骨嶙嶙的共产党人

——记李硕勋旧居

王　瑢

★
★
★　**李硕勋旧居简介**
★
★　1927 年 10 月，南昌起义领导人之一李硕勋，受朱德委派，到上海向党中央

汇报起义以及赣粤边区艰苦作战的情况。鉴于上海党组织连续遭受敌人重创，

危急时刻，党中央决定留其在上海，担任中共江苏省委秘书。由夫人赵君陶

（赵世炎之妹）协助其开展工作。

李硕勋寓居福煦路明德里（现上海市黄浦区延安中路 545 弄）15 号。

近一个世纪前的某天。

上海福煦路（今延安中路）马路两边，法国梧桐顶着满头金发，风过叶落，一秋尽残叶。天说冷便冷，已是深秋了。

喇叭"嘟"地响了两声，一辆黑色小轿车稳稳停在明德里 15 号的弄堂口。车门打开，先下来一位青年男子，个子高高，人生得停匀，那身白西装穿在他身上十分随意而服帖。与之相比，弄堂口站着的那几个人顿时显得粗蠢了很多。

此时天色已经微暗，月亮才刚爬上来。昏黄的天边，仿佛玉色缎面上刺绣时不小心弹落了一星香灰，烧煳了一小片。

弄堂口那几个人本来围聚在一起"闲聊"，此时不禁都闭了口，齐刷刷往这边看。

那男青年回转身来微笑着轻声说了句什么，把手递过去。一位女子探出头，手搭上肩跨出车来。是一位个子娇小的年轻女子。窄沿呢帽下含笑四下望了一望，浓密的睫毛下面那双眼睛，仿佛秋风吹过的稻田，月光下露出一丝水波清光，一闪一闪。这女子穿了一件电光绸质地的连衣裙，微光中泛出淡淡的紫色，围巾兜在肩上，飘飘拂拂。

弄堂口不知是谁咕哝了一句："新搬来的？老时髦额！跳起伦巴舞来不要太崭噢。"

一群人抄着手，只管盯住看这一对男女，嘴里嘀咕着，把眼风一五一十地送过来。看着她跟他从眼前经过，径直往弄堂深处去了。

斗转星移，时光荏苒。在此后相当长的一段时间，东邻西舍只知道这对小夫妻燕尔新婚。男子姓李，四川人，风华正茂，家族生意做得很大，分店开到上海，经常往返于沪港之间。太太姓赵，温柔娴淑，平日里话不多，见人总是微微笑。

在邻居眼中，这家人一派锦绣富贵，门庭若市，几乎每天都有各路老板登门造访。"喝酒，聊天，打麻将"的幌子之下，其实是将省委文件逐一下发、传递，需要经常联系下属秘密机关召开会议。

那么，这位众人眼中的青年才俊李老板，究竟是何人？

李硕勋，又名李陶。1903年出生于四川省庆符县（现称高县）庆符镇一个小资产阶级家庭。家境清贫的他少年时便立志于"成功一事业家"。15岁时考入县立中学，后插班到成都省立第一中学，开始接受马克思主义教育，很快便成为四川社会主义青年团创始人之一。由于其组织开展学生运动太过频繁，遭四川军阀下令通缉，被迫转往重庆等地。

1923 年，李硕勋考入上海大学社会学系。在学校，听了瞿秋白的《社会学》，蔡和森的《社会进化史》，以及恽代英、张太雷等人的讲课，对"革命"二字有了愈发深刻明确的认知，愈发努力地钻研马克思主义著作。理论修养与思想水平，均得以飞速提高。他利用一切能利用的课余时间，与同学发起组织平民世界学社，并出版《平民世界》半月刊。李硕勋时刻要求自己"以改造社会为己任"，全力以赴进行"平民当家作主才是硬道理"的思想宣传。由于个人思想要求进步，工作表现积极，于翌年加入了中国共产党，并担任上海大学四川同学会委员。

这一年，李硕勋在给二哥李仲耘的信中说："……我的人生观是革命，我的生活也就是革命了。革命的步骤当怎样呢？第一是宣传，第二是组织，第三就是武装暴动，夺取政权……"从此立志投身致力于学生运动。

1925 年五卅惨案发生。李硕勋在党的委派下，进入全国学生总会工作。开始筹备全国第七届学生代表大会，并担任上海工商学联合会委员。紧接着，在 6 月 26 日召开的学代会上，李硕勋当选为中华全国学生联合会总会会长，兼交际部主任。此时正值国共第一次合作时期，李硕勋以个人身份，同时担任国民党上海市党部秘书长。

大会结束后，身兼数职的李硕勋开始把主要精力全情投入到领导全国学生运动中。根据青年学生因为支持工人运动而在上海租界遭枪杀，并就此演变为中华民族反对帝国主义流血斗争史上最惨烈的一幕，充分总结经验与教训。全国学生总会率先试点建立上海学生军，并以全国学生总会军事委员会为最高指挥机构，由李硕勋担任军事委员会委员长。

同年 9 月，李硕勋主持由全国学生总会跟上海学生联合会共同发起反帝国主义同盟代表大会的筹备会议，并在《辛丑条约》阳历签订日举行的"国耻纪念大会"上被推选为大会主席。

李硕勋在给二哥李仲耘的信中这样写道："我们认清只有用彻底的革命手段，坚决的打倒帝国主义，废除一切不平等条约，才是我们死里求生的唯一出路……弟近来对于一切都置之度外，将本此伟大的使命作终生之奋斗……"自此，他愈发以百倍的热情出战，不遗余力组织发动学生运动。

上海大学治学严谨，历来重视理论联系实际。李硕勋白天坚持在校上课，晚上则不辞辛劳，跑到相距甚远的沪西工人补习学校，努力启发工人觉悟，积极促进开展工人运动。

日往月来，倍道兼行。才华超群且精明善战的李硕勋，永远冲锋陷阵在前，凭一己之力勇于担当，长年忙碌奔波于开展学生运动、工人运动、组织武装斗争。纵然是有情人终成眷属，与同为战友的赵君陶结为夫妻，却总也难得相聚。

在三邻四舍眼中，这位英气逼人的李老板似乎总在出差。李太太永远是一个人，屋里屋外地忙。有多事之人偶尔问及先生为何总是人影难见，赵君陶依旧是淡淡地一笑，说，"两情若是长久时，又岂在朝朝暮暮"。

1926年底，李硕勋因革命需要被调至中国共青团中央工作。旋即又派至北伐军第四军第25师，担任政治部主任。翌年春，与师长率两个团继续北伐，在河南上蔡战役大败奉军后又回师武汉，参与平定夏斗寅叛乱。同年10月，起义南下部队一部，由朱德同志率领到达赣南会昌一带。受朱德委派，由李硕勋到上海向党中央汇报起义以及赣粤边区艰苦作战的具体情况。他改头换面装扮一番，即刻出发。

披星戴月，日夜兼程，那个出手阔绰且风流倜傥的成功青年商人，再次出现在众人视线中。这一时期，鉴于上海党组织连续遭受敌人重创，危急时刻，党中央决定留他在上海，担任中共江苏省委秘书。并由夫人赵君陶（赵世炎之妹）协助其开展工作。根据党的指示，在白色恐怖的核心地带，李硕勋领导发动了大大小小数十次起义。可谓斗争成效十分显著。

1928年2月的某天，福煦路明德里15号刚刚结束了最新一次的上海总工会会议，李硕勋送诸位"老板"出门，总觉气氛有些异样。再一看发现，街对面多出几个可疑之人，鬼头鬼脑朝这边窥探。胸中恍然，寓所已经被敌人盯上了。李硕勋返回屋内对已有身孕的妻子悄声说："有尾巴。由我负责切掉。你赶紧从后门出去躲一躲。"说完拿起把竹扫帚打开大门，哗啦哗啦扫起来。此后，无数次被敌人跟踪盯梢，李硕勋总有办法机智地摆脱。

时间眨眼便到了 1931 年 5 月。中央决定调李硕勋去中央革命根据地任红七军政委，他愉快地接受了任务。就在李硕勋抵达香港并准备转往红七军时，突然接到中央加急电报——中共广东省委书记蔡和森不幸被捕，英勇就义。累卵之危，间不容发。中央即刻任命李硕勋为广东省委军委书记，而军委办事机构此时就设在香港九龙。

不久，经党组织批准，赵君陶带着刚满 3 岁的儿子抵达香港。一家三口终于得以团聚。喜从天降，乐不可支的李硕勋抱着幼子满眼爱意，笑眯眯对赵君陶说："幸亏你早来一周，如果迟来一周，我可能已经到琼崖去了……"但美好的时光总那么短暂。秋风吹过旷野，短暂的相聚过后，根据工作需要，上级组织指示李硕勋只身一人奔赴海南岛，尽快主持召开军事会议。

1931 年 7 月的某天，海南岛被黑暗与悲伤笼罩。李硕勋刚到琼州（今海南岛）不久，尚未来得及开展工作，因叛徒出卖——他是四川人，不懂当地方言，彼时又没有任何关系可以做掩护，很容易暴露——不幸被捕。

身份既已暴露，为了保护党组织以及其他同志的安全，李硕勋忠贞不渝，牙关紧咬。在狱中受尽各种酷刑折磨，他自始至终只承认自己是共产党员。即使被敌人打断了双腿，被打得皮破肉烂遍体鳞伤，也拒不泄露一星半点党的机密。更不会出卖自己的同志。

年华似水，光阴荏苒。和平年代的我们如今在革命先烈展览馆看到李硕勋当年在狱中写给妻子的诀别信——"陶：余在琼已直认不讳，日内恐即将判决，余亦即将与你们长别。在前方，在后方，日死若干人，余亦其中之一耳。死后勿为我过悲，惟望善育吾儿……"——信中之所以只提及"吾儿"，是因为李硕勋当时并不知道，妻子赵君陶已有身孕。遗腹子是个女孩。

　　这封遗书，赵君陶悉心收藏几十年后才得以面世，此时读来仍掷地有声。泪湿眼眶的同时，仿佛看见一位青年男子，双目炯炯，就义的路上振臂高呼："革命必定成功！要做就做傲骨嶙嶙的共产党人！"

栽者培之，虽愚必明

——记培明女中

寒　烈

★ 培明女中简介

1925 年，由许君衡女士在麦根路（原恒丰路桥之东）创办私立女子学校，取名"培明"，"培明"一词出自《礼记·中庸》中的语句"栽者培之，虽愚必明"，即办学宗旨是为国家培养有用人才。

1929 年起，学校曾多次搬迁，直至 1936 年，学校迁入新闸路 1607 号的南园。自建校开始，培明女中一直重视爱国主义教育，留下许多可歌可泣的感人事迹。1931 年九一八事变后，学校组织抗日救国会，组织宣传队往浦东一带宣传。1935 年一二·九运动，上海先后有 80 余位校长和 34 校师生发表宣言，培明师生也在宣言上署名。1936 年，胡乔木、罗叔章、雍文涛、毛道逊等中共党员以教师身份先后任教于培明女中，在师生中进行抗日救国和共产主义的启蒙教育。培养发展了第一批党员，建立了培明女中第一个党支部。从此，培明女中在中共党组织的领导下，学生运动风起云涌，涌现出林杰等革命烈士。

1937 年八一三事变爆发，日军强占南园，培明女中暂迁南阳路上课。1945 年抗战胜利后，经过校方多方面努力，培明女中又迁回南园。

1936 年 8 月的一天，清晨阳光晴好，一名身穿灰色中山装面容清癯的年轻人站在新闸路 1607 号南园门前，微微抬头，仰望南园门口黑底白字匾额上教育部备案、市教育局为业的"培明女子中学"几个大字。

他身后是人来车往、时不时有身穿洋装的外国人经过的新闸路，身前是幽僻安静的南园校园。

陆续有穿浅蓝斜襟上装、阴丹士林布裙子、白短袜黑皮鞋、留着短发的女学生或步行进入校园；或骑着灰褐色邓禄普牌脚踏车来到校门口，在门前下了脚踏车，推车入校。

一切看起来宁静美好，可就在他身后的租界以外，在华夏大地上，日军步步逼近烧杀抢掠，国民政府无所作为，老百姓民不聊生。

年轻人心潮激荡起伏，深吸一口气，拎着黑色公文包踏入他即将在此开始执教生涯的培明女子中学。

他正是时年 24 岁，化名胡定九的胡乔木。

南园内幽静异常，内有东西两幢砖混结构西式洋楼，楼前种着几丛碧绿灌木，楼后栽着一排高大的悬铃木，在夏日晨风里带来一片阴凉。

胡乔木一路走向校长办公室，偶有自他身边经过的学生，都会恭敬有礼地朝他鞠躬，清脆地问一句"先生好"。

培明女子中学校长金月章在自己的办公室里接待了胡乔木。身为教育家的金月章生得斯文儒雅，他一边引胡乔木去他任教的班级，一边向他介绍校况。

"自我校首任校长许君蘅许女士为振兴女学，争取租界华人之教育权利，于十年前建校以来，我校以为国家培养有用之人才为宗旨，秉持'栽者培之，虽愚必明'的校训，一刻不敢放松。"

金月章希望胡乔木的到来能为培明女中教师队伍注入新鲜血液，也为学生带来新思想、新境界。

身负党的地下工作任务的胡乔木，开始了他在培明女中的任教生涯。

教英语的他，上英语课时，几经考虑，选用美国《独立宣言》原文与法国巴黎公社的故事作为教材。

"...We hold these truths to be self-evident，that all men are created equal，that they are endowed by their Creator with certain unalienable rights，that they are among these are life，liberty and the pursuit of happiness. That to secure these rights，governments are instituted among them，deriving their just power from the consent of the governed..."

他请面孔稚嫩、眼光晶亮，充满对知识的渴望、对世界的向往的学生们逐段朗读自由宣言，并逐字逐句地翻译解读：

我们认为下述真理是不言而喻的：人人生而平等，造物主赋予他们若干不可让与的权利，其中包括生存权、自由权和追求幸福的权利。为了保障这些权利，人们才在他们中间建立政府……

每到提问环节，女生们都忍不住踊跃举手：

胡先生，国民政府一味妥协退让，我辈该当如何？

九一八事变之后，国民政府卑躬屈膝，这还能算是一个主权国家吗？

我们作为学生，应承担怎样的责任？

每一个问题都带着眼看日寇铁蹄践踏中华大地而无能为力的愤懑。

在他批改的作文和日记当中，这种强烈的情绪更是无处不在。

这些年轻的女学生，耳闻目睹自己的国家、土地、人民被侵略、被践踏、被蹂躏，她们胸中爱国的火焰熊熊燃烧，却又不晓得如何表达，怎样为国出力，救人民于水深火热。

胡乔木和同样在培明女中任教传播进步思想的罗叔章、雍文涛商量，怎样在培明女中更深入地展开爱国主义教育。

三人合计一番，以教授英语同时负责图书馆工作为掩护展开党的地下工作的胡乔木，在课上向学生介绍进步书籍的同时，还为培明女中图书馆添置了不少进步书籍，令求知若渴的学生有机会进一步接受共产主义启蒙。

在他的引领之下，陈望道翻译的全本《共产党宣言》、鲁迅讽刺国民党治下半殖民地半封建社会黑暗现实的《且介亭杂文》、宣传马列主义的《读书生活》和抗日思想的《宇宙风》等书刊在学生中间传阅。

胡乔木还带领学生一起出板报，将只在少数同学中传阅的进步书籍中的共产主义思想和抗日救亡的爱国主义热情，通过板报的形式更广泛地宣传出去，让更多学生了解民族危亡，国民党的消极不抵抗没有出路，只有奋起反抗才能救中国。

在他举办的时事座谈会上，有女生提出了一个所有人都深埋于心底的疑问：

"胡先生，我们上学，知书达理，究竟为了什么？"

胡乔木望着眼前学生们青涩懵懂的脸，心中有千言万语。

她们的家长送她们来读书，或为了她们将来能嫁个好人家增添筹码，或为了令家人面子光鲜，抑或只是看旁的人家送女子出来读书，怕自家不送会受人议论而不得不做的妥协。

但无论出于什么原因，她们都走入了培明女中校园，他就要像校训上写的那样，"栽者培之，虽愚必明"，教她们拨开眼前蒙昧的重重迷雾，指引她们找到通往真理的光明道路。

他和罗叔章指导女生排练演出表达抗日救亡思想的话剧，女孩子把自己打扮成工人、车夫、女兵、报童……她们装扮成各行各业的民众，肩并着肩，手挽着手，齐声高唱：

工农兵学商

一齐来救亡

拿起我们的铁锤刀枪

走出工厂田庄课堂

到前线去吧

走上民族解放的战场

脚步合着脚步

肩膀扣着肩膀

我们的队伍是广大强壮

全世界被压迫的兄弟的斗争

是朝着一个方向

千万人的声音高呼着反抗

千万人的歌声为革命斗争而歌唱

我们要建设大众的国防

大家起来武装

打倒汉奸走狗

枪口朝外响

要收复失地

打倒一切帝国主义

把旧世界的强盗杀光

整齐而嘹亮的《救亡进行曲》在南园上空回荡，师生无不被话剧里中华民族水深火热之中奋起抵抗侵略者的精神激荡震撼。

话剧演出后，胡乔木在学生的作文里、日记中进一步了解和发现了费瑛、朱雅琴、蔡秀敏等有进步思想的苗子。

他和罗叔章作为老师，组织她们参加读书会，帮助她们从有爱国热情的学生一步步走上革命道路。

1937 年 7 月，因革命需要，胡乔木离开培明女中，前往延安。次月，罗叔章也离开了对她依依不舍的学生，去往湖南长沙继续革命工作。

胡乔木和罗叔章等几位共产党员虽然离开了培明女中，但他们播下的革命火种却在校园里、在学生中间生根发芽。

八一三事变，上海军民与日军在宝山等地展开激战，奋起抵抗侵华日军的进攻。

培明女中校园被日军强占，学校不得不迁往南阳路 205 号。

侵略者的行径令培明女中师生心中抗日救亡的怒火迸裂燃烧，进步学生在党的领导下成立了上海学生救亡协会，由积极参加革命斗争的费瑛负责全校的学生救亡协会工作。

曾经只是识得字能读书看报而已的她们组织爱国学生听柯灵、李健吾等进步作家的讲座，从他们反映沦陷区人民生活的作品里更深层地理解苦难；曾经娇滴滴有车代步有佣人服侍的她们前去慰问在抵抗日军的战斗中受伤的伤员，去为他们读报、换药；曾经是十指不沾阳春水家中娇养的女儿的她们，一针一线为在前线苦战的战士们缝制棉衣……

她们从不知疾苦懵懵懂懂的学生，逐渐成长为充满抗日救亡爱国热情的共产主义战士。

1938 年 6 月，经历了各种考验的费瑛入了党，成为培明女中第一位学生党员。随后又发展了朱雅琴、蔡秀敏、庄佩珍成为党员。

是年秋，中共培明女中党支部成立，由费瑛任书记。

培明女中学生在党的领导下，投入风起云涌的"打倒汉奸卖国贼""打倒日本帝国主义"的学生运动当中去，去促使中国人民觉醒，去冲击中外反动势力统治。

1939 年，培明女中的党支部得到壮大，又发展了周丽华、胡瑞英等同学加入党组织。

16 岁的周丽华生得娇小，戴一副圆片眼镜，看起来斯文秀气。她出身富裕家庭，父亲是剧场老板，她从小过着富家小姐的生活，起居有佣人伺候，出入有汽车代步，父母送她到女中读书，无非希望她知书达理，学识与她的出身相匹配。

可她亲眼目睹战火烧到了家门前，日本侵略者在上海用炮火轰炸大学、强占校园作为军营、屠杀民众的行径激起她心底愤怒憎恨之火，她抛开华服美饰，毅然决然地加入了抗日救亡的爱国队伍。

1940 年，化名林杰的周丽华如同千千万万汇入抗日洪流的知识青年一样，听从党组织安排，从上海前往澄锡虞抗日根据地，参与发动群众工作，宣传抗日，推行减租减息，办"民运"训练班。

林杰担任"民运"工作队队长时，顶着日军反复下乡"扫荡"以及"忠救军"包汉生部暗杀党的双重危险，和人民吃在一起、住在一起、打成一片。她教小学生读书认字唱抗日歌曲，组织贫农雇工展开减租减息斗争，将在培明女中培养起来的，传自胡乔木、罗叔章的共产主义思想和抗日精神也传递给当地的劳苦大众。

1940 年初冬，年仅 17 岁的林杰在陆桥去往祝塘办事的路上，被"忠救军"暗杀党的两名汉奸发现，他们一路追击她到陈家坝西，开枪击中她的腹部和头部。

年轻的林杰倒在了江南的田野里。

80 年后的 11 月，清晨阳光灿烂，金风细细，新闸路 1607 号，培明中学门前，穿着校服的学生，有的乘地铁，有的骑共享单车，有的父母开车送，有的自己步行，从四面八方汇聚到学校门前，欢快地走入校园。

这样轻松明快的校园生活，正是无数与林杰一样的英雄们用热血换来的。

为解放上海注入"工人的力量"

王萌萌

全国苏维埃代表大会中央准备委员会全体会议（第五次全国劳动大会）遗址简介

全国苏维埃代表大会中央准备委员会全体会议（第五次全国劳动大会）遗址位于上海市静安区北京西路（原爱文义路）690—696号。1929年11月7日至11日，第五次全国劳动大会在这里秘密举行。来自铁路、海员、矿山、五金、纺织等全国各重要产业及上海、天津、满洲、山东、河南、福建、香港等地工会组织代表出席。

会上，项英代表第四届中华全国总工会执委会作《工作报告》，上海工联会代表团作《从五月以来上海工人运动的形势》报告。大会通过《全国工人斗争纲领》《工会组织问题决议案》《工厂委员会决议案》《对黄色工会问题决议案》等，发出《反对国民党军阀混战宣言》《告红军将士书》《致赤色职工国际及世界各国工人书》等文告。

回顾这段历史，史学家认为，部分决议夸张地估计了当时的革命形势，完全照搬共产国际和赤色职工国际决议。但不可否认的是，加强中国共产党对工会的领导，强调工农联盟，扩大赤色工会，是第五次全国劳动大会对中国革命的巨大贡献。

上海北京西路石门二路路口（原爱文义路 690—696 号），曾有一座砖瓦结构的俄式洋房，见证过一场秘密举行却意义重大的会议，留下过中国共产党开天辟地到如今的革命征程中不可或缺的一方足印。

一、洋房里的秘密

1929 年冬，上海公共租界爱文义路口，一栋宽敞的楼房搬进了一对南洋华侨夫妇。这楼房临街的三面都有门，出入非常方便。当时这样的房子每个月租金 60 两白银，周边店家和居民都猜测，这位华侨祖上在南洋生意做得不错，攒下不少家底，因故土情结回国内发展，认定了上海滩商机多，这才下本钱租了市口这么好的房子。

华侨名叫李敬塘，精明干练颇有风度，太太面容姣好待人和善。他们搬来之后，一楼用来居住，家具陈设和日用物件都很讲究。二楼作为办公、会务使用，临街的玻璃窗配上了墨绿呢子窗帘。外人看，他们和其他经商的华侨家庭没什么两样，实际上这对"夫妻"是中国共产党派来从事地下工人运动的党员。华侨李敬塘真名是林育南，中华全国总工会秘书长，假扮妻子的张文秋是林育南的秘书。他们受党中央指派，在上海秘密进行第五次全国劳动大会及全国苏维埃区域代表大会的筹备工作。

从 1921 年 7 月，中国共产党在上海诞生，通过的第一个决议就是宣布"组织产业工会是我党基本任务"。中国共产党成立不久，1921 年 8 月 11 日，中共中央在上海建立了公开领导工人运动的总机关——中国劳动组合书记部，这就是中华全国总工会的前身。中国劳动组合书记部组织工人建立产业工会，开办工人学校，领导和开展罢工等工运活动，对上海工人运动的发展产生了深刻的影响。1922 年 7 月，劳动组合书记部因遭公共租界巡捕房查封而迁往北京。为了加强对工人运动的领导，把全国的工人阶级联合起来，1922 年，中共中央决定由中国劳动组合书记部发起召开全国劳动大会，前三次均在广州举行，第四次在汉口召开，而第五次则随着全国总工会从北京秘密迁往上海，决定把会议放在上海举行。

当时上海工人运动的形势十分复杂。一方面为了响应和配合北伐进军，上海工人在党中央领导下分别在 1926 年 10 月、1927 年 2 月和 3 月先后举行的三次工人武装起义，最后取得了胜利，一举推翻了北洋军阀在上海的统治，成立了上海特别市临时市政府。但是，以蒋介石为代表的国民党右派同帝国主义和江浙财阀相勾结，制造了血腥的四一二大屠杀，工人领袖汪寿华、杨培生、张佐臣、赵世炎等相继被害，上海总工会被迫转入地下，上海工人运动遭受严重挫折。

1929 年 6 月，根据中共江苏省委的指示，上海工会联合会（简称上海工联会）成立，争取公开活动：上海总工会则参加上海工联会的工作，并以上海工联会的名义继续在工人中开展艰苦的宣传与组织工作。当年上海的工运活动也很频繁。5 月 1 日上海总工会发动全市工人停工，分区游行纪念五一国际劳动节，并发表宣言。同日，国民党当局就发布通令，禁止集会游行。6 月 6 日，英美烟厂 4000 余工人罢工，抗议资方开除工人。6 月 28 日，全市 274 家中药店 2500 名店员罢工，反对国民党取缔其原工会。7 月 4 日，虹口区 20 家丝厂的 11000 名工人罢工，要求加薪和改善待遇……7 月 10 日，上海市长张群发出布告，禁止罢工。

由于大革命失败，全国各地工会运动都转入地下，故而林育南此次开展工作的环境也很险峻。二楼临街窗户上之所以装了厚重的深色呢子窗帘，是为了防止有人从外面窥视内部的情况，二楼的多个房间还备有床铺被褥，可供人留宿。林育南和张文秋在此居住了一年多，当时交通、信件、物资条件都很差，秘密进行的筹备工作需要慎之又慎，林育南与李立三、项英等人密切合作，将大会筹备工作完成得十分妥帖。

二、林育南其人

说起林育南，如今少有人知，但说起中共党史上著名的"林家三兄弟"，也就是林育英（张浩）、林育南、林育容（林彪），人们定会恍然且肃然。这三兄弟中，林育南虽然排行老二，实际上却是最早参加革命的，他比大哥林育英小2岁，比三弟林彪大8岁。还在读书时，林育南就是武汉地区学生运动的中坚分子，1917年10月，参加了恽代英组织的互助社，1919年参加过五四运动，被选为武汉学生联合会负责人，同年底加入中国共产党。

中国劳动组合书记部成立之后，林育南参加了武汉分部的组织领导工作，积极从事工人运动，他深入徐家棚及粤汉铁路北段各站进行调查，了解了工人的疾苦、工作情况和要求，联系工人的悲惨境遇，用通俗易懂的语言向工人宣传革命道理；还和施洋、李书渠等在徐家棚创办了工人子弟学校和工人夜校，亲自讲课，教育工人认识自己的力量，鼓励他们团结斗争。此后在林育南、施洋等人的领导之下，武汉劳工开展了多次罢工，开辟了工人运动的新纪元。1922年5月第一次全国劳动大会之后，林育南任劳动组合书记部武汉分部主任。1922年10月10日，湖北各工团联合组成了全省统一的工人组织——湖北省工团联合会，林育南被选为秘书主任。1923年北洋军阀吴佩孚镇压京汉铁路工人大罢工，致200多名工人受伤、30余名工人壮烈牺牲，施洋英勇就义。二七惨案发生之后，全国革命形势急转直下。为继续战斗，京汉铁路总工会和湖北全省工团联合会在上海设立驻沪办事处。在林育南、项英等主持下，办事处编写《二七工仇》详细记叙二七罢工事实；编辑罢工的各种文稿、照片，讴歌二七烈士的革命精神，鞭挞反动军阀的滔天罪行，教导工人阶级牢记血海深仇，坚持把反帝反封建军阀斗争进行到底。

1924年1月，国民党召开第一次全国代表大会，标志着国共两党第一次合作的革命统一战线正式建立，林育南任国民党汉口执行部青年部干事，从事青年工作。不久根据党的指示前往上海，参加《中国青年》的编辑工作。1925年，五卅革命高潮到来，林育南在上海总工会担任宣传工作。1926年10月10日，北伐军占领武昌，同日湖北全省总工会宣告成立。1927年1月1日，湖北全省总工会在汉口召开第一次代表大会。林育南负责大会的筹备工作。在前一天的预备会上，他向代表报告了筹备经过，当选为大会秘书长，并在正式会议上做了宣传教育问题报告和童工及女工问题报告。大会最终选出省工会负责人，林育南为宣传主任。值此会议召开之际，1月3日，汉口发生了英国水兵枪杀我同胞的严重流血事件，激起了全国民众的愤慨。参加全省总工会第一次代表大会的代表怒不可遏，在刘少奇、林育南等的领导下，召开声讨会议。在中国共产党的领导和推动下，1月5日，武汉人民占领英租界。刘少奇、林育南立即组织慰问队前往租界慰问，并派出300多名工人纠察队维持秩序。当天武汉国民政府成立了汉口英租界临时管理委员会，接管公安、行政事宜。林育南从实践中认识到，要使工人阶级肩负起领导中国革命的重任，必须造就一批有一定理论修养和文化水准的工人干部队伍。根据全省第一次代表大会的决议，他积极从事宣传教育工作，主办"工人运动讲习所"，培养工会骨干，聘请刘少奇、李立三、恽代英等讲课。

1927年4月27日，中共五大在武汉召开，林育南出席会议并当选为候补中央委员。同年6月19日，中华全国总工会在汉口召开第四次全国劳动大会。是时，国内政治局势异常紧张，继蒋介石四一二政变后，隐藏在武汉国民政府内的汪精卫集团也日渐反动，陈独秀一味迁就国民党。6月19日，第四次全国劳动大会正式开幕，选出李立三、邓中夏、林育南、刘少奇、项英等35人为全总执行委员。

1927年7月15日，汪精卫召开"分共会议"，公开叛变革命，轰轰烈烈的第一次大革命失败。林育南等人转入地下，与罗亦农、向警予等人组成湖北新省委，担任宣传部长，并代理省委书记。年底，林育南受党中央指派转战上海。

革命和工运斗争经验丰富的林育南，曾经多次担当重大会议筹备召开之任且都出色完成，深受组织信任，是在上海秘密开展第五次全国劳动大会筹备工作的绝佳人选。然而就在 1929 年 11 月第五次全国劳动大会顺利召开，林育南当选为第五届中华全国总工会执行委员会秘书长之后的一年零三个月之后，风华正茂、踌躇满志的林育南却遭到叛徒出卖，被捕并惨遭杀害。

关于林育南遇害一事，颇多离奇之处。1931 年 1 月 17 日，林育南、何孟雄等人分别在上海汉口路的东方旅社和天津路的中山旅社开会。会议进行之中，他们几乎同时被国民党军警包围并逮捕。在东方旅社开会被捕的人之中还包括龙大道、欧阳立安及"左联"作家胡也频、柔石、殷夫等人。一次事件竟使如此之多的中共机关遭到破坏，使如此之众的党内干部被捕，这就是中共党史上的一大谜案"东方旅社案"。

当天下午，一名租界的巡捕化装成茶房，走进了东方旅社 31 号房间，断定在里面开会的 7 人都是共产党员之后，马上向守在外面的巡捕发信号。数十名巡捕一拥而入，将毫无防范的 7 人抓住，密探又抓了后来与会的李伟森等人。同时，何孟雄及另外 7 人也在天津路中山旅社被捕。此次大搜捕持续了一整夜，共有 36 名共产党人被捕，他们很快被移送上海龙华淞沪警备司令部监狱。

蒋介石得知消息后，立即派陈立夫前来劝降和处理。陈立夫费尽口舌，无一人愿意改变自己的信仰。见劝降不成失望至极的蒋介石指令就地处决。1931 年 2 月 7 日深夜，何孟雄、林育南以及"左联"五烈士等 24 人英勇就义于上海龙华。鲁迅先生闻讯后悲愤地写下《为了忘却的记念》一文。

林育南牺牲之后，林彪一直不知情。后来直到周恩来进入中央苏区，他才得知林育南牺牲的消息，受二哥影响走上革命之路、兄弟情深的他悲痛不已，久久不能释怀。

三、工农联盟力量大

1929 年 11 月 7 日，第五次全国劳动大会在爱文义路路口这栋俄式洋房里秘密召开。来自铁路、海运、矿山、五金、纺织等全国各重要产业及上海、天津、满洲、山东、河南、福建、香港等地工会组织代表出席。与会 29 人，代表 10 多个地区 39800 多名赤色工会会员。根据党中央的指示，林育南代表中央宣读中共中央给大会的祝辞。大会持续 6 天，会场始终充满"热烈、勇敢、坚决斗争的情绪"，"这种热烈讨论的会议精神，实为二三年来少有的现象"。前 5 天是小组会，最后一天举行全体代表大会，由项英作《中华全国总工会工作报告》，上海工联会代表团作《从五月以来上海工人运动的形势》的报告。

大会一致通过《中华全国工人斗争纲领》，并作出关于工会组织问题、对黄色工会问题、拥护苏联等 11 个决议案，发表《第五次全国劳动大会宣言》《告全国兵士书》《反对国民党白色恐怖通电》等 13 个文电。大会选举产生第五届中华全国总工会执行委员会，项英当选为委员长，罗登贤任党团书记。更重要的是，大会达成这样的共识：加强同农民的联系并结成坚固的革命同盟，是中国工人在目前革命阶段的最根本的任务。

上海是中国工人阶级的摇篮，也是中国工人运动和工会组织的发祥地。中国共产党重视工人阶级和工人运动是必然的。但由于受到俄国"十月革命"胜利的影响，又接受共产国际的指导，中国共产党早期将革命斗争的重心放在城市，特别是像上海这样的国际大都市，一方面建立了以工人阶级为主体的中国共产党组织，为后续的革命事业奠定了一定的基础，另一方面却又盲目照搬苏俄经验，忽略中国国情，经历惨痛的牺牲，经过重重磨砺才找到真正适合的道路。但在中国共产党的领导下，上海的工人运动轰轰烈烈又高潮迭起，风雨兼程又可歌可泣，培育了大批优秀的共产党员，为上海以后的民主革命发展进程锻炼了队伍、积累了经验、培育了组织。

如今的北京西路石门二路路口（原爱文义路 690—696 号），原建筑已经拆除，当初的位置上早已看不出任何往日痕迹。车水马龙、人流熙攘依旧，乱世风云却改天换地成了太平盛景。第五次全国劳动大会，是值得铭记的红色足迹，这红色足迹印下的地方，应该让后人知晓，正如陈毅曾经缅怀为上海解放而英勇牺牲的革命先烈而写下的诗句："遗爱般般在，勿忘缔造难。"

吴淞的秘密情报线

唐吉慧

★
★
★　**新四军吴淞情报组简介**
★
★　新四军吴淞情报组创立于 1941 年 3 月，1943 年 5 月正式命名。先后隶属
　新四军第六师和军部参谋二处。在抗战相持阶段、战略反攻阶段和抗战胜利
　前后 4 年多的时间里，秘密建立了"外马路 101 号"（淞浦路和丰路附近）
　军事观察哨和"吴淞一德药房"（淞兴路 113、115 和 117 号）情报组联络
　机关，为新四军指挥机关提供了大量的日军军事战略情报。

　　1941 年，抗日战争正处在焦灼的相持阶段。年初，新四军第六师侦察科长王征明到上海秘密治病期间接到了师长谭震林的指示，要求他和中共路南特委吕炳奎尽快部署力量，搜集上海日军情报，上报中央军委。经过了解情况，王征明把重点定在了日军重要战略基地之一：吴淞。

　　通过新四军第六师军医张贤和上海同仁医院护士朱萍的介绍，王征明结识了在吴淞医院工作的医生徐国璋（徐国璋与朱萍是同学）。徐国璋是宝山庙行人，思想进步，有着强烈的爱国热情。第一次见面，就给王征明留下了强烈的印象："朝气蓬勃，心地单纯，正愁报国无门，不时就要引吭高歌几

曲进步歌曲。"经过一些日子的考察，3 月的某一天，王征明派人单独与徐国璋进行了一番会谈，试探建立情报网的可能性，徐国璋欣然接受了任务。第二天，王征明正式吸收徐国璋参加新四军地下情报工作，并交代他搜集日军军舰进出吴淞口及日军番号等军事情报。徐国璋从此以医生的职业作为掩护，做起了情报工作。

1941 年夏，来医院门诊就诊的一位叫做黄眷澜的浙江姑娘进入徐国璋的视野，他发现黄眷澜聪明好学，同样有着强烈的爱国热情。经过攀谈，原来黄眷澜在 1939 年时随全家一起逃难到吴淞，她的父亲黄茂丰在吴淞镇上开了一家和记米店。当年她们家借住在吴淞外马路 101 号她父亲一位师兄一栋两层小楼的房子里，只需打开窗户，就能清楚地望到江面日本军舰以及距离 50 米远的日本宪兵队在场地上操练时的情况，是观察敌情的好地方。经过慎重细致的考察，这年 12 月，徐国璋正式发展年仅 15 岁的黄眷澜参加情报工作，这以后黄眷澜的家便成了秘密军事观察哨。无论白天、黑夜，黄眷澜每天躲在楼上，用一架望远镜和一块挂表等简单工具严密监视记录日军的动态。发现吴淞口日军舰艇往来，就用特殊的符号，记录下敌舰进出港日期、时间，敌舰的型号、颜色、烟囱、吨位、武器装备等情况；陆上日军如有动静，就记下部队的番号、兵种、装备、规模和动向。每隔数日汇总，报给徐国璋。这些零星琐碎的情报，经过上级情报部门综合分析、整理后，就能得出敌人的活动规律和意向，具有十分重要的参考价值。

之后又有一位 19 岁的爱国女青年也被徐国璋收进了情报战线。她的名字叫陈达，是宁波慈溪人，她的堂兄杨棋轩在苏中新四军工作，经常来信描述抗日游击根据地的情况，受了他的影响，陈达同样有了参加革命工作的想法，却阴差阳错与新四军交通员失去了联络。当杨棋轩的战友关松（宝山月浦镇人、新四军苏中三分区如西县抗日民主政府干部）获悉这一情况后，便请徐国璋帮忙送陈达去根据地，徐国璋却把陈达留在了吴淞，他对她说："你去根据地和留在宝山，一样是抗日。"于是黄眷澜与陈达做起了伴，两人不舍昼夜地在外马路 101 号小楼"哨所"察看动静，为应对日本宪兵突然搜查，她们在桌上常备一本《日语会话》作掩护，情报都藏在灯罩里，彼此间事先编好假口供。

1941 年 11 月 28 日发生了"塘马事件"，活动于苏南的新四军第六师 16 旅旅部遭到敌军袭击，损失很大。第六师师长谭震林赶赴苏南整顿队伍，王征明因随谭震林去苏南茅山地区开展敌伪军工作，吴淞的情报工作为此和上级组织一度中断了联系。这期间，徐国璋等同志除了仍然坚守吴淞"观察哨"，搜集日军情报外，组织了一支"梅友社"来团结周围的进步青年。1942 年，徐国璋被大家推举为"梅友社"刊物《梅友》的干事，负责刊物的组稿和主编工作。随着刊物的影响不断扩大，陆续有了新的成员加入，如杨行中共党员杨逸、孙彬斐，进步青年陈坤全以及转移回家乡隐蔽的中共沙洲县锦丰区委书记张伯春、苏中三分区抗日民主干部关松等，《梅友》逐渐成为宣传抗日思想、团结教育青年的进步刊物，不少作品以诗歌、随感、小品、小说等形式，揭露日军的暴行，沦陷区社会的黑暗和生活在水深火热中人民的悲苦，从而激发青年的抗日爱国热情。不过王征明知道后赶忙叫他停办了"梅友社"，王征明向他解释："做情报工作就是要独立作战、单线领导，用群众工作那套来搞情报，是大忌！"

1943 年 1 月，王征明调任新四军军部参谋处二科，5 月，二科决定正式成立吴淞情报组，并任命徐国璋为情报组长。从此开始形成一条由吴淞（徐国璋）、上海（张馥馨）、扬州（胡绥之）、新四军扬州情报站（宣锋）、军部（王征明）相连接的情报网络，吴淞情报组的活动也更加活跃起来。王征明晚年曾回忆自己有一回执行任务途经上海到了张馥馨家，张馥馨随即从一根铁床架子空心管中掏出许多情报，那都是徐国璋、黄眷澜等人无惧生死收集而来的情报，那一刻，他几乎掉下泪来，他说："这么多情报，哪怕是泄露一条，可都是掉脑袋的呀！"

徐国璋工作的吴淞医院，是由汉奸翻译王桂泉开办的。徐国璋考虑到如果王桂泉开设的吴淞医院一旦停业，情报组就失去了合法的社会掩护，所以征得上级组织的同意，建立了用来掩护情报联络的秘密据点"吴淞一德药房"。大药房为两层小楼，楼下卖药，楼上诊所。为了避免王桂泉不满，徐国璋拉了王桂泉的小舅子金国楚入股大药房，并与王桂泉签订了3年租用合同。

有了一德大药房，工作的开展更为顺利了。徐国璋会一口流利的英语，他热络地结交日本宪兵和下级军官，以探听各路消息。那些日本兵的确不是什么省油的灯，他们从兵营里偷出药品，再倒卖给徐国璋赚点外快，徐国璋照单全收，一来收买人心，二来补给抗日根据地的急需用药。日积月累，一德大药房楼上堆了不少医药物资。有一天，日本宪兵突然闯入搜查，情急之下，徐国璋叫来了王桂泉。王桂泉当场"作证"，这是他出面给日军订的货，风波也就平息了，事后，徐国璋不忘"孝敬"王桂泉，并趁机请王桂泉弄几张盖有日军后勤部印章的封条。拿了钱的王桂泉满口答应，于是，在这些封条保护下，徐国璋将新四军的紧缺药品，顺利通过吴淞口送到了抗日根据地。

1945年初，日军节节败退，濒临绝境。新四军参谋长赖传珠根据中央军委电示，要求王征明加紧搜集沪、杭一带敌伪情报，以便配合盟军登陆作战。王征明多次前往吴淞、庙行看望徐国璋，研究和商讨行动计划，并要求尽快绘制出一份吴淞、江湾、月浦、杨行地区的日军布防图（包括军港、码头、仓库、机场、兵营、高炮阵地等军事设施）。

徐国璋接到上级指示后，找到日军军官野田，向他示意愿为"皇军效劳"，到日军的军营里为"皇军"看病治伤。在此期间，他伺机为新四军收集了大量有价值的日军军事情报。

这段时期，徐国璋由于过度操劳，身体每况愈下，经常大量吐血（肺结核），但他不顾病体，始终坚持带领吴淞情报组全体成员，冒着生命危险，对吴淞、江湾、高境庙、大场、月浦、炮台湾、杨行东营房等重要战略目标进行实地侦察、测量，而后精心绘制成《敌伪军事布防图》。1945 年 2 月，王征明将这张情报图呈报到军部，他有一本记录着那段抗战岁月的日记本，1945 年 2 月 22 日那天，他在笔记本写下了"请盟机轰炸"这五个字。而之后美军的 B-29 轰炸机在吴淞接连投弹击中日军各个军事据点，提振了人民抗战胜利的信心。

　　日本投降后，吴淞情报组完成了历史使命。黄眷澜、陈达奉命赴苏北解放区，那年 10 月的吴淞口，徐国璋与战友们依依惜别，相约在革命胜利后再见，然而事与愿违，这一声"再见"竟成永别。两个月后的 12 月 31 日，徐国璋溘然长逝，年仅 24 岁。噩耗传至新四军军部，首长和战友们悲伤不已。

五卅运动初期上海总工会遗址

唐吉慧

★
★
★ **五卅运动初期上海总工会遗址简介**
★
★ 五卅运动初期上海总工会遗址位于静安区宝山路403弄2号（原宝山里2号），原建筑在1932年一·二八淞沪战役中被日军炸毁。1980年8月，该址被上海市人民政府公布为上海市级纪念地。现为公共服务设施。

那时候，上海的交通尚不发达，这条不足2公里长的马路是宝山来往于市区的必经之路，特别的是这条马路以宝山命名。马路上没有老洋房、没有名人故居，一切显得普普通通，然而将近一百年前这里有过商务印书馆、有过东方图书馆、有过开明书店，有过鲁迅、有过张元济、有过茅盾，有过太多太多绚烂的风景。在一条不起眼的弄堂里今天还有着一幢不起眼的小房子，宝山路403弄2号（原宝山里2号），曾经的五卅运动初期上海总工会所在地。

上海是中国最大的工业城市，当时集中了全国近三分之一的产业工人（约80万人），工人组织程度之高是其他城市难以比拟的。帝国主义国家在上海设立租界，开办工厂，残酷地压迫和剥削中国人民。上海工人早已深恶痛绝，反抗帝国主义压迫的斗争时有发生。1925年5月15日，上海内外棉七厂的日本资本家为了镇压工人的罢工斗争，枪杀了工人顾正红，并打伤工人10多名，这一惨剧成了五卅运动的导火线。中共中央因势利导，决定在学生和工人中发动大规模的反帝示威活动。为了领导这场活动，中共中央派遣李立三、刘华筹建上海总工会，刚刚成立的全国总工会也委托刘少奇来到上海。

5月30日上午9点起，上海工人和学生纷纷走上了街头，举行反对帝国主义的游行和讲演。在人群密集的南京路上，租界的英国巡捕突然向示威群众开枪，打死工人、学生13人，伤者数十人，逮捕150多人，制造了震惊全国的五卅惨案。帝国主义的暴行激起了上海工人和全国人民强烈的愤慨，当晚中共中央召开紧急会议，决定由李立三、瞿秋白、蔡和森、刘少奇和刘华等组成行动委员会，领导进一步扩大反帝运动，发动全上海民众罢工、罢市、罢课。第二天晚上又在闸北虹江路46号广东会馆礼堂召开各工会联席会议，通过决定成立上海总工会，于是"光芒万丈的明星"——上海总工会，在那个晚上出现了。会议选举李立三、刘华、孙良惠、杨之华等人为执行委员会委员，李立三为委员长。下设总务、交际、宣传、会计、组织科，各科正副主任大部分为共产党员：总务科主任刘少奇，副主任谢文锦、孙良惠；交际科主任陈杏林，副主任赵子敬、郭尘侠；宣传科主任刘贯之，副主任严敦哲、张佐臣；会计科主任傅冠雄，副主任陶静轩、杨建华；组织科主任吴敏，副主任郑福宁、顾凤鸣。机关会址设在宝山路宝山里2号。

宝山里2号是一幢砖木结构的两层旧式石库门里弄住宅，坐北朝南，占地近百平方米带有花园。五卅运动以来，这里成了上海数十万罢工工人的指挥部，呈现出一派紧张繁忙的景象。总工会的公开场合由李立三出面，他十分机警，经常身边伴着多位和他面貌、身材、年龄相似的工人，以此扰乱敌人的视线。日常工作则由刘少奇负责，由于上海总工会才宣布成立，机构设置、工作程序、人员都没有就绪，刘少奇在这方面有着丰富的经验，所以上海总工会的内部工作大多落到了他的肩上。

6月1日，上海总工会发布上海总工会宣言及总同盟罢工令。这一天早上7点起，全市工人先后罢工，大部分商人罢市，学生罢课，甚至圣约翰大学的学生愤然与美国校长发起冲突，脱离学校投入了此次风潮。上海的"三罢"得到北京、汉口、南京、济南、天津、福州、郑州、重庆、杭州、广州等全国600多个城镇工人、学生的响应，从6月2日起一一罢工、罢课、罢市，并通电、捐款支援上海工人的斗争，"打倒帝国主义""取消不平等条约"的怒吼声响彻中华大地。6月11日上海总工会机关报《上海总工会日刊》以宝山里2号为基地创刊（后改为3日刊、5日刊），8开2版铅印，由总工会直接发行。《发刊词》指出："反对外人的压迫，力争中华民族的独立与自由。主张废除一切不平等条约，收回租界，撤退外兵。""促进工界自觉，指挥各业工友组织工会。"该刊设有通告、启事、事件、工友须知、重要文件、罢工报告、经济报告、消息摘要等专栏，还报道各国人民声援慰问上海工人罢工的消息。

为各界行动一致，上海总工会向总商会、各马路商界联合会、全国学生联合总会、上海学生联合会四大团体提议共同组织"上海工商学联合委员会"，作为此次运动的总指挥机关。然而总商会拒绝参加，其余团体则反响热烈，由每个团体各出6名代表，在6月4日成立"上海工商学联合委员会"，李立三代表上海总工会参加上海工商学联合会的领导工作，负责协调全市工、商、学各界的行动。有了总指挥机关，被压迫者与压迫者的对抗形势已然完成，上海总工会在其中起到了灵魂作用，但这又使上海总工会陷入一切反动势力的攻击之中。

上海本是工贼的中心，他们狡称自己已有的工团联合会是代表30余万工人的组织，有三年的历史，难道还不如三天历史的上海总工会吗？因此要求加入上海工商学联合委员会。工贼所谓的工团联合会不过是上海各冒牌工会和国民党右派派互相勾结，以关心工人利益的幌子，主张"只问面包，不问政治"、"只要工会，不要政党"，借以达到控制工人运动的目的，反对共产党领导工人运动的组织。在该会头目的破坏下，1924 年上海虹口 14 家纱厂女工的大罢工失败。1924 年 10 月在纪念双十节的大会上，公然制造了"双十惨案"，打死中国共产党员黄仁。由于恶迹斑斑，遭到上海工商学联合委员会成员的抵制。在一次工贼召集的大会上，恰有 1000 多名洋务工人在开会，工贼乘机招揽洋务工人加入自己的组织。上海总工会代表立时在洋务工人面前揭露了工贼的罪状，如破坏南洋烟草公司罢工等。洋务工人听了群情激愤，开始高喊："打倒工贼！""肃清内奸！"其间一个工贼被打伤，其余鼠窜而逃。第二天，上海总工会召集代表大会，并请商会代表列席，工贼闻讯再次赶来，想借大会发表煽动言论，没想刚站起来，便有商人质问起来："贵会有三十余万工人在哪里？"工贼说洋务工人、码头工人十余万都在他们的领导之下。在场的洋务工会、码头工会代表立时申明："我们工会始终是受上海总工会指挥的，并未加入过什么工团联合会。"说完，工贼在全场的威慑下逃之夭夭。

在整个"三罢"斗争中，上海总工会一直起着核心作用，在它的领导下，上海的工业无产阶级充分发挥了斗争坚决、组织严密的优势，成为五卅运动的领导和中坚力量，各工厂工会至 6 月 5 日加入上海总工会的达到 170 多个，20 多万罢工工人。刘少奇曾回忆当时的情景："五卅以后，上海所有工厂，英国的、日本的，统统都起来罢工了，一共有 25 万人。不但是工人，连工程师、洋行银行的职员、领事馆内的雇工，也都罢了工。这便是所谓五卅后的上海总罢工。后来不但商人罢市，学生也罢了课，商人和学生一致跑到各商会和总商会去请愿，要求总罢市。于是召集各店家、学校的代表齐集总商会，向当时的总商会长虞洽卿提要求。"而这恰恰引起了帝国主义和军阀的恐惧和仇视，外国巡捕、密探常到宝山里周围骚扰，奉系军阀和工贼也一次次殴打总工会工作人员，捣毁总工会财物，同年 7 月上海总工会迁至共和路和兴里 27 号，以后又迁移横浜桥附近广仁里等处。

宝山里 2 号与商务印书馆、东方图书馆等位于宝山路的许多建筑共同毁于 1932 年一·二八事变日军的轰炸，后来房东在废墟上翻建了两层楼的石库门房子，1972 年并入上海第五衬衫厂，改造为厂房。今天宝山里弄内仍存有部分当年的房屋，虽经多次修建不复原貌，不过作为大革命时期反帝运动的红色圣地，五卅运动初期的上海总工会遗址对现今弘扬红色革命文化、开展爱国主义教育，都具有重要的意义。

她也爱上了他的主义

张　蓉

★
★
★
★
★

李雪舟故居遗址简介

李雪舟故居位于浦东新区书院镇李雪村6组，由李家祖宅改建，房屋占地约250平方米，曾是李家居所、李雪舟的诊所兼从事革命活动的场所，为浦东新区文物保护点。

李雪舟（1913—1947），号秋水白萍，曾化名李逵。19岁从医，并开始接受中共党组织的教育和启发，阅读中共刊物和进步书籍，接受革命思想。在抗日战争中，以行医为掩护，投身革命斗争。曾组织文化研究社（青年抗日协会），在中共党组织的领导下，建立武装小组，开展锄奸斗争。抗战胜利后，浙东新四军奉命北撤，李雪舟留下来坚持斗争，仍以行医为掩护，开展地下活动。1947年4月25日深夜，在国民党保安团"清洗"时，李雪舟在家中不幸被捕。被捕后他严守组织机密，宁死不屈，在经受酷刑后被杀害。上海解放后，为纪念李雪舟烈士，他的家乡被命名为李雪村，书院中心小学也被命名为李雪小学。

夜深了，雨渐渐停歇下来。几个小家伙的鼾声此起彼伏，最小的南华最不老实，三脚两脚把被子蹬掉了。虽说谷雨已过，夜里还是蛮凉的。银珠放下手中的针线，两只手托着后腰，挺着大肚子艰难地站起来，走到床边，俯下身子爱怜地给南华掖好被子，复又坐下来，借着油灯的微光，拿起快要完工的白围巾飞针走线，眼睛忍不住去看酣眠中的雪舟，手忍不住想伸过去，替他抚平睡梦中依然紧蹙的眉头，又恐扰了他难得的清梦，于是作罢。

在这个风雨飘摇的离乱之世，这个男人用他的医术，他的勤恳、善良和宽厚，给她和孩子们，给这个家现世的安稳；而他的那些诗作，以及他身上那些若隐若现的神秘光芒，又令她感到少有的激情。

最初吸引她的，是他的诗才。那时，她还是尹家的大小姐。有一天，有人拿来几首诗给父亲看，说是书院一个叫李雪舟的青年人写的，才华横溢，直追李杜。父亲笑问，"大李杜还是小李杜？"这人哈哈笑着说，"都有，都有"。银珠正在低头刺绣，只听父亲吟道：

> 落花生世太凄凄，
> 半逐东流半作泥。
> 白纸飞残蝴蝶梦，
> 夜深时间杜鹃啼。

一句一句，诗景情皆佳，用典也不俗……暗自感叹间，又听这人说，这个青年人十六七岁，长得一表人才，只可惜父亲早逝，小小年纪就得挑起家里的担子，农忙时和寡母姐姐下地干活，农闲时在私塾做先生补贴家用。我听说他如今想去大团学医，无奈家道清贫，一家人正愁拿不出拜师的钱呢。

这些诗连同这些话，一同撞进银珠的心里。当天夜里，她去找父亲，没等开口脸先红了。父亲一语说出了她想说又不知如何开口的话："这个青年人，我了解过了，有主见，有前途，他拜师学医的钱，我打算出。不过呢，出了这个钱，可就没钱给你准备嫁妆了，银珠，你有意见吗？"没等父亲的话说完，银珠就羞得转身跑开。

嫁给他时间越长，她越觉得自己真是得了块人间宝玉。这个男人居然在12岁时就立下"为他人之幸福而舍己"的宏愿。刚刚学医的时候，发愿"愿得杨枝一滴水，不羡人间万户侯"。他在诗里，有时候悲叹人间的苦难，"长夜漫漫何时旦，烽烟四起民涂炭"，有时候抒发杀敌的壮志，"安得长风万里乘，杀尽倭奴心胸快"，有时候又调皮地把自己的名字藏在诗里，"白雪江上飘，一舟水中摇。舟中人独坐，灯下诵离骚"。新婚燕尔时，他写过热烈奔放的情诗给她，"南国生红豆，此物最相思。借以赠佳人，未必识吾痴。烛尽方成泪，蚕死向有丝。此心如金石，生死不能辞"。初为人父，在外行医，老大南屏成为他的牵挂，"曾忆离家日，屏儿学语时。牵衣心怅怅，挥手意驰驰。神清无俗骨，气秀有天姿。何日一相见，以慰是相思……"。

通常学医要花3年时间，他2年就出师了。他好钻研，自己配了一种膏药，叫万应退消膏，十分灵验。邻村有个人身上长了毒疮，伤口已经溃烂，人也发起了寒热，开始说胡话，家人天不亮就来敲门。他一听人命关天的事，二话不说，背起药箱就走，结果忙了大半天，又是清创把脓水引出来，又是贴万应退消膏拔脓，又是开汤药。两天以后，这人就能下地了。他宅心仁厚，对看不起病的农民、盐民和渔民，除了不收医资，他开好药方，最后总会写上几个字：此方配药钱，病家不付，由本医结账。

这时，一只猫轻手轻脚地走过来，走到她脚边，仰起脸喵喵地轻轻唤着。这猫，按照人的年龄，差不多六七十岁了。到他们家的时候，它还是一只小乳猫，是海边一个10多岁的小女孩牵着50多岁的失明老人送来的。猫当时装在布口袋里，伸出头，可爱地喵喵叫着。老人说，我一路寻来，终于寻到李先生家了。李先生真是一个大好人，我生了病，李先生不嫌弃我，给我治病，帮我付药钱。我没有什么好报答他的，捉只小猫来，为李先生家抓抓老鼠吧。她赶紧接过，爱怜地擦掉小猫眼角的眼屎，然后扶老人坐下，端了碗热乎乎的菜粥递给老人，又端了碗递给小女孩。他们走后，她给锅里加了两碗水，再给灶膛里塞了两把柴火。锅里再次咕嘟咕嘟叫时，4个孩子高高低低地站了一圈，眼巴巴地看着。

雪舟看病，收入是不少，如果攒下来，不说造屋买田，殷实的日子是肯定的，可实际上一家人的日子总是过得紧紧巴巴，有时候免不了娘家接济。父亲有时候会叹口气，问银珠，雪舟怎么回事？

她知道父亲的心病，雪舟祖上相当殷实，到了他父亲这一辈，吸上了鸦片，雪舟是出淤泥而不染。当初父亲同意她嫁给雪舟，也不是随便就同意的。事实证明这个女婿有诗才、医术好，还非常善良，真是不可多得。可是一个闻名浦东东南沿海地区的医生，老婆孩子总是缺衣少食，有点说不过去吧？

她半是撒娇半是辩护又半是掩饰：雪舟这个人呀，毛病肯定有，主要是心太软。给穷人看病，医资从来不收，有时候还贴药费，贴着贴着就忘了自己还有家小要养。父亲要嫌弃的话，那我们就不要他这个女婿了。父亲爽朗一笑：银珠你还真会夸自家男人啊。

想到这里，她甜蜜一笑，停下了手中的活，朝地上的猫咪招了招手，猫咪乖巧地跳到她膝上。如果猫咪会说话，她有很多话要问它。这个夜里，她平白地生出很多担忧。日本人投降了，按说可以过太平日子了，但是还是一派乌烟瘴气，今天抓丁，明天加租，后天又有人被无辜枪杀。而她知道，丈夫除了会写诗、会看病，还有另外一重身份，一重石破天惊的身份。

那是婚后不久，大团的表哥吴建功常常夜里来，和雪舟两个人在屋子里一谈就是一夜。她送茶进去，听到他们在讲抗日锄奸，发现她进来马上闭口不谈了。还有一次，表姐夫鞠耐秋来了，两个人又在屋子里谈，在谈抗租抗税的事，也是发现她进来马上闭口不谈了。再回忆，确实在吴建功那次来了之后不久，在万祥东郊一处坟地，有人发现有三四具尸体，都是有血债的家伙。也确实在鞠耐秋来了之后不久，农民盐民渔民都在抗租抗税。又有一次，他告诉她，要去大团十几二十天，叫她照顾好孩子，不要急。雪舟走了几天之后，老三南友突然发起寒热，她差南屏去大团找爸爸，硬是没找到——多年之后她才在党史资料里知道，那次他是去了一趟浙东的四明山，给新四军战士疗伤去了，十几天忙得脚不沾地，走的时候还把万应退消膏的方子留在了新四军的野战医院。

他的事情，他不告诉她，她从不主动问。可是一旦他需要她，她便不顾一切。

那是浙东新四军还没北撤时，一个初冬的傍晚，吴建功又上门了。她知道他们两个人有要事要谈，就早早叫几个孩子睡觉，自己关好门，点个油灯，一边在外屋纺纱，一边伸长耳朵听着动静。

客人走后，雪舟有点难为情地问她，家里今年收了多少棉花？他们这个地方是海边的盐薄地，只能种棉花，一年的辛劳，插秧、间苗、松土、除虫，到头来所有的收入都靠棉花。而且，几个孩子一个比一个矮一头，一溜排下去，都等着棉衣穿，而且雪舟身上也是单薄的衣衫……她咬咬牙，一点也没保留，说出了全部的数字。他接着问，家里现在还有多少钱？她又咬咬牙，说出了全部的数字……不久之后，这些棉花以及这些钱换成的棉花，还有靠他在四邻八乡给人看病积累起来的好名声借来的棉花，一共2000多斤，装进了半夜停靠在门前小河里的三条木船上，又在不久之后，变成了新四军战士身上的棉衣。

突然，远处传来一阵狗叫。这个时辰，怎么会有狗叫？细听，又没有了，她疑心自己听错了，低下头继续织围巾。雪舟长衫前飘这样一条围巾，该有多好看啊。想到这里，她脸又一红。

还有一年，记得是一个秋天的午后，当时的南汇东南区委书记沈肖方扮成病人来到家里，听银珠说雪舟出诊去了，脸上露出了失望之色。原来，他有份很急的情报要送到七八里外的丁金山家。这个丁金山，银珠也知道，是个队长，领着一支抗日游击武装，活跃在书院这个区域。大白天的，沈自己去容易暴露，等到晚上，肯定太晚了。此刻，雪舟又不在。看着他焦急的样子，银珠说，我以雪舟妻子的名义请求你，让我去。沈肖方沉吟片刻，关好门，脱下鞋子，先是抽出鞋垫，再从里面拿出一个皱巴巴的信封。她照他的样子，把皱巴巴的信封塞进鞋子里，上面垫好鞋垫，然后把一块蓝花布头巾顶在头上，装了满满一篮子刚刚摘回来的菱角，要走的时候，又转身回来，找出两张雪舟最有名的万应退消膏，递给沈肖方。沈肖方会意，看病总要有看病的样子吧。几天之后，丁金山的游击队果然打了一个漂亮的伏击战……

已经后半夜了，睡不着，她打算索性把围巾快点织完，这样明天雪舟出诊，就好戴了。一大家子，四个孩子要穿衣，四张嘴要吃饭，肚子里这个，还有两个月就要出生了，雪舟是靠山，是擎天柱，是冬天里的一团火。这世上有他，她什么都不用怕。

许是有心灵感应，雪舟突然睁开双眼，伸手过来握住她的手，焐在他脸颊上，然后用带着睡意的声音吟咏道：

> 淑贞孤介尹翁女，
> 屈指归余已三秋。
> 情多义厚实可亲，
> 茫茫人世应难有。
> ……

她脸一红，想抽掉自己的手，却被雪舟紧紧握住。突然，又几声狗叫，声音比刚刚近了好多，窗棂上，好像还透出了手电筒的光柱，再一听，像是有纷乱的脚步声。雪舟一个鲤鱼打挺，倏地跳下了床，刚够时间穿上长衫。她心一慌，肚子突然开始发硬，还没等叫醒孩子，院子里就一阵杂沓的脚步声，门就被咚咚咚擂响了。

雪舟揽过她的肩膀，对着她的耳朵说，不怕，银珠，有我在。没等话落音，门板就被一股蛮力掀开，连同门轴倒在地上，几个壮汉过来，一把掀开银珠，手上的绳子不由分说往雪舟脖子上一套……她使出浑身的劲挡在雪舟身前，不让这些人把他带走，几个孩子光脚呆呆地站在地上，张着嘴巴，惊恐地看着这一切。那只猫咪缩着头，拱起背，全身的毛都竖了起来。

被推着出门前，雪舟转过身对她说，孩子他娘，我走了，孩子们全靠你了。她仿佛没有听懂这句话，疯了一样大叫，冲过去把刚刚织好的白围巾围在他胸前。雪舟的双手已经被五花大绑绑在身后，他低下头，用唇吻了吻妻子的头顶。

外面的天越发地黑了，只有那些押着雪舟的人手里的手电筒的光柱在晃动，她挺着肚子，深一脚浅一脚，徒劳地跟了上去。她不知道该怎么办，她只知道，这样会离自己心爱的丈夫近一点……

突然，一个趔趄，脚一滑，她掉进了河里。河水冰凉，刺得她肚子一阵剧痛。刚刚下过雨，河水涨满了河道，原先码头上的石阶都没进了水里，没有可抓的地方，她不会游泳，一瞬间沉到了河底。想起被押着越走越远的丈夫，想起家里四个受到惊吓的孩子，想起肚子里无辜的胎儿，她用尽最后一点力气，在水里扑腾，终于摸到了一丛芦苇。

绝望的等待中，最坏的消息在那天晚上来了。她觉得自己像个木头人一样，两眼空洞地看着被村民送回来的不成样子的雪舟，看着那条浸透了血的白围巾，看着围在他旁边哭喊的孩子。她不相信，就在前一天，还握着她手的温暖的大手，会如此冰凉；她不相信，那已经乌青的嘴唇，会读他写给她的缠绵的情诗，会柔软地亲吻她的头顶；她不相信，那个她倾心所爱的男人，再也不会背着药箱从门外满面春风地走进来；她不相信，这些孩子，连同肚子里的孩子，从此没有了父亲……为什么这么残酷？

很久以后，她才知道，雪舟在那一夜经历的炼狱般的痛苦。那些人把他吊在房梁上，用皮鞭和棍棒抽打，他不讲。那些人又把他绑在长条凳上，往脚上加砖，直到骨折，昏死了，冷水泼上去再加砖，他还是不讲……行刑的时候，他的长衫已经烂成了一条一缕，两条断腿根本不能走路，是刽子手架着他去刑场的，只有那条离别时她围在他胸前的围巾倔强地飘动着……其实他只要说出他们要他说的话，就可以回来和爱妻爱子团圆，就可以继续做他的医生，就可以呼吸这些可爱的空气沐浴这些可爱的阳光，但是他不，宁死也不……他爱他们，他更爱他的主义。

她一点也不嫉妒他的主义，她也爱上了这个主义。这种爱足够支撑她在日后绵长岁月里像他一样坚强，为在黎明前最黑暗的时刻献身的他，为孩子们，也为这个主义。

景云里的早春二月

林　楣

★
★
★　**柔石旧居简介**
★
★　　上海市虹口区横浜路35弄（景云里）23号是柔石在上海的旧居。柔石原

名赵平复，浙江宁海人，作家，"左联"五烈士之一。1928年9月柔石经

鲁迅介绍，与另两位同是厦门大学的学生一起租下了鲁迅刚刚搬出的景云里

23号。在鲁迅的帮助指导下，柔石等人一起创办朝花社，出版《朝花》周

刊（后改为旬刊）及《艺苑朝花》美术丛刊；与此同时，鲁迅还让柔石出任

《语丝》的编辑。柔石在景云里创作了小说《二月》《为奴隶的母亲》等作品。

1930年春，柔石与鲁迅等发起中国自由运动大同盟，参加中国左翼作家联

盟，1931年1月17日，柔石遭叛徒出卖，被国民党军警逮捕，2月7日，

被国民党反动派秘密杀害。

　　1928年6月的一天，一个戴着黑框圆边眼镜、中等身材、拎着皮质旅

行箱，斯文儒雅的青年男子走进了虹口区横浜路35弄。

　　抬眼望向弄堂口的刻字，青年知道了这里叫作"景云里"。景云里建造

于1924年，是上海很普通的石库门里弄，有坐北朝南3排三层小楼。

青年刚从国民党反动当局的追捕中逃出，心绪难平。他就是柔石，原名赵平复，浙江宁海人，时年26岁，正是风华正茂时，却因逃亡而面容憔悴。

1928年初，柔石在浙江宁海中共党组织和进步教师的支持下，出任宁海县教育局局长，致力教育改革，清除封建势力。5月，宁海中共党组织发动亭旁起义，暴动失败后，国民党反动派得知宁海中学是中共党组织的联络点，秘密抓捕柔石。柔石被迫出走上海。

于是，在朋友的牵线下，柔石暂住在上海朋友的租住房里。看着这间小小的居室，柔石感慨万分，三年前的春天浮现眼前。

1925年春，桃花灼灼的日子，意气风发的柔石只身前往北京，他要去北京大学当旁听生。当时鲁迅在北大国文系讲授"中国小说史"，一周一次。这门课非常受欢迎，有很多外系的学生也来旁听，去迟了只能站在教室外的过道里听。所以，每逢鲁迅讲课，柔石必早早赶到教室。鲁迅讲课旁征博引，语言幽默生动，语调平缓有力，吐字清晰，课堂气氛活跃，常引得学生开怀大笑。鲁迅的普通话带有浓重的绍兴口音，与柔石家乡的宁波话有许多相近之处，听来特别亲切。柔石对鲁迅有着一种特别的亲近感，他详细地笔录，不放过每一句话。但是，这场师生之缘止于讲台上下，柔石未有机会私下拜见鲁迅。

6月的上海，潮湿闷热，柔石此时的心绪就如这空气中的水分子，粘成一团难以散开。"先生定会给我指引。"立于朋友租住的小房间里，柔石迫切地想去拜见鲁迅。

他知道鲁迅的居所就在邻处，于是，拿出一沓书稿，字斟句酌，这是他最新创作的长篇小说《旧时代之死》。柔石想，先生会对这部拙作给予怎样的评价？

几个月后，在鲁迅原厦门大学学生王方仁的引见下，柔石终于见到了鲁迅。他忐忑不安，不知贸然拜见，是否惊扰先生？然而，一见面，鲁迅那带有浓重绍兴口音的普通话，让柔石一下子放松下来，仿佛回到了三年前。

　　他们聊起了方孝孺，还聊到了绍兴和宁波，柔石告诉鲁迅自己原名、笔名的由来，并惴惴地把《旧时代之死》送给对方审阅。鲁迅微微一笑，这个小说之名已然表明这个青年的心思。随口问道，从宁波而来，现居何处？柔石说，住在朋友的租住房里……鲁迅略一思考，问道，这样吧，这里附近有间房，你们看看是否合适？

　　附近这间房就是景云里23号。事实上，是鲁迅将自己居住的23号腾出来让给了柔石，自己一家则搬进了17号，鲁迅的三弟周建人住在18号。这里附近还居住着陈望道、茅盾、叶圣陶、冯雪峰等一大批文化名人。

　　这是柔石与鲁迅的初次见面。

　　景云里23号，这间面积70平方米的石库门房子成为柔石在上海的安身之处，也是他革命文学之路新的起点。

　　那天，回到住处，柔石心潮澎湃。鲁迅智慧的语言、深刻的思想无不敲打着柔石的内心，尤其是他对《旧时代之死》的两句点评，更是让柔石心绪起伏，这两句话虽是写作上的评点，却更是一位前辈对后生的鼓励和教诲。

　　从那日后，柔石便成了鲁迅家中的常客。随着交往的增多，鲁迅对柔石的作品和人品都有了进一步了解。鲁迅十分欣赏这个有思想有才情的青年，他说，我从他的作品中学到了青春的活力。鲁迅尽力提携和帮助柔石，将柔石的《旧时代之死》和《人鬼和他的妻子》推荐发表，《旧时代之死》是柔石唯一一部正式出版的长篇小说。

　　在柔石心里，鲁迅亦师亦友亦父，鲁迅对柔石的生活、写作都产生了极大的影响。柔石的小说创作在题材、主题，甚至写作风格上都烙印着鲁迅的痕迹。

　　一个落日余晖洒满街面的下午，柔石从窗外望向对面的屋顶，坡形屋顶有一个老虎窗，老虎窗里伸出一根新嫩的长竹竿。竹竿的一头光溜溜地架在屋顶的瓦片上，一头被绳子扎牢，吊在窗里的一个钩子上。看到这根竹竿，柔石倏忽一阵伤感，他想起了自家的那根竹竿，是母亲年初时候问乡下亲戚讨来的，也这样洗干净了吊在外面吹晒，说是吹吹晒晒竹竿会牢固一些。他又想起了家乡的那条小河，一条不知名的河，常有妇女蹲在河边洗衣……楼下传来"咚咚"的声音，那是门环撞击大门的声音。一个想了很久的小说主题跳入脑海，在"咚咚"声中回响……这就是后来享誉文坛的小说《二月》。

很多个夜晚，景云里 23 号的窗内映射出淡淡的黄色的光，那是柔石伏案灯下，奋笔创作《二月》。

主人公萧涧秋受老同学之邀来到芙蓉镇做教师，原本计划在这里待一段或更长时间，但是在经历了与陶岚的爱情纠葛、期望拯救文嫂一家而不得、文嫂自杀的一系列事件后，终于借口到佛山透透气而逃离了芙蓉镇。这与鲁迅《祝福》如出一辙，"离去—归来—再离去"，不难看出，柔石是在有意模仿鲁迅的写作。

柔石在写作《二月》时，时常苦闷不已。他在萧涧秋身上看到了自己和许多青年知识分子的影子，他把自己的苦闷融化到小说里，反映了大革命前夕黑暗社会的沉闷，也反映了知识分子找不到出路的苦恼。柔石渴望通过塑造两个追求光明和进步的知识青年的形象，揭示半封建半殖民地社会是窒息人性的魔窟、孕育悲剧的温床。《二月》是柔石对现实的愤恨和思考，也是他渴盼改变现实的探索。

在柔石的笔下，芙蓉镇既是"世外桃源"，又是保守落后之地。江南古色小镇，小桥流水人家，平静日子，安分生活，是漂泊多年的萧涧秋向往的能得一时安宁之地。然而这里的生活也呈现为凝滞少变的面貌，传统和惯性的力量很强大。当外部的冲撞来临时，它更多的是予以本能的拒斥，甚至加以撕扯、扑灭。

1929 年夏天，《二月》成稿。柔石将书稿包裹得严严实实，放在一个皮包里，他叩开了鲁迅的家门。

鲁迅很郑重地接过书稿，亲自校阅全书。在《二月》里，鲁迅看到一个日益成熟的柔石，看到了柔石擅长的心理描写，时而欣悦，时而悲伤，时而向往，时而迷惘，整部作品贯穿着强烈与舒缓、伤痛与宽慰、绝望与自省等处于对立状态的情绪，但是最终相互渗透相互融合。

鲁迅的居所离景云里 23 号不远，深夜，窗内投射出的淡淡灯光，与书中的字句有如和弦般的共鸣，鲁迅欣然为之作小引。

1929 年 11 月 1 日，《二月》在上海春潮书局出版。1963 年，《二月》被改编成电影《早春二月》，由谢铁骊执导，孙道临、谢芳、上官云珠主演。

柔石在创作《二月》之时，在鲁迅的引荐下，与上海文化界很多知名人士相见并熟识。在鲁迅的帮助下，柔石和崔真吾等人一起组织旨在介绍东欧、北欧文化，输入外国版画的朝花社，并筹办《朝花》期刊，同时出版《艺苑朝华》美术丛刊，1929 年 1 月，鲁迅又把《语丝》交由柔石负责。不久，鲁迅与柔石合编《近代木刻选集（1）（2）》，并出版合译作品集《奇剑及其它》《在沙漠上》等，可见鲁迅对柔石的信任。共同的办刊历程和木刻爱好使鲁迅与柔石的关系与感情愈加亲密，两人有时如同父子。鲁迅在日记中近百次地记录下与柔石交往的点滴。

1929 年秋，中国共产党中央决定组建一个以鲁迅为首的"左翼作家联盟"，要求柔石参加"左联"的具体筹备工作。

1930 年 2 月，柔石和鲁迅、冯雪峰一起出席"上海新文学运动者讨论会"和"中国自由运动大同盟"；3 月，三人一起参加了"左联"成立大会，柔石任执行委员、编辑部主任；5 月，柔石加入中国共产党，出席了"左联"第二次全体会议，并以"左联"代表资格，参加了全国苏维埃区域代表大会。

这时的柔石，不仅是一名繁荣中国革命文艺创作的文化工作者，更是一名推进新文化运动的革命者。他把个人命运和国家命运更加紧密地联系在一起，用小说、独幕剧、诗歌和散文等文体，积极奋进地写作，或痛斥现实的黑暗，或歌颂爱情的坚贞，他在文字里发出了改造世界的呐喊。

《一个伟大的印象》是柔石参加全国苏维埃大会区域会议之后创作的一篇优秀报告文学。作品通过对"辽东的同志"和"16 岁年轻的勇敢的少年"两个主要形象的生动刻画，真实而深情地报告了大会盛况，写出了与会者的精神面貌和柔石的切身感受，亲切感人。《一个伟大的印象》用刘志清的笔名发表，后被译成日文，产生了广泛的国际影响。

而柔石专门介绍外国版画的画集《艺苑朝华》五辑，犹如一股巨大的春风极大地推进了新生的木刻艺术发展。

但是，此刻，阴云悄悄压上头顶。

1931 年 1 月 17 日，柔石参加在上海东方饭店举行的讨论王明路线问题的会议时遭叛徒出卖，被国民党军警逮捕。2 月 7 日，柔石与殷夫、欧阳立安、胡也频、李伟森、冯铿等 24 位革命同志被国民党反动派秘密杀害。

柔石牺牲的噩耗传来，鲁迅立于屋中，久久不能言语，直至深夜，鲁迅写下："失掉了很好的朋友，中国失掉了很好的青年。"震惊和悲痛让鲁迅久久不能平息，站在景云里 23 号的窗下，鲁迅抬望，那盏熟悉的黄色的灯灭了，但是灯光却永远地照亮中国大地。

"忍看朋辈成新鬼，怒向刀丛觅小诗"，这著名的诗句，是鲁迅在《为了忘却的记念》中缅怀柔石的。

《为了忘却的记念》是鲁迅写的一篇悼念文字，写于 1933 年 2 月 7 日左联五烈士遇害两周年纪念日。鲁迅说："每当朋友或学生的死，倘不知时日，不知地点，不知死法，总比知道的更悲哀和不安。""左联"五烈士被秘密杀害，确使鲁迅异常悲哀、不安和愤慨。他冒着被捕的危险，写下了《中国无产阶级革命文学和前驱的血》《柔石小传》，在"左联"机关刊物《前哨》创刊号"纪念战死者专号"发表。直至辞世前，鲁迅依然时常念起柔石，《写于黑夜里》便是缅怀柔石和战友的。

景云里小小的石库门内，鲁迅用一杆"金不换"的毛笔，一扫海上文坛的媚俗之风；热血青年柔石，也拿出了被鲁迅所赞赏的、堪称中国早期写实主义杰作的《二月》。

《二月》是早春，但之后，便是桃花灼灼、梨花灿灿的春天。柔石定是希望这样。

拂晓的钟声

陈 晨

★
★
★ **晓钟剧团旧址简介**
★
★ 晓钟剧团旧址位于静安区新闸路 750 弄 6 号，是一幢普通的石库门建筑。

1942 年至 1946 年，蒋文焕等一批中共党员以此地的私立维德小学为据点，

为学校的青年教师骨干，组建了"晓钟剧团"。他们以文艺演出为武器，打击

敌人，唤起群众，发展党员，为反抗日伪和国民党反动统治、争取民族解放

斗争的胜利，作出了积极贡献。

1942 年的冬天，位于新闸路 750 弄 6 号的私立维德小学内，传来阵阵响亮的对白，间或夹杂着鼓掌声和欢呼声。

"呼呼呼，呼呼呼……"一队日伪警察来到学校门口，重重地敲击大门。

门房打开大门，看到气势汹汹的日伪警察，吓了一跳，赶紧赔着笑脸，上前作揖，一边悄悄发出信号，派人通知校长。

得到通报的校长蒋君硕身着长衫，急急忙忙出来迎候。

为首的日伪警察队长傲慢地对蒋校长说："听说你们这里经常在排戏、演出，我可以看看你们在演什么戏吗？"

蒋校长不卑不亢地说："我们学校里有几名青年教师，业余爱好演话剧，纯属自娱自乐，这不，正演着呢，长官里边请，欢迎指导。"

日伪警察队长一脸冰霜地跟着蒋校长往里走，进了一个稍大些的房间，看到桌椅都靠在四周，坐着三四十个观看的人，当中留了一块空地，几名年轻人正在演着话剧。演的是当下比较常见的剧目，插科打诨，逗人一乐。

日伪警察队长看了一会儿，没看出什么名堂来，颇感无聊，又问蒋校长："你们平时还演些什么戏？可有剧本？"

蒋校长答道："有。"拿出几个剧本给日伪警察队长看。

日伪警察队长翻了翻，都是市面上到处能买到的剧本，便随手一扔，带着手下趾高气扬地走了。

日伪警察一走，正在演出的演员迅速改换行头，演起了《十字街头》。这是一部揭露日伪黑暗统治的进步话剧，旨在唤起民众觉醒，共同抵抗敌伪血腥统治。演男主角的年轻人俊眉朗目，气宇轩昂，台词说得铿锵有力，鼓舞人心。观众看得情绪激昂，演出结束，所有人捏紧拳头，压低声音，喊起了口号："打倒日本帝国主义！中国共产党万岁！"

虽然迫于敌伪政权的淫威，这一声声口号喊得并不响亮，却是从每个人内心深处发出的呐喊。演出结束后，观众久久不愿离去，思绪还沉浸在《十字街头》的氛围里，观众相信，日本帝国主义的黑暗统治不会持续太久，只要中国人民团结起来，一定能够赶跑侵略者，一定能打倒日本帝国主义。

在维德小学内演出《十字街头》的，是晓钟剧团的演职人员，演主角的是晓钟剧团的负责人蒋文焕。

在日本占领时期，随着话剧艺术表现形式的兴起，上海出现了许多剧团，这些剧团中，有些是以营利为目的的，有些是国民党系统组织的，也有一些是进步剧团。当时的中共党组织意识到，组建一个进步剧团，演出进步剧目，利用文艺的形式进行思想发动，这是一种很好的斗争形式，于是把组建剧团的任务委派给上海中学中共党支部书记蒋文焕。很快，蒋文焕就在他二哥蒋君硕创办的私立维德小学内，以该校教师的名义，把周边一些学校中思想进步的教师和青年团结起来，组建成立了剧团，并取名为"晓钟剧团"，意为拂晓的钟声，要让钟声唤醒沉睡的民众，让钟声驱逐黑暗迎接黎明。

晓钟剧团成立后，演出的第一个戏，就是《十字街头》，由乔奇任导演，范正国负责音乐，沈方管道具。后来，又先后演出剧团自己创作的《三人行》《恋人行》《九〇九少先队》《地下少先队》《教师沧桑录》等进步剧目。

蒋文焕是一名很有才华的党组织负责人，自己创作了剧本《教师沧桑录》，并自编自导自演，取得很好的演出效果。此外，蒋文焕还以"司马曲"为笔名，创作了《三人行》《相恋》等一批进步话剧剧本。

这些进步戏剧的演出都很成功，看了这些戏剧，广大市民和学生犹如听到了拂晓的钟声，看到了胜利的曙光，从而坚定了抗战必胜的信心。

维德小学的学生观看了晓钟剧团的演出后，就在自己的作文中加以引用，并流露出对反动统治的不满和对新生活的向往。伪教育局"督办"不知从哪个渠道发现了这类学生作文，就传讯校长蒋君硕，幸被校长巧言相对，搪塞了过去。

晓钟剧团演出的都是进步戏剧，而敌人又特别注意文化艺术战线的动向，对演出的剧目审查很严格，要求每演出一个新戏，都必须送"特高科"审查。为了顺利通过审查，蒋文焕等中共党员和敌人斗智斗勇，利用多种形式和敌人周旋。他们从市面上购买了一些不会轻易触动敌人神经的大路货剧本，送去给"特高科"审查。"特高科"一看，大路货，很多剧团都在演，没问题，顺利通过。

但剧团演出时，都是自己创作的进步剧目，或者是在原有的剧本中夹杂了一些进步的内容。

有时，"特高科"也会存心刁难晓钟剧团。有一次，晓钟剧团送到"特高科"审查的一个剧本迟迟不给过审。

怎么办呢？

恰巧，当时维德小学办了个英语补习夜校，其中有几名学员是"包打听"（伪警察）。蒋文焕通过对这几个伪警察的观察和日常交流，发现他们虽然在伪警察局当差，但他们身上并未泯灭良知。蒋文焕就悄悄物色了一名叫小林的伪警察，平时有意无意地向他灌输一些进步思想。受到蒋文焕的影响，小林的思想也悄悄有了转变，很支持晓钟剧团的演出。蒋文焕见时机成熟了，就托他设法跟"特高科"打招呼、通路子，争取让晓钟剧团的剧本过审。

没几日，小林就完成了蒋文焕交办的任务，晓钟剧团的剧本顺利通过了审查。

当时的敌伪当局，对意识形态领域的管制非常严苛，经常会派警察巡察，一旦发现演出进步剧目，就会进行残酷打压。为此，晓钟剧团在排练或演出时，都会安排人员在外边望风，倘若发现敌情，马上通知演员改变剧情和台词，以瞒过敌人，等敌人走后，仍按进步戏剧演出。

晓钟剧团刚刚成立时，排演主要在新闸路 750 弄 6 号的私立维德小学内。随着演出剧目的不断推出，晓钟剧团渐渐有了知名度。为了扩大影响力，达到更好的宣传效果，剧团把演出场地扩展到一些知名的大剧场，比如兰心大戏院、卡尔登大戏院（今长江剧场）、金城大戏院（今黄浦剧场），都是当时上海一流的剧场。

1944 年秋天的一个夜晚，兰心大戏院张灯结彩，门口打出了话剧《三人行》的巨幅广告，出演的主角正是晓钟剧团的蒋文焕、张雪湖等人。当晚，晓钟剧团的演出受到观众的热烈欢迎，剧场内座无虚席，演出过程中，观众情绪激动，掌声欢呼声一浪高过一浪。演出结束后，热情的观众纷纷给剧团写信，表达对进步戏剧的肯定，有的观众还在来信中激烈地抨击敌伪政权，表达对反动当局的不满。

晓钟剧团趁势发力，又排演了《乡恋》《恋人行》等进步剧目，也都受到观众的热烈欢迎，取得良好的宣传效果。

演出的成功，观众的鼓励，让晓钟剧团的演职人员非常自豪，也非常激动。蒋文焕趁此机会，向剧团成员灌输进步思想："同志们，这是民心所向！日本帝国主义的末日很快就要到来了，我们一定要坚持斗争，胜利是属于我们的。"受到蒋文焕的影响，越来越多的剧团成员坚定了共产主义信仰，秘密加入中国共产党。张雪湖、严红、陈良、蒋锡礽、江山等人都是在晓钟剧团活动期间被发展入党的。新中国成立后，他们中的不少人担任了领导干部。蒋文焕也担任过中共上海市委宣传部副部长。

抗战胜利后，蒋文焕在中共党组织的领导下，继续带领晓钟剧团，利用戏剧的形式与国民党反动派进行斗争。1946 年，国民党反动派在上海对中共党员进行大搜捕。为了保存革命力量，党组织指示蒋文焕暂停晓钟剧团的排练和演出，安排他承担其他工作，晓钟剧团的主要骨干张雪湖去了延安，剧团就此宣告结束。

晓钟剧团从成立到解散前后仅仅四年，尽管持续的时间不长，但在敌伪政权和国民党反动政权的血腥统治时期，晓钟剧团以演出进步剧目为武器，唤起民众觉醒，给黑暗中的人们带来了希望和光亮。

东方旅社事件

陈 晨

★
★
★ **东方旅社遗址简介**
★
★ 东方旅社遗址位于上海三马路 222 号（今汉口路 613 号），中国共产党早期
组织曾在此设立联络处。1931 年 1 月 17 日下午，中华全国总工会执行委员
会常委兼秘书长、全国苏维埃中央准备委员会秘书长林育南与"左联"作家
柔石等 8 人在东方旅社 31 号房间开会时，因叛徒告密，不幸被捕。这次搜
捕，共逮捕共产党员 36 人，先拘押在巡捕房，后引渡到国民党市政府的公安
总局，再转移至龙华淞沪警备司令部。2 月 7 日晚，林育南、李求实、何孟
雄等 24 人被秘密枪杀，史称"龙华二十四烈士"。

东方旅社位于上海三马路 222 号（今汉口路 613 号），是一家中等规
模的西式旅馆，曾是汉口路上一个著名地标，记录着一群共产党人的悲壮
故事。

1931 年 1 月 7 日，中共六届四中全会在武定路修德坊 6 号召开。

此次会议由共产国际东方部副部长米夫主持。会上，王明作了长篇发
言，提出"对共产国际的路线百分之百的忠实"的口号。米夫作总结发言，

批评李立三、瞿秋白及罗章龙等，表扬王明是坚决站在国际路线一边，能把马列主义理论应用到中国革命实践中来的革命家。在米夫的直接操纵下，会议改选了新的中央政治局委员和候补中央委员，李立三、瞿秋白等人落选，而原来连中央委员都不是的王明，在会上被选为中央委员，一跃进入中共中央政治局。

林育南系中华全国总工会执行委员会常委兼秘书长、全国苏维埃中央准备委员会秘书长、候补中央委员，但因为与米夫、王明持不同观点，被剥夺参加全会的资格。会议结束后，林育南非常气愤，说："王明不是中央委员，根本没有表决权，他有什么资格参与表决？中国革命不能让王明糟蹋，我们要团结党内的同志，坚决斗争！"林育南随即找何孟雄、李求实、龙大道、欧阳立安以及罗章龙等工会和江苏省委机关负责人商议，坚决反对王明上台。在他们的发动下，反对王明的人越来越多。

鉴于党内反对王明的声音越来越大，1月13日，米夫在公共租界静安寺路一幢花园别墅内召集"反对派"代表开会（史称"花园会议"）。米夫在会上说，王明是个马列主义水平很高的布尔什维克，要信任他的领导，中国共产党才能实现新路线。还说，国际指示是绝对正确的，四中全会体现了国际路线。米夫本想通过这次会议说服"反对派"，但他的讲话不能折服人。"反对派"慷慨陈词，据理反驳，要求国际代表以中国革命利益为重，收回四中全会决议成命，择期召开中共七大或紧急会议，以解决党内争端。

米夫理屈词穷，给与会者施加压力，说反对四中全会就是反党反共产国际，要给予纪律处分，还给与会者扣上"右派""托派"等帽子。会后，以王明为首的临时党中央开除了林育南、何孟雄、罗章龙等的党籍（林、何等因不久被国民党逮捕而未作出书面决议），还处分了一批"反对派"。

批判和排挤没有让林育南、何孟雄、李秋实等人屈服，他们一面向共产国际写信，要求撤换米夫，一面继续照常工作。他们决定召开一次会议，研究反对王明的措施。会议分成两组，林育南一组在东方旅社，何孟雄一组在天津路中山旅社。

1931年1月17日下午1时许，林育南与"左联"作家柔石、冯铿、殷夫、胡也频等8人正在东方旅社31号房间开会。突然，房门被敲响了。"笃笃笃，笃笃笃"。

"是谁?"屋里的人警觉地问道。

"是茶房，给各位添点茶水。"

门"吱呀"一声开了，茶房提着茶壶走了进来，迅速瞄了一眼房间里的人。

旋即，几名荷枪实弹的巡捕一拥而入，大声喊道："都不许动! 你们被捕了!"

里面的8个人还没来得及将桌上的文件收拾好，就被军警和巡捕戴上了手铐。

林育南等人被带走后，特务留人继续蹲点。当晚和次日，中共山东省委组织部长王青士，中共中央宣传部干部、"左联"作家李求实等3人未知情况，前来东方旅社赴会，也遭特务逮捕。

17日下午，在中山旅社6号房间开会的上海总工会组织部长段楠，中共上海闸北区委宣传部长蔡博真，他的妻子共青团上海闸北区委书记伍仲文及共青团江苏省委委员、上海市总工会青工部部长欧阳立安4人被捕。傍晚，前来赴会的江苏省委委员何孟雄也被逮捕。

逮捕了这两处的共产党员后，国民党特务又加紧行动，四处搜捕，先后逮捕共产党员36人。

林育南被捕的第三天，巡捕房将他移交给国民党上海市公安局。关押期间，国民党江苏省高等法院第二法院将林育南作为"首犯"进行了审讯，但一无所获。之后，敌人又将他押送到龙华淞沪警备司令部看守所。

林育南等36人被押到龙华后，被戴上20斤重的铁镣，分别关押在1、

2、3 号牢房里。

国民党抓到了"特大政治犯"林育南，总想在他身上捞点什么。尽管几次审讯未获任何结果，他们仍不死心。蒋介石指示国民党中央党部秘书长、组织部部长陈立夫出面对林育南进行"劝降"，然后登报宣传。

而对敌人的威逼利诱，林育南始终不为所动，大义凛然怒斥敌人。

陈立夫劝降失败后，打电话向蒋介石作了报告。蒋介石甚为气愤，骂道："对这类顽固不化的家伙，杀！"

1931 年 2 月 7 日深夜，狱方通知林育南、何孟雄、李求实、胡也频、殷夫、柔石等 24 人（包括 3 名妇女，其中一个是孕妇），说要将他们押到南京去。

林育南、何孟雄等人心里明白：敌人要动手杀人了。他们相互勉励了几句，整了整自己的头发和衣服，拖着沉重的脚镣走出了牢房。

不一会儿，到了一条小河旁的木桥边，押送他们的警官突然高声喊道："停止前进！"随后，一名早已等候在小桥边的法官向林育南、何孟雄等人宣布了被"判处死刑"的决定。

宣判书未念完，林育南、何孟雄等人就高声唱起了《国际歌》，一遍又一遍地高呼"打倒国民党！""打倒蒋介石！""中国共产党万岁！"口号声慷慨激昂，响彻寒夜。

他们的歌还未唱完，背后的枪响了，林育南和他的 23 位战友壮烈牺牲。

林育南等 24 位烈士牺牲后，龙华监狱中的难友万分悲痛，举行了悼念活动。

龙华二十四烈士就义后，党中央一直不知道。直到 3 月中旬，周恩来才得到消息。他与林育南、何孟雄、李求实系革命战友，感情甚深。得知他们牺牲的消息，周恩来悲痛万分，夜不能寐。

为了揭露国民党的法西斯暴行，3 月 12 日，周恩来亲自为《群众日报》写了《反对国民党残酷的白色恐怖》的社论。社论说，林育南、何孟雄等

23 同志（实际为 24 人）是无产阶级的先锋战士，他们的牺牲是革命中的巨大损失。革命战士的英勇热血必然更要燃烧着革命的火焰，更加迅速摧毁和埋葬帝国主义、国民党以及一切反动势力。

林育南和"左联五烈士"就义两周年后，鲁迅先生撰写了纪念文章《为了忘却的记念》，并愤然写下悼诗："惯于长夜过春时，挈妇将雏鬓有丝。梦里依稀慈母泪，城头变幻大王旗。忍看朋辈成新鬼，怒向刀丛觅小诗。吟罢低眉无写处，月光如水照缁衣。"

上海解放不久，有关部门经过反复调查，终于找到了龙华二十四烈士的就义地点，并在大坑内找到了烈士们的遗骨、遗物及他们脚上的镣铐。上海烈士陵园建成后，林育南等烈士的遗骨被移葬在陵园墓区，并一一立了碑。

东方旅社事件是发生在汉口路上的最惊心动魄的事件。解放以后，东方旅社曾改名"南湖旅社"。如今，旅社早已拆除，代之以一幢新楼，名曰俪晶酒店。

青浦的新四军标语

沈轶伦

★
★
★
★
★

青浦新四军标语遗迹简介

青浦区白鹤镇塘湾村的一处土墙上有两条引人注目的新四军标语，一条内容是"巩固国内团结，保证国内和平！新四军宣"；另一条内容是"我们要和平，反对内战！新四军宣"。新四军标语革命文物是 1945 年新四军北撤前留下的，在上海市是独一无二的。这是中国共产党一贯主张团结、和平的铁证。当时的国民党当局派人用"石灰纸筋"把新四军标语全部覆盖。数年之后，经过日晒、风吹、雨淋，新覆盖上的"石灰纸筋"渐渐脱落，终于露出了这一革命文物的真容。

一

从地铁 2 号线的东头坐到西头的终点站，耗时约 1 个小时。下车后，再乘上 40 分钟的汽车，终于到达目的地。2019 年冬天，上海博物馆考古队员王建文老师带我去青浦区白鹤镇，看青龙镇遗址考古发掘中的重要成果之一：隆平寺塔古塔遗址。这里，是史书中记载的东南巨镇、两浙路最富庶的贸易港口青龙镇所在地。

　　但现在，这里是一片平静的郊区农村风光。曾经"三亭、七塔、十三寺、二十二桥、三十六坊"的繁华和喧嚣，早随时光流散，多少楼台，已不见踪影。曾为海上丝绸之路南来北往的航船做灯塔的高达七层的隆平寺古塔，现在只是青菜田里一块不起眼的隆起。这就是几年前上海地区首次经考古发现隆平寺古塔遗址的现场了。在发掘后，考古工作者重新平复土地，现在，只有蔬菜的叶片在风中发出声响。

　　我以前并不知道，青浦境内还有"旧青浦"这样的地名。原来在明嘉靖年间，曾设县治于青龙镇，后又移青浦县治至唐行镇（今青浦城厢镇），所以青龙镇所在位置有旧青浦之称。

　　就在古塔遗址边上，有一座青浦区旧青浦民办小学。现在已经不再办学，空置的校舍经过改建，暂时成为上博考古队员放置考古物品和资料的场所。我跟着王建文老师登上小学教学楼二楼，可以俯瞰到学校围墙外，两条小河蜿蜒交叉，静静流淌。小河两边，都是农人的菜田。王老师说，过去，青龙江为古松江（今吴淞江）故道，随着江南地区的繁盛和海上丝绸之路兴起，青龙镇一跃成为重要的贸易港口和经济重镇。唐天宝年间置青龙镇，成为当时东南通商大邑。宋代，置市舶司，一度成为对外贸易港口，有"小杭州"之称。眼前这些小河作为主干道的支流，都承担着繁忙的航运工作。当时的兴盛前后持续近 200 年。至宋末，随着吴淞江的变迁、淤塞，不再适合作为港口，青龙镇的地位逐渐被上海镇取代，明代以后开了黄浦江，成为新的入海口，在此基础上才有了现代的上海城和上海港。

　　当年，我脚下的地方才是市中心，现在上海的市中心才是乡下。而现在我从今天的上海的市中心远道而来，眼前的旧青浦小河上没有船只的影子，小河两边，都是农人的自留地，菜叶中间，还簇拥着一两座私人的坟墓。极目远眺，没有高楼。

　　但就在校舍后面的位置，有一堵墙。墙上有些字，似乎是一些标语。我下楼走过去看，只见墙前竖着石碑，标注这里是 1945 年新四军北撤前留下的标语，属于革命历史遗址。

从古塔遗址到标语墙，只有一分钟路程，但走过来，全似穿越了几百年的上海发展图景，又连接上了波澜壮阔的近代史。

二

旧青浦这个名字，也曾出现在 1959 年 5 月 27 日上海解放 10 周年之际的《解放日报》上。这天，报上刊登了这样一则短消息《市文管会在青浦进行重点普查，发现大量历史和革命文物》。

报道这样写道："上海市文物保管委员会文物普查小组，最近一个月来在青浦县所进行的重点普查工作中，发现了大量的重要的革命遗址、遗迹和历史遗址、遗迹及文物。这次普查共有三十多个重点，包括革命活动场所、古墓葬、古文化遗址、古建筑、寺院、桥梁、碑碣等，其中重要的革命历史遗址遗迹有：旧青浦万安桥附近房舍和旧青浦小学墙上的新四军在北撤前留下的宣传标语。标语全文是'巩固国内团结，保证国内和平'、'我们要和平，反对内战'，后面有'新四军宣'款，系用朱红粉涂写。这种革命标语在上海地区还是首次发现。"

为何在这样不起眼的两面墙上，会有这样的宣传标语。所谓的北撤又是怎么一回事？新四军是怀着什么心情，写下这两行朱红色的字？

翻开史书，沿着旧青浦的小河，渐渐将步履，从古代走入近代。

1945 年 8 月，抗日战争告捷。共产党和国民党两党，在重庆谈判，签订《双十协定》。9 月 20 日，中共中央命令新四军北撤。9 月下旬起，新四军浙东纵队兵分三路，横渡杭州湾，分别直奔会集地青浦观音堂。其中，由纵队司令何克希率领的第五支队，途中遭遇国民党军队三面包围，指战员们经过艰苦卓绝的战斗，化险为夷，于 10 月 9 日率先到达，并与中共浙东区党委书记新四军浙东纵队政委谭启龙、区党委宣传部长顾德欢率领的人员会师，人员5000余人。淞沪地委书记陈伟达、专员顾复生全面地向谭启龙、何克希汇报了关于北撤的一切准备工作。

来自青浦档案的资料显示：1945年10月11日，浙东纵队政治部主任张文碧、参谋长刘享云等率领第三支队、金肖支队等数千人渡海，经奉贤到达。随后浙东纵队张翼翔等率领的第四支队也相继会合。浩浩荡荡上万人。浙东区党委和纵队司令部便由观音堂迁移到重固镇。

新四军与上海一直关系密切。上海是新四军组建的孕育之地，也是新四军不断发展壮大的重要力量源泉之一。支援新四军抗战和华中抗日根据地建设，是上海党组织领导上海人民的重要战略任务之一。从1937年至1945年，在这8年时间里，上海党组织紧紧依靠群众、发动群众，利用上海的特殊环境和战略地位，对新四军和华中抗日根据地从人力、财力、物力，乃至社会舆论宣传等进行源源不断的援助，使上海成为新四军重要的后勤保障地。而新四军积极开展敌后游击战争，不断发展壮大，对上海人民进行抗日救亡运动也是极大的支持。

骤然要分别，10月12日，中共青东工委发动群众赶来开展慰问部队的活动，并举行盛大的军民联欢会。上海市以刘长胜为首的工人、学生等各界人民组成的代表团，携带大量慰劳品参加了活动。当时，一些群众含着热泪，纷纷拿出鸡蛋、草药、布鞋等慰问品献给大军，还唱起了田歌，舞了龙灯。13日，浙东纵队司令部移至章堰，并将所属部队编成6个支队，颁布纪律，检查落实长途跋涉的准备工作。即日起，部队开始北撤。

这就是新四军北撤的缘起。

三

《忍痛告别浙东父老兄弟姐妹书》拟就并刊登在《新浙东报》终刊号上。

《告别书》虽字数不多，但明大义、道隐情、叙情谊、许愿心，即便今天读来，也依然催人泪下：

"正当日寇投降、抗战胜利，理应聚首狂欢的时候，我们却要忍痛向你们告别了。"

"……八年抗战，我们中国人民的牺牲是空前巨大的，现在抗战胜利结束，全国疮痍满目，百废待兴，人民实在不能再遭受战祸了，中国的内战是必须想尽一切办法来避免的。因此，虽然浙东解放区是我们与大家四年多来共同流血流汗艰苦从敌伪手中夺回来建设的，我们对这块年轻的抗日民主根据地具有无限的热爱，对于浙东的父老兄弟姊妹具有真正骨肉之情。我们实在不愿离开你们，任何人也没有理由要我们离开，只是为了委曲求全，相忍为国，中共中央与本军军部才不惜这样决定。我浙东新四军与民主政府工作人员，对于中共中央及本军军部这种大公无私的伟大精神完全拥护，并已决定即日坚决执行从浙东撤退的命令。"

"现在我们马上就要走了……"

"祝福民主的新浙东、新中国早日降临！"

保存至今的《新浙东报》纸面虽已发黄，但一个个用铅字印刷的字体依然俊朗清晰，那一个个排列整齐的字体仿佛当年整装待发的战士。

北上大军，从观音堂出发，经重固、章堰、白鹤江，准备取道昆山北上。一路行军的浙东纵队政治部，一路沿途刷写宣传标语。队伍途经旧青浦时，在两堵墙上分别刷写了两幅标语：

"巩固国内团结，保证国内和平！"

"我们要和平，反对内战！"

"新四军宣"

年轻的士兵，似乎不知忧愁，在他们留下的一字一句中，也将豪情与斗志、青春与必胜的信念都封印在这些宣传标语里了。

部队离开了。字迹留下了。新四军大军北撤后，国民党当局又派人用

"石灰纸筋"覆盖标语。

部队去打胜仗。被覆盖的标语在家乡等着他们。风吹日晒，上面的"石灰纸筋"渐渐脱落，最后，标语终于露出了真容。全国也迎来了解放。

1959年，在上海市文物保管委员会文物普查小组在当时的青浦县进行的重点普查工作中，这两处标有标语的墙面被发现，很快列入了青浦县文物保护单位，竖立石碑，进行了修缮。后来，又花30万元余，修缮了土地庙，并在土地庙后河边搞了石驳，又修缮了旁边的万安小石桥，标语墙在1960年被命名为爱国主义教育基地。

现在，这里一片静谧。几百年前繁忙的贸易、繁盛的寺庙的香火、热闹的集镇和随之而来的故事，都消失在历史中。近百年前战争的阴霾、战士的伤痛、百姓对内战的惶恐未明，也都有了自己的答案。而现在，考古队员在工作，他们走进走出搬入器械、搬入考古挖掘出的陶瓷杯盆，似乎又将过去和今天联系在了一起。

而花开花落，唯有农民种植的蔬菜，是这片土地上的永恒。昔日的佛塔下，曾经的战时标语下，现在都是青菜的地盘。唯有青菜永恒。这是生活本身自带的恒定力。而这份生活的平静，正是菩萨也要为之祝祷的东西，是士兵不惜为此牺牲的东西，这些每一个看上去平常的风景，平常的日子，也正是人世间最值得捍卫的东西。

长夜里的微光

——记夏衍旧居

吴清缘

★ 夏衍旧居简介

夏衍（1900—1995），本名沈乃熙，字端先，浙江杭州人。文学家、剧作家、电影艺术家、社会活动家，中国进步电影奠基人。

唐山路 685 弄 41 号是夏衍在虹口区的旧居。1929 年底夏衍迁入此地，九一八事变后迁出。在此期间内，夏衍从事革命文化活动，包括创办上海艺术剧社、筹备"左联"成立、加入"上海戏剧运动联合会"、组织"中国左翼剧团联盟"等。

旧居为石库门住宅。砖木结构两层，占地面积 78 平方米，建筑面积 152 平方米。灰色清水砖墙，红瓦顶，木门窗。现为民居。

2004 年 1 月 13 日，夏衍旧居被公布为虹口区历史遗址纪念地。2020 年，包括夏衍旧居在内的业广里迎来拆迁改造。

1930 年 1 月 3 日，夜晚，上海。

一名身材瘦削、眉清目秀的青年穿行在名为"业广里"的石库门弄堂之间，最终停留在靠近舟山路的一栋石库门房屋前。青年开门入室，拾级而上，推开二楼的屋门，朝着屋内一名女子温和地说道："淑妹，我回来啦。"

"戏演得怎么样？"女子接过青年脱下的外套，微笑着问道。"你知道的，来看戏的大多是进步分子，所以气氛特别好。当演到暴露资产阶级丑恶嘴脸的时候，台下都使劲鼓掌和欢呼呢。"青年坐在房间的一张木桌前，接着说道："不过，演员来自各个地方，普通话说得不好，挺影响演出效果的。"

"演员有口音这事儿，你当年不还为此写过一副对联吗？说你们这个剧社是'两间东倒西歪屋，一桌南腔北调人'。"女子温柔地说，"你们为这个戏鞍前马后忙了这么久，每个人都尽全力了，所以就不要为难自己了。"

"对联的前半句是略有夸张，后半句是半点不假；虽然戏演得一般，但也有很大的收获——"青年神采奕奕地说道，"田汉、洪深、应云卫、朱穰丞等上海话剧界的知名人士都来看我们的戏了，对我们来说，这是一份来之不易的鼓励和鞭策啊！"

这名青年是未来成为中国近代著名文学家、剧作家、电影艺术家和社会活动家的夏衍，女子是不久后成为他妻子的蔡淑馨。他身处的这栋房屋正是他的住处，塘山路（今唐山路）业广里41号。彼时，夏衍正从事着上海中共党组织的秘密工作，对于住所的安全问题十分重视，而业广里41号便是夏衍精心挑选的住所。业广里建于1929年，弄内有127幢两层砖木结构的石库门样式楼房，这127幢房屋分为7排，通过一条总弄又分成6条支弄。夏衍所居住的业广里41号靠总弄的西侧，房屋前后都设有门，两扇门所对的支弄均有通往舟山路的边门。住在夏衍隔壁的是夏衍的二姐沈云轩，两家之间有一道暗门；一旦国民党反动派前来抓捕，夏衍就能通过暗门进入二姐家再通过支弄转移。

1929年，由夏衍、郑伯奇、陶晶孙、冯乃超、沈西苓发起的上海艺术剧社正式成立。这是中国共产党在国民党统治区领导的第一个话剧团体，明确提出了"普罗列塔利亚戏剧（即无产阶级戏剧）"的口号。1930年1月3

日，上海艺术剧社在宁波同乡会礼堂首次公演，公演持续两天，上演法国作家罗曼·罗兰的《爱与死的角逐》、美国作家厄普顿·辛克莱的《梁上君子》和德国作家路·米尔顿的《炭坑夫》，三场戏的导演分别是沈西苓、鲁史和夏衍。上海艺术剧社的第一次演出就得到了美国的史沫特莱、日本的尾崎秀实和山上正义在上海的外文报上所撰写的宣传，包括田汉、洪深、应云卫、朱穰丞等上海话剧界的知名人士都前来观看。

"从今往后，你们'左翼剧人'就和上海话剧界人士联系上了。"蔡淑馨喜悦地说。

"不过，有那么多话剧界人士来看我们的戏，我们也感到不少压力。"夏衍说，"作为一个大部分是由外行人组建的剧社，我们还有很多地方要提高呢。"

"不要有压力，平常心就好。"蔡淑馨说，"而且我觉得，演出的结果重要，但是排练的过程也重要——你们排戏的日子过得多充实啊。"

"是啊，虽然剧团每个人都得自己管伙食、付车钱，还都做好了赔本的准备，但大家全都乐在其中。"夏衍说着，拧亮了桌上的台灯，"淑妹，你先睡吧，我还有'左联'的筹备工作要忙。"

"嗯。你尽量早点休息。"蔡淑馨说，"我去为你做点夜宵。"

一张书桌，一盏台灯，一支笔，夏衍伏案工作，不知不觉已是深夜。夏衍所要筹备的"左联"，即中国左翼作家联盟，是中国共产党于20世纪30年代在上海领导创建的一个文学组织。当时，第一次国内革命战争时期，国民党反动派在进行军事"围剿"的同时，还在大肆"围剿"知识界和文化界的进步力量。于是，在中国共产党的组织下，上海的左翼作家停止论争，团结一致，共同斗争，成立"左联"，在白色恐怖之下传播左翼进步思想。"左联"筹备小组有鲁迅、郑伯奇、冯乃超、夏衍、阳翰笙、钱杏邨、冯雪峰等12人，中央指定筹备小组的任务是尽快拟定"左联"发起人名单和起草"左联"纲领，夏衍是这两份文件拟定和起草的主要参与者。1930年3月2

日，"左联"成立大会于中华艺术大学召开。

自从自己留学归国来到上海，到今天已经有超过两年半的时间了。夏衍站起身，活动了一下因长时间伏案而疲惫的身体，看着窗外如墨的夜色，心潮起伏：1920 年 9 月，自己抱着"工业救国"的愿望赴日留学，同时抱着参加爱国运动的决心；然而，自从自己在留学时读了马克思主义的著作，渐渐地就抛却了"工业救国"的想法，并开始大量阅读哲学、政治经济学等方面的书籍，积极地参与到政治活动之中，到今日，自己已是真真正正地"弃工从文"，走向革命之路了。如今的中国，贫穷落后，民不聊生，正如这无边的黑夜，几乎看不到半点光明；然而就像天空中那半明半暗的星斗正赐予这黑暗的世界以皎洁的微光，华夏大地上，致力于民族复兴的进步力量如星星之火，而在那里，便存在着国家和民族救亡图存的希望！

业广里 41 号是夏衍留学归国后在上海的第一个家，在此之前，他暂住在好友蔡叔厚绍敦电机公司的楼上。在"白色恐怖"肆虐的年代里，夏衍冒着巨大的风险，为左翼运动东奔西走、案牍劳形。九一八事变后，夏衍一家搬出了业广里 41 号，暂时借居在吴觉农家；1932 年，一·二八事变后，夏衍搬入了爱文义路（今北京西路）普益里。2004 年 1 月 13 日，夏衍旧居被虹口区人民政府公布为虹口区历史遗址纪念地。

如今的业广里 41 号已是寻常民居，建筑古旧，砖墙斑驳；整个业广里正迎来拆迁改造，而夏衍位于业广里的旧居将永远留存于文字与影像之中。当我漫步在业广里的弄堂，想象 90 年前夏衍在此居住的场景，不禁感慨万千。90 年前，旧中国积贫积弱，进步思想仿佛长夜星火；90 年后，新中国繁荣富强，神州大地一片朗朗乾坤。新中国永远不会辜负革命先辈的艰苦奋斗，革命先辈的奋斗历史和革命精神将永远薪火相传！

润玉里的秘密联络点

——记中共市政工作委员会联络点旧址

吴清缘

★
★
★
★
★ **中共市政工作委员会联络点旧址简介**

中共市政工作委员会联络点旧址位于上海市杨浦区杨树浦路 1825 弄 60 号、64 号。

随着杨树浦水厂党支部、杨树浦发电厂党支部的建立，中共江苏省委的工人运动委员会决定于 1941 年 1 月成立中共市政工作委员会，由沈鸿春、娄才宝、沈涵三人负责，沈鸿春担任书记。中共市政工作委员会领导全上海市政系统的党组织和党员，但工作重心在沪东地区的电厂、水厂和煤气厂。中共市政工作委员会联络点设在杨树浦路 1825 弄（润玉里）7 号、11 号（今杨树浦路 1825 弄 60 号、64 号）。

1945 年 2 月，中共市政工作委员会被撤销。除杨树浦发电厂党组织划归中共沪东重工业委员会领导外，其他厂的党组织由原中共市政工作委员会委员沈涵单线联系。

1943 年 11 月，上海杨树浦地区。

　　一名工人装束的青年穿行在名为"润玉里"的弄堂，敲响了一处寻常民居的房门。门打开，青年快步入屋，反手关上房门，焦急地对房间里的人说："最新情况，日本鬼子阿部要派一支检修队，去江苏常州修戚墅堰发电厂的发电机！"

　　青年名叫娄才宝，是杨树浦发电厂的一名工人，1939 年 10 月加入中国共产党，担任中共市政工作委员会委员。他所在的这处民居和附近的另一处民居一道是中共市政工作委员会联络点，地址分别是润玉里 7 号和 11 号。中共市政工作委员会领导全上海市政系统的党组织和党员，由沈鸿春、娄才宝、沈涵三人负责，沈鸿春担任书记。而房间里的人，便是沈鸿春与沈涵。娄才宝得知，被日军占领的戚墅堰发电厂的 4 号发电机因日军滥用设备而发生故障停运；4 号发电机占戚墅堰发电厂发电总容量的 43.8%，其停运导致附近戚机厂的炼钢炉停产，以至于日军所需的钢材和机械配件得不到及时供应，并导致常州、无锡两市的照明不得不分片限电，致使本就不稳定的社会秩序更为恶化。戚墅堰发电厂的日本厂长利井未治郎迫切地需要修复 4 号发电机，他迅速联系了上海杨树浦发电厂日军负责人阿部，要求杨树浦发电厂尽快派人员帮助修理。阿部先派检修间负责人德国人史地尔到戚墅堰发电厂了解情况，随后商定，由杨树浦发电厂派一支检修队前往检修，争取在 6 个月内修复完毕。

　　娄才宝得知情况后，立即向中共上海市委工委书记张祺汇报。张祺认为，应趁此机会，在戚墅堰发电厂发展党的力量和抗日力量，倘若有可能，还要以各种行动达到抗日目的。

　　"我是赞同张祺同志的意见的。"娄才宝汇报完情况后，激动地说，"该死的日本鬼子，霸占我们中国人的发电厂，用我们中国人发的电打我们中国人，自己把发电机弄坏了，还要我们中国工人去修。只要发电机在鬼子手底下，我就希望它永远好不了！"

　　"我也赞同张祺同志的意见。"沈鸿春说，"而且，假如要和鬼子斗，我们一定要注意隐蔽，和鬼子来一场'无头'斗争！"

沈鸿春所说的"无头"斗争，指的是在日军占领区进行的有组织、有领导却没有组织形式的工人斗争，并派生出在日本占领的工厂磨洋工、制造故障、损坏机器、以次充好、以好当废等斗争方式，给予日本以隐蔽而长期的打击。而现在，戚墅堰发电厂4号发电机的故障便给予了中共党组织以进行"无头"斗争的可能。"说得太对了，跟小鬼子斗，得动脑子，不能光凭力气！"娄才宝捏紧双拳，"我们的'无头'斗争，就是要让他们找不到'头'，吃哑巴亏！"

"我们的斗争要分两步走。"沈鸿春说，"第一步，在检修队里尽可能多地安插中共党员；第二步，在党员的领导下，隐蔽地发动群众、发展党员，找机会和鬼子进行隐蔽的斗争！"

在娄才宝的努力下，包括娄才宝在内的4名中共党员进入了检修队。检修队一共有8人，其中主要技术人员是4名党员，然而队长却是名叫章新康的汉奸。在戚墅堰发电厂，4名党员广泛团结戚墅堰发电厂工人，发动戚墅堰发电厂工人共同抗日；同时，他们消极怠工，故意拖延，一天就能完成的工作故意拖个两到三天；在戚墅堰发电厂工人的配合下，中共党员进一步破坏了4号发电机，大大地增加了原本并不算多的检修工作量，绝缘材料的需求也有所增加，而这种材料在当时很难获取。在检修计划难以完成的情况下，杨树浦发电厂日军负责人阿部再一次收到了求援。

"你们这群废物！"怒火中烧的阿部召回了检修队，龇牙咧嘴地恐吓道，"8个人都搞不定一台发电机？信不信我现在就拿枪毙了你们！"

"戚电厂的4号机组经检查，发现烧坏的程度比原来估计的要大得多，检修需要的材料都不能及时供应。"娄才宝避开了队长章新康，和其他人一起向检修间负责人史地尔反映，"带队的章新康不精通业务，不到工作现场，经常和日本人的保姆打牌，同日本人拉关系。如果阿部要我们按原计划进行，这个责任我们负不了，请你另派他人去吧。"

　　面对检修队反映的情况，史地尔感到为难。眼下，4号发电机已经被娄才宝所在的检修队拆开，换人检修将极大地增加工作难度，不仅无法保证检修时间，甚至有可能在检修中发生意外，倘若另派人去，他人不一定愿意接下这样一个活儿。而对党组织来说，检修队被撤换或者不被撤换，都有利于这次"无头斗争"：撤换检修队，检修工作难度因此大大增加，已经被耽误的检修工作极有可能被进一步拖延；而如果不撤换检修队，那么在检修队中的中共党员就能继续领导工人们拖延发电机的检修。史地尔与阿部商量后，决定派懂业务的倪葆根代替汉奸章新康担任队长，带领检修队再度赴江苏常州检修戚墅堰发电厂的4号发电机，然而阿部所不知道的是，倪葆根是中共党员。

　　"这个阿部居然选了倪葆根当队长，他可真是太有眼光啦！"在中共市政工作委员会联络点，娄才宝兴奋地说。"倪葆根是我们的人，而且懂技术，业务熟，"沈鸿春笑道，"有他在，鬼子的发电机是好不了咯！""少了一个汉奸，多了一名党员，"沈涵用力拍着娄才宝的肩膀，"这一进一出，鬼子是亏大啦！"

　　在中共党员的领导下，杨树浦发电厂和戚墅堰发电厂的工人们严守秘密、共同怠工，用了一年多的时间才修好了4号发电机，而此时距离抗战胜利已经不远，这一次的"无头"斗争取得了最终的胜利。

　　娄才宝等中共党员所领导的这次斗争，其实是全面抗战期间上海党组织所领导的工人斗争的缩影。在全面抗战期间，上海党组织遵照"在敌人占领的中心城市中，应以长期积蓄力量保存力量隐藏力量，准备将来的决战为主"的方针，以隐蔽的方式与日本侵略者斗争，同时保存并发展自己的力量。中共市政工作委员会将联络点设在杨树浦路的寻常弄堂中，暗中与上海市政系统的党组织和党员保持联络，隐蔽地领导着全上海市政系统的党组织和党员，贯彻了上海党组织在抗战时期的工作方针，在积蓄力量的同时给日本以隐蔽的打击。

　　中共市政工作委员会成立于 1941 年，但其成立的原因则要追溯到 1938 年底。1938 年底，中共江苏省委的工人运动委员会派何穆来到沪东地区，而当年的沪东地区，便是今天的杨浦区南部地区。何穆在领导沪东外商委和沪东敌纱委等工厂系统党组织的同时，又重点开辟了沪东市政系统党的工作，并来到杨树浦自来水厂与共产党员康善贤接上了关系。1939 年 5 月，康善贤介绍本厂工人孔昭玉等三人入党，当年 7 月，杨树浦水厂党支部建立。

　　1939 年 6 月，何穆发展杨树浦发电厂工人沈鸿春入党。10 月，沈鸿春介绍娄才宝入党，与此同时，共产党员魏云龙的组织关系也转到了杨树浦发电厂；当月，杨树浦发电厂党支部建立。

　　随着杨树浦水厂党支部、杨树浦发电厂党支部的建立，1941 年 1 月，中共江苏省委的工人运动委员会决定成立中共市政工作委员会，并设立中共市政工作委员会联络点。中共市政工作委员会领导全上海市政系统的党组织和党员，而工作重心在沪东地区的电厂、水厂和煤气厂。

　　1945 年 2 月，中共市政工作委员会被撤销。在 4 年左右的时间里，中共市政工作委员会联络点隐藏在平凡的弄堂里，联络着上海市政系统的党组织和党员。

　　如今，中共市政工作委员会联络点已是寻常民居，弄堂里尽是烟火气息，陈旧的砖墙见证了共产党人英勇无私的奋斗历史，彰显着中华民族自强不息的民族精神！

校史中的"救亡图存"之火

三　三

★
★
★
★
★

敬业中学校史陈列馆简介

敬业中学校史陈列馆，位于上海市黄浦区蓬莱路 345 号。北邻文庙，西承老西门一带，南有上海市第十中学等学校，受养于优渥的文化氛围。

上海市敬业中学创立于 1748 年（乾隆十三年），由当时上海道台翁藻、上海知县王侹领衔捐俸而设，初定名为"申江书院"；1770 年（乾隆三十五年）由巡道杨魁募款重建，方定名为"敬业书院"，是上海历史最悠久的学校。百年风云变幻，敬业中学见证了中国蓬勃发展的历史，也为中华民族复兴培养出乔石、叶企孙、陈星弼、林元培、朱学范、丁石孙等各时期、各领域的优秀人才，群英荟萃。

抗战时期，作为上海学界抗日救亡运动的中心之一，敬业中学多位校友发挥了积极的作用。如今，他们的名字也留在了校史陈列馆中。

投笔从戎

1938 年夏天，上海沉浸在一派酷热之中。树上时而鸣蝉，树下有各怀心事的行人走过：低头沉默的年轻人、蹒跚老人、愤愤不平的人、忍气吞声的人，中国人、日本人，以及欧美面孔。

自 1937 年晚秋起，上海沦陷已有 9 个月。愁绪霾在国人的脸上，却不敢言。就在人群之中，有两个年轻人格外瞩目。一个浓眉大眼，身穿藏青色中山装，叫作顾渊（化名顾秋石）；另一个则额头稍阔，笑起来眉目皆动，极为开朗，叫作周东葵。此两人，原是敬业中学初中部的学生。敬业中学被迫停办后，改组为私立南方中学，校址亦迁入租界，为静安寺路斜桥弄 75 号。

从 1938 年的春天以来，顾渊、周东葵与学校其他积极分子，陆续参加了几场上海市"学生界救亡协会"党团书记张英举办的时事座谈会、读书会。两人本苦于国之不振，但在张英的引领下，似逐渐找到救国方向，明白了自己可以做些什么，颇感安慰。这年暑假，张英邀请他们两人单独谈话，两人如期赴约。

走进约定的石库门房屋，张英早已在座等候。近段时间，他们常来此参加"救亡理论训练班"，每次必满座，但今天房间里只有他们三人，看来是一场要紧的谈话。

见他们进门，张英笑道："请坐，天气热，过来辛苦了。"

周东葵连连摆手，与顾渊一相视，低头笑了。张英于他们如师长，也如朋友，两人对他十分尊敬。

"你们读几年级啦？"张英问。

"初三，开学就该去高中部了。"顾渊答。

"不错。"张英若有所思，点头。又问道："这几个月活动跟下来，你们有什么感受？"

"我们也想抗日救国，要到一线去，打倒侵略分子！"说此话时，周东葵不由得怒目圆睁。

张英伸手拍了拍两人的肩膀，目光中闪烁着欣慰与感动。"你们能这么想，很好。只是抗日是一场持久运动，处处是风险，稍有一点差池可能会送命。你们做好准备了吗？"

房间里一片沉默，两个15岁的孩子，首次如此认真地思考家国与命运。良久，顾渊缓缓开口，"林文正公任江苏巡抚时，曾来上海视察，恰好在我们母校——当时还叫敬业书院住过一段日子。临别之际，他留下一幅墨宝，上书'海滨邹鲁'，盛赞我们学校为东海之滨培养出众多人才。那一年我们刚进学校，老师就讲过这件事，鼓励我们成就大业。"

"那么，你们知道林文正公还有一句话吗？"张英问。

"苟利国家生死以，岂因祸福避趋之！"两人几乎同时开口。

8月，经由张英介绍，顾渊、周东葵加入中国共产党。

此后，周东葵参与了校外学生工作，后又参加了新四军。顾渊则留校发展党员、建立南方中学最早的党支部，先后发展了林国俊（化名林在午）、李国瑾（化名李田文）等29名党员。

各赴疆场

1939年9月的一个早晨，本该开学上课，顾渊却急匆匆地赶往租界内另一处。这一块地闹中取静，饰以绿荫繁花，实为宝地。如今已由法租界公董局买下，打算在此兴建办公楼，长期驻扎。因为大楼还未正式起造，这里人烟稀少，是话别的好地方。

不久，同学李国瑾也来了。他手提一个棕色的旧皮箱，锁头紧扣，五金微微生锈，一副即将远行的打扮。两人一见，即四手相握。

"到这里说话。"顾渊将李国瑾拉到一侧檐下，左右望了一圈，轻声问，"几点的船票？"

"下午，一点出头。"李国瑾冲他点点头，示意一切准备就绪。

顾渊久久望着这位高中部的同学，李国瑾生于1921年9月，这时刚满

18 岁。在学习方面，李国瑾非常刻苦，成绩自然很好。最让顾渊佩服的是，李国瑾的英语成绩首屈一指，笔译、口译都能熟练驾驭。顾渊想，如此一人，将来必成大器，参与国家建设事业。

"田文兄，苏南抗日根据地本该由我去，但上海地下工作任重，实在走不开。到了那边，辛苦，又多风险，你千万保重！"顾渊说。

"哪里的话。"李国瑾正色道，"你可记得，我们校歌里怎么唱的？"

说起敬业中学的校歌，是由王莼农先生填词、仲子通先生作曲而成。两人唱了几句：敬业乐群，古训昭明。敬以治世，业以立身。华夏大地，皆有我生。尽心尽职，为国为民。

末了，李国瑾郑重地对顾渊说，"离家自是寻常事，报国惭无尺寸功。秋石兄，希望下次再见之时，日本人已被逐出去了。若见不到，抗战胜利之日，活着的一方须第一时间告知另一方。"顾渊含泪点头。

是日中午，李国瑾提着行李来到十六铺码头。黄浦江的水有些浑浊，已入秋，江中不再有人游泳。码头上人流不息，李国瑾静静坐着，等候检票口放闸。他四下环顾，高楼林立。北起苏州河口的外白渡桥，一路南下，可看见文艺复兴式、新古典式、哥特式、巴洛克式、东印度式、折中主义式各种风格的建筑。李国瑾暗想，万国建筑博览虽美，但这终究是中国的土地。

由此，他下定决心，必要为中华民族复兴而付出努力，在所不惜。

李国瑾的第一站，是江苏常熟。常熟不比上海繁华，但跨入这新的根据地，他发自内心振奋起来。在这散发着希望，民族意识有待开垦的土地上，李国瑾很快投入了工作。

通过不懈的努力，李国瑾先后在常熟组织了各种抗日协会，将自己所感受过的爱国热忱，又传递了出去。一方面，他致力于组织时政学习，排演抗日剧目，号召当地群众团结抗日。另一方面，他也统筹群众积极参与，发动大家为新四军募集物资，支持抗日。

与此同时，顾渊在上海也继续做着抗日救亡的工作，成立"南方时事研究会""南联剧艺社"等爱国团体，以各种形式唤醒人们的意识，开展救亡运动。作为第一任支部书记，顾渊也全心全意燃烧自己，与好友分头战斗。

英勇就义

1940 年 7 月，中共太仓县委成立。由于李国瑾在动员工作中成就颇丰，上级组织将其调往太仓县，发展新区域，任太仓县委青年部长。

夏日渐深，暑气在这座县城里缭绕。近郊地区的山间，一些种植园里绿叶正荫浓。野间暗淌着小溪，水流潺潺。行于其中，顿感江南怡人灵气。

论附近最大的种植园，要属冯家枇杷园。枇杷成熟于立夏，8 月，理应是枇杷树修剪枝叶之际。然而，庄园里却无人动工，任凭枝叶纵横生长。偶往园内一窥，只听得窸窣作响；此外，与常规业务往来相比，外来访客似乎多了不少。使人不禁好奇，园内新入住了什么人。

8 月将尽的一天深夜，李国瑾也成了冯家枇杷园的访客。知道他要来，园内帮工特意在门口等候。一见到这张熟悉的面孔，两人都笑起来。探看一番，只见明月悬于高空，禽虫不时鸣叫，空气里有焚烧过后的气味。确认周围无人跟踪，两人一齐往里走。

原来，这园中所住并非一两人，而是一支队伍——由新四军五支队侦察参谋浦太福带领，秘密寄宿在冯家枇杷园内。李国瑾作为党员中的积极分子，特来此地，与浦太福分析敌情。李国瑾刚对太仓的组织情况作了一个简单汇总，突然听到两声响亮的枪声。

"不好，有敌情！"浦太福警觉地站起来，打算调度人马。又转身嘱咐李国瑾说："你先从后门撤退！"

李国瑾不假思索，拒绝了浦太福的好意："不，我留下来做掩护。"

只听得门外枪声不绝，敌人的火力越来越猛，在黑夜之中极为刺耳。

"我对这一带地形很熟悉，群众基础也好。由我留下来，协助突围，最合适不过了。"见浦太福犹豫，李国瑾又补充说。

"就按你说的。"浦太福终于同意。

部队迅速突围，匆匆与李国瑾告别。李国瑾松了一口气，独自往回跑去，却在芦苇丛中被日本人团团围住。

"原来是你！"李国瑾看见一个通敌的乡长，气得紧咬牙齿。正是因为被他撞见，向日军告了密，才暴露了新四军的位置。

日本军官对这人言语一番，李国瑾不知他们在说什么，只见那乡长一副唯唯诺诺的姿态，转眼又凶神恶煞对他说："快供出新四军的去向，就饶你不死。"

李国瑾气到极点，想破口大骂，但想到双方语言不通，怒骂只不过显得自己气急败坏，便咬紧牙关，一言不发。那乡长问了几次，见李国瑾仍没反应，暴跳如雷。

日本军官为威胁李国瑾，当即抽出军刀，连续两刀砍在他身上。然而，李国瑾岿然不动，以沉默宣誓着自己的蔑视。日本军官无奈，最终开枪射向他。

1940 年 8 月 28 日破晓时分，李国瑾身中数枪，倒在血泊之中，年仅19 岁。

秋天，顾渊从报纸上读到李国瑾牺牲的消息，泪如雨下。而顾渊自己，正准备将上海地下工作交给乔石，自己赴淮南抗日根据地，开始新的工作。

星火燎原

1949 年 5 月 27 日，上海终于迎来解放。在一片欢呼雀跃之后，南方中学的两位老校友赶到江苏常熟，几经周折，找到了李国瑾的遗骸。

一位是老战友顾渊，眉目依然清秀，但多年来不免苍老了几分。另一位是张臣栋，亦毕业于南方中学，曾作为解放军参加过解放上海的战役。

在李国瑾墓前，两位老友感慨万分，絮絮说起分别之后的许多大事。

"田文兄，抗日战争结束了。是 1945 年 8 月 15 日，日本在中国、苏联等几个国家的要求下，接受了《波茨坦公告》，日本向我们投降了。这是千千万万人浴血奋战换来的结果啊，你也可以安心了……"

"田文兄，学校也换了名字。那是 1941 年的时候，那天太平洋战争爆发，日本人把法租界、公共租界的中西区侵占了。又是混乱的一天，同学们不知道去哪里，还是来了学校。结果让大家吃了一惊，原来学校的负责人已经向汪伪政府注册了。这事情让广大师生义愤填膺，南方中学也就停办了。我离开支部以后，乔石接任了党支部书记，就组织各位师生另外借地方上课。抗日战争胜利以后，我们学校又恢复了'敬业中学'的名称。"

"敬以治世，业以立身。你可还记得……未来，会更好的！"

只是墓中之人再也无法回答。时值夏初，松柏透出轻绿。顾渊与张臣栋在墓前站了一会儿，将一杯白酒洒在微冷的石碑前。鸟儿鸣唤不息——是喜鹊，像飘浮的彩片从空中掠过。一年又一年，时间迅速涌来，转又塑成历史。无论如何，每一年都会有新的希望。

抗日的呐喊！

——记上海民众反日救国联合会遗址

君　天

★
★
★　**上海民众反日救国联合会遗址简介**
★
★　泰兴路是位于上海静安区中心区域的一条闹中取静的马路。泰兴路 606 弄 5
号（麦特赫斯托路），曾是上海民众反日救国联合会的总部。1931 年 12 月
到 1932 年 3 月期间，这里曾经向日本侵略者发出冲天怒吼。

如今泰兴路 606 弄的沿路门牌尚存，但旧址上的建筑早已消失于时间长河。

1927 年四一二惨案后，上海的中共力量一再被削弱，1927 年 7 月赵世炎牺牲、1928 年 4 月罗亦农牺牲，到 1929 年彭湃牺牲，党组织一次次遭遇惨痛的打击，工人阶级的组织力量被大大削弱了。

九一八事变后，上海反日援侨会率先有组织地站出来发动反日运动。这个组织是上海市商会发起的，代表的是民族资产阶级的力量。9 月 22 日，上海反日援侨会联合全市各界 800 多个团体召开各界代表大会，并将原组织更新改名为"抗日救国会"。

抗日救国会是以民族资产阶级为主体，联合官办工会和自由工会领导

人，以及国民党党部和各大学校领导人所组成的抗日团体，在创立之初确实是进步的。在他们的率领下，上海的抗日运动一度达到高潮，到 1931 年 11 月的时候，日本对华贸易输出同比下降了 68%。

但是因为抗日救国会的主体是民族资产阶级和国民党，所以很快就被国民党政府取得实际控制权，成了国民党引导民众言论、左右抗日运动的工具。

如果是这样，抗日救国的工作到底由谁来做？工人群众和进步学生团体在心里发出了这样的疑问。

这时候，在一片白色恐怖下的中共上海领导机关，率先领导上海码头工人展开罢工运动。中共江苏省委也决定，要建立起自己的反日救国组织，领导人民群众继续革命，反抗日本侵略者。

冬天的上海，有着难以描述的湿冷，虽然这已经是洪灵菲在上海的第五个冬天，但习惯了广东暖冬的他，还是有些不适应。

洪灵菲，1902 年出生，广东人，1926 年加入中国共产党，1927 年冬天抵达上海，开始文学创作。先后创作出版有《流亡》《前线》《转变》等长篇小说，是中国左翼作家联盟的发起人之一。

每当洪灵菲经过施高塔路（今山阴路）69 弄时，总是会想起这片街道从前的历史。

他听说早几年的时候，罗亦农和赵世炎都还在，那时候上海区委的办公室是在这里的 84 号和 85 号。之后的江苏省委机关仅仅是搬到了几步之外的 104 号，如今却是真的物是人非了。

这时又一个青年走了过来，正是留日学生干部吴驰湘，原来他也得到了召唤。二人一起前往办公室，张闻天一早在此等候他们。

"洛甫同志，这是有任务吗？"洪灵菲问。

在上海白色恐怖的形势下，洛甫是张闻天的化名，平日里自己的同志也这么称呼他。

张闻天道："是的，最近民众反日情绪高涨，但抗日救国会却没有担负起应有的责任。所以中央决定，要在上海建立自己的抗日组织。暂时将组织名字定为反日救国联合会。"

吴驰湘道："反日救国联合会？为什么不是抗日呢？"

洪灵菲笑道："反日好，反日比抗日好。抗日显得被动，反日却是主动的！而且带抗日两个字的组织已经够多了。"

张闻天笑道："我就知道你们能懂。"

吴驰湘点头道："是得有我们自己的组织，我也一直有这个想法。需要我们具体做些什么？"

张闻天道："驰湘，你有什么具体想法？"

吴驰湘稍加思索，笑道："我们既然立足于上海，最好在组织的名称上带有和上海有关的字。然后，我觉得可以把我们自己的团体联合起来。比如留日回国学生会和东北旅沪同乡抗日会，这些团体和抗日事务联系密切，通过他们带动整个组织，一定能很快打开局面。最重要的是，留日回国学生会本身没有赤色的名字，所以不会过快引起敌人的注意，方便我们先一步站稳脚跟。"

张闻天眼中露出笑意道："很好。果然中央想让你和灵菲做这件事是对的。"

吴驰湘和洪灵菲互望一眼道："我们？"

张闻天道："是的，中央委派你俩和杨尚昆同志来领导这个组织。如你们所言，确实要带有上海两个字，所以我们这个组织就叫上海民众反日救国联合会吧。"

吴驰湘的表情立即严肃起来，认真道："我们会尽力做好，保证不辜负中央的信任。"

"放心，我们大家都会支持你们的。还有谁比较适合搭档，你们可以提出来。"张闻天看着窗外凋零的树叶轻声说。

吴驰湘想了想道："要快速打开局面，留日学生那边，史同萱比较合适。"

张闻天点头道："可以，你拿主意吧。对了，办公的地方省委替你们找好了，就在麦特赫斯托路。"

"好的，我们马上去看看。"洪灵菲答应说。

吴驰湘则道："我们一定迅速开展工作。"

张闻天叮嘱道："斗争形势严峻啊。革命要坚决，要勇敢，也要小心。"

麦特赫斯托路 606 弄，就是如今的泰兴路 606 弄。青年干部们很快就把反日救国联合会的班子搭建了起来。

12 月 5 日，由留日回国学生会的史同萱出面，邀集全上海各大抗日团体，在四川路青年会召开反对东北接受丧权辱国条件的紧急大会。到会有 60 多个团体 100 多名代表。

12 月 6 日，"留日回国学生会""赤色工联""左联""社联"等 54 个团体一起，成立了"上海民众反日救国联合会"。

虽然在成立之初，大家对"反日"还是"抗日"有过讨论，但在杨尚昆、洪灵菲等人的解释下，最终还是使用了这个名字。

这个组织的成员主要是学生、工人和部分国民党党员，并没有大资本家参与，所以团体具备先进性和革命性。大会强调了本组织的核心提案为"实行人民自卫救国案"。之后，杨尚昆、吴驰湘、洪灵菲成立了三人领导小组，具体日常工作由吴驰湘负责，并由刘少奇和张闻天对其进行指导工作。

民众反日救国联合会成立后，就在麦特赫斯托路公开挂牌公开办公，在一个多月里就组织了三次市民大会，进行了示威游行。很快就从 54 个团体发展到了 300 多个团体，在全市各区设有分会，声势上超过了抗日救国会。

随着工作的顺利展开，中共中央决定在民众反日救国联合会里设立秘密党团组织，加强党的指挥领导。不过这时候，杨尚昆和张闻天一直坚持写文，继续指导民众反日救国联合会的工作。

上海民众反日救国联合会在 1932 年 1 月 7 日发表宣言："以民众的力量建树了民众反日救国的旗帜。"并提出了七大任务：

一、罢工、罢操、罢市，集中一切力量扩大反日运动。

二、民众自动武装组织真正义勇军对日宣战。

三、立刻自动宣布对日废除一切不平等条约，取消日本在华一切特权。

四、反对政府出卖东北，反对一切帝国主义瓜分中国，反对屠杀反日民众的政府。

五、民众自己组织纠察队检查日货，厉行经济绝交。

六、反对压迫民众救国运动，力争集会、结社、言论、出版自由。

七、改组官僚包办的上海市抗日救国会。

这七项任务，让国民党反动派觉得似曾相识。很自然想到民众反日救国联合会的背后，是中国共产党在组织。作为国民党喉舌的《新大陆报》就公开表示，民众反日救国联合会是中共在幕后领导的组织，于是很快进行了针对性的打击。

这时候，抗日形势越发紧迫，日本人频繁地制造事端，尤其是将军队集结到了上海。而当时国民政府的本意是避免摩擦，所以试图将决意作战的十九路军换防。

1932 年 1 月 28 日，因为发现日军攻击意图明显，原本准备接受换防的十九路军临时决定延迟一日换防。而在当天晚上战事就爆发了！这就是著名的一·二八事变，又叫一·二八淞沪抗战。

28 日、29 日、30 日，日军三次轰炸上海。29 日的空袭，将商务印书馆总厂和被誉为亚洲第一图书馆的东方图书馆焚毁。

上海民众的反日情绪达到了顶峰，民众反日救国联合会立即发动了疾风暴雨式的运动。市民不畏战火上街游行。

以十九路军为代表的中国军队奋勇作战，双方一度陷入短暂的僵持。3月，在西方各强国的不满下，中日双方选择停战。

但是当 5 月 5 日《上海停战协定》签订后，国民政府和帝国主义却腾出手来，对民众反日救国联合会进行联合镇压！

上海民众反日救国联合会在租界和华界当局的双重封锁下，失去了公开活动的空间，斗争也变得极为艰难。

5 月下旬，中共江苏省委决定将"民反"党团撤销，与上海反帝大同盟党团合并。洪灵菲任"上反"党团书记。

名义上，上海民众反日救国联合会虽然取消了，但是实际上具体工作还持续了一段时间。由于民众反日救国联合会在 1932 年上半年的激烈表现，给上海民众留下了深刻的印象，因此之后许多组织在发布公告时，打上"民反"的名义作为联合署名。

随着形势的严峻，这个真正活跃时间只有半年的组织，还是逐渐淡出了人们的记忆。

校外是沦陷区，校内是根据地

——记"红色堡垒"储能中学

茅 捷

★
★
★　**储能中学简介**
★
★　储能中学位于黄浦区成都北路，创始人是上海钱庄业的秦润卿，祖籍宁波
★　的他，在家乡创办了多所学校，其中有一所效实中学。淞沪战役后上海沦
陷，日军继续南下。1938 年日机轰炸宁波，效实中学的部分师生来上海避
难，校长冯度开办了效实中学的上海分校。1942 年，校长乌崖琴将校名更改
为"储能中学"，"储能"两字出自严复所译《天演论》中"储能也，效实也，
合而言之天演也"一语。乌校长系上海宁波旅沪同乡会的学务主任，在其任
内，储能中学成为一座爱国抗日运动的堡垒，培养了大批爱国学生，他们不
愿再当亡国奴，辗转投奔新四军抗日根据地，由莘莘学子转变成一名名革命
战士。

鲁迅的弟弟周建人，也曾任教于储能中学。

1943 年 12 月的一天，冬日的阴冷肃杀，笼罩着校园。

校内庶务科的蔡达军，是一名年轻的庶务员，他刚刚收到一个坏消息，

他的校友，也是同龄人张处让，之前奔赴新四军浙东四明山抗日根据地，担任副指导员。就在上月，因叛徒出卖被捕，在宁波华美医院附近遭枪杀。

更让他不安的是，坏消息后面还拖着一条"尾巴"——储能中学曾有一名学生，前往宁波的日本宪兵队，进行指认，现在组织上希望找到这个人……

蔡达军心里一沉，难道，这个人就是叛徒？

仔细一想，他又轻轻摇了摇头。

张处让奉命前往金华，参与组建金（华）萧（山）地委的工作，把附近零散的抗日游击队合并为金萧支队，是在这个过程中被捕的。之后，储能中学的这名学生才前往宁波进行指认，所以与"叛徒"不搭界。叛徒应该是根据地周边的人，若不能及早挖出这个人，将会给日后的金萧地委埋下一颗地雷。组织上判断，这名学生很可能与该叛徒打过照面，希望从他这边得到一点线索……

高中毕业后，蔡达军留在储能中学，当了一名庶务员，即勤杂工。校内从学生到教职工，他基本都能叫得出姓名，组织上把这个任务交给他，算是找对了人。

蔡达军找来林舜琴和王妙发两名同学商议，他们都是"一六学生会"的成员。这是一个活跃在校内的进步学生组织，牺牲的张处让，正是该会的发起人之一。

三人一商议，从远在宁波的日本宪兵队，到上海法租界的储能中学，最有可能从中牵线搭桥的人，就是日籍学监青木。

当时，南京伪政府的教育部，向各个学校派驻学监。所谓"学监"，"监"字就露出了马脚，反正有那么点"特派员"的意思，权力比校长还大，颐指气使，也是针对沦陷区的学生进行奴化教育的执行者。诸如上日语课，在教室里悬挂日本天皇像、南京伪政府主席汪精卫像，升汪伪政府的改版青天白日旗，喊口号等。

林舜琴说："这个四眼（指戴眼镜的青木）经常把女生单独叫到办公室，借谈话为名，动手动脚，讨厌得很！"

王妙发说："他就是个特务。走到哪里都带个记事本，写写画画，里头全是阴谋诡计！"

"四眼"青木，其实是个地地道道的中国人。日军占领东北扶持成立了"满洲国"，他也就变成了"满洲国人"。日本人很早就在东北推行奴化教育，小学剔除英文课，只设日语课，他不光学日语，还娶了一个日本太太（即从本土移民到关东的日籍侨民），如今的他以日本人自居，说白了就是个"三点水"的货色——上海的百姓通常不敢把"汉奸"挂在嘴边，而是把"汉"字的三点水偏旁单独拎出来讲。

南京伪教育部急需一批既懂日语，又能说汉语，熟悉中国师生和校园情况的"中国通"来当学监，所以像青木这样的汉奸，总算找到了用武之地。当他信心满满来到储能中学，这才发现自己把一切想得过于美好了。从全校师生那一张张扑克脸就可以看出，自己在这里是一个不受欢迎的人，大家表面上客客气气，一口一个"青木先生""学监大人"，其实都防着自己。

青木感慨，如今的学校，一个教书育人的地方，却变成异己分子的大本营！学生年少冲动，如干柴烈火，一点就着。私底下，青木又不得不承认共产党在基层的发动能力。

他早就听说"一六学社"的存在，很想搞到成员的名单，把这批人挨个开除，以净化校园内的空气，却无从着手。

这个储能中学如铁桶一般，滴水不漏。尤其那个姓乌的校长，说什么"早年听说过这个学社，后来就解散了，这还是我前任的事……"，居然往前任身上推！自己虽然是学监，毕竟是空降的，没了校长的协助，就会寸步难行，不得不忍耐。

青木并不甘心，一直在观察，最近他盯上了庶务科的蔡达军。尽管蔡只是一个不起眼的勤杂工，在校园里却颇有名气，文笔不错，在杂志上发表过小说，据说校内还有女生爱慕他。青木心想，别看这小子年纪轻轻，从学生一路做到校工，是个"老储能"了。

青木把蔡达军叫到办公室里，给他看一摞"满洲国"的杂志，杂志里图文并茂，把"满洲国"描绘成一片"皇道乐土"：百姓安居乐业，农村五谷丰登，现代化铁路纵横，街道整齐，学生高唱《君之代》，朝着"满洲国"的"康德皇帝"溥仪像鞠躬……

"狗屁杂志！"蔡达军内心厌恶，装出饶有兴趣的样子翻阅。

为了套近乎，青木把话题转到小说创作上，吹嘘自己在"满洲国"那边，不仅认识杂志社编辑，在出版社也有朋友，只要有合适的小说，可以帮忙推荐，最近有没有什么新的创作……

蔡达军本来想应付一下，没想到青木从口袋里把记事本和钢笔掏出来，一副认真记录的样子，当着蔡达军的面，把记事本逐页往后翻，前面写得满满的……

蔡达军真想把记事本夺过来好好翻一翻，可不敢，他灵机一动，稍加思索，就现编起来。说他正在构思一部以"大东亚共荣圈"为主题的爱情小说，男主角是一名英俊的海军军官，其服役的"出云"舰停泊在黄浦江畔。女主角是弄堂里的一名上海小姑娘，在街头卖花，两人在静安寺相遇，姑娘被地痞流氓欺负，军官挺身呵斥，把对方吓跑了，恰好被邻居看见，结果弄堂里有了传言，说小姑娘跟一个日本军官谈恋爱，传得有鼻子有眼。小姑娘的父母原来开酱油店的，在闸北毁于炮火，所以对日本军人抱有某种"偏见"，竭力反对，小姑娘跟家里吵了一架，跑了出来，在街头第二次偶遇军官，终于萌发了爱情，年轻军官也受到了来自长官的重重阻挠，但他们冲破一切阻碍，奉子成婚，谱写一曲中日爱情之歌……

蔡达军信口胡编，却让青木两眼放光，不住地点头。

"小说的名称想好了没有？"

"这个……还没想好。"

青木拍了拍脑袋说："我见过街头的卖花姑娘，卖的都是玉兰花、栀子花；大日本帝国的军旗是旭日旗，就把它们合二为一，就叫《旭日旗下的栀子花》，你看怎么样？"

蔡达军真想吐，只能频频点头。

"太好了，什么时候可以拿出初稿，让我拜读一下？"

蔡达军心里直骂，你还当真啦！嘴上搪塞说："平时要上班，只能下班抽空写……"

"我去跟庶务科打招呼，让你提前下班，多给你一些创作时间！"

青木不仅当真，还信誓旦旦，等将来小说发表后，我可以推荐给"满洲国"的电影公司，弄不好还可以拍成电影，电影在日本公映，你还可以参加代表团访日……到那时候，你不用再拿扫帚拖把了，完全可以当一名日中亲善大使。将来像我一样，娶一位日本太太……

大饼绘好了，青木把话题转移到一六学社上来，希望蔡达军能提供一份社员名单。

"我从学校毕业后，就离开了学社，而且我听说，这个学社已经被教育部勒令解散啦！我印象中的几个人，现在都离开了学校，不在这里了……"

青木说："明面上解散了，但暗地里还在悄悄活动，有死灰复燃的迹象。你知道谁，就把谁的名字写出来，我不勉强你要写多少人，三个五个都行，就当是帮帮我，拜托啦！"

蔡达军只能说"我回去想想看"。

这场谈话，两个人各有收获。青木觉得，如果蔡达军真把那个构思写成小说，将来发表后，绝对是他的一大"政绩"。尽管谁都知道，这种狗屁故事纯属意淫之物，但它可以粉饰太平，大东亚共荣圈急需这样的装饰物啊！

因为过了下班时间，青木当着蔡达军的面，把记事本和钢笔放进抽屉，锁好，把钥匙放进了兜里。

第二天上午有一节体育课，操场上进行一场激烈的篮球赛。青木办公室的窗户正对着操场，一个篮球飞过来，把窗户打得嘭嘭作响，所幸外面有木制的百叶窗，不至于打碎窗玻璃。

青木正在冥思苦想，如何搞到名单，懒得搭理，可篮球好像故意跟他过不去，三番五次砸在百叶窗上，搅了他的思路，他很生气，推开窗户吼了一嗓子："喂！"却发现根本没有人搭理自己。他气呼呼从办公室里走出来，来到操场边上，大声呵斥："你们会不会打篮球？篮球，应该往篮筐里投，怎么往窗户上投！"

"学监大人"发了火，操场上两支球队，一共有10个人，大家都停下来，面面相觑。操场边的王妙发和林舜琴就趁机起哄。

"学监大人说了，你们不会打球！"

"他要教我们怎么打球，你们哪边下来一个人，换学监大人上场！"

场上下来一名队员，毕恭毕敬给青木鞠了一躬，双手递上篮球，把青木闹得一愣一愣，只好接过篮球，拍了两下。

"学监大人，您把外套脱了吧。"王妙发说。

原来青木还穿着西装三件套。

"是呀，"林舜琴也说，"哪儿有穿西服打球的？"

青木往周边一看，场上的球员都是运动短裤、汗衫背心，一个个热气腾腾的样子，就把外套和马甲脱下来，里面一件衬衫，把衬衣袖子一卷，就匆匆上场。当时他脑子里只有一个念头：我也要学一学共产党，和学生打成一片！

"学监大人"这一上场，可不得了，居然成了场上的球星，如入无人之境。因为没有人上前断他手里的球，相反一个劲儿给他喂球，青木也不会运球，便瞎投一气，居然连中好几个，场边掌声雷动，弄得青木好不得意，他哪里晓得，林舜琴和王妙发相互掩护，从他的西装口袋里掏出了钥匙，用橡皮泥取了模印，体育课还没有下课，附近的锁匠就拿到了模印。

当晚，蔡达军最后一个下班，当教学楼里空无一人时，他拿着复制的钥匙，打开了青木办公室的门，然后打开了抽屉，终于拿到了记事本。他躲在办公室里，一直研究到夜晚，只找到一条有用的线索，那是一条地址，写着南市石皮弄某号。

住在石皮弄的人，叫赖钟民，已经毕业离校，但他的妹妹仍在储能中学就读。

小赖的父母都在宁波，常往返沪甬之间。小赖住在上海的叔叔家，叔叔是一名黄包车夫，不慎被汽车撞伤，不能再出去拉车，只好让小赖顶替，拉车每月也要交份子钱，车闲着就等于断了生计。

青木找上门来，告诉小赖，你去宁波跑一趟，认一认你的学长。

张处让被捕后，一口咬定自己不是新四军，他见到你，一定会惊慌，觉得宪兵队对他的真实身份了如指掌，也许就会坦白。

青木还告诉小赖，知道你家里困难，你妹妹的学杂费，学校会帮她免去。

小赖硬着头皮去了，在宁波的宪兵队，看见被打得遍体鳞伤的学长，心里十分难过。张处让看见小赖，的确吃了一惊。他只承认曾就读于储能中学，离开上海后，在浙东一带跑单帮赚点辛苦钱，因生意上的纠纷，遭人诬陷，说他是新四军……

从小赖的口中获知，审讯张处让的时候，除了主审的一名少佐、一个做笔录的文书、一名翻译，现场还有另一个人，一直没吭声，缩在角落里抽烟。翻译先让小赖辨认学长，然后喊一声"张先生"（也可能姓章），那人上前想对张处让说点什么，后者对他怒目而视……那个人甚至没有开过口，就缩着脑袋躲到一边去了。

蔡达军立刻预感到，此人很可能就是组织上要找的人！

"除了姓张，他多大年纪，具体长什么样？你还有印象吗？"

小赖皱着眉头想了半天，吞吞吐吐地说："我们没有照面，而且隔了一段距离，只记得他戴了一顶旧毡帽。对了，他抽的不是香烟，是那种细长的烟管，下面挂个小布兜。"

"姓张（章）、抽烟袋，戴一顶旧毡帽"，这三条并不起眼的线索，由蔡达军传递给组织后，经过一番仔细勘察，终于锁定了，那是一名船老大，绍兴人，在金华一带摇乌篷船，因吸鸦片欠债，债主扬言要收他的船，把他逼急了，才铤而走险，把经常坐他船的一名新四军干部给出卖了，就为了一笔赏金。

可耻的告密者最终得到了应有的下场。

青木心心念念的一六学社的名单并没有拿到，那部歌颂"大东亚共荣圈"的"伟大作品"也迟迟没有面世，让他沮丧不已。

让他做梦也想不到的是，"学监大人"才做了4年不到就"沙由那拉"了，因为1945年8月抗战胜利了，日本人投降了，青木沦为一条丧家之犬，混在日侨集中营里等待被遣返。

在那个烽火年代，储能中学先后有40多名师生奔赴革命根据地，其中有8人献出了年轻的生命。在储能中学的操场上，建有一堵浮雕墙，上面镌刻有八位烈士的形象。除了张处让，我还找到了三个熟悉的名字：

蔡达军（1923—1945）：1945年赴宜兴敌后根据地并加入中国共产党，在苏浙军区城工部工作。同年9月，队伍行进到江宁县高桥渡附近，因抢救溺水战友不幸牺牲，被追认为革命烈士。

林舜琴（1926—1945）：是储能中学八名烈士中唯一的女性。1945年投奔革命根据地，任武工队秘书，同年10月被敌伪包围后在烈火中英雄牺牲。

王妙发（1927—1946）：1945年到达淮南革命根据地，加入中国共产党，任淮北《拂晓报》新闻报务员。1946年在洪泽湖附近被敌人逮捕，押解至淮阴，壮烈牺牲，年仅19岁。

向他们致敬！

储能中学曾有一句口号："校外是沦陷区，校内是根据地"。抗战胜利后，这句口号与时俱进，变成了"校外是国统区，校内是解放区"。1949年5月27日，上海解放，校内的"解放区"终于和校外的大上海连成一片，迈进了新时代。

惊心动魄的那几日

——沪东工人纠察队与日籍厂主斗智斗勇的故事

茅　捷

★
★
★
★
★

沪东纠察队指挥部旧址简介

杨浦区扬州路 190 弄（新康里）24 号，是抗日战争胜利前后沪东纠察队指挥部旧址。1945 年 8 月 14 日晚，中共上海市委工委向中共杨树浦和榆林两个区工委传达市委工委提出的 "组织工人纠察队，保护工厂，准备迎接新四军接管" 等工作指示。会后，沪东党组织积极部署，组织工人纠察队，保护工厂机器物资，配合新四军占领上海。沪东纠察队临时指挥部和公开联络点在此设立。

"地板动过了！" 阿娟肯定地说。

每块地板都有独特的纹路，原来衔接的纹路对不上，说明地板被一块一块揭开来过，然后重新摆好。

陈捌妹又唤来两名工友，根据阿娟的指认，把动过的地板一块一块撬开，地板下面是龙骨，比一般的龙骨要高。就在龙骨中间，齐刷刷地躺着一排东西，每一个都有帆布套，外面有皮扣子，里面是个黑乎乎的筒状物，口径约 5 公分，下端像一个支架，两侧都有刻度，标注了一排日文，还有一根可以拉动的皮绳。陈捌妹头一次见这种东西，第一眼的感觉，就像傣族人家用来盛酒的竹筒，只不过这是金属的，挺沉。清点一番，整整 20 个。

这到底是什么呢？

"掷弹筒！"

一名叫大强子的苏北籍工友失声叫了起来。

……

让我们把时间切换到几天前，1945 年 8 月 6 日和 9 日，代号"小男孩"和"胖子"的原子弹先后在广岛和长崎爆炸，那时候媒体还没有"原子弹"这个概念，只说"新型炸弹"或"超级炸弹"。在远离日本本土的中国上海，因为不是战场，看不到远在西南边陲和东北、华北、华中的日军被打得有多惨，依旧一幅"皇道乐土"的光景。一直到 8 月 15 日，天皇的投降诏书在电台里播放，在华的百万日军顿时成了丧家之犬。作为全国的金融中心，上海有大量的日本工厂、商店和株式会社，堆满货物的货栈、仓库和码头，大部分是当时趁着日军攻下上海，趁机抢夺、搜刮或指定"捐献"的，包括很多被"统管"的物资，如棉花、羊毛、钢材、粮食、木材、橡胶、汽油、煤炭、药品，不仅是本地，还有大量外地物资暂时在上海储存。上海的航运四通八达，既可以运往日本本土，也可以运往台湾、香港、菲律宾。

撇开 20 世纪初就形成的虹口、杨浦的"日租界"，只从 1937 年八一三日军占领华界开始计算，也有整整 12 年了，这些日企、商社、株式会社，占尽了天时地利，吃饱撑足，油水捞足。如今战败了，这些东西统统要移交给战胜国，从步枪里的每一颗子弹，到工厂的每一颗螺丝钉，那真是千般不甘、万般不愿啊！

从战败到接收，尚有一段"空窗期"，那些日企抓紧时间焚烧账册文件，藏匿、转移物资，甚至有日军把枪支弹药丢入黄浦江中，反正一句话：宁可烧了砸了毁了，也绝不把战利品留给你们！

为了保全这些本就该属于中国人民的财产和物资，中共党组织同困兽犹斗的敌人，进行了一场场看不见的较量。

2020年，位于杨浦区扬州路、通北路的新康里，这片老式里弄住宅正在拆迁中，只剩下"新康里"的弄堂门楣，后面的很多房子已经夷为平地，变成一座临时停车场。现在我们把时光倒回到1945年8月14日晚，就在几天前，即长崎挨"超级炸弹"的次日，坊间就有消息传出，说日本人真的撑不下去了，就要投降了。

由于国民党的军队和行政机关，都龟缩在西南、江南一带，新四军和广大抗日游击队的力量一枝独秀。当时新四军军部发布了命令，准备从日伪手中接收上海、南京这些大城市，还任命了刘长胜为上海特别市的市长、粟裕为南京特别市的市长。8月下旬，新四军南京支队在划子口渡江，接连攻克龙潭和栖霞等南京的门户，对南京城形成包围之势……

大好形势下，中共上海市委工委委员陈公琪，向中共杨树浦和榆林两个地区的工作委员会的领导人，传达了"组织工人纠察队，保护工厂，准备迎接新四军接管"的工作指示。在沪东地区，日本工厂林立，有纱厂、卷烟厂、橡胶厂、食品厂、搪瓷厂……这些工厂里都有中共组织的工会，还有工人纠察队。当时，沪东工人纠察队的临时指挥部和公开联络点，就设在新康里24号。那几日，这里灯火通明，人进人出，周边100多家工厂的工人代表纷纷前来联络。不下五六百人的工人纠察队，在工厂周围和主要马路上日夜巡逻，防止日伪和地痞流氓的破坏、转移、偷盗行为，保护工厂机器设备和物资，配合新四军接管上海。

陈捌妹，是沪东一家卷烟厂的女工，祖籍山东。1930年蒋介石与冯玉祥、阎锡山展开中原大战，陈的父母沦为难民，逃难到了上海，那年她仅8岁，被父母以两块大洋给卖掉了。买她的人家将她当做丫鬟，14岁进了这家卷烟厂当女工，从早晨7点做到晚上6点，除了午间休息一个钟头，就是不停地把轧好的香烟塞进包装盒。日本人占领上海后，卷烟厂成为日本人的军需厂，因为香烟也是给士兵配发的军需品。原来的香烟改名"大东亚牌"，包装盒上画的东亚地图，从中国大陆、台湾一直远到菲律宾和印度尼西亚，都成为"大日本帝国"的所谓疆域。日本人对香烟厂注资，成为大股东，原来的老板沦为二股东，现在是副厂长，日籍厂长叫龟田。

那几年时间里，陈捌妹月薪高达数百万之巨，不过，那是汪伪政府发行的储备票。

抗战胜利后，国民党政府拿出法币来兑换老百姓手里的巨额储备票，规定每300万兑换一块钱法币，您就该知道，这些储备票的实际价值了。

在中国共产党的诞生地上海，林立在沪东地区的纱厂、卷烟厂，一直是中共基层党组织的战斗堡垒。苦大仇深的陈捌妹，早早地加入了工会，成为工会积极分子，在工会组织的扫盲班上，她识了字，当她第一次用毛笔歪歪扭扭写下"陈捌妹"这三个字时，她流泪了。

一个目不识丁，每天要坐在桌前劳作10个小时的女工，今天以一个共产党员、卷烟厂工会代表的身份，戴着工人纠察队的袖箍，来到新康里24号，与临时指挥部的负责人老潘商讨如何保护卷烟厂的机器物资。

8月15日，日本天皇宣布无条件投降。沪东地区，一家家日本工厂纷纷张贴停工告示，工会针锋相对，一边组织工人复产复工，并要求日籍厂主继续支付工资，一边组织工人纠察队在厂区巡逻。

卷烟厂的仓库里，堆满了烟叶、烟丝、卷烟用纸、卷烟的包装盒，还有成品香烟。这些东西有一个特点，就是怕水，一沾水就报废了。

龟田深知，不管是新四军还是国民党的队伍接管上海，这些价值不菲的货物，都将成为他人之物，他又不能变戏法似的变出一条大货轮来，把仓库里的东西统统搬去日本。再说日本在美国佬的日夜轰炸下，早已沦为一片焦土，就算搬回去也没法生产啊，所以只有一个字，毁掉！

诡计多端的龟田，找来厂里的工头阿彪，命令他把仓库里的东西毁掉。怎么个毁法？仓库里有水管阀门，本来用于消防灭火，只要悄悄打开阀门，让水喷出来，不出半个小时，保证仓库里水漫金山，东西统统报销。

但龟田低估了他的副厂长，即昔日的厂主，人家也想到了这条，他不想让龟田的阴谋得逞。保住工厂，就是保住日后物归原主的一线希望。他去找了陈捌妹，献上一计：用一个铁壳子把阀门罩住，并焊得死死的，除非阿彪带来破拆工具，否则束手无策。

龟田又想出一计，没有水，就一把火烧掉！只要仓库里一冒烟，你开水龙头灭火，这些货物不是烟熏就是浸水，一样得报废。

阿彪带着火种，打算趁夜黑摸进仓库，可是工人纠察队分作三班，每班4个人，仓库外巡逻，仓库内巡视，毫无机会。阿彪忽然想到，仓库有天窗，若将一个火把居高临下扔进去……哼哼！可没想到，天窗从里面给钉住了，铆得死死的，平时一推就开，今天纹丝不动。气得阿彪脚底下一滑，险些从斜屋顶上翻滚下去……

在工人纠察队的严防死守下，卷烟厂没有停工，继续生产，仓库里的货物安然无恙。

卷烟厂的东北角，有一栋日式小楼，是龟田夫妇和孩子居住。清水红砖墙，室外有小花园，栽有一棵樱花树。日本宣布无条件投降后，龟田一家就匆匆收拾，搬去许昌路227弄日华纱厂的日籍员工宿舍。集中居住，也是为了安全的考虑，因为日本投降后，上海滩就流传一句话："天亮了，大家把刀磨起来，准备斩萝卜头。"

"萝卜头"是上海人对日本人的戏称。龟田害怕那些平时被日本人欺负惯了的中国人，抄家伙来报复。

按理说，龟田一家搬走了，作为女佣人的阿娟，她的这份工作也结束了。可阿娟告诉了陈捌妹一件怪事：就是龟田一家匆匆收拾的当日，平日里一直被吆来喝去的阿娟，居然没被支使做这做那，给她结算了工钱，卷上铺盖，提前让她走了。临走时龟田太太还掉了两滴眼泪，送了阿娟一套日本碗碟留作纪念。

乍一看，挺好一位女主人，可阿娟就觉得反常，龟田太太平时凶惯了，这一点都不像她，感觉……之所以让阿娟快走，是嫌她碍眼，家里要做什么事情，不想叫她看见。

听了阿娟的话，陈捌妹顿时来了兴趣，找来几位工友仔细一打听，那天阿娟走后，就来了一辆卡车，停在小楼门前，从车上搬下来四五个木箱子，箱子不大，但挺沉，吭唷吭唷抬了进去。

陈捌妹眼睛一亮，龟田准有什么东西要藏起来！但是奇怪，如果是财物，应该从家里往外带，怎么倒过来？临走前从外面搬东西进来，藏在家里。因为这一走，十有八九他们夫妇再也回不来了。

陈捌妹叫了一名工友，让阿娟领着，撬开门锁，进入那栋小楼。小楼不大，一楼有一个西式的客厅，摆有沙发，还有厨房和一个西式卫生间。二楼两间卧室，都是日式，用榻榻米，还有一个泡澡的日式浴室。他们楼上楼下转了半天，并未发现异常，有点泄气，正要离去，心细的阿娟忽然发现脚下的地板有点活络……

她趴下来，看了半天。这里的地板、墙壁到天花板，对她来说太熟悉了，每天跪在地上要擦好几遍，一旦被龟田太太发现某处没擦干净，恶声谩骂就会劈头盖脸而来，有时候还要朝她扔筷子、抹布……

然后就发生了开头的那一幕。

很多人并不知道"掷弹筒"为何物，这还真是日本鬼子发明的独家兵器。

掷弹筒，顾名思义，就是把炸弹给"掷"出去，就是一种简易的迫击炮，长约50公分，可以把比手雷稍大的八九式榴弹射到二三百米开外的距离，在抗日战场上，堪称是中国阵地尤其是重机枪阵地的噩梦。一颗打过去，足以报销一挺重机枪和机枪手、弹药手。因为单体重量不足3公斤，加上弹药袋不到7公斤，适合单兵携带，移动迅速。第二次世界大战结束后就被淘汰了，进了军事博物馆。

这种战场上的专用武器放在上海基本派不上用场，远不如三八大盖和歪把子轻机枪的使用率高，所以存放在武器库中，整整齐齐 20 个，每个掷弹筒配一个专用弹药袋，内装八九式榴弹八发。用上海话说，都是"册刮新"。

据临时指挥部的老潘分析，当时的日本宪兵司令部，就在许昌路，那里不仅有司令本部，还有兵营和武器库。眼看着这些"册刮新"的武器即将成为中国军队的战利品，很多日本人心有不甘，能毁的毁、能扔的扔、能藏的藏。龟田受命（也可能处于自发）藏匿这 20 个掷弹筒，不管将来有没有机会取出来，藏起来再说。

时局变化很快，蒋介石发现在接收上有些"鞭长莫及"，紧急指令让原来的伪军摇身一变成了国民党的地下武装，如此一来也成了"抗日队伍"，但他们的使命并非监督日军投降，而是严防死守新四军和游击队进入大城市。

8 月 16 日，中共上海市委接到了华中局的指示，中央决定不接管南京和上海等大城市，放弃整个南方，全力与国民党争夺东北。南京、上海的市工委于是立即停止了行动，改为十六字的策略：隐蔽精干、长期埋伏、积蓄力量、以待时机。

卷烟厂后被中央宪兵司令部特派上海宪兵队给接收了去，可怜原厂主非但没要回自己的工厂，反而被扣上一顶汉奸的帽子，其家人千金散尽，才把他从监狱里赎出来。这个上海宪兵队的队长叫姜公美，后因接收时油水捞得实在太多，分赃不均，被人家咬了出来，后被蒋介石下令枪毙。

8 月下旬，临时指挥部从新康里撤离，转移到眉州路河间路的夏家宅，根据党组织的指示，召开了有 40 余家工厂代表参加的联席会议，决定继续发动群众，争取生活费和工厂复工的斗争。

对陈捌妹和工人纠察队的工友来说，费了半天劲保护下来的东西，却为他人做了嫁衣，当然有些泄气。但有一个好消息，就是那 20 个"册刮新"的掷弹筒，藏在一艘乌篷船的船舱里，悄悄运去了太湖对岸的长兴，交给了新四军太湖支队。一想到这儿，陈捌妹不禁乐开了花……

震惊上海的共舞台案

郭　浏

沪西共舞台事件遗址简介

沪西共舞台事件遗址位于劳勃生路（今长寿路）427 号，今胶州路 959 弄 1
号长久大厦后。

"沪西共舞台"又名"共和大戏院"，1931 年落成开幕，位于越界筑路地段，
中国政府与租界工部局分而治之。戏院所处的沪西地区有多家棉纺织工厂，
是产业工人集聚地区，也是中共党组织经常活动的地方。1932 年 7 月 17 日，
中共江苏省委在此召开"江苏省民众援助东北义勇军反对上海自由市代表大
会"，遭到国民党军警围堵，88 人在现场被捕，后又有 7 人被捕，最终 13
人牺牲在南京雨花台。这一事件被称为"沪西共舞台事件"，又称"共舞台
案"，是第二次国内革命战争时期党在上海被捕人数最多的几大血案之一，也
是上海工人运动的分水岭。此后上海工人运动一度陷入低谷，直到 1937 年
才重新复苏。

1935 年，"沪西共舞台"改称"高升大戏院"，1948 年改称"大都会电影
院"，1964 年改称"燎原电影院"，1984 年重建，1994 年拆除。

"当——当——当——"劳勃生路路口的大自鸣钟响了七下，温谅文远远望见曹顺标夹着一包东西站在大自鸣钟下，加快了脚步。他想起前一天晚上曹顺标到家中，高兴地告诉他"江苏省民众援助东北义勇军反对上海自由市代表大会"的会场终于租定，就在大自鸣钟对面的沪西共舞台，外地来的代表很容易找到。大会召开的时间也定在了第二天，也就是 1932 年 7 月 17 日的早上 9 点。

说起这次大会，通知早在 7 月 2 日就登在了《申报》《时事新报》上："由东北旅沪同乡会等八十余民众团体发起召集江苏省及全国民众援助东北义勇军反对上海自由市代表大会，业于六月二十四日开筹备大会，正式成立筹备处，并经决定于七月十五日召集江苏全省代表大会，八月一日召集全国代表大会。用特登报通告，务希各地民众团体届时推派代表出席大会，共商国是，群策进行为要。"当时温谅文看到报上的通知，心中便隐隐有些不安：这不是把我们的集会公开告诉敌人吗？向组织反映后却没有得到回复。后来因为会场迟迟不能租定，大会推迟了两天举行。直到前一天晚上曹顺标通知他，作为大会筹备处的工作人员，组织派他们早点到戏院布置会场。

两人碰了面，由于有长时间的地下秘密工作经验，他们先仔细观察了周围的环境，发现周围有一些闲散的可疑人员。但他们不动声色，走进共舞台，此时几个伙计还在戏台上睡觉。曹顺标便谨慎地先把带来的纸包在一个墙洞里藏好，纸包里面有传单和准备提交大会通过的文件草稿：大会致全国同胞书、大会致中华苏维埃共和国临时中央政府电、大会致中国工农红军电等。藏好之后他们才把伙计唤醒，告诉他们今天全省反日团体代表借用会场开会援助东北义勇军，反对《上海停战协议》。伙计们听了都很兴奋：我们虽然不识字，但是也知道要抗日的道理，这个会开得好！便主动热情地帮助布置会场，并把义演募捐东北义勇军的海报高高张贴在戏院门口。

不到 8 点，工作人员和代表也陆续到来，但天气炎热，许多人进入会场看一看后又走出会场，而场内的人也在走来走去，没有坐定下来，还有一些身穿黑纺绸衣的"包打听"混了进来。

中国公学的十几名代表进入会场后，便觉得气氛有些不对，胳膊下夹着的文件传单不时引来"包打听"怀疑的目光。代表们再分头把会场周围仔细观察了一下，认为场地有问题，戏院不大，呈口袋形，四周有围墙，约一人多高。只有进门处有一个走道，十几米长，走道口还有铁丝网，走道一封锁，便无路可逃。于是他们急忙找到大会主持人刘芝明，他是中国公学教师，也是当时颇有名气的政治经济学学者。刘芝明操着浓重的东北口音，胸有成竹地说道："开！绝不让敌人打乱我们的计划。""同志们要把会场秩序维持好，开好会，让敌人阴谋诡计见鬼去吧！"大家听后商量了一下，认为形势险恶，但绝不做逃兵，便派几个同志组成纠察队维持秩序，由中国公学的徐维平负责询问、签到，统计到会人数。在签到时就发现有暗探企图混入会场，都被徐维平等拒绝了。

刚下夜班的纱厂女工肖明急匆匆地签到完，走进会场东张西望，她在找父亲、哥哥。别看肖明只有16岁，已经是共青团闸北区委妇女部长了，她的父亲肖万才是中共江苏省委的秘密联络员，她的哥哥肖明山也参加过许多革命活动。肖明是前一天晚上在厂里得到的消息，她想父亲、哥哥应该也已经接到通知来到会场了。但她首先看到了易朝德，这是她夜校的小老师啊，她赶紧过去，笑嘻嘻地说："易老师好，今天来的人好多啊！"易朝德也笑着回答："是啊，今天全市几十个反日团体都有代表来，还有从南京、无锡、南通来的代表，大家的爱国热情都被激发出来了。东北义勇军不屈不挠的抗日游击战我们要支援，国民党屈辱退让的卖国阴谋我们要揭发！""易老师，今天会议的内容，您先给我讲讲吧。""好啊。"两个人找了个位置，交谈了起来。

会场里的人渐渐多起来，温谅文和曹顺标觉得局面更加错综复杂，便找到刘芝明说："现在已经很危险，不如赶快疏散，另外找到安全的地点再开。"

刘芝明只是回答道:"不开也不行了。"

温谅文继续问:"那怎么办呢?"

刘芝明想了一下说:"这样吧,派三个代表到附近公安局,请他们保护我们开会。"

其他工作人员中也有人赞成派代表。于是很快推出了三名代表:武翰章(暨南大学代表)、周正余(中国公学代表)、刘志超(中国公学代表)。

三名代表去后,温谅文便在戏院门口等候。等了好一会儿,不见代表回来,却有 3 辆大卡车飞驰而来。车停了,跳下来的是手持步枪的警察,黑压压地将会场包围了起来。"警察来了! 大家快跑!"温谅文一边大声喊,一边往会场里跑。

此时还不到 9 点,刘芝明看着会场中涌动的一二百人,正准备宣布开会,突然听到"警察来了",同时警笛大作,会场顿起骚乱。没等刘芝明回过神来,几十个荷枪实弹的警察已经冲入会场,"站住! 不许动!"会场气氛紧张得凝固了两三秒钟后,立即大乱,"快撤,我们被包围了!""跑! 快跑啊!"警察们大打出手,会场一片混乱。

由于进门处的过道被堵死了,大部分人朝后院跑去。大家挤在后墙边,七手八脚翻墙头。慌乱中听见一个人喊:"快,快踩着我的背上。"只见一个瘦高的工人穿着短袖汗衫,紧靠着墙半蹲着,好多人都踩着他的背翻墙而逃。温谅文跑到他身边,他一把拉住就往背上驮,温谅文想着他个子高,让他先跑,正在推让时,几个警察追到后院,黑洞洞的枪口对准了他们,他们只好放弃逃跑,一起被捕了。

徐维平此前正在低头统计代表签到,突然发现有警察来抓,用力将桌子朝抓他的人推去,转身便跑,还趁着混乱,跑去厕所,把刚刚的统计纸扔进茅坑。

曹顺标与易朝德、肖明还在戏院中,眼看不少人逃不出去,他将手中的会议记录本递给易朝德,说:"万一被捕,一定要把年龄往小了说。不要承认自己是党员，也不要承认来参加集会，只说是记者来这里看看，切记！
你……好好活下去！"刚刚说完，三人就被冲散。易朝德拉着肖明慌乱中跑
进厕所，打开本子看了一眼，见前面两页写着集会计划和主要领导人员名
单，急忙撕下来，想扔掉又怕不安全，急切中将两页纸撕碎后塞进口中，硬
生生吞了下去。

还没有逃出去的代表大多躲到厕所或者藏进房间，警察从各个厕所、房
间里搜查抓人，把抓到的每两个人用一根麻绳绑在一起。代表被抓到有反抗
的，有打起来的，有辩论的，有向警察宣传抗日的，人声嘈杂，极为纷乱。
最终包括温谅文、曹顺标、徐维平、易朝德、肖明在内的88人被当场逮捕。

几辆卡车把"案犯"们押送到上海市公安局，一开始是在进门的大院子
地上坐着，等候登记、照相、按手印。登记后，除了两个女同志：肖明、易
朝德外，都被关进两个囚室，地方狭小，人又多，头枕着脚，肩连着手，有
的人只能睡在马桶上。天气炎热，空气里混杂着汗味、便溺味，臭虫跳蚤成
群地爬，苍蝇蚊子到处飞。

在这样恶劣的环境中，"案犯"有了机会便悄悄相互串联起来，大家商
量的结果是都不承认是来开会的，各人准备自己的口供，自己吃自己的饭，
互不拉扯，互不牵连。对于有关组织的事情，一概都说不知道。

接下来的3天里，"案犯"被逐个审讯，被问到为什么去共舞台时，大
家的理由五花八门："共舞台一般早上不演戏，但是早上路过看见有海报，
就进去看看有什么新戏。""到交大去找老乡，看到大戏院义演的海报就去看
看热闹。""看到外面的海报：共舞台大戏院义演募捐援助东北义勇军，想
捐款看戏。"当被问到开会、开什么会，就只答是去看戏的，别的什么都不
知道。

此后，"案犯"被移押到龙华淞沪警备司令部监狱，又遭到几次审问，
没有一人翻供，国民党对这些"案犯"束手无策。大约过了一个星期，因为
"案情重大"，蒋介石的反共"围剿"也正遭失败，他电令淞沪警备司令部将

全部 88 名"案犯"押解至南京军政部军法司。一个星期的拷问后，依然没有人供认，国民党不得不把此案移送到"反共"最卖力的首都（南京）宪兵（警备）司令部。

首都（南京）宪兵（警备）司令部从上海调来了 3 个叛徒：唐桂生、李耀东、唐生民（唐桂生老婆），他们坐在审讯人员的身后当庭指认，认出的点点头，认不出的摇摇头。被认出的"案犯"被连夜提审，结果李文达、李鸿春、王灿、张德生叛变了，他们供出了召开大会的一些秘密，又出卖了他们认识的和不认识但听说过的一些同志，还供出上海的机关和未被捕的同志。这样，又从上海逮捕来 7 人，包括肖万才、肖郎氏、肖明山这革命的一家。

肖万才被捕后，面对严酷刑讯，态度坚决，关于组织的事一字不漏。还推说与共舞台案内人员并不相识，保护同志们。叛徒指认肖明就是他的女儿，刑讯人员当着他的面给女儿肖明上刑，百般折磨。他看在眼里疼在心里，但为了不让敌人看出，强忍悲痛地说："我是有女儿，可我女儿早就出嫁了！这小姑娘我不认识，我一人做事一人当，你们不能为难孩子！这个道理我这个小生意人都懂，你们走南闯北的大人物应该更明白。"警探们转而向肖明提问，肖明一口咬定自己叫王小宝，只是来找戏院老板家的妞妞玩耍的，面对其他的问题也故作糊涂，答非所问，使得敌人十分狼狈，只得草草收场。肖万才看见女儿机智顽强的表现，回到监牢高兴地对难友说："真不愧是我的女儿！"

从 8 月初到 9 月中旬，共舞台案天天有人过堂，天天有人受刑，有的被吊打，有的坐了老虎凳和用了其他酷刑，但都立场坚定，始终坚贞不屈。曹顺标被叛徒认出，干脆把责任全都揽到了自己身上："是我组织的，你们有事找我，把无辜的人放了！"中共沪西区委宣传部干事、内外棉十四厂的工人陈山被叛徒出卖后，公开承认了共产党员的身份，痛骂国民党当局是日本帝国主义的清道夫，并当庭宣传红军是中华民族和中国广大劳苦群众的救星。

直至结案，国民党始终都没有弄清全案的主要负责人。审问了约两个月后，进行了判决：13人被判死刑，70人被判徒刑，9人被交保释放。

1932年10月1日清晨，看守所杀气腾腾，看守班长打开一个个号子门上的大铁锁，高声叫着一个个被判死刑的人的名字：肖万才、曹顺标、柳日均、崔阿二、徐阿三、陈士生、邱文治、陈山、钟明友、王得盛、杨小二子、许清如、许金标。他们被捆绑后用囚车押送到雨花台，高喊着口号"打到国民党反动派！""中国共产党万岁！"高唱着《国际歌》，壮烈牺牲。他们的英勇气概连敌人都为之感慨，执刑的看守说："这些人真有种，个个不怕死。有的身中好几枪，还在喊口号，还在唱'打得落花流水'。"

共舞台案引起了极大震动，上海各大媒体《申报》《时事新报》等都进行了跟踪报道，《中央日报》也在重要版面分三次刊登了共舞台案的情况，此后国民党政府的白色恐怖愈加严重，上海的工人运动一度陷入低谷。但牺牲吓不倒共产党人，同志们踏着烈士的血迹继续前进，为中华民族和中国人民的解放事业、为共产主义事业奋斗到底。

碧血丹心照汗青

胡　笛

★
★
★　**闵行区烈士陵园简介**
★
★　闵行区烈士陵园位于中春路 3999 弄 388 号莘庄工业园区休闲公园内湖中小
岛上，安葬着北伐战争、土地革命、抗日战争、解放战争各个历史时期为中
国革命献身的 180 多位革命烈士的忠骨，闵行儿女们为国为民，舍生取义。
1995 年闵行区烈士陵园被闵行区人民政府命名为爱国主义教育基地。陵园
内有祭扫广场、纪念碑、革命烈士事迹陈列馆和墓区，纪念碑上镌刻着毛泽
东同志手迹：革命烈士永垂不朽。

"报国赴难，古来皆然。"闵行区烈士陵园四面环水，松柏常青，庄严肃
穆。在这里沉睡着 180 余位在闵行出生或战斗过的英雄，抗击日军侵略者、
推翻国民党反动统治、捍卫祖国领土、保卫社会主义胜利果实，不同历史时
期的闵行儿女们用青春和热血谱写了属于他们的篇章。

历史风云变幻。

1938 年 2 月 6 日，时值农历大年初七，寒风凛冽的上海街头，有人突
然在法租界巡捕房附近的电线杆上发现了一颗悬挂的人头。"这么明目张胆

地挂在巡捕房,不知是谁干的?""不会是得罪日本人了吧?"人们惴惴不安地讨论起来,巡捕房的士兵驱赶着越来越密集的围观人群,各大报馆记者也纷纷赶到现场。《时报》记者已经拍下了这令人恐慌的一幕,人头旁还悬着一方白布,写着"斩奸状""抗日分子结果"。人们确信这是一桩政治谋杀案,只是暂时还不知道主人公是谁。

第二天,《时报》大标题"蔡钓徒砍头"揭开了谜底,并刊出蔡钓徒头颅的照片,令人惊骇不已。《时报》采访部主任胡憨珠说记者们从法租界台拉斯脱路(今太原路)验尸所拍摄到了照片,所以看得特别清楚,确定了就是蔡钓徒。

蔡钓徒,原名安福,字履之,自署"海上钓徒",上海陈行人。早年就读于闵行初级师范,后入闵行农校。1925 年毕业后在嘉定黄渡小学任教。1927 年在上海南市翁家弄创办《龙报》,后为《礼拜六》撰稿,创作小说《花落瀛洲》,之后又创办了《社会晚报》。

众人印象中的蔡钓徒是个左右逢源老练圆滑的"文化白相人",当年创办《龙报》不知经历多少风波和笔墨官司,他从讨饶求情逐渐老到起来,结识三教九流各色人物,遇事都能化险为夷,最后冤家成朋友。他自己也在《龙报》第 200 期《本报二百期的回顾》一文中自叙平生:"办小报而能支持三年,别的不敢自诩,单是寿命上却可谓差强人意,堪以自慰。这三年里本报支持于风雨飘摇之中,几经打击。是怎样厉害的打击呢,啫啫,我不妨说明,就是兴了几次文字狱,被捉将官里去,饱尝那铁窗风味。"他交友广泛,甚至与青、洪帮人都有来往,也认识租界探长律师等各色人物,出入妓院赌场也是常有的事。而他创办的《社会晚报》也跟他的为人一般,复杂得很。1935 年《社会晚报》因发起选举歌星姨太太的活动遭到其他报刊的指责批评,1937 年八一三淞沪抗战开始后他又刊载了大量抗日文字,销量剧增。不少人都觉得蔡钓徒是投机分子,并不是正经文人,门道很深。这次怎么就成了被日伪杀害的第一个新闻记者呢?

在上海沦陷之后，日方接管了新闻检查所，强制租界内出版的所有报刊一律必须接受审查。许多报纸如《申报》等拒绝接受审查，毅然宣布停刊。蔡钧徒为了让《社会晚报》存活下去，印发了两种报纸，一种是专门应付日本人审查的，另一种则是发行到社会上的。日本人在汇集整理各报刊过程中，发现了蔡钧徒报纸的抗日版本，加之《社会晚报》之前报道谢晋元和八百壮士退守沪西"孤军营"后坚持抗日等新闻，日本人早已对蔡钧徒恨之入骨，杀了他足以震慑上海新闻界不服管制的人。

人们没有想到蔡钧徒之死，不过是日伪军在上海新闻界掀起腥风血雨的开头。

1938年2月8日，《文汇报》发表徐铸成的文章《告若干上海人》，警告想当汉奸的民族败类"不要一时失察，走入歧途；到后来愈走愈远，不能自拔"。第二天，报馆就接到署名"正义团"的恐吓信：贵报言论激烈，识时务者为俊杰，今后望改弦更张，倘再有反日情绪存在其中，即将与对付蔡钧徒者同样对付。蔡钧徒已经成为日本人在上海新闻界杀鸡儆猴的案例。2月10日，文汇报馆就被手榴弹袭击，职员一死两伤。被炸这天，副刊编辑柯灵也在现场，他写下了一首诗"炸弹可以使奴才屈膝，但不能使真理低首。暴力的施行，在被压迫者是反抗，在统治者却往往是权力失败后的最后一着棋"。2月12日，《文汇报》发表《本报遭暴徒袭击之后》的社论，传达报社同人的心声："前日暴徒向本报投一巨弹，就是黑暗势力向吾人进攻的第一声。吾人对此，不独不稍存气馁之心，反而勇气百倍，加紧努力，以与黑暗势力相周旋。""我们愿为正义而流血，并愿为维护言论自由而奋斗到底。"

没过几天，徐铸成和《华美晚报》《大美晚报》经理都收到一个方盒，里面都放着一只血淋淋的手臂和一封恐吓信，信上写着"主笔先生，如不改你的毒笔，有如此手！"日本人和汉奸特务的屠刀指向上海新闻界，炸弹、手枪、人头、人手等出现在各个报馆，他们要打击上海市民的抗日热情，隔绝真实的新闻信息。因为上海新闻界的各大报馆一直在传递中国军队奋勇抗战的各种消息，碍于租界的特殊性，日本人没有明火执仗采取行动，于是网罗汉奸特务制造各种恐怖行动。腥风血雨并没有打倒上海报业界人士的正气，他们以笔为武器，不断揭露日伪军的种种恶行，告诫民众看清楚事实的真相。报馆也都纷纷加强了防卫措施，装上铁栅门，夜班编辑的汽车不断更换停放地点。对于这些恶势力，《文汇报》的社论《无题》写道："一切自暴自弃的废物，让它们去暴尸露体，供人玩弄，受人唾弃罢。所有有灵魂的人，都应足踏实地，奋发自雄，为未来的光辉世界增加光辉。"

而关于蔡钓徒的死，其实日本人预谋已久。早在 1938 年 1 月，《社会晚报》不愿停刊又不将报纸送审，一个由日本浪人勾结青帮流氓头子常玉清的恐怖暗杀团体"黄道会"向《社会晚报》投掷手榴弹，炸伤了报馆里的发行人员。蔡钓徒为求生存四处活动的过程中其实早已让日本特务怀疑他是抗日分子。1938 年 2 月 4 日，日本人指使特务恐怖组织和常玉清等人哄骗蔡钓徒到北四川路新亚大酒店赴宴，原本以为可以再次发挥自己社交天赋的蔡钓徒一去不回，等人们再见他时就只剩那颗高悬的头颅。

由于蔡钓徒平日处世风格的缘故，并没有多少人认为他是忠义之士。直到 1952 年以后，中国共产党追认其为革命烈士，人们才知道他为革命从事过地下工作，宣传抗日也并非左右逢源的做法。根据上海浦江镇陈行村顾龙标等人的讲述，"文化白相人"原来只是蔡钓徒为众人所知的一面，他还有不为人所知的英雄事迹。

1937 年，八一三淞沪会战期间，蔡钓徒居住在法租界蒲柏路庚余里（今太仓路 239 弄）7 号，与嘉定朋友盛慕莱的妹夫、刚出狱到沪从事地下斗争的中共党员蔡志伦结识。蔡志伦曾因为出版秘密刊物《求生》在法租界被逮捕，两人很是投缘，在蔡志伦的影响下，蔡钓徒心中早已倾向革命，他经常将自己的汽车和电话借给蔡志伦使用，暗中帮助新四军代表与中共党组织取得联系，帮助新四军转送物资到苏北根据地。物资运送并不是一件容易的事，蔡钧徒曾经利用报馆职工家中办丧事的机会，将大批药品装在棺材中闯过日伪军的封锁线。他被日伪军杀害时年仅 34 岁，是上海新闻界人士的第一个牺牲者。

在闵行区烈士陵园这片土地上，安葬着像蔡钧徒这样的英雄 180 多位。生死关头保护同志的铁路英雄沈干成，在家乡建立抗日游击队的顾振，为开拓党的发行事业壮烈牺牲的殷益文，投笔从戎的空军战士曹仁寿，豫东战役光荣牺牲的机枪手吴国恩，抗美援朝的保卫科干事张时任、邢根福、徐宗辉，等等，他们用鲜血谱写了自己的青春之歌，也书写了闵行儿女的英雄之歌。

上海出版界的"杨老板"

——大通里毛泽民旧居

胡　笛

★
★
★　**大通里毛泽民旧居简介**
★
★　大通路大通里（今静安区大田路 331 弄）是毛泽民 1925 年 12 月至 1927
年 4 月在上海的居住地。毛泽民，1921 年参加革命，加入中国共产党。
1925 年底从广州农民运动讲习所赶赴上海，接任中共中央出版发行部经理，
印行公开出版物和党的秘密文件，并在全国建立发行网。毛泽民还曾任中华
苏维埃国家银行首任行长，被称为中央苏区的"红色大管家"。

金融才能初显

作为毛泽东的大弟弟，跟哥哥相比，毛泽民待在家中的时间更长。跟着
父亲一起当家理事，无形中培养了他的经营和管账能力，母亲的善良大度也
潜移默化影响了他对穷人的态度，哥哥的救国之志更是带领他走入了中国革
命的疆场。

1921 年，毛泽民夫妇走出韶山的第一个落脚点是湖南第一师范，毛泽

东安排毛泽民在自己主事的一师附小负责庶务，管理学校的经费和伙食，晚上就在附小开办的"成年失学补习班"学习文化知识。新官上任却是经费紧张，食堂几乎顿顿都是糙米饭和水煮青菜。但没过几天，食堂菜谱就开始时常翻新，隔三岔五还能有荤菜。原来毛泽民走街串巷，菜市场和小集市的行情他已经了如指掌：傍晚菜价要比早上便宜，而且猪下水、鸡爪、鱼头的价钱只有整鸡整鱼的三分之一。他还动员老师们在学校周围空地种菜，伙房师傅自己喂猪。伙食费算下来不仅没有超支，反而有了结余。与此同时，他在夜校不仅学国文、英文、算术，毛泽东、何叔衡等还教他们马列主义和中国共产党的启蒙理论，"农民为什么受压迫，为什么革命，由谁来开创中国革命"等问题打开了毛泽民的眼界。

1922 年初，毛泽民又跟随毛泽东来到湖南自修大学任会计，兼管庶务，同时也参加了自修大学附设的补习班。年底他被派往安源路矿参与筹备工人消费合作社。1923 年，安源路矿工人消费合作社正式开业，这是中国共产党领导下的第一个股份制经济实体，毛泽民也成长为总经理。从管"小家"开始管"大家"，登上了共产党红色经济的大舞台。工人再也不用高价购买生活必需品，还能为其他地方工人斗争提供有力的经济援助。合作社同时还代售中共中央机关报《向导》周刊以及《新青年》《先锋》《工人周刊》等革命书刊，从物质和精神上为工人提供了丰富的资源。中共一大代表邓中夏曾给出高度评价，"安源工人俱乐部当时确有很多的成绩，最大的为消费合作社"。

上海滩的"杨老板"

1925 年毛泽东回韶山发动农民运动，毛泽民又领导了"五卅惨案湖南后援会"的工作，均被通缉只好前往广州。为了妻女的安全，毛泽民选择了和王淑兰解除婚姻关系。1925 年 11 月，正在广州农民运动讲习所学习的毛泽民还未结业就收到党中央的电报，要求他速去上海负责党中央机关刊物的发行工作。

此时的上海寒风萧瑟，国共第一次合作形势复杂，如何安全出版和发行共产党的刊物已经是十分危险，而毛泽民还得考虑如何盈利的问题。

他刚来便接手了上海书店的工作，这里发行党中央主编的《向导》周刊、团中央的《中国青年》杂志，还有党对外宣传的刊物和内部文件等等。《向导》杂志每月在《新闻报》《申报》《民国日报》刊登广告，3 家报纸广告费就要 72 块，中央每月能拨给他们 60 块，他接手时总资产也就 70 元 3 角 8 分。随着读者的需求，上海书店的印刷任务也加重了，还需要增开印刷厂和发行所。金融能手毛泽民也不由得感慨"这个家难当啊！"

时而长衫马褂、时而西装革履，毛泽民化名"杨杰"，俨然一副大老板的模样，出入报馆、书店和发行所，周旋在各色人物之间。

毛泽民先去找陈独秀汇报情况，得到的回复还是得自己想办法。"没钱就先借钱，至于怎么借钱，方法是人想出来的嘛。"毛泽民首先动员社会关系发动群众筹借经费，摸清客户需求量以后采取先收预订费的方式周转资金，很快就打开了局面。"当然，得益于《向导》等进步书刊供不应求的形势"。《向导》周刊是中国共产党第一份中央机关刊物，以报道评论国内外政治时事为主要内容，以其鲜明的革命性、深刻的思想性、犀利的战斗性得到无产阶级和大众的喜爱，陈独秀、李大钊、蔡和森、周恩来、李立三以及国际共产主义代表马林、维经斯基等都曾为《向导》撰写文章。

"怎么挣钱呢？得增加销量和销售渠道。"出版发行工作对于毛泽民来说是一个陌生领域，凭着他的金融才能和坚韧的个性，他虚心请教了不少行家，也结识了五湖四海的朋友，很快就担负起出版印刷总责。他在培德里建立起一套秘密印刷发行机构，专门负责党中央文件和内部刊物的印刷发行。为方便广大读者购书，扩大革命书刊的销售量，毛泽民先后在沪西、沪东、闸北建起了多个分销处。如设在上海大学内的书报流通处，实际上就是上海书店的闸北分销处。毛泽民又奔波于全国各大城市，建立和扩大革命书刊的分销处。随着大革命的蓬勃展开，分销处由最初的上海、北京、广州、长沙四地，发展到全国 20 多个大中城市和乡村，在法国巴黎、德国柏林等地也设有代售处。

"我们不是普通的出版印刷，既要盈利更要安全，工人必须是自己人。"毛泽民深知印刷工人忠诚度的重要性，一个不小心可能整个印刷所都被毁了。为此，毛泽民挑选工人特别严格，要么是优秀共产党员，要么是进步青年，他还派人到老家韶山将革命烈士毛新梅之子和自己堂侄等人招为工人。上海的环境复杂，警察、特务到处乱窜，租界巡捕房的"包打听"无孔不入，为了保证党的出版发行机构的绝对安全，毛泽民始终保持着高度的警惕性，即使对上海书店这个公开机构，也不敢丝毫懈怠。有一次，报纸上刊登了一条消息，说中国共产党有多少支部在暗中活动，其中一个支部就是以上海书店为中心，还点了书店经理徐白民的名字。毛泽民立即指示徐白民，尽快登报声明，予以否认。第二天，徐白民便在报纸上登出启事，说报纸上的消息纯属谣言，申明他是一个正当的商人，不是共产党。

在上海这个黑白势力杂处，三教九流并存的大都会，"杨老板"学会了同形形色色的人打交道，应付自如，不仅保护了上海书店，也为今后更好地从事地下工作积累了经验。到 1926 年底，即毛泽民到任一年时间，出版发行部进行内部核算，盈利 1.5 万余元，1927 年初，中央会计处派人到发行部进行核算，结论是财务两清。

革命中的爱情

1926 年夏日，20 出头的钱希均在组织的安排下前往印刷厂，配合毛泽民工作。毛泽民在此之前已经详细审查了她的身份背景。钱希均出生在贫苦的农民家庭，1922 年初加入共产党，后来到上海的平民女校读书，还参加了革命工作，她曾为在平民女校开会的中共领导人陈独秀、张太雷、李达、恽代英等站岗放哨，之后被党组织派到上海杨树浦怡和纱厂做工会工作。

　　毛泽民向钱希均介绍了出版发行部的情况后，安排工作时还是有些担心她过于年轻，缺少历练，又嘱咐道："我们这个发行机关是党宣传部门的咽喉。你除了要做好报纸和书刊的发行外，还要担任党的地下交通工作，要经常到中央机关和一些领导同志的住地，传递一些文件。要记住，安全、保密是一条重要纪律，要保证党中央和我们这个机关的绝对安全。"

　　钱希均一一记下，她的工作表现很快就让毛泽民消除了顾虑。她是最快完成筹借经费任务的同志，在工人群体中结交了不少朋友，社会活动能力强。之后，毛泽民就更加放手让她开展工作。革命工作的锻炼和考验，使钱希均变得更加成熟有经验，她有时打扮成阔太太，坐着黄包车到党的秘密机关送文件，不时从小手包里掏出小镜子补补妆观察身后的动静。有时她又装扮成普通贫苦妇人，到基层交通点去取稿件。为了保护党的秘密机关的安全，甩掉身后的尾巴，她经常要绕很多路。

　　在出生入死的共同斗争中，毛泽民和钱希均从战友逐渐成为了革命伴侣。之后毛泽民在北伐军攻克武汉时，在汉口创立长江书店，将上海书店的书刊秘密运往汉口，改任汉口《民国日报》总经理。汪精卫叛变革命后，毛泽民化名"周方"在湘潭一带活动。1927 年底，奉命回到上海，主持党的秘密印刷厂工作。1929 年初，迁往天津，创立华新印刷厂，改名"周韵华"。1931 年初，再次调回上海继续领导地下发行工作，4 月毛泽民奉命转移去香港，再去中央根据地。1943 年牺牲。毛泽民的一生跌宕起伏，他的金融才能为中国革命的胜利作出了贡献。

丹心许国　向死而生

——记松江烈士陵园抗美援朝英雄儿女

曾金辉

★
★
★　**松江烈士陵园简介**
★
★
★　松江烈士陵园位于松江区车墩镇南门村，陵园广场正中的纪念碑刻有毛主席

手书的"死难烈士万岁"。陵园占地面积30.172亩，安息着172位烈士，

其中大革命时期4人，抗日战争时期12人，解放战争时期20人，抗美援朝

时期79人，社会主义建设时期57人。另有两座合葬墓，分别是在淞沪战役

米市渡阻击战中牺牲的烈士，以及在解放松江战役中牺牲的10位无名烈士。

陵园里的忠魂展现了松江儿女在中国革命和建设时期的大无畏牺牲精神和英

雄主义气概，值得后人永远铭记。

　　1950年10月1日，新生的中华人民共和国刚满一周岁，所有的人都沉浸在欢乐的海洋里，在这片古老而又新鲜的土地上，遇到的每个人，脸上都溢满笑容。

　　松江五里塘的顾金发更是笑得合不拢嘴。这个27岁国字脸的英俊汉子今年可谓喜事连连，刚迎娶了隔壁村的大姑娘，还不到三个月，新婚妻子的

肚子里就有了动静儿。

天蒙蒙亮，金发就醒了，趁着还没起床，金发急不可耐地就靠了过来，摩挲着妻子圆鼓鼓的肚子，耳朵紧紧地贴上去，也不知道是听到什么了，咧着嘴嘿嘿地笑。

"昨晚上都听了一宿了，还没听够啊，你儿子又跟你说什么了？"妻子问。

"在跟我玩捉迷藏呢。"正说着，妻子的肚皮上划过一道道凌乱而美丽的弧线。小家伙儿正在手舞足蹈，使劲儿地舒展着身体。

"金发，金发，还在屋里呢，老婆孩子热炕头，美滋滋儿地起不来了吧。"

金发一个鲤鱼打挺，打开房门，朝着趴在门口的青年胸口上就是一拳。

"嚯，还这么有劲儿啊。"话没落音，青年的屁股上又挨了一脚。两个人遂扭作一团，打闹起来。

"都要当爹的人了，还这么没正行的。"妻子在屋里嗔怪着。

听妻子这么一说，金发听话地住了手。青年对着正好路过的金发娘扯着嗓子喊："什么时候给我也找一个这么好的媳妇儿啊。"金发娘侧着身子，看了一眼青年，着急地说："好啊，等你什么时候能好好地伺候政府土改分的地了，我就到王母娘娘那里给你说媒去。"

"我勤快得很，你看我昨天半夜就起来了，从泖港赶过来，走了三四个小时，到了您这里，金发还没起床呢？"

"好，好，我说不过你，你真勤快了，玉帝的七个女儿随你挑。"话没说完，金发娘就朝村口的茅房跑了起来。

金发穿上妻子递过来的新衣服，按照上级的安排，和这个叫杨富亮的同龄青年，去村口集合去了。不一会儿，县里统一安排的车子来了，组织优秀青年观看国庆汇报演出和游行。

车上静悄悄的，大家都在补觉。金发小声地对富亮说："朝鲜打仗了你知道吗?"富亮一听来了精神,两个人你一言我一语的讨论着,不一会儿,整个车厢都热闹了起来。

……

10月2日凌晨3点,北京上空的焰火彻夜不眠,天安门广场被映衬得宛如白昼,狂欢的人们,认识的不认识的相拥在一起,唱啊跳啊,久久不愿散去。

如果说一年前的那声用浓浓的湖南韶山冲里的乡音喊出的"中华人民共和国中央人民政府今天成立了",还不足以让900多万平方公里广袤土地上的每一个中华儿女真切感受到自己"从此站起来了",那么经过整整一年的观察、打听和确认,今年的国庆一周年庆典,无论出生在清朝的还是民国的,从耄耋老人到年幼孩子,应该确信自己是当家做主人了。

自由的火苗在畅快地呼吸、燃烧。

此时的中南海丰泽园,菊香书屋,烟雾袅绕,一个高大的身影不停地踱步,看不清楚人的面容,只能依稀听到沉重而缓慢的脚步声,有那么一两次,又很急促,让他迟疑不决的正是宽大办公桌上的一份来信。

准确地说,这是一封十万火急的求救信,这封信来自朝鲜的金日成,由于麦克阿瑟领导的"联合国军"9月15日在仁川登陆,切断了金日成的补给线,朝鲜人民军危在旦夕,金日成请求中国立即出兵援助朝鲜。

坦率地说,国内是一派建设与和平的景象,此时要出国作战援助别的国家,而且是跟第二次世界大战中成长起来武装到牙齿的世界最强大的武装力量对抗。打赢了,势必要付出惨重代价;打不赢,局面将会更加糟糕。

打得一拳开,免得百拳来。尽管有一千、一万个困难,毛泽东及他的战友最终还是达成了一致:由彭德怀任中国人民志愿军司令员兼政委,出国作战,抗美援朝。

整整一个月,顾金发都沉浸在国庆的欢乐之中,除了伺候地里的庄稼,就是一门心思地照料妻子,怕马上就要出生的儿子寂寞,他又央求隔壁的王木匠在打小木床的时候，用边角料顺手打了一把木制手枪，一辆美国吉普，还有几匹马。金发把手枪用油漆涂得乌黑发亮，吉普车是绿色敞篷的，轮子还会转动，红色的马鬃像火焰一样，儿子肯定喜欢，金发心里想。

　　12 月的一天，顾金发在自家泥塘里采藕，准备年前拿到集市上去卖，剩下的过年做藕饼吃。杨富亮也大老远地赶过来帮忙，两个人是参加县里土改的时候认识的，说话很投机，平常这杨富亮就是个话痨，可今天默不吭声的，很少讲话，顾金发觉得奇怪，也没放在心上。

　　下午太阳要落山的时候，杨富亮背着十几斤藕走到村口的石桥上，快走到桥那头，杨富亮猛地转过身子，对送他的顾金发说："你看到了没有，县里的征兵告示下来了，听说四野的 13 团 10 月尾就开过鸭绿江了，仗都打了快两个月了，你去不去？"

　　顾金发望了杨富亮一眼，看着桥下的青石板，没有说话。

　　吃过晚饭，顾金发早早地上了床，鸡叫三遍了还没有睡着，妻子的呼吸声轻而均匀，他把给儿子做的玩具从床底摸了出来，反复摩挲打量。过了一会儿，从背后抱住妻子，在她隆得老高的肚皮上抚摸着，妻子好像察觉了什么，马上就要醒了，他赶紧把手缩了回去。

　　转眼又是新的一年，一个新生命就要出世了。

　　这天上午，日上三竿了，顾金发的妻子打了一个大大的哈欠，懒洋洋地醒了。昨天晚上被顾金发拉着聊了半宿，都是关于儿子的，起什么名字，上什么学校，甚至还聊到将来给儿子找一个什么样的老婆。后来昏昏的，鸡叫第一遍的时候才沉沉地睡去。天已经大亮了，她再看看旁边，枕头上放着一个红色的小布袋，布袋里面装着两匹木制的小红马，一把小手枪，还有一辆吉普车，表面光滑圆润，隐隐地透着光。

　　到了晚上，顾金发没有回来，第二天，第三天同样如此，他消失了，就像村里小河沟儿的水，蒸发了。没人知道他去了哪里，就在妻子和老娘满天满地哭着喊着找他的第七天，他到了丹东，同行的还有杨富亮。

　　一句话也没给老娘留下，顾金发就毅然决然地来到了朝鲜，他心里想打仗。真到了战场上，不免慌了神，甚至后悔起来，没有谁逼着他来到这块陌生的土地，要怪就怪杨富亮把征兵的消息告诉了他，可那也不能怪人家杨富亮啊，再说杨富亮不也来朝鲜了吗？

　　南方水乡，再冷的冬天也不过零度上下，河沟里的水都冻不上，再看看朝鲜，零下二三十度，漫天遍野的雪，好看是好看，可是真冷啊。战士们不怕打仗，就怕行军。美国佬是四个轮子的，我们只有两条腿，武器装备又远不如机械化的美军，正面硬碰硬很吃亏。为了尽量减少战斗伤亡，包抄、埋伏、突袭是常有的，打埋伏包饺子的时候，部队为了准时赶到指定战斗位置，常常在夜里隐蔽行军。

　　有一次急行军，遇到一条小河，连长命令大家马上脱下棉裤，有几个战士着急过河，没有脱，结果第二天膝盖肿得跟大腿那么粗，还有一个战士不得不截肢保命，战场还没上，就已经光荣残废了。还好顾金发老实听话，保住了两条腿。后来才听军医说，行军走热的腿突然接触到冰凉的河水，膝关节受到强烈刺激，会引起急性关节炎，在医疗条件简陋的战场上，后果不堪设想。

　　美军一直占据着朝鲜战场空中的绝对优势。在一个叫黄草岭的山脚下，厚厚的积雪深过膝盖，伤员、辎重和枪炮都隐蔽在这里，顾金发遵照连长的命令负责看守，虽然远离前线，没有枪炮声，美军仍然不放过任何一个移动的活物，一头牛，一条狗，都是他们轰炸的目标，志愿军的后勤保障深受其苦。战争初期的时候，国内的物资运输困难，十有七八都被炸毁，猪肉、苹果臭了烂了也送不到前线，后来发明了易携带、易保存的炒面，吃了呛喉咙，不吃根本没有力气，冬天的时候，只好一把炒面，一把雪。

　　战场的残酷性远超所有人的想象，为躲避敌机的轰炸，志愿军战士没有战斗任务时，都隐藏在"特别坑道"中，坑道又矮又挤，战士们的吃喝拉撒都在里面，冬天还好一点，夏天的坑道宛如炼狱，气都喘不过来。无数个白天，无论寒暑，顾金发就躲避在这样的坑道之中。有一天中午，一名战士嫌里面实在太闷了，就一屁股坐到洞口，顾金发也在洞口边上，见到有人过来换气，就往里挪了挪，就在这一瞬间，一发炮弹在洞口炸开了花，弹片飞进洞内炸到了他的腿，顿时血流如注，顾金发的胳膊也被弹片划中，后来那名战士大动脉被划破去世。顾金发只是擦伤，侥幸活了下来。

1952 年 11 月，震惊世界的上甘岭战役结束了，24 军开进上甘岭中线，接替 15 军的防御。顾金发跟着部队开进了上甘岭前线，此时惨烈的攻防阵地战已经结束，但硝烟并未散去，战斗双方你来我往的枪声一天也没停歇，美国人被打精了，再也不派大队人马进攻，只是不停地炮击。

有一次，美军派出两个连进攻 24 军所在的 537.7 高地，在宣泄了 2 万余发炮弹后无功而返。军长皮定均分析后认为，美军火力强大，一个排的进攻即可呼叫师级火力支援，大规模战斗志愿军肯定吃亏。于是他制定了一种新的战术，叫做抓一把就走：利用志愿军善于野战的特点，派出一个班、一个排的小股部队，摸黑袭扰美军的哨兵和巡逻队。

第一次出击，志愿军的一个班只用了不到 20 分钟的时间就全歼了目标，零伤亡返回，大家士气大振，专门研究改进这种战术，持续不断的夜袭让美军夜不能寐，人心惶惶。由于连续多日整夜处于高度戒备状态，白天的美军一个个哈欠连天，放松了警惕，班长通知顾金发，这次的战斗改在了白天。顾金发所在的班隐蔽在陡峭的山坡上，看到对面阵地上美军一个个都四仰八叉、昏昏欲睡的时候，发起突然袭击，5 个人组成冲锋小组，后面有 3 个人在高地上各自占据有利地形，隐蔽狙击。

朝鲜战争期间，顾金发所在的 24 军出了一个大名鼎鼎的战斗英雄神枪手张桃芳，他依靠一支没有光学瞄准镜的莫辛纳甘步枪，在 32 天的时间里击毙 214 人，成为全军的楷模。顾金发也参与学习张桃芳的热潮中，苦练狙击技术，由于悟性还不错，又很刻苦，被班长指派作为 3 名居高临下射杀敌军的狙击手，他在这一战中冷静灵活，杀敌 3 人，全班战士也全身而退，受到连长的表扬。

7月，朝鲜战场上的最后一场大规模战役金城战役打响，顾金发在炸毁美军碉堡的战斗中不幸牺牲，此时距《朝鲜停战协定》签订不足10天。整整2年6个月，顾金发的家人不知道他参加抗美援朝战争的任何消息，直到收到前线部队的来信。同时牺牲在朝鲜战场上的英雄松江儿女还有陈锡章、倪裕懋、沈堂妹、王琴龙、杨富亮、瞿贵生等80位志愿军烈士，其中陈锡章入朝仅2个月即壮烈牺牲，他们中年龄最小的17岁，最大的37岁，平均年龄不足25岁。

松江这片不大的陵园里，安卧着不同历史时期的烈士，没有办法将这些高贵的灵魂在世间的经历一一道出，他们有的只有名字，有的有一些模糊的事迹，有的无名无姓。是他们丹心许国，向死而生，用澄澈的爱，映照了祖国碧蓝的天空。

大方庵中的革命之声

——记陈云与松江农民暴动史料馆

曾金辉

★
★
★
★
★

枫泾农民暴动革命指挥部遗址简介

松江区新浜镇赵王村钱家草路与大方路交叉路口，有一古朴禅院名曰大方庵，禅院偏远静谧，迄今有 200 余年历史。1927 年深秋至 1928 年初，陈云、吴志喜、袁世钊等领导发动枫泾农民暴动时，此处曾是革命指挥部所在地。为纪念这一段轰轰烈烈的农民革命运动，20 世纪 90 年代，松江县政府筹建枫泾暴动史料展，2003 年，大方庵西侧一厢房，辟为松江农民暴动史料馆，供后人瞻仰。

1927 年 10 月 2 日，上海商务印书馆前车水马龙，馆员和工人忙碌而有序，突然一辆军警车呼啸而至，车上下来了五六个全副武装的警察，直冲印书馆大楼，一番搜寻后，扬长而去。军警遍查未果的人正是日后新中国党和国家领导人之一的陈云，时年 22 岁。

大概年初开始，陆续有共产党人和先进工人出现失联或失踪的情况，一些同志前一段时间还在一起学习开会，讨论中国革命的前途和工人运动问题，后来就再也没有遇见，年轻的陈云胸中翻腾起一丝不祥的念头。4 月 12 日，中国现代史上极其残酷而又血腥的一幕出现了。凌晨时分，停泊在高昌庙江面上的一艘军舰上发出诡异的啸叫声，公共租界里霎时涌出一群穿蓝色短裤、臂缠工字袖套、手持枪械的精壮男子，他们用黑话互通信号，气势汹汹地朝闸北上海市总工会迫近。随后几天时间，南市、沪西、吴淞、江湾等地，无论繁华的闹市，还是偏僻的里弄，到处都能看到尸体、血迹和弹壳。成百上千的革命同志和群众倒在了血泊之中，中国革命陷入前所未有的黑暗之中。

根据上级党组织的指示，身为中共商务印书馆总支部干事兼发行所分支部书记的陈云强掩悲痛，暂时停止了一切革命活动，继续以一个普通店员的身份熟练应付着馆里的大小事情，他还近水楼台先得月，如饥似渴地自学了大量政治经济学和社会学知识。

8 月 7 日，中共中央在汉口秘密召开紧急会议，确定了武装反抗国民党反动派的总方针。陈云很快接到了中共江苏省委的指示，要求上海共产党员到外县去广泛发动农民，组织秋收暴动。他主动请缨回青浦练塘老家开展农民运动。

有一天，陈云正在忙着印务的事情，楼上楼下地穿梭，突然发现有三四个身穿对胸纽短衫，头戴“大英”帽的人在大厅四处张望，这几个月来的血雨腥风让他马上警觉地意识到，危险正在逼近，是该离开了。

思虑一番去处之后，陈云跟经理主动辞职，连工资和退职金也没有多纠缠，经理满眼诧异。

离开商务印书馆后，因为受到国民党淞沪卫戍司令部通缉，陈云并没有马上回到自己的老家练塘，他担心敌人在上海搜捕不得，早就在老屋附近密切监视、张网以待。正当军警气急败坏地乱捕乱撞之际，身着灰色长衫的陈云已经神不知鬼不觉地来到同窗好友高庭梁做工的西塘源源布店。

“侬哪能来了？”

"我哪能唔可以来了。"陈云轻声说道："听说西塘有处东岳庙和七老爷庙，侬带我白相白相。"第二天一早，两个多年未见的好友踏着露水结伴而游，一路上两个人只是东看看西逛逛，高庭梁能隐隐地感觉到异常，陈云的表情却依然平静，像什么也没有发生一样。

住了两三天，陈云雇了一只脚划船来到离练塘不远的小蒸。刚上岸，就听到一群娃娃唱着什么"轧稻做米吭兴相"，还做出一副耷拉着脸的怪模样。后来跟老乡一打听，原来唱的是：

> 年头做到年尾巴，纸马香烛仍要赊；
>
> 扇扇子人吃白米饭，爬烂泥人粥也难。
>
> 西风一起稻收场，轧稻做米吭兴相；
>
> 岸上河里都要来，不是少爷就是相。

虽然在城里待了七年，陈云对农村和农民的状况一直是比较关注的，在松江、青浦和金山的农村，地主豪绅霸占土地，多的上万亩，少的也有几百亩，平日里赌博、抽大烟、喝花酒，无所不为，年底就逼租逼债，与反动军队沆瀣一气、鱼肉乡里。

这一两年，陈云在上海的时候，听说了不少关于农会领导农民抗租抗债的事情，没想到情况依然没有得到根本的改观。

那是1926年的冬至，枫泾镇上有个名叫陈雪成绰号"四塌皮"的地主笃定地坐在竹行桥茶馆里，乐滋滋地品着西湖龙井，一边盘算着来年再多买几百亩地多添几支枪，一边等着儿子讨租米的消息。哪知道等了一上午，快到中午的时候，儿子才一脸沮丧的回来，悻悻地说，跑了四五家佃户，这些穷酸农民好像商量好了似的，不但一粒米不缴，有的还叫嚷着要塞屎给他吃，差点人都回不来了。

"四塌皮"听了弹簧似地从椅子上腾地弹了起来。

"这帮赤脚烂泥，仗着背后有农会的支持，简直无法无天了。自古以来，欠债还钱，租地缴粮，天经地义。还能反了他们了？"

"你再去，多带几个人几条枪，我就不信这个邪，这次去，租子要再加两成。""四塌皮"将心爱的紫砂茶壶重重地敲打在桌面上，又是心疼不已，又是恼羞成怒。

哪知道他儿子就是低着头，一动也不动。

"你倒是去啊，没用的东西，花钱娶小老婆的时候，你倒是跑得比谁都快。"

"爹，不是我不去，咱们那几条枪还没有那狗日的吴志喜多，去了恐怕要吃亏啊。"

"四塌皮"没有再说话，呷巴着壶嘴儿，软软地陷在那儿。

地主老财们对农会恨之入骨，农民有了农会撑腰，不交租不还高利贷，这不等于断了他们的财路吗，必须想办法取消农会。在叶桐叔、张英生、彭霭堂等大地主的联合运作之下，1927 年，南京国民政府宣告农会非法，勒令停止活动，武器没收。农会被迫转入地下。

自从农会的力量转入农村以后，袁世钊、陆龙飞、吴志喜等农会领袖经常在界子圩、屈家浜、大方庵等处秘密集会，暗地里继续发动和联络农民。陈云到达这一带后，按照上级组织的指示，立即领导恢复和发展农会，进而组织农民武装暴动。

大方庵相传建于清乾隆年间，庵内有两棵高大粗壮的榆树，四周都是农田，并无人家。在特定的日子里，每当日头偏西的时候，三三两两的农民，有的拿着镰刀，有的拿着锄头，还有的空着手，不声不响地走进去，白天干了一天的活，晚上开会来了，树顶上有值班的同志瞭望警戒。

自从陈云来了以后，聚集的农民越来越多，大家都爱听陈云讲话，他的话总能说到农民的心坎儿上。

这天开会的人越聚越多，大树旁支了一口大铁锅，翻滚着热腾腾的红薯稀饭，粥不是特别厚，但白袅袅的热气看着让人心里暖和。

"我们种田人，风里来雨里去，又要肥料，一年倒得一半不满；扇扇子乘风凉的人，一点不拿出啥，倒要收去一半多。实在不合理，我们一定要起来打倒这些人，求得大家有饱饭吃，有好衣穿。……"陈云站在大树下的石凳子上，被人们团团围住，一讲就是一两个小时，大家边听边喝彩，树上瞭望的一个和尚一听大家起哄就忙不迭地呵斥，大家又都安静了下来。讲完了，大家一人一碗粥，暖烘烘地回了家。

转眼到了第二年的 1 月 5 日夜，天寒地冻，滴水成冰。吴志喜领着一支十几人的农民军队夜袭小蒸，包围了劣绅汪倾千家。一个农民兄弟一铁锤敲开了汪家的后门，遇到一个男人正从茅房里走出来，还在系裤腰带，吴志喜手一挥，当场结果了这个财主的命。9 日，吴志喜带领农民军，分乘两条快船，悄悄地驶进了范浜新镇，包围了国民党团防局，把敌人的 6 支长枪全部缴获，接着又在界字圩缴获 5 支长枪。翌日又到新中浜团防局，缴获长枪 4支。农民军先后在小蒸、枫泾周围的 6 个团防局缴获长枪 40 余支，短枪 20余支，还迫使马桥地主张九相将 3 支匣子枪、9 支步枪送到农民军驻地大方庵，松江农民革命声威大振。

1 月 11 日黄昏后，袁世钊、吴志喜、陆龙飞、王子琴、顾桂龙等率领农民革命军几十人，手持枪械、大刀、斧头，颈脖子上系红布，兵分三路，先剪电话线，再沿路贴标语口号，一夜间处死了金海琴、李瑞庆、李福龙等7 个土豪，一把火点了所有的田契地契借条，还到处张贴布告，明确告示：共产党主张土地革命，土地归还农民，署名"沪杭路农民革命军总指挥吴志喜、政委陈亨（陈云）"。

第二天一早，农民暴动了的消息不胫而走，贫苦农户奔走相告。"共产党，扒平王。财主人，泪汪汪，一夜杀死七只狼"。枫泾自卫团团长周清怀急得满屋乱窜，一天几次向松江求救兵。

1 月 12 日，陈云从上海来到屈家浜，听取了袁世钊、吴志喜昨晚农民暴动的汇报，决定乘胜追击，进攻枫泾。晚上，当四五百个农民革命军战士手持武器由大方庵向枫泾出发时，突闻敌人要从松江调军队过来镇压，陈云等当机立断，决定暂缓暴动。

活动在枫泾乡下的革命队伍一天天壮大起来，陆龙飞又从上海买了一批新武器，大家热情高涨，誓要跟地主豪绅斗到底。新浜镇的地主曹砚溪平日里飞扬跋扈，农会夜里悄悄摸到他家门上，放倒了一条大狼狗和两个护卫，逼得他从床底下战战兢兢地拿出一个木盒子，里面有 300 个银元。

1 月 13 日，陈云、吴志喜等在大方庵召开群众大会。陈云对大家讲："我们共产党人专门为穷人着想，要使天下的贫苦人都能过上好日子。今天分发给大家银洋钿，是好事中的一桩。"随后把没收来的银元分给了新浜的赤贫农户，每家分得两三个，比过年还要高兴。消息传开以后，扇扇子的更加坐不住了：租米、账米、债米收不上来不说，家底也快保不住了，迟早要被这些泥腿子给瓜分了。以前，"打倒土豪劣绅""共产党万岁"等标语只在乡下才有，现在枫泾镇上也能看得到，有的地主老财早上起来解手，发现自己的门窗、厕所墙上都是红绿标语，看得胆战心惊。最恐怖的是，电话线也不通了。一时间，扇扇子的大冬天里后背直冒冷汗，惶惶不可终日，都商量着要到城里躲一躲。

"躲得了初一，躲不了十五。"

陈云在大方庵的一间厢房里给大家鼓劲儿。

"我听说，最大的几个豪绅地主都跑到上海、杭州去了，大家不要气馁，眼看就要过年了，他们再怎么躲，也不会在外面过年，一定会偷偷溜回来吃个团圆饭。"

"陈政委说得对，吴总指挥这两天已经安排我们农会的兄弟监视了几家老财，这次要把大家伙儿都发动起来，把他们团团围住一网打尽，平日里受了欺负遭了算计的，这次一并算总账。"

一边是农民革命军摩拳擦掌，要用血来洗尽多年的屈辱，一边是土豪劣绅惊恐万状，不断求援，要拼命保住挥霍的特权。

1月18日，嘉兴国民党驻军第26军周凤岐部派出了一个营进驻枫泾，联合枫泾镇上的驻军、青浦县的军警，乘驳船，坐小火车，水陆并进，向枫泾和新浜地区合围。鉴于敌人数目众多，武器精良，陈云决定到上海筹集武器，吴志喜则在当地继续收缴团防局和地主武装的武器，晚上吴志喜几个分析形势到深夜，将革命军分驻到几个村庄。

19日，还有三天就是农历除夕，一早大雾弥漫，两米开外就看不清人影。住在蒋家浜的吴志喜、陆龙飞最先获悉了情报员的敌情，但是为时已晚，敌人利用大雾作掩护，已经完全逼近，两人为示警其他同志，只好鸣枪。不鸣枪还好，枪一响，马上暴露了自己的位置，敌人蜂拥而来。两个人身上的子弹打完了，就用砖头砸，因力量悬殊，吴志喜等17名农民革命军不幸落入敌手。半里路之外的袁世钊、顾桂龙听到枪声后，与敌周旋一阵，飞奔到后港，上了一条卖萝卜的苏北船，向石湖荡逃走。

大雾渐渐散了之后，反动军队开始大肆搜捕和羁押共产党员和革命群众，吴志喜和陆龙飞被押着在铁路上走的时候，看到对面来了火车，准备撞车而死时，被敌人发现，没有如愿，敌人对他们进行了残酷的审讯，两位革命军领导誓死不屈。

当天下午，陈云从上海回到枫泾时，已经听闻了暴动失败的消息，他立即报告了江苏省委。省委得知，决定派农运部部长王若飞会同陈云、夏采曦一起设法营救。吴、陆两位同志从监狱里传出消息：你们赶快离开松江，这里危险不能住，我们已准备牺牲。

1月26日，由于力量不够，时间紧张，营救行动未能成功，吴志喜、陆龙飞分别牺牲在松江小校场和枫泾文昌阁，年仅17和18岁。吴志喜在刑场上怒目圆睁，一敌兵想靠近瞄准，被吴志喜一脚将枪踢飞。陆龙飞就义时高呼"中国共产党万岁""中国共产党是杀不完的"。

轰轰烈烈的枫泾暴动被扼杀在成功的前夜，革命陷入低潮。陈云为保存革命力量，将已经暴露身份的共产党员、农民革命军和农会骨干转移到了上海，自己则到嘉善县魏塘镇李桂卿家暂避，继续巡视和指导松江地区党的工作和农民运动，与敌人做周旋。

大方庵如今修葺一新，周边的群众常有人来烧香拜佛，但大多数已经不是特别清楚，这座寺庙曾经聚集过一群信仰坚定、舍生忘死的革命志士，他们奋起、流血、牺牲，然后不朽，与古老的庙宇一同扎根在这片可爱的红土地上。

澧溪的黎明

李 佳

★
★★
★★★
★★★★
★★★★★
南汇烈士陵园简介

南汇烈士陵园位于浦东新区周浦镇康沈路 1646 弄 58 号，原名周浦烈士墓，是为纪念解放周浦而牺牲的 127 位中国人民解放军指战员而建，始建于 1960 年，占地面积 14241 平方米，1985 年 6 月改称南汇烈士陵园。进入陵园南大门是祭扫广场，广场北端矗立着一座 11 米高的纪念塔，上镌刻 "死难烈士万岁" 六个大字；陵园东侧是革命烈士史迹陈列室，西侧是烈士英名室，镌刻着 661 位南汇籍烈士的英名与简历，其中大革命时期牺牲的 10 名，抗日战争时期牺牲的 201 名，解放战争时期牺牲的 178 名，新中国成立以后牺牲的 272 名。

澧溪是浦东周浦镇的别称，老周浦人都熟悉这个名字。

澧溪多河，因河而兴，清朝即为浦东漕运之重要枢纽。在 80 年前的老地图上，咸塘港、（老）周浦塘、网船浜、王家浜、八灶港……纵横交错，织就如网水系，也将这个老镇润泽得物华灵秀。每年惊蛰一过，雨便悄悄来了，直下到梅雨季结束，"喂饱" 那些渴了一冬的浦，为老镇平添了和静的水乡气息。

1949 年 5 月，雨绵绵而下，而这样的气息却荡然全无，空气中凝结着紧张、肃杀，四通八达的水网失了灵气，小心翼翼地等待着未知的命运。也许，下一秒，这里就是死地。

——是谁的死地？

对于这个问题，有的人并不在乎。1949 年 4 月，当国民党军的长江防线被突破后，蒋介石、汤恩伯等人便打起如意算盘："对峙"上海，保住出海通路。国民党军在浦江东岸的防御重点是高行、高桥，而周浦作为重要防线，必须守住，生死不计。汤恩伯甚至还有一个恶毒的计划：炸毁奉贤柘林地段海堤，用海水淹没浦东。幸而，这计划根本来不及实施。否则，秀美水乡会变成什么样？真难以想象。

人民解放军的进军速度太快了。

上海战役打响后，第 30、31 军受命由南浔、吴江等地迁回浦东，在连绵雨天中日夜兼程，穿越 300 余里，以迅雷不及掩耳之势抵达国民党军阵前。

面对如此迅猛、凌厉的攻势，国民党军慌了，他们孤注一掷，把希望寄托在万余座碉堡和飞机、电网、地雷等武器装备上，进行着疯狂的最后"表演"。

一

5 月 16 日凌晨，正是黎明前最黑暗的时候，看不出哪是天、哪是地，哪是路、哪是河。

刚刚过去的白天，国民党军为阻止人民解放军，数次派飞机盘旋低空侦察，并将周浦镇南端大桥炸毁。在残骸、瓦砾、尘埃、硝烟和人的呼喊声里，漕溪的水静静地呜咽。

这一夜，是许多人的不眠夜。

周浦镇中，有座三层钢筋水泥楼，是全镇制高点，也是国民党军的伪

"司令部"。此刻，国民党军海防支队少将司令耿子仁正和手下几名"干将"相对无言，一支支不停地吸烟。

国民党第37军第4师同海防支队换防虽已进尾声，但镇上还是一片混乱。

耿子仁他们刚盘算了一遍手中的"牌"：青年军204师1个加强营、1个工兵连，再有就是江苏省保安团，都是一堆杂牌军，满打满算2200多人；以前人数占优都连吃败仗，何况现在？真不知那些碉堡、机枪、地雷到底靠不靠得住！

"解放军要是朝周浦打，我们这些人摆明就是送死！"耿子仁在心中暗骂。其实，这几个人心照不宣。耿子仁脑海里早想好了逃跑路线，只是还有些不甘，这么一片好水好地、鱼米之乡就拱手让人？

"真打过来都给我顶住！用机枪扫射，水网这么密，不信他们打得进！"这"顶住"两字里饱含着侥幸，更多的，还有为逃跑争取时间的筹谋。

而耿子仁他们想不到的是，此时，人民解放军第31军91师正向周浦进发。部队由柘林沿奉贤、航头出发，冒雨急行军，一路上，人马鸦雀无声，沿途严密封锁消息，像草原上最高明、最具杀伤力的"捕食者"，静悄悄、沉稳笃定地向"猎物"逼近。

而在部队后方的临时指挥部里，此刻却一片静穆，解放军第三野战军第31军军长周志坚久久静立，眉头紧锁。作战任务很明确：第30军、31军分别从左右两翼、像叉子般插进敌人在浦东的防御心脏，攻占周浦、川沙，而后合兵进攻高桥。

以第91师的实力，拿下周浦不是问题，可问题是……

20世纪40年代末，上海是中国的最大城市和经济中心，人口600万。党中央、中央军委制定的上海战役总方针是：既要歼灭国民党守军，又要保全城市。粟裕将军将其幽默地比喻为"瓷器店里打老鼠"。而地势平坦、河流沟渠纵横的周浦，居民众多、商户林立，敌人的堡垒与民宅杂处，这意味着不能用重武器强攻，而这样一来，我军的损失将会加大。

每念及此，周志坚心里都有痛楚。第 31 军的兄弟都是一起闯过枪林弹雨、经过九死一生的。当下黎明将至，一位弟兄倒下，怎不令人心痛如绞！

有时，牺牲在所难免。这牺牲，是值得的；但牺牲越少越好。

看着浓密的夜色，周志坚紧锁的眉头下，目光愈加坚定。一定要一鼓作气、打碎这黑暗！这是他的决心；他坚信，也是所有第 31 军弟兄们的。

"黎明前进攻！多路出击，打他们个措手不及！"

二

5 月 16 日凌晨，驻守周浦镇的国民党军的噩梦，到来了。

根据作战部署，黎明之前，人民解放军第 31 军 91 师将从三面发动攻击：第 271 团主攻镇西北，第 272 团、273 团分别从镇西南、正南配合。

战场情势瞬息万变，经常会插进偶然和变局。故战场之上，拼的首先是判断和决断；其次是勇气，两军交战勇者胜。

战斗，比预想时间打响得早。

凌晨 4 时许，由第 271 团副团长田军率领的"先头部队"——本团二营和侦察分队，在夜色中，趁着敌人的混乱，悄然接近周浦镇西南。当二营将至萧家楼附近时，突然斜前方出现一支敌军小股部队，看人数应在两个连左右。

两军猝然遭遇，俱是一惊，距离实在太近了，想隐蔽已经不大可能。田军沉稳地示意部队立定，眼中闪过一丝寒光。

"哪个部分？口令！口令！……"敌军中发出声嘶力竭的叫喊，声音几近疯狂又难掩恐惧。

仅仅迟疑了片刻——短得几乎可忽略不计，田军已有判断：此刻，就是战机！

"打！"不等敌人反应过来，田军断然开火，率部队以最快速度突入敌方阵营。此刻，雨中行军几百里的解放军战士，哪见半点疲态？一个个好似下山猛虎，势不可挡。

随后，第二重打击接踵而至：侦察中队闻听开火，立即从侧翼插入，与二营形成合击之势。国民党军本就不太齐整的阵营，在解放军的突击下，即刻溃不成军。这场猝然交火，很快进入尾声：解放军先头部队全歼敌军两个连。

解放周浦的第一仗，是场漂亮的胜仗！

三

先头部队的枪声，有如冲锋的号角。

第91师的其他几支部队闻听加快了行军速度。当第一仗刚接近尾声，三营已抵达镇西天花庵车站。八连迅速俘获一名敌军哨兵，查明前沿无障碍，乘敌不备，冲向敌人阵地。

"轰隆""嗒嗒嗒……"

瞬间，手榴弹如林，枪弹如雨，照亮了澧溪的夜空，也震撼了密布的水网，水波翻滚、浪花激越，仿佛在为即将到来的黎明而呐喊。解放军战士用手榴弹、冲锋枪同敌军战斗，攻势迅猛，对战激烈。国民党军不敌、连连败退，很快退出阵地。

"都给我滚回去！""后退者，杀无赦！"国民党军军官看到阵地失守，红了眼睛，立即组织反扑，无奈反扑数次，接连被解放军击退。

"兄弟们，投降吧，解放军优待俘虏！爹娘还等着我们回去呢！"就在国民党军攻势渐弱之时，阵地上响起了他们熟悉的声音。激战中，一名国民党军排长被俘，在解放军强大的心理攻势下，他愿意配合、向国民党军喊话劝降。他的喊话声，迅速瓦解了国民党军官兵的斗志。是啊，大势已去，再战无望；何况到底是为谁而战？国民党军停止了反扑，队伍中不停有人将枪丢在地上……

解放军乘胜进击，八连指导员王维琪率领一排、三排迅速占领车站并向纵深挺进，沿途歼敌 300 余人。

然而，胜利的道路从来都不是一帆风顺的；越是伟大的胜利，越会历经波折。

与第 271 团几乎同一时间抵达周浦的第 273 团，直插萧家楼东北面的朱家宅，并将攻击目标对准河北的一个桥头阵地。突然，意想不到的事情发生了：敌军碉堡中伸出白旗。难道敌人要投降？——国民党气数已尽，这并非没有可能；况且若能不战而屈敌，岂非可以减少伤亡、加快进攻速度？

五连一排崔登芝受命率队前往受降。战场多变，对战多诡。就在受降战士们一步步接近碉堡时，白旗倏忽消失，敌人突然开火。事发突然，又缺少掩体，顷刻间，多名战士倒在敌人的枪弹之下。

敌人的狡猾、战友的鲜血激怒了第 273 团。

"强攻！"团长当即向五连下达命令，五连干部、战士奋不顾身冲向敌军阵地。敌人的火力更加密集，碉堡的炮火映红了澧溪的天空、也映红了桥下的水，令闻者心惊、见者胆寒。而解放军战士们早将生死置之度外，这群血肉之躯，冒着枪林弹雨、前赴后继。终于，他们冲进桥头阵地，消灭了这股顽抗的敌人。

几乎同时，捷报传来：一营夺取了三板桥；二营、三营由镇东南突破敌人防线，在巷战中穿插、分割敌人。第 272 团从西、南两个方向同时攻入镇内，与第 271 团胜利会合。

经过数小时的战斗，解放军歼灭大部分守敌，国民党军节节败退，防线不断向镇中收缩。

四

最后一战，即将到来；而这最后一战，也势必最为惨烈。

镇西残余国民党军退进伪"司令部"，镇东南的残军败退至大街路附近。虽然败局已定，但这群"不见棺材不落泪"的败军依然负隅顽抗，妄想固守以等候救兵。

救兵，当然是不会来的。因为解放军不会给他们太多时间。

大济桥西堍北侧的一座两层小楼，原本是一家蛋行，此刻被国民党军强行设置为他们的机枪火力点。垂死挣扎的敌人几乎丧失了理智，他们利用居高临下的优势，集中火力、疯狂扫射，一度封锁了竹行街、衣庄街、椿樟街、大街路、太平弄之间通道。解放军要向镇中挺进，必须拔除这根刺！

最佳方案，当然是用炮轰或者用炸药包，对于解放军而言，这也是轻而易举的。但是，生死关头，解放军没有忘记党中央的指示、更没忘记老百姓。此地接近镇中，一旦轰炸，势必波及老百姓，周浦这座千年老镇也将遭受重创。于是，生死关头，解放军作出了对自身最不利的选择。

在敌人密不透风的弹雨下，许多解放军战士倒在强攻的道路上。然而，鲜血并没有让战士们动摇选择、更没有让他们止步。他们越战越勇，越来越多人主动请缨。

一名水性好的战士自告奋勇、纵身跃下桥，在枪声和桥面的掩护下悄然涉水。此刻，澧溪的水也放缓了流速，默默祈祷这名勇士能顺利渡河，就像祈望着澧溪的黎明。战士无声无息地行至蛋行背后，丹田提气，敏捷上岸、攀登上楼，刚刚站定便毫不犹豫地举枪、射击，动作一气呵成，两名敌军机枪手还没来得及反应，便被双双击毙……

5月16日，上午10时许，国民党残部已成孤军，俱被围于伪"司令部"内，虽然占据着制高点优势，又形成了多层火力，但已是四面楚歌、四面受敌。解放军试图给他们最后的机会，开始喊话劝降。片刻间，楼上白旗摇晃。而当解放军的攻势稍止，狡猾的敌人竟然又是一阵猛烈扫射。国民党军的故伎重演，并未奏效，反将自己更快推向覆灭。解放军不再给他们喘息机会，立刻发动强攻，一举攻克了这个最后的据点。楼内残余国民党军数十人全部被俘。然而，俘虏中，却未见"浦东剿匪司令"耿子仁。

至为讽刺的是，就在国民党军残部负隅顽抗之际，耿子仁见大事不妙，即伙同伪县长孙云达乔装成老百姓向镇北逃窜；刚逃至镇北三角地丁家，就被追击而来的解放军战士双双活捉。至此，盘踞在周浦镇的2000余名国民党军全部被歼。

古镇周浦，迎来了解放；澧溪的黎明，到来了；澧溪的水，轻声唱起了歌。

它们所唱的，是一支赞歌，也是一支挽歌。

五

攻占周浦，为浦东解放拿下了关键一局；此后第30、31军从两翼挺进高桥，人民解放军迅速形成合击之势。5月25日，高桥解放；5月27日，上海解放。

胜利是用鲜血和生命换来的，为解放周浦，127名中国人民解放军战士英勇捐躯。这群英雄男儿勇猛无惧，曾在济南、淮海、渡江战役中一往无前。他们的家乡在五湖四海，操着不同的方言，或许家中还盼望着他们归去的父母、妻儿，如今却长眠澧溪。水乡梦遥，家乡百里、千里……

解放周浦的战斗结束后，英雄们的忠骨散葬于木梳背墓地、西施家园烈士墓、苏仁记宅后墓地、一王庙墓地、南八灶墓地。1960年，南汇人民政府在周浦镇修建革命烈士墓，将忠骨迁葬于此。之后，又将一批牺牲于大革命时期、抗日战争时期、解放战争时期和中华人民共和国成立后的南汇籍烈士逐渐迁葬于此。1985年6月，周浦烈士墓改称南汇烈士陵园。1995年被命名为青少年爱国主义教育基地。

如今，在这英雄长眠之地，一片苍松翠柏。这里的绿是四季常青；这里的静是肃穆宁静，也是闹中取静：昔日的多难水乡，在迎来了黎明之后，步步迈向兴旺，处处呈现繁华。长眠的英雄们，被澧溪的和谐幸福环绕；英雄的奉献和牺牲，也为一代代人所铭记。

松柏青青处，我们仰望那些光荣的名字：南汇第一任县委书记周大根、首任中共川沙县委书记汪裕先、泥城暴动领导人之一沈千祥、地下革命者李雪舟……更不会忘记，在为解放周浦而牺牲的烈士中，有103人没有留下姓名。

松柏青青处，至今回荡着英雄们为信仰而斗争的慷慨决心：

> 网儿虽大，捉不尽东海之鱼；钢刀虽快，杀不尽天下贫民。（周大根烈士语）
>
> 怨深如海，恨如东流，豪气霄霄贯斗牛，何日报怨仇？手刃贼人头，凭青山绿水遨游，好略把平生血泪收！（李雪舟烈士诗词）

回荡着他们为国为民的无私大爱：

> 家庭是要的。但是做一个革命者的我们……这个家包括了四万万多人口和广大的土地，可是这个家受尽了压迫和剥削，大多数人们在不幸痛苦中过日子。我们得把这个家弄好，使得人人有工做，人人有饭吃、有衣穿，大家幸福快活。（摘自赵铎心烈士1945年给周放的信）
> ……

松风飒飒，那是一首英雄长歌，常青树下，英雄的精神不死。澧溪的黎明，是英雄的黎明；澧溪的水，柔静婉转地环绕过英雄身畔，带着他们的故事流向明天、流向远方、流向更加切实而安稳的幸福。

"申九工潮"，记下了血和泪一本账

章慧敏

★
★
★ **申九"二·二"斗争纪念地点简介**
★
★ 苏州河畔的纺织行业曾经辉煌了一个多世纪，潺潺的流水声与织布机的轰鸣
声交织成一首工业复兴的史诗乐章。1915 年，无锡著名实业家荣宗敬、荣
德生兄弟在上海创办申新纺织无限公司，1931 年，兄弟俩又从盛宣怀的后
人手中购得三新纱厂，更名为"申新九厂"。1948 年 2 月 2 日，申新九厂爆
发的大罢工被国民党当局残暴镇压，这段血泪史镌刻在人们心中，至今怀念。
2009 年，在澳门路 150 号申新九厂的原址上建起了上海纺织博物馆，继续
诉说着纺织人的记忆。

新年伊始，上海连续爆发了学潮、工潮、舞潮

周璇的一曲《夜上海》唱出了上海的繁花似锦。歌词中的那一句"阿拉
兹上海宁"羡煞多少国人。然而，这首 1947 年发行的歌曲还没"繁花"时
日，转眼间国民党政府进行了所谓的"币制改革"，大量发行金圆券，导致
通货膨胀，物价飞涨。

1948 年元月刚至，上海市民却少有除旧迎新的期盼，只觉得阵阵彻骨的凉意渗透全身。都说新年新气象，可新一年才刚刚开始，这日子怎么就过不下去了？有人一早骑着脚踏车去买早点，左右车把手上各挂着一只篮子，里面装的不是小菜和早点，而是两篮子法币。用现代人的思维去思考，这两篮子的钱无疑是巨款啊，然而，它们却只够换来一家人的早点，这是自上海开埠以来从来没碰到过的。更夸张的是第二天依旧挂着两篮子钞票去买早点，结果又涨了，只够买一副大饼油条了……

有脚踏车的家庭怎么着也算小康之家了吧，他们尚且连呼这日子没法过了，更何况生活在社会底层的工人和农民呢？上海市民的积怨不可抑制地爆发了，就在 1948 年新年刚刚过去不久的 1 月底，就像预先商量好似的，连着三天上海爆发了三起重大抗争：学潮、工潮、舞潮。

这三起大潮中的第一起"同济血案"发生在 1948 年 1 月 29 日，起因是同济大学学生因校方禁止学生自治会活动，又因此开除了 20 多名学生，于是愤而罢课。学生还联合了复旦、交大等全国 58 所学校的学生代表组织了"上海学生争民主、反迫害、支援同济同学后援会"进行声援。1 月 29 日，同济大学学生代表决定赴南京请愿。获知这一消息，上海市市长吴国桢亲自到学校阻拦，但他没能说服学生。几千军警立刻包围同济大学，骑巡队驱马冲向学生队伍并挥刀乱劈，其美路（今四平路）上鲜血四溅。军警的这次镇压使 69 名学生受伤、上百人被捕……

第二起便是震惊全国的申九惨案：申九大罢工从 1 月 30 日开始，坚持到 2 月 2 日，国民党当局出动了千余名武装军警，运用了装甲车和飞行堡垒把申新九厂团团围住。数千名工人奋起自卫，搏斗中，3 名女工当场死亡，40 余人重伤住院，而轻伤的更有 100 多人，236 人被捕，365 人被资方开除……遭受如此损失的罢工，这在上海工人运动史上是十分罕见的。

第三起舞潮的起因在于 1947 年 9 月国民党中央政府颁布了"禁舞令"，以"整饬纪纲""戡乱建国"为由，杜绝有伤风化的奢靡、浪费行径。不少省市的营业性舞场先后停业。这可害苦了上海的舞女，舞女的生活看似奢华，却大多辛酸、艰难。1948年1月31日上午，上海28家舞厅的舞女、乐师3000多人冲进社会局办公室，玻璃窗被全部打碎，办公桌椅被砸个稀烂。警察局局长俞叔平下令飞行堡垒和警察快速到位，他们手持警棍、盾牌，与手无寸铁的舞女对峙，当场逮捕797人……

三潮并发，无疑让国民党当局极为惊慌，以为共产党要总暴动了。镇压、镇压、镇压！当局选择拿罢工时间最长、人数最多的"申九大罢工"开刀。

"申九" 7000 多工人大罢工始末

1948年新年伊始，小孩子忙着结伴点炮仗玩去了，大人相见少不了一句"新年好"，但不知为什么，申新九厂的创始人荣德生总觉得心神不宁，眼皮子在跳。当晚，这位"棉纱大王"在日记中写道："元旦晴，物价更贵，与昔相比，不啻十余万倍……照此物价高，成本大，利息重，本年营业未看乐观，只有苦守坚撑……"

新年第一天就写下了万般无奈的字句，不知是不是某种预感告诉了这位74岁的老人这是个多事之年。果然，这一年是荣德生一生中的黑暗低谷。他的第六个儿子荣纪仁主持茂新面粉一厂的重建，由于心力交瘁而开枪自杀；三儿子荣一心在飞往香港的途中遭空难身亡。连丧二子，可想荣德生的痛不欲生，但霉运还没结束，荣家长房大公子、荣德生的侄子荣鸿元因为订购外棉进了点外汇，以"私套外汇、囤积居奇"被捕，被勒索了价值50万美元的面粉、棉纱和棉布栈单才算受到"宽大处理"，判处有期徒刑6个月，缓刑2年……

上海风雨飘摇，处在翻天覆地的前夜。"棉纱大王"的日子尚且这么不好过，老百姓的生活就可想而知了。1947年底，申新九厂的工人盼着厂里发年奖。发年奖是每年的惯例，新年将至，谁家不期盼拿到年奖后为孩子添件新衣、买点肉呢。然而传来了坏消息，说是今年的年奖照1946年年奖的标准打8折，并且还要分两次发。

消息一出立刻引起轩然大波，当时的"申九"已连续5个月没有发放配给米和煤球了，工人几次索要，反而被工头以登记配给品为名，把身份证骗去用于贿选立法委员和参议员。与此同时，裁员的风声渐紧，人心惶惶。接二连三的打击，使申九工人难以忍受，斗争的呼声越来越强烈。1948年1月17日和22日两天的时间里，中共沪西民营纱厂工作委员会先后召集申九男工支部、女工支部开会动员，决定把罢工的时间定在1月30日。

1月30日上午7点多钟，申新九厂忽然停电。党支部成员紧急商量后认为就势罢工不能显示出工人的力量，决定推迟罢工时间，改到中午12点30分进行。

不久，供电又恢复了，厂区的机器又轰鸣起来，厂里的护工队见工人和往日一样正常劳作，便放松了监视的力度。时钟渐渐指向12点30分，猛然间，铜匠间的马达声停止了，前后不足5分钟，清花间、粗纱间和织布间的机器全都停了下来，苏州河畔的申九机器轰鸣声瞬间静止，大罢工的帷幕被拉开了。

也就在机器喧嚣停止的这一刻，工人纠察队立即守住大门、交通要道以及机器设备，防止有人乘机破坏。打入工会的中共党员戚怀琼则组织工人印刷传单、书写标语，还组织人把传单标语贴到厂区外的电车、汽车和三轮车上，流动的宣传车辆把申九大罢工的消息传到了上海各个地方，也使大批下了夜班的工人火速进厂和日班工人会合，形成了声势浩大的全厂7000多名工人参加的申九大罢工。

静默的机器声是集结号，140名代表第一时间会合在职工俱乐部，谈判的要求也是早就商量好的，向厂方提出7条要求：1.如期发放配给物资；2.年奖按当月生活费指数发给；3.年底前被无故开除的工人一律无条件复工；4.所有厂规要由劳资双方协商同意才有效，取消压迫工人的不合理厂规；5. 女工产假为 56 天，产假期满身体不好者仍发放工资；6. 五一劳动节休息一天；7. 反对征收个人所得税。

工人提出的这 7 点要求不仅仅在于维护自身的合法权益：发放年奖和配给品，而是将斗争的矛头直接指向了国民党统治当局，使这场罢工有了政治高度。

午夜 12 时，申九职员俱乐部灯火通明，劳资双方各自派出的 4 名代表正在进行谈判。劳方代表以杨光明作为发言人，面对停发配给米和煤的质问，资方代表推说今年无锡、常州的收成不好，等明年丰收了再发；还说正在开采煤，等挖出并修好公路后再发放。资方的耍赖态度激怒了工人，大家表示不答应条件不复工。一时间，谈判陷入僵局。俱乐部门外，7000 多名工人高呼"团结起来，坚持到底！我们要吃饭，我们要活命！"

罢工坚持到第 4 天的 2 月 2 日，清晨 5 点多，工人突然看到全副武装的警察包围了工厂，他们强行占据了第一、第二道大门。手无寸铁的工人纠察队根本守不住，他们立即退到第三道大门里面，用铁链锁住铁门。这时候，罢工代表向工人发出通知：警察不动手，我们不动手，警察动手，我们必须自卫。

工人赶紧上了三楼屋顶，以此作为据点，大家把消防水龙头也接到上面，又以砖头、铁棍、桌凳和油桶作为武器，和军警对峙。

中午，国民党上海警察局局长俞叔平等人陆续过来，决定在施压的同时迫使工人代表出厂同资方和社会局进行谈判。俞叔平在广播中喊话："你们好好听我讲话，要是不回去开工，就会弄得大家都不好看。"

工人道："我们要吃饱肚子，否则什么都谈不上。"

俞叔平又换口气说："没几天就要过年了，你们要好好考虑考虑。快去开工吧，不然就要用武力解决了……"

下午 4 时，在警备司令部稽查处处长陶一珊的指挥下，一辆红色的警备装甲车开到了第三道大门前，军警用一把特制的大力钳剪断了铁门上的铁链，装甲车步步逼近。一名工人见势不妙，冲上去用双臂紧紧挽住两扇铁门。警察用枪托和警棍打他的手，其他工人见状奋力上前全力堵住铁门，不料用力过猛，门上的铁销子被推弯，门向外开了。

混乱之中，警察进门抓走了十几名工人。这时，装甲车拉响了刺耳的警笛向工人冲来。勇敢的工人肩并肩、手挽手，组成人墙挡在装甲车面前，阻止装甲车前进，但装甲车根本不顾及人命，依然向人群缓缓地开过来。在装甲车的挤压下，有人倒下了，被压在最底下的年仅18岁的女工王慕楣当场牺牲。

屋顶上的工人眼见军警这惨无人道的暴行，怒火中烧，纷纷拿起砖头、铁棍、碗片砸向军警。天色渐渐暗了下来，已是下午5点多，只见宣铁吾奉了市长吴国桢"要把申新九厂的罢工压下去"的指令来到现场，他穷凶极恶地喊道："这是暴动！有抗拒者，格杀勿论，一切由我负责。"

刹那间，横飞的催泪弹和子弹同时飞出，军警们分几路冲进车间、饭厅及屋顶，从四面八方向工人射击。年仅17岁的女工蒋贞新和24岁的朱云仙先后中弹牺牲，10名工人受伤。

为了阻挡装甲车横冲直撞，护卫的工人从厂里推出了一辆吉普车和一辆卡车。会开卡车的许泉褐发动引擎，隔着铁门顶住第二次驶来的装甲车，可卡车哪里是装甲车的对手，被顶着向后退去。在这紧急关头，10名工人用身体顶住卡车，明知不能坚持多久，但至少能使屋顶上的工人飞下雨点般的砖块和铁棍。

这个方法奏效了，齐心协力的工人再次将驶进第三道门的装甲车和军警击退。然而，工人与军警的抗衡无异于鸡蛋和石头的对抗。经过5个小时的激战，申九工人的罢工被镇压下去。在生与死的搏斗中，一共牺牲3人，重伤40人，被捕236人，其中26名被判刑。2月6日，在国民党军警刺刀的胁迫下，申九工人被迫复工。

被折断的花蕾，但曙光已如朝阳

被称为"申九三烈士"的是年仅 18 岁的女工王慕楣、17 岁的蒋贞新以及 24 岁的朱云仙。三朵娇艳的鲜花瞬间被国民党军警的暴行折断了，令人扼腕痛惜。

今天，在上海龙华烈士纪念馆中陈列的 20 多位女性英烈的纪念品中，就有"申九三烈士"之一的王慕楣的纪念品。在展柜里，王慕楣的技术员工登记证以及亲手写下的《起来，起来，起来》的歌词："起来，起来，我们都是工人，我们要配给品，我们要生活保障……"

王慕楣的妹妹王慕桢回忆说，姐姐王慕楣当年是工人纠察队队员，安排给她的任务是到厂外散发传单和张贴标语，呼吁各界人士声援申九的罢工斗争。姐姐不负众望，始终冲在罢工的一线。这首歌是 1 月 30 号开始罢工时编写的，王慕楣要到各个车间去教工人们唱，所以一直随身携带着。

妹妹还说，2 月 2 日的前夜，王慕楣整晚没睡，她一直在厂外贴标语。天亮时跟同伴们回厂，可能是预感到危险将要降临，她对妹妹说："我要去食堂吃吃饱，可能以后没机会再吃了……"果然，王慕楣和其他人手挽手筑起的人墙并没能阻挡装甲车的行进，一个年轻的生命被当场碾压致死。

在"申九"罢工潮中，任工人纠察队分队长的归索贞腿部中弹，后来还被工厂开除。她回忆起当时的情景悲痛万分，她是眼睁睁看着朱云仙和蒋贞新倒在血泊中的。

归索贞是无锡人，3 岁时从无锡来到上海被寄养在亲戚家，10 岁进纱厂当童工，1946 年进申新九厂做挡车女工。也是在申九她接触到了中共党员，第二年的 8 月便加入了中国共产党。她以"大姐"的身份通过结拜"小姐妹"来开展党的工作。在她的记忆中，住在中山北路朱家湾前浜的蒋贞新就像她的小名阿囡一样，稚气、黏人，却又十分要强。虽然才 17 岁的年纪，干的却是粗纱间三班倒的挡车工重活，可她不怕辛苦，特别好学，工余时间就去实验民校读书，还把老师教的做人道理带回车间讲给小姐妹们听。

"申九三烈士"都是归素贞亲密的姐妹，如今，三个年轻生命的离去怎不令她心如刀割。新中国成立后，被开除的归素贞又重回申新九厂做挡车工。1950年申新九厂工会改选时，她当选为厂工会主席。1954年又被选为申新九厂的党委副书记……

申九大罢工被镇压后，一篇《上海工人协会为申九惨案宣言》的文章揭露了国民党镇压工人的真相。上海工人纷纷成立"申九惨案后援会"，开展了大规模的声援抗议活动。在全市人民的压力下，国民党方面不得不成立了一个"申九善后委员会"，中共党员便利用这个合法的组织，积极营救被捕的工人。

1948年2月22日，距离惨案后的第20天，上海各界为申新九厂死伤的同胞举办了各种悼念活动。无论哪种纪念形式，人们都在手臂上佩上2寸2分宽的黑纱，在心底为兄弟姐妹们唱一首挽歌。

申九大罢工是上海工人运动的一曲悲歌，但革命的高潮、胜利的曙光犹如喷薄欲出的一轮朝阳即将光芒四射。1949年5月27日上海解放，工人阶级当家作主的时代开始了。

永乐邨 21 号的"潜伏"故事

章慧敏

★
★
★ **中共中央上海局机关旧址简介**
★
★ 位于江苏路 389 弄（永乐邨）21 号，曾是解放战争时期我党"红色秘密基
地"，为保证上海局的绝对安全和领导工作的顺利开展起了重要的作用。如
今，这里已成为研究上海红色发源地历史的生动课堂。现为上海市文物保护
单位。

永乐邨建于 1930 年，弄堂为联体式小楼，砖木结构假四层，每一幢的建筑
面积约 300 平方米。

"潜伏"在永乐邨 21 号

1945 年 9 月的一天，永乐邨 21 号的大房东正在接待一对有意向顶下这
幢假四层楼房的夫妇。

原先，住在这幢楼里的是一对日本夫妇，几天前他们退房回国了。走时
匆忙，房子里还留下了整套的东洋式的家具。时局动荡，经济萧条，大房东
急于再寻房客，租出房子。

双方在租金上讨价还价了一番，最后，以妻子王辛南的名字顶下了 21 号。

这对夫妇名叫方行和王辛南。按当年的行情，能够顶下一幢房子的人至少是经济宽裕，生活无忧的。而从他们的自我介绍中，房东也确认了这一点：丈夫方行是关勒铭金笔厂的股东，而夫人王辛南与人合开了一家中华医药化验所，都属于有身价的人。

以私人名义租下永乐邨 21 号，看中的就是这幢房子在弄堂底，屋前有一个独立小院，周围僻静隐蔽，屋后有门通到外面，便于紧急疏散。

自从顶下 21 号后，这幢假四层便重新布局了，一楼是张执一和方行两家人日常活动的场所与餐厅；方行、王辛南夫妇住在在二楼；张执一、王曦夫妇住在三楼；三楼也是领导开会、研究工作的地方。四楼放些杂物，但是有同志来上海就成为临时住所，1946 年 4 月，冯文彬由延安来上海，在四楼住了约三个月。他走后不久，钱瑛由南京调来上海工作，也在四楼住了一个月。

那么，张执一又是谁呢？在介绍他之前，先得介绍一下中共中央上海局是在 1947 年 5 月 6 日由中共中央上海分局改名而来的。当时，刘晓为书记，刘长胜为副书记，钱瑛为组织部部长，刘少文负责情报工作。10 月，上海局成立了"策反委"，张执一便是这一任的书记。

1949 年 4 月，张执一离开上海后，转由沙文汉任"策反委"的领导。这时的"策反委"成功策反了国民党国防部陆军预备干部局局长兼陆军预备干部训练团团长又兼第一总队总队长贾亦斌率所部 4000 多人在嘉兴起义；国民党空军第八大队中尉飞行员俞渤等人驾驶重型轰炸机起义；"重庆号"巡洋舰起义；国民党海军第一舰队旗舰"长治号"起义；国民党海防第二舰队起义等，为加速上海解放进程及保护城市基础设施作出了重大贡献。

户口检查有惊无险

1948 年 8 月，上海的天空乌云压顶，空气中弥漫着令人窒息的压迫感。

在这非常时期，国民党政府开始了又一次"清剿"行动。上海警察局以重新发身份证为名，由警察挨家挨户地进行户口检查，并且规定轮到入户检查时，全家老小必须守在家中，警察需要逐一核对照片。

很明显，这次查户口表面上是发身份证，实质是针对中共党组织的清查行动。探听到这个消息后，刘晓、刘长胜、张执一和张承宗紧急会合在永乐邨，研究如何应对的办法。作为中共中央上海局的秘密联络点，只要稍有风吹草动，后果就是暴露，巨大的威胁将侵袭永乐邨。

三十六计，走为上策。刘晓他们商量后决定暂时转移到杭州去避风头，安全是第一位的。于是，在熟人的引荐下，著名的佛教居士赵朴初书写信函给净慈寺方丈，说是上海有几位实业老板将到杭州名刹来做佛事，请方丈予以接待。

就这样，刘晓、刘长胜、张执一、张承宗在方行的陪同下前往杭州，在净慈寺里，他们做的是"打水陆"的佛事，而方丈也因为赵朴初的介绍信，对五人分外殷勤，还安排他们住进了寺院深处的独立小屋。

8月的杭州闷热难耐，这湿热的天也为刘晓他们起到了掩护的作用。怎么讲？因为正巧可以找到一个白天太阳毒辣，不宜外出游览的借口。白天，二刘和二张4人在屋内佯作打牌消遣，实际却是聚在一处议事。而方行则带着6岁的张纪生（张执一的长女）在院子里嬉戏玩耍，实为观察动静。这一行人大约在寺庙里住了个把星期，一直到收到王辛南的来信，通知他们上海的户口大检查已告一段落了，大家这才分头返回上海……

姓张的是谁？胖子又是谁？

这次的虚惊还没过去多久，揪心的事又发生了：突然间，与张执一单线联系的一名国民党立法委员被捕了。特务机关获知他与中共党组织里的一位姓张的高级干部有往来，至于高级干部叫什么？住在哪里？相貌如何？却因立法委员死不招供而无法掌握更多的情报。不过，特务还是捕捉到了点滴的信息，那名姓张的高级干部是湖北籍，还是个胖子。

于是，特务转而威逼起为立法委员开车的司机。他们用枪顶着司机的脑袋，让他凭着记忆开车带他们去找送"胖子"回家的地方。无奈，司机把车开到江苏路附近停下了，说他当时因为忙着掉转车头，没有注意到客人下车后究竟是从哪个门洞、哪条弄堂回家的？

特务大喜过望，有了大致方向，只要去找警署对户口就行了。果然，这一查查到附近有三家姓张的湖北人。他们一家家地上门找胖子，排除了两家姓张的湖北人后，最后来到了永乐邨 21 号。

那天，恰巧张执一的夫人王曦在家。王曦也是中共党组织的高级干部，在虎穴工作，她始终保持着高度的警惕性。进门后的特务张口就要王曦先生的相片，王曦本能地意识到出问题了。只见她不慌不忙地从镜台上取来一张全家福的照片交给特务，还告诉他们先生到南京做生意去了。

照片本来就不大，再加上全家福上站的、坐的有好几人，每个人的脸不比黄豆大，清晰度自然也差。特务们左看右看，也看不出个名堂来，要她去换一张单独的人像照片。王曦说，家里只有这一张照片，没有其他的了，你们要就拿了走，不要拉倒！

张执一的女儿张纪生晚年回忆道："当时国民党特务有个概念，认为凡是共产党员都穷得叮当响，看到我家里有佣人和厨师、老老小小一大堆人，条件还算富裕，男主人又是做生意的，所以没要到照片也就离开了。"

上海解放，永乐邨 21 号完成了它的历史使命

1948 年冬天，方行和张执一同去了香港，在那里与刘晓、钱瑛会合。不久后的 1949 年元旦刚过，王辛南也服从组织安排，去了香港。转眼进入 5 月，上海解放了，党组织又安排方行、王辛南夫妇回上海工作。直到这

时，方家和张家又重回永乐邨 21 号。

1950 年，刘长胜指示方行，把永乐邨 21 号移交给上海总工会。他在半页纸上写道："方行同志，请你写一介绍信给你的亲戚（关于江苏路愚园路的一座房子）言明由上海总工会丁盛雅同志去接洽。请将此介绍信直接交王玉昆同志。此致敬礼　刘长胜。"

回首当年，上海局机关严格地执行了"隐蔽精干"的方针，在白色恐怖的上海开辟了配合正面战场的第二条战线。因为隐蔽工作做得好，中共中央上海局这一最大的"红色秘密机关"从未被暴露。以致当年与两家老小一起生活多年的两名用人，对主人从事的工作毫不知情。上海解放后，他们看到住在这里的先生、小姐、太太，个个穿上了解放军军装，惊得目瞪口呆。

上海局机关的历史使命在上海解放后画上了句号。在新中国成立后的很长时间，哪怕到了今天，人们仍然对发生在永乐邨的那些"潜伏"故事了解得少之又少。

1981 年，张执一从北京来上海，他让方行和王辛南的女儿方虹陪着，特意到永乐邨去看看当年战斗过的地方。这时的 21 号已经住了 7 户居民。对张执一老人来说，永乐邨虽物是人非，却是他人生永恒的记忆。

方虹回忆说："我父母在受命之初，并不知道要他们负责掩护的地下领导机关就是中共中央上海局，后来虽然一直在机关核心工作，也并不知道上海局正式成立于何时？只知道交给他们的工作是整体中的一部分，极其机密又极其重要，是上级对他们的绝对信任，对上级的指示一定要尽全力去做好，万不可因自己的丝毫闪失和偏差贻误大局。现在看来他们所做的，确实只是上海局庞大的地下工作中极小一部分。但是，从事地下工作形成的习惯他们一生都没有改变过来。"

方虹还说道："现在，永乐邨的弄堂已经消失，弄口的水果摊、菜场和南货店也在江苏路拓宽工程中成为记忆，所幸的是这座挤压在一群高楼大厦之间矮小的 21 号小楼被保存了下来。"

今天，曾经出入于永乐邨 21 号的人大多已离开这个世界，能够还原它的人越来越少，但是，江苏路永乐邨 21 号作为上海局的一个秘密机关，这段历史将镌刻在上海这座城市以及上海人民的心里。

小楼昨夜风雨声

章慧敏

★
★
★　**中共江苏省委机关旧址简介**
★
★　巨鹿路上的景华新村 22 号属于"新里"结构，层高三楼。这里曾是中共中央
　　上海局的秘密联络机关、中共中央江苏省委的秘密联络机关。22 号是一幢见
　　证了我党长期开展隐蔽战线工作的小楼。

　　景华新村 22 号目前是民居，建筑依旧，物是人非。

　　巨鹿路上的景华新村，建成于 1939 年，22 号是一幢普通的民宅，曾经
的房屋主人沙尚之（沙文汉、陈修良的女儿）与其同龄，她生活、成长在
此，景华新村 22 号还是上海党组织策划重大革命事件的指挥中心及庇护所；
她的母亲陈修良作为隐蔽战线的战士，弃家抛女为革命，景华新村 22 号是
见证我党长期在上海开展地下斗争历史的小楼。

　　然而，中共江苏省委和上海局为什么会先后将 22 号作为工作机关呢？
这就要从陈修良母亲的贴身保姆——黄阿翠说起。

风雨同舟一家人

20 世纪 30 年代，腥风血雨中，中共党组织成员被杀的杀、捕的捕、流亡的流亡，即便是坚持在上海的也到了相见不相识的地步。在如此艰难的形势下，党中央先后派出潘汉年、冯雪峰、刘晓到上海摸清中共党员的情况。在秘密而又谨慎的个别审核中，他们终于找到了沙文汉、陈修良夫妇，这是当时仅剩下不到百名幸存党员中的两位。

1937 年 11 月，刘晓代表党中央在上海正式恢复组织，成立了中共江苏省委。刘晓为书记、沙文汉任宣传部长、王尧山是组织部长、张爱萍主管军委、陈修良担任妇委书记。可是，党的经费拮据，无论是租房还是买房，钱都是第一位的，钱从哪里来？选择哪里作为秘密机关呢？

陈修良想到了母亲袁玉英，她知道母亲手里有一笔从外祖父那里继承来的遗产。说起袁玉英，是个性格坚强且有主见的女人。她 1907 年生下陈修良这对孪生姐妹，就在女儿 2 岁时，年仅 23 岁的丈夫病逝了。在这个封建大家庭里，族人为抢占财产欺凌孤儿寡母，袁玉英一怒之下毅然带着女儿们冲出樊笼。她自幼识字，深知女孩子有了知识才会有自信，她宁可自己节俭，但对女儿们的教育决不含糊。于是，她不惜重金请教师到家里来教女儿国文和英文。她的苦心得到了回报，1921 年，小女儿陈修良以第一名的成绩考进了宁波女子师范，大女儿也考取了启明女校。这在当时是十分难得的。

陈修良姐妹出生的年月正是女英雄秋瑾殉难的同年同月，袁玉英时常为女儿诵读"秋风秋雨愁煞人"的诗句，这一切在女儿幼小的心灵留下了不可磨灭的印象。陈修良原本想成为书法家，还拜沙孟海为师。然而，正是中国社会风云突变的时代，这一股股浪潮震撼着陈修良的心灵。她对沙孟海说："写字是雕虫小技，我要革命去了。"母亲支持陈修良"投笔从戎"，她心甘情愿做起了女儿的帮手。她们在宁波丝巷弄的家成了开会和秘密印刷文件的地方。四一二反革命大屠杀后，袁玉英冒着生命危险奔波在宁波、上海和杭州之间，倾其所有掩护革命同志，他们由衷地将这位母亲唤作"众家姆妈"。

显然，这时由陈修良和沙文汉夫妇出面寻觅机关场所是极其危险的，觉察出了女儿女婿的为难，袁玉英答应由她出面去租房子。但是，袁玉英因患有青光眼，双目近乎失明，如何到处看房呢？袁玉英丝毫不慌张，她把找房子的任务交给了自己信赖的"另一双眼睛"：贴身女佣黄阿翠。

于是，黄阿翠迈着一双小脚，上午出去看房子，晚上回来汇报情况。有一天，当她走到巨籁达路（今巨鹿路），立刻就看中了这个新建成的景华新村。她向人打听后才知大房东就是上海滩赫赫有名的房地产商周湘云，这条弄堂的地皮是从周湘云的私家花园划出一半建成的……

黄阿翠在打听情况，引起了弄堂口看门的"印度巡捕"注意，他对穿着简朴的黄阿翠吼道："走、走，这地方的房子是你买得起的吗？"黄阿翠反唇相讥："我是买不起，但我是给东家来看房子的，你连买主都要赶走吗？"

沙文汉和陈修良以及母亲综合了黄阿翠的描绘，又实地去看了房子，一致认为这是个比较理想的省委机关地点：景华新村地处法租界，日本兵是不能够随便进入的；景华新村里的每一幢房子自立门户，还有巡捕看管大门，人与人之间的关系有隐秘性，党的机关设在这里轻易不会被注意。

这时的他们还把一切安全系数考虑到了，比如：22号地处弄堂的最末一排，紧靠周湘云的私家花园（今延安饭店），万一有情况，可以从后门撤出去，通过篱笆到大花园脱身；又如22号在联体房子的中间，三楼的晒台相互连接，如果前后门都有人把守，可以跳到别人家的晒台转移。

1939年7月，陈修良的母亲以陈馥的名字付了1500块银圆，以每月140元法币的租金承租了景华新村22号。从此，它成了江苏省委的秘密机关。

回忆这段经历时，沙尚之说她小时候就时常一根根地抽掉竹篱笆，然后钻进周家花园茂密的树丛中，要么抓毛毛虫玩，要么采花草过家家。父母几乎是没有时间管她的，和她相依为命的是外婆。

叱咤风云景华村

1939 年 7 月，陈修良和丈夫沙文汉抱着女儿阿贝（沙尚之）住进了 22 号。陈修良夫妇和女儿住在二楼，母亲和保姆黄阿翠住在三楼，这就组成了一个五口之家。

为了隐蔽工作的需要，袁玉英从此改了名和姓，真正和宁波亲友"断绝"了关系。户口簿上陈馥是户主，在邻居的印象里她穿着体面，平时蛰居屋内，几乎足不出户。沙文汉化名陈元阳，自称是陈馥的侄子，乡下有土地，因为逃难才来上海暂住。当时孤岛的"寓公"不少，加上沙文汉风度翩翩，倒也没引起怀疑，而陈修良则化名陈素梅，亲生女儿成了侄媳妇。

虽然一家人表面光鲜，但刚搬进时简直是家徒四壁。每个房间都是空空荡荡的。在这个中产阶级集中居住的地方，如此寒酸显然会引起怀疑。然而，中共江苏省委机关有着铁一样的纪律：绝对的单线联系，来往人员必须控制在秘密战线的几位高层领导之间，所以没办法发动党员有钱出钱、有力出力。

几位核心"各显神通"了，组织部长王尧山送来了大衣橱、五斗橱和梳妆台；文委书记孙冶方搬来了两只书橱；朱枫买来了一张桌子和四把椅子，加上陈家搬来的旧家具，勉强拼凑起和景华新村的住户能接上轨的家。

沙尚之说外婆的防范意识很强，她让黄阿翠预先把重要的物品打成一个小包袱，一旦有情况拎着就走。父亲每次外出都与外婆约定：如果发现意外，他会设法叫面店送两碗面到家，作为危急的信号。没想到几天后，外婆突然听到后门口有人喊："哪一家定了两碗面，快点下来拿。"她当即一惊，叫黄阿翠去拿小包袱转移。没等下楼，听到隔壁三楼的邻居推窗喊道："是我家要的面……"虚惊了一场。

即便是到家里来的"客人"，外婆也不让直呼其名。刘晓体形肥胖，外婆就给他起了个"大肚皮"的绰号；刘长胜叫"摇篮的爷"，缘于沙尚之婴儿时睡过的摇篮后来送给了他的儿子。

有陈馥"坐镇"，大家的心里都觉得踏实和安全。也因为这个原因，1941年皖南事变后，刘晓交给陈馥一个重大的任务，请她收留新四军副政委饶漱石，并确保他的生命安全。陈馥点头应允，她承诺愿以生命担保饶漱石的安全。

四个月后，饶漱石离开了景华新村22号，渡江去了盐城新四军军部……

1941年12月太平洋战争爆发后，日军便进驻到了租界，上海的形势顿时变得险恶起来。为了保存实力，江苏省委全部迁到了淮南根据地，陈修良也奉命离开上海到达新四军根据地。景华新村22号一下子冷清了，只剩下双目失明的外婆带着外孙女以及小脚女佣。可再艰难，陈馥也要把这个好不容易建立起来的秘密机关保护好，说不定哪一天又要派上用处了。

在沙尚之的记忆中，只出不进的生活开支使外婆用完了私蓄，但每月房子的租金是一定要付的。无奈，外婆不得不把22号的三层楼租出去，收租金贴补家用。外婆坚信有朝一日这里还将作为秘密机关地点，为此，她对房客的身份是选了又选，最后选中了一位没有任何背景的家庭妇女与她们同住。

伤心最是无泪处

陈馥的预见没错，抗战胜利后，景华新村22号再一次"热闹"起来，它又成了中共中央上海局的秘密机关。胜利的喜悦并未维持几天，国共合作破裂，国民党加紧了内战的准备。就在这时，华中分局谭震林副书记找陈修良谈话，要她潜入国民党首都南京，担任中共南京市委书记。

首都南京，"军统""中统"特务机关林立，更有一批 30 年代从苏联回国的党员成为叛徒后被吸收到了特务机关担任要职，他们的主要任务就是到处发现、辨认曾经是同事、同学的中共党员。南京党组织从 1922 年初建到陈修良受命前已经遭到过八次毁灭性的破坏，拿陈修良的话来说："几十万条生灵在雨花台惨遭杀害，雨花台是用尸骨堆砌起来的。"

春寒 4 月，沙文汉和陈修良在根据地话别。沙文汉对妻子说："南京城犹如虎穴，那些叛徒大都认识你，万一落入他们的手……"陈修良接口道："绝无生还之理。"她定神看着丈夫在她挑行李的扁担上刻写的"不入虎穴，焉得虎子"八个字，又说："我是抱着必死决心的。风萧萧兮易水寒，壮士一去兮不复返。"

妻子的凛然正气，令沙文汉感慨万千，他说："陈福（陈修良小名）我要送你一首诗，以壮行色。"陈修良接过诗吟道：男儿一世事横行，巾帼岂无翻海鲸？不入虎穴焉得子，如今虎穴是南京！

从 1942 年陈修良奉命离开上海到 1946 年受命于南京，陈修良已经足足四年没有见过母亲和女儿了。此去前途凶险，她应该和生命中最亲密的亲人告个别。

陈修良回来了，回到了阔别四年的景华新村 22 号。当沙尚之回忆起儿时的这段情景仍记忆犹新：只见门外走进一位风尘仆仆的女人，小姑娘瞪大着眼睛追问："侬是啥人？是新来的保姆吗？"这个女人湿了眼睛，喃喃道："阿贝，我是你妈妈，乖孩子，我是你妈妈呀。"

沙尚之依稀记得母亲是戴眼镜的，但她一直将孙冶方的夫人洪克平当成自己的妈妈，因为她戴眼镜，怎么现在又冒出个妈妈？直到外婆告诉她是真妈妈回来了她才高兴起来，"啊，我有妈妈了，我又有一个妈妈了……"。陈修良拿出为她买的几本谜语书，她和妈妈真正亲热了。

此情此景让陈修良无比酸楚：一晃四年，女儿不认她，母亲也苍老了许多。在女儿面前，陈馥丝毫不提自己的难处，只是用双手摸着陈修良的脸和身子说："阿福，你很瘦，可听声音，你精神很好。"

团聚的日子不过几天，又到了和亲人分别的时间了。

巾帼岂无翻海鲸

陈修良领导的南京市委，在国民党统治中心异常严酷的环境中坚持到南京解放。这届市委是建党以来存在时间最长的一届，陈修良则是中共南京市委有史以来唯一的女书记。

从 1946 年上任到 1949 年解放，陈修良领导市委组织导演了一幕幕惊心动魄、光彩照人的正剧。在众多的斗争中，震动全国的五二〇学生运动正是上海局在景华新村 22 号二楼的亭子间里策划的。

1947 年 5 月，陈修良接到丈夫要她"回去料理家务"的信件，这是要她回上海开重要会议的通知。自从她去南京工作后，和上海局的联系就凭借这带有暗语的家信了。

在那间十几平方的亭子间里，当刘晓、刘长胜、沙文汉听陈修良说到物价暴涨，大学公费生每天的伙食费少到只够买两根油条，学生的不满和怨言到了一触即发的地步时，刘晓对陈修良说："学生像晴雨表一样反映出人心所向，分局研究决定，组织一次由上海、南京、苏州、杭州、天津等地学生参加的大规模斗争，由南京先突破。你看，南京能不能打这个头炮？"刘长胜这时也说："南京是蒋介石的老窝、国民党首都，如果带头突破，在全国会产生很大影响。"

陈修良斩钉截铁地说："我们可以承担这个任务，先带头。"

离开景华新村时，沙文汉关切地叮嘱妻子说："在敌人的眼皮下开展群众工作，共产党人的作用就要像酵母和在面粉中，看得见它在慢慢发酵，却找不着它究竟在什么地方。"陈修良记住了丈夫话，也深深感受到沙文汉是多么期盼妻子的成功和平安。这次具有深远影响的事件，被毛泽东高度评价为继军事战线后，在中国境内对国民党反动派进行斗争的第二条战线。从政治上有力地震撼了国民党的统治基础。

狂风吹尽始得金

1979 年，党的十一届三中全会召开后，陈修良这位无产阶级革命前辈在经历了最严酷的考验后，终于回到了使她百感交集的故地：景华新村22 号。

作为女儿，沙尚之真正了解母亲是在她生命的最后 20 年里。她发现母亲历尽坎坷，却依然耿直、坦率。陈修良的思维依然清晰，潜心研究党的历史成为她晚年最大的心愿。景华新村 22 号的二楼，无论白天还是夜晚始终亮着灯光，陈修良用饱蘸着血和泪的笔，抒发自己对各个时期的战友及亲属的深切思念和敬意。这时，她的眼力已经相当差了，她就用放大镜和记号笔写，一页纸写不了多少字，然后请人誊抄。骨头疼得坐不住了，她就站着写。在她生命的最后一二年里，她实在站不住、写不动了，就口述并录音。她要抓紧时间为受到不公正的同志讨还清白，她认为党的真实历史就蕴藏在这些革命者的事迹与经历之中，这对后人研究并了解党史是非常宝贵的资料。

陈修良与生命赛跑，写出了 100 多万字的回忆录和历史资料。很难想象她瘦弱的体内蕴含着如此旺盛的精力？显然，这是一个共产党人由衷的责任感和使命感。

1998 年 11 月 6 日，陈修良走完了她 90 多年的坎坷人生。但是，景华新村 22 号的灯光依然明亮，陈修良"坚比峰石，挺若苍松"的高风亮节依然活在人民的心间。

热血铸英魂

——记宝山烈士陵园

高彦杰

★
★
★
★
★ **宝山烈士陵园简介**

宝山烈士陵园始建于 1956 年，几经扩建修复，现已建成以纪念馆为主体、融优美典雅的园林环境、先进完备的硬件设施为一体的公园式陵园。

陵园总面积为 20878 平方米，建筑面积达 2800 平方米，位于中央的纪念广场耸立着一座高 16 米的纪念碑，正面镌刻着陈毅元帅题词："革命烈士永垂不朽"。

纪念碑北侧是新建的"热血丰碑——解放上海烈士英名墙"，镌刻了为解放上海而英勇牺牲的 8000 余名烈士英名和 300 名宝山籍烈士英名。

2016 年 9 月 21 日经国务院批准，民政部公布了第六批 96 处国家级烈士纪念设施，宝山烈士陵园在其中。

1949 年 4 月 21 日，解放军西起九江，东至江阴，在长达 500 多公里的战线上，强渡长江，挥戈南下解放南京后又日夜兼程地进军上海。

5 月 12 日，陈毅、粟裕领导的第三野战军依据中央军委和总前委的指示：把敌人从市区拖出来，歼灭于上海外围。

集中了第 9、第 10 兵团共 8 个军发动了解放上海的战役。

同时镇守上海的国民党汤恩伯部 8 个军 25 个师约 20 万人分三层，固守上海。

第一层为上海外围，以昆山、太仓、青浦等为警戒阵地；第二层为二线，以吴淞、狮子岭、月浦、杨行、刘行、高桥、龙华、大场为主要防御阵地；第三层以市区高大建筑为固守要点抵抗我军解放上海。

小柱子是土生土长的宝山人。爷爷去世得早，奶奶躺在床上奄奄一息，小柱子的母亲将家中仅有的半碗薄粥推给了还没到 17 岁的小柱子，"你喝了吧，这个年纪饿不起"。小柱子看了看母亲又看了一眼躺在床上的奶奶，眼睛落在了半碗薄粥上。他摇了摇头，对母亲说："给奶奶喝吧！"父亲一年前被强行拉去当了壮丁。他现在是这个家唯一的男人。

炮火在上海以外的地方响起，宝山，却出奇地安静。

4 月的倒春寒逼迫着饥寒交加的人们。

小柱子咬了咬牙悄悄地走出了家，怕被母亲发现，他故意高声地说：我去江边看看能不能抓些鱼虾回来充饥，母亲木讷地看着他出门了。他要去找父亲回来，支撑这个家。

他一直往西走，迎着炮火响起的地方走，父亲既然拉了壮丁，就一定在战场上。

一天，他来到昆山一带的江边，终于看到了部队，他不顾一切地冲进了人群，用稚嫩的声音见人就问："你们见到我父亲了吗？他叫张大柱。"

寻找父亲的渴望战胜了恐惧、饥饿，他分不清这些兵是国民党军还是解放军。当他分清的时候，已被带到我军 248 团的团部。

此刻，我军正准备用 400 余艘民船向敌纵深推进。

团长看了一眼小柱子，挥挥手对警卫兵说："给他弄些吃的，快让他离开，这里马上就要成为血腥的战场了。"

警卫兵塞到他手上两个馒头，连推带拽地把他往外哄。

小柱子倔强地不肯走，"我也要参军，我也要当兵，当了兵我就能找到父亲了，你们就留下我吧。"

战前的紧张已无人能顾上他了，警卫兵被团长叫走了。

小柱子在团部门口像柱子似的站了一天。

"给他弄套军装，让他跟着你，注意保护好他。"

团长对警卫兵说完走到柱子面前："从今天开始，你就是我中国人民解放军的正式一员了。解放军就是劳苦大众的子弟兵，是让穷人过好日子的兵，过好日子，是要打出来的。打仗，你怕死吗？""我不怕！""你誓死为捍卫家乡奋勇杀敌吗？""是！""好，入列吧！"

5月12日，248团出其不意，从东西两侧包围了太仓，随即发起进攻，激烈的战斗持续了2个小时，小柱子傻傻地扬着头，枪在他手上就是个摆设，他一枪也没打出去，却看到身边的战友一个个流着鲜血倒下了。

突然他的头被什么东西重重地敲了一下，瞬间就倒下了。警卫兵死死地压在了他的身上，当他推开警卫兵想问为什么打自己时，却看到鲜血从警卫兵的头上流下，满脸被血糊住一动不动了。

此刻，小柱子意识到，警卫兵是为了救他牺牲了。他大叫一声冲出了战壕，向敌人开了第一枪。

晚上8点部队攻破了太仓东大门。

短短4天时间，我军先后解放了昆山、太仓、罗店、广福镇。

战斗中，小柱子成长了，成了一名合格的战士。

5月13日拂晓，小柱子跟随部队攻打到了刘行。

刘行，原名刘家行，是宝山最早成陆地的地方。刘行在地理位置上与吴淞、上海合为三角之势，又地处沪太公路（中国第一条商办公路）要冲，历史上多为兵家必争之地。

1932年一·二八抗战时，张治中率国民党军第5军司令部驻于刘行镇，配合19路军进行了震惊中外的庙行大战。

1937年八·一三，日军入侵，国民党军第171师511旅少将秦霖率部与日军展开肉搏战，不幸以身殉国。

抗战时期，国民党在这里筑起了永久性的国防工事。

京沪杭警备总司令汤恩伯按照淞沪防御计划，构筑起来北起宝山，西至刘行，南迄龙华，长达百里，纵深30里不等的弧形防线，刘行正处在这个防线的中心点，攻下刘行即打破敌军的弧形防线，又可南下到上海市区，东进宝山、吴淞，实现我军的战略目标。

5月14日20点攻占罗店的28军84师炮兵部队在罗店方向，向刘行敌军阵地发起了排山倒海的轰击，瞬间，敌我双方的枪炮声交织成一片。弹雨横飞，火星乱蹿，火光冲天，泥浆四溅，战士们箭一般跃出战壕。

20点15分，244团突击队，泰安连在刘行西南一侧受阻。

摆在突击队面前的是一片开阔的地带，凭借着炮弹爆炸的火光，可以看到，前面的一条十余米宽的外河，因连日阴雨，河水颇深，淹没了敌人插在河中的密集的竹签。

即便是刀山火海，战士们义无反顾冲锋在前，最先冲到河中的两名战士瞬间被河中的竹签穿插身体倒在了血泊中。随即敌军开始反扑。

如抢占不到河滩对岸，后果是不堪设想的。

又有突击队的四名战士同时跳出了战壕，扑入了河水中，用他们的血肉之躯在竹签林立的河水中架起了一座人桥。战士们含着泪从战友的躯体上杀向敌人。

战斗结束后，战士们把血肉模糊的战友们抬到了岸边，用悲壮的歌声列队为他们送行。

用我们的血肉筑起新的长城。他们为解放上海献出了年轻的生命。

人民不会忘记他们，上海不会忘记他们。

在宝山烈士陵园的墓碑上永远镌刻着他们的名字：杨富林，叶桂本，王如宽，苗延龙，郭亮山，王义德。

掩埋了战友，部队又开始血战刘行西北角。

同样被碉堡群阻挡了前进路线，碉堡群前沿是一条长长的战壕，战壕宽约两丈，深丈余，沟壑陡峭，沟内密布鹿砦和带刺的铁丝网，稍有动静，碉堡群里的交叉火力便里外覆盖着整条战壕。

敌人曾扬言：神仙难越我战壕。

突击队泰安连副连长张文明，大喊一声，用一根撑杆试图飞跃铁丝网，没成功，身体被重重地摔在了铁丝网上，战士们赶紧把自己的副连长救起，张文明忍着剧痛咬了咬牙说：不要管我，赶紧架一座浮桥，战士们拿着竹竿、梯子尝试着在沟壑上架桥。

敌人的火力太猛了，战士的头刚一露，就被机枪的扫射压了回来，看着战友在身边一个个倒下，毛荣辉爬到了连长的身边说：我们可以尝试着用一根两丈圆木架设到战壕上，战士们可以抱着圆木，倒挂在圆木下避过敌人压过来的枪弹爬越战壕。

张文明伸出流着鲜血的手握住毛荣辉的手说：好，按你的办法前进。毛荣辉第一个冲出战壕，抱住木头缓慢地前进，敌人的子弹横扫在木头上，打出了许多窟窿，但毛荣辉是安全的，连长和战士们松了口气，就用这个办法，可以越过战壕。

正当毛荣辉快要接近敌战壕时，一排罪恶的子弹击中了毛荣辉的手臂。毛荣辉跌进了竹签铁丝网密布的战壕里，壮烈牺牲了。

一时间战士们打红了眼。

紧随其后的战士林雄整个手握住木头。开始倒挂着身体前进，握住木头的手，很快被敌人的子弹打得血肉模糊，但他抱着木头的手却始终没有松开，以超人的毅力，第一个越过战壕滚到了敌碉堡前，高声喊道：爷爷越过了你的神仙都越不过的战壕，我来也。随即将一排手榴弹塞进了敌人的碉堡，瞬间火光冲天，碉堡的机枪哑了。

林雄的脸上露出了胜利的微笑。

正当他要爬向下一个碉堡时，跃起的瞬间，一排子弹射向了他。

随后赶到的张文明跪在他面前用军帽抹去了他脸上的血迹。

林雄，我的战友，安息吧，我们会为你报仇。

面对我人民解放军，敌 73 团团长一边溃逃，一边惊呼：神了，神了，神了，这样的战壕他们都能过，这仗还怎么打呀？快逃命吧！

1949 年 5 月 15 日 12 点，刘行解放。

在攻打刘行的战斗中，我军付出了惨重的代价。

主攻一营原有 800 名指战员，战斗结束时，仅剩下不到 200 名。

作为第二梯队的四连，也从 170 名指战员减到了只有 39 人。

连、排干部全部牺牲。在曙光即将照耀上海大地时，他们用鲜血谱写了一曲悲壮的诗篇。

月浦之战

5 月 12 日下午 5 时，我军 29 军 87 师跨过浏河大桥，兵分两路向主战场月浦推进。

月浦是长江口吴淞要塞的腹地，自韩世忠屯兵月浦形成集镇后，历经元、明、清，至民国皆为屯兵要地，兵家必争之地。

在上海战役中，月浦镇与北部的狮子林炮台，南面的杨行据点连成一体，互为犄角。遇到攻击时随时可以相互策应。

敌军视月浦为宝山防御之西大门，在月浦部署了 5 万兵力，构筑了上千座子母碉堡及七道坚固工事，子母碉堡火力纵横交错，战斗的残酷可想而知。

我 253 团在月浦西首的练祁河发动了两次进攻，以夺取马泾桥直捣月浦镇。伤亡近 300 余名将士，均未成功，部队被困在了马泾桥。

13 日黄昏，253 团再次向敌人发起进攻，敌机向我进攻部队狂轰滥炸，停泊在长江口的敌舰同时向我军炮轰，隐蔽在树林中的敌军碉堡一起向我进攻部队开火。

迫使我军冲锋部队不得不停止了前进。

深夜，我军稍作调整后，派出了三路爆破队，前赴后继地冲向敌碉堡，冲在最前面的战士，蔡其容、曹勇祥、邵振水相继牺牲，副班长江青云和战士杨文，以弹坑为掩体，跳跃前进，在接近敌碉堡时，副班长的左臂被炸断，身负重伤，他用单手掩护杨文继续前进，不幸杨文手中的炸药包被敌枪弹击中爆炸，眼看着战友倒在了血泊中，趁炸药爆炸的烟雾，江青云单手托起炸药包奋力冲向敌碉堡，用自己的身体把炸药包紧贴碉堡上拉响了导火线，与敌人同归于尽。

14日凌晨，六连连长沈永根、副指导员焦永庆、指导员陈金石分别率领三个排先后越过开阔地向月浦镇北街口敌阵地猛扑。

守敌凭借碉堡群，楼房高点和周围暗堡的火力，还有交叉密集的火力网阻击我前进的部队。

因为没有炮兵配合，又缺乏爆破经验和准备，在障碍物前，敌碉堡边，战士纷纷中弹倒下，在不到一个小时内，六连连长沈永根，指导员陈金石，副指导员焦永庆，排长肖光林，白广林等200名指战员壮烈牺牲。260团伤亡近700人。团政治处主任王里也不幸中弹献出了生命。

方圆不过数里的月浦镇在敌机的狂轰滥炸下，房屋倒塌，砖瓦横飞，几乎成了废墟。

260团120名勇士组成几支精干的突击队，在政委肖卡、副团长梅永熙的率领下，用山炮平射敌人的坦克，部队几乎是一寸一寸在前进。

另路将士在团长胡文杰的带领下，顽强迎战。

战前他曾与师长张强生约定：15日凌晨，我们月浦见。

14日凌晨，胡文杰不幸胸部中弹壮烈牺牲。

战士们高喊着为团长报仇，英勇杀敌。

15 日凌晨，月浦终于回到人民手中。

15 日的黎明，停留在黄浦江上的 10 艘敌舰和 52 军的炮火向我军月浦阵地狂轰滥炸。

敌人开始反扑，要夺回月浦镇。

据守前沿的我军 261、260 团的指战员誓死抵抗，英勇拼搏，以 200 多人的伤亡，顶住了敌人一次又一次的反扑。

一个团的兵力，打到最后只剩下 60 余人。

敌众我寡，杀红眼的战士利用敌坦克炮火的死角，以步枪、卡宾枪、冲锋枪、手榴弹、小包炸药等轻式武器，集中歼灭敌人的步兵，一次又一次阻击了敌人的进攻。

教导员张勇率先带领部队跃出阵地，正面迎敌，一排排的手榴弹在敌坦克上开花，战士于在谷、郑庆林、公玉顺相继牺牲在坦克轮下。

张勇大怒，将五枚手榴弹捆绑在一起，滚到坦克的肚子底下，拉响了手榴弹，一声巨响，张勇与坦克同归于尽。

是夜，我军改变了战术，决定发挥我军夜战之长，组成若干个战斗小组，以冲锋枪、手榴弹、小包炸药等轻武器，出其不意，多路突击，逐个夺取敌碉堡。以巩固我月浦的前沿阵地。

子夜时分，253 团二营五连，开始出击，越过马路河匍匐着向敌碉堡靠近，在离碉堡 30 米左右的地方时被敌人发现了。

顿时枪声大作，阻挡了五连出击的道路。

战士陈亮吉利用手榴弹爆炸的烟雾作掩护，迅速向敌碉堡靠近，当他在敌碉堡前正要立起身准备将炸药包投入碉堡时，不幸被另一敌碉堡的交叉火力击中右胸。献血立刻渗透了他满是血迹的军装，他摇晃了一下身子，用最后一点意识和力气将炸药包向敌碉堡的枪眼堵去，敌人见状奋力将炸药包往外推，陈亮吉用身体死死地堵在枪口上，一动不动，轰的一声巨响，陈亮吉这位年仅 16 岁的江苏如皋籍战士为保卫月浦献出了年轻的生命。

5 月 16 日，月浦仍牢牢地掌握在我军手中。

第 10 兵团司令员叶飞下达集中力量歼灭月浦顽敌的命令。并向月浦二五·三二高地发起进攻。

二五·三二高地，是敌人固守月浦地区的最后支撑点。

它依靠坚固的碉堡和居高临下的火力点，可封锁四周，既可俯瞰月浦全镇，又可作为反击基地，还可屏障吴淞、宝山通道。

我军只有夺取高地后，才可攻占吴淞，切断淞沪敌人之间的联系，完成包围上海的任务。

战斗异常残酷，一颗炮弹落在了一个小战士身旁，顿时，战壕被炮弹掀起的灰土盖满，小战士挣扎地从战友的尸体中爬出，摇了摇脑袋，伸了伸腿脚，都还在，自己还活着。

几天前，他是刚被俘补充到二营的国民党兵。作为俘虏，他们排成队，接受营长的训话。随后，解放军战士从肩上的粮袋倒尽所有的粮食，让他们吃了顿饱饭，当他把饭碗舔得干干净净时，才发现身边的解放军战士没有一个人吃一口粮食。他有些恼火，自己没心没肺，怎么也不留一口呢，一个看着比他还小的小战士，还鼓励他，吃饱了跟我们一起，把国民党赶出上海，解放全中国，他努力地点着头说，我是山东人，被抓壮丁的，俺娘让我参加的是解放军，谁知我却穿上了国民党军装，今天，我终于是一名解放军战士了，我可以回去跟俺娘说，我是解放军了，我要立功，我要为解放中国，解放上海，努力杀敌。

补充到二营的 20 多位新战士，仍穿着国民党军的军服、军帽，只是摘掉了帽徽。

残酷的战斗，让 20 多位新战士也牺牲了一半，还有几位战士被临时调往别的阵地了。

一个多小时后，阵地上仅剩下小战士了。他咬着牙发狠地说：我在阵地在！娘，儿子不会给你丢脸的。

他独立作战，把战友遗留下的手榴弹全部收集在一起，向敌碉堡甩出了120 枚手榴弹，直到胸部中弹英勇牺牲。

战后，当战士们把他从战场上抬出时，他身边留下了 120 枚手榴弹的引线。

可战士们却不知道他的真实姓名，这位英勇的战士，人民敬称他为无名英雄。

解放后他的英灵安息在宝山烈士陵园的无名英雄碑下。

晚 11 点，我军共炸毁敌碉堡 16 座。政治瓦解敌碉堡一座。

12 时，二五·三二高地被攻克。

高地上，处处印染着我军战士的血迹。

杨行之战

5 月 24 日，拂晓，247 团一连一班的 18 位勇士在班长李华树的带领下，坚守阵地 6 个小时，打垮敌人 28 次的反扑。

战斗中，李华树不幸左臂负重伤，独臂向敌射击，子弹打光了又用牙齿咬开手榴弹后盖投向敌群，不幸中弹倒下。

18 位勇士最后仅剩下 4 人，战后，一班被军党委务命名为华树班。

5 月 25 日，84 师 252 团攻占杨行以西的朱家宅后，迅速切断了敌军与大场江湾的联系。

汤恩伯见刘行外围主阵地已被我军突破，杨行已危在旦夕，急令 99 师的空军和装甲兵相互配合，集中炮火向我 252 团阵地实施反扑。

我军 294 团三连，冲到敌前沿阵地时，遭受到敌坦克，炮火的猛烈反击。爆破班班长杨仁寿，夹起一包炸药只身冲到敌人阵地，遭到敌坦克一侧三个敌兵的包抄，杨仁寿从身上抽出小铁锹，致敌一死两伤，他迅速滚到敌坦克旁，数名敌人嗷嗷叫着向他冲来，子弹在他身上横飞，血顺着头、身体流下。杨仁寿艰难地往前爬着，靠近坦克并将炸药包压在身下，对迎上来的敌人高喊：过来呀！过来呀！敌人见状四下逃窜，杨仁寿拉响了导火索与敌坦克同归于尽。

杨仁寿，山东蓬莱人，1946 年参加革命，同年入党。为了宝山人民的解放，他毫不犹豫地将身体融进了宝山这块热土。实现了他"革命不怕死，怕死不革命"的誓言。

5 月 16 日，我军向塘桥守敌发起进攻。

敌人对我军阵地实施绞杀战，调动数十架战机对我军阵地狂轰滥炸，一时间我军阵地火光遍野，浓烟弥漫。

二营的 50 多名战士相继倒在阵地上。

排炮过后，阵地一片寂静，敌人得意地端着机枪高喊着冲向我军阵地。营长咬着牙对得意忘形的敌人大声地说，再往前走一步，就让你们有去无回。

当敌人两个营的兵力离我阵地 60 米时，营长一声令下：打！战士们跃出掩体，瞬间步枪、机枪、手榴弹、小包炸药一起投向敌人，敌人被这突如其来的枪弹打得蒙头转向，仓皇后退。刚才还沉浸在绞杀战成功的得意中的敌人，还没搞清状况就被我军打得屁滚尿流连滚带爬地逃了。

25 日下午 6 时，塘桥阵地全部被我军攻克。我军乘胜追击，进击大场、真如。

25 日深夜，担任尖刀连任务的一营六连，开始攻打真如车站，尖刀连炸鹿砦，拔竹签，排地雷，剪铁丝网。迅速向敌纵深阵地挺进。

在接近敌主阵地时，遇到了敌人子母堡的顽强阻击。周忠、王春芳等 11 名战士，倒在血泊之中，相继又有 6 名爆破手，牺牲在敌碉堡前。

此刻，一个浑身是血的战士来到连长身旁，他就是小柱子，他用坚定的目光对连长说：用长竹竿绑上手榴弹炸碉堡，在刘行战役中，这一招很奏效。让我试试。

小柱子和战士梁金生率先冲到了最前沿，将绑着手榴弹的长竹竿捅进敌人的碉堡。

小柱子扛着竹竿，梁金生在后掩护，当竹竿成功伸进敌碉堡时，一排子弹击中了小柱子，他身子晃了几晃，并没有倒下，他迅速拉响了导火线，随着轰轰的几声响，火光夹着浓烟升腾起来，敌堡的机枪顿时哑了，小柱子带着微笑对梁金生说：我们成功了，随即闭上了眼睛。

我军发明的新式武器很快就在全军推广，炸毁了许多敌人的碉堡。

26 日我军在大场以西又遭遇到敌人布下的地雷阵，20 多位战士牺牲，进攻受阻。

战士冉武，张国丁跳跃着前进，突然感到脚下被什么东西绊了一下，下意识感到他们踩到了地雷，还没反应过来，地雷爆炸，冉武的左脚被炸飞，张国丁的右脚被炸得血肉模糊。

战斗仍在进行，他们相互看了对方一眼，一句话也没有，同时把身体平躺在地上，开始向前拼命翻滚，随着一声声的巨响，他们用年轻的身体，为部队为战友扫清前进的障碍。

两位滚雷英雄为解放宝山献出了生命。

1949 年 5 月 25 日，我军西线兵团与东线兵团分别攻克了月浦、高桥，以钳形包抄吴淞，宝山解放在即。

26 日凌晨，敌人全线溃退，我军俘虏敌人 2000 余人。

78 师向宝山方向前进时，发现敌军犹如惊弓之鸟，由南向北，向吴淞溃逃。当即命令部队发起攻击，插入敌群，将敌军分割歼灭。

经过数小时激战，28700 多名敌人被俘，副营长韩耀廷身负重伤，他一人一枪，迫使 50 多名敌人投降，当敌人放下武器投降时，他手持枪械，站立着停止了呼吸。

韩耀廷，山东西城县人，1943 年参加革命，1944 年入党，先后担任班长、排长、连长和副营长，曾被授予二等战斗英雄的称号。牺牲时年仅 26岁。牺牲后，家乡政府将他出生的林庄改名为"耀廷庄"以作为永久纪念。

26 日下午 2 点 40 分，宝山县城内 3000 多名残兵败将逃至宝山城厢东门外长江江堤集结，准备登上前来营救他们的军舰逃跑。

我军战士在敌众我寡的形势下。以迅雷不及掩耳之势抢占有利地形，面对敌人一字排列，高声齐喊：缴枪不杀！敌人被这威武的解放军战士所震慑，纷纷缴械投降。几艘登陆舰见状随即向吴淞口方向逃去。

5 月 25 日上午，敌军开始从多个方向，仓皇向吴淞口方向溃逃，我军以摧枯拉朽之势，直插吴淞口，守敌不堪一击，稍战即溃，我军俘敌 2000 余人，战斗至下午 2 时，共歼敌 1900 余名，俘敌 7520 人，并在吴淞口拦截溃逃敌人，俘敌 8000 余人。

整个上海战役。除汤恩伯率一残部从海上逃窜外，我第三野战军共歼敌 15 万余人。

我 29 军歼敌 13 万余人。

5 月 26 日下午 3 时，宝山宣告解放。

历时 15 个昼夜的上海战役胜利结束。

1956 年 3 月，为纪念革命先烈，宝山县政府建造了宝山烈士陵园，烈士公墓，安葬了解放上海在杨行、月浦、宝山牺牲的 3000 余名烈士中的 1886 名烈士的遗骸。

陈毅亲笔题词：革命烈士永垂不朽！

遗爱般般在，勿忘缔造难。历史从来不曾忘却长眠于烈士陵园墓碑下，在淞沪田野间的英灵忠骨，值得我们永远心存感恩。

今天的和平与安宁，是对英烈们最好的告慰！

崇明大地育英雄

——记崇明烈士馆

高彦杰

★
★
★
★
★

崇明烈士馆简介

崇明烈士馆，位于崇明中部新河镇东首，团城公路南侧，占地面积 14520 平

方米，建筑面积 1600 平方米，绿化面积 10060 平方米，馆内保存着第二

次国内革命战争以来不同时期牺牲的烈士档案，部分烈士遗物、照片、图片

和文书档案。烈士纪念设施主要由烈士纪念塔、烈士纪念碑、革命史展览馆、

广场雕塑组成。

崇明最早的共产党人陆铁强

1927 年 11 月 13 日凌晨，江苏省海门县监狱门口停放着一辆手推独轮

车，几名反动武装警察，将狱中的一位大气凛然的青年男子绑在车上，小车

行至茅家镇城隍庙的照墙脚下时，恶魔般的警察将这位青年拉下车，将他秘

密杀害了。

他就是崇明县最早的共产党员之一，杰出的农民运动组织者，中共海门

县委书记陆铁强，牺牲时年仅 20 岁。

陆铁强，字心石，乳名和尚，1907 年出生于崇明县北排衙镇（当时属北义乡）的一户开明士绅家庭。

1919 年秋天，陆铁强在海门中学读初中一年级。时值海门中学学生为支持上海学生代表赴京请愿一事掀起罢工学潮，陆铁强跟随崇明籍进步学生张友菊等人投入罢课等各项活动，接触到革命书籍，使他懂得了许多革命道理，那时，他就在心中有了明确的共产主义信仰。

1926 年经侯绍裘（中共党员）的安排，陆铁强被派往广州农民运动讲习所学习，当时讲习所由毛泽东任所长，教员有周恩来、萧楚女、彭湃、恽代英等许多革命活动家。在这里，他懂得了被压迫阶级要起来革命的道理，树立了为劳动人民解放事业奋斗终生的决心。当时毛泽东亲自询问了崇明复杂的田制，并做了分析，这使他深刻地了解了崇明地主剥削佃农的残酷性。

1926 年 9 月 23 日，陆铁强和同去参加讲习所的俞甫才担任了中共特派员，回崇明开展农运和党建工作。一次他们在老滧港附近调查时，从一个小商贩口中得知，崇明西沙农民又遇旱灾、虫灾，收成大减，而地主仍要按熟年标准收租，反动政府还逮捕了一些欠租的农民。农民被迫自发组织起来，准备开展革命。

陆铁强他们得知消息，便立即奔赴西沙，了解佃农的实际情况。佃户告之，我们每千步田只能收 1000 斤左右稻谷，而地主却要收取 500 斤，人工、种子、肥料都是我们垫付的，如果交不起租，今年欠 5 元，明年要还 10 元甚至 20 元，交不起就要吃官司。灾年只能收三四百斤，全部交了还不够，我们佃户没法活了。

针对这一情况，陆铁强告诉佃户我们要团结起来，组织起农民协会，坚决实行减租减息，并向政府报荒。当时他们组织了 1000 多名农民跟警察斗争，迫使警察释放了被捕的农民。并向上级组织写了份崇明工作报告，详细汇报了崇明的工作情况和西沙 1921 年农民暴动以及土地制度等情况。

1926 年 10 月 25 日，毛泽东以润之署名在《向导》周刊第 1797 号上发表《江浙农民的痛苦及其反抗运动》一文，引用了陆铁强所写的报告内容。

在斗争的洗礼中陆铁强成长了。1927 年 2 月 4 日，协平乡建立了农民自卫军，队伍很快就发展到 300 多人，有 8 支枪。

从此广大受苦的农民在陆铁强等人的领导下，集合在农民协会的旗帜下，开始以自己的革命武装同军阀、地主豪绅进行了针锋相对的斗争，并吸收 7 名贫雇农和革命知识分子加入了中国共产党。

斗争变得越来越残酷了，敌人下令封锁了所有的交通要道，命令县第六公安分局随时做好镇压的准备。大家都劝陆铁强赶快离开沙家仓，暂避风险，陆铁强果断地做出决定，抢在反动政府镇压之前举行一次农民武装暴动。

陆铁强和一批农会骨干拿着大刀、土叉等赶到二溆镇附近的杨秀兰小店集中，准备暴动。

突然 20 余名警察包围了杨秀兰的小店，陆铁强临危不惧，沉着应对，一面派袁志德突围求援，一面指挥农运骨干准备与警察搏斗。警察在外大叫："领头的快出来，否则我们开枪了，一个不留。"沉默了瞬间，陆铁强以镇定从容的目光扫视了一下众人，然后挺身而出对警察说，"我就是领头的。""带走。"这时中共党员农运骨干钱文明马上跳起来挡在陆铁强前面，敌人疯狂地拿起枪冲着钱文明就打，随即 8 个警察一起冲进屋里。顿时警察和农运骨干扭打成一团，被打得鼻青脸肿的警察狼狈地逃出屋外。就在这时枪响了，敌人疯狂地朝屋内扫射，顷刻间许多人倒在了血泊中。

陆铁强大喊一声，打开大门冲出屋，暴露在敌人的枪口下，就这样陆铁强被捕。海门县县长亲自审问陆铁强要他承认自己是土匪，并保证以后不再搞农民运动，就可以获得释放，这样大家都可以体面地收场。陆铁强藐视地看了县长一眼，大声宣布自己就是一名共产党员，只要不死，农民运动就会一直搞下去，直到把你们都消灭，让天下穷苦人翻身当家作主。

在敌人的酷刑下，陆铁强反复说的一句话就是"我是共产党员，要与反动派斗争到底"。敌人终于对陆铁强下手了，1927 年 11 月 13 日凌晨将他秘密杀害于海门茅家镇城隍庙的照墙脚下。

陆铁强牺牲后，海门崇明等地都组织了"11 月 13 日惨案"后援委员会，严厉声讨国民党反动派毒杀革命志士的暴行。

1928 年 1 月 26 日，中共中央机关刊物《布尔塞维克》杂志发表《悼我们的战士——陆铁强》纪念文章。对他为彻底实现土地革命的胜利，与土豪劣绅反动武装做殊死斗争的牺牲精神给予高度的评价和赞扬。

县委书记的誓言

俞保元，化名蔡昌，1905 年出生在崇明县排衙北（今港西镇排衙村）。1926 年共产党员陆铁强和俞甫才受中共江浙区委委派，回到崇明岛开展农民运动，发展党的组织，建立农民协会。就在那一年，俞保元经俞甫才介绍加入了中国共产党。

入党后，俞保元始终牢记，遇到危险只牺牲自己的入党誓言，坚定不移地投身革命。

1927 年四一二反革命政变，国民党推行蒋介石的指示："宁可错杀一千，不使一人漏网。"俞保元被捕了，党组织竭尽全力营救，经多番周折，终于将他保释。保释后俞保元离开上海，踏上崇明岛，继续投身革命。此时中共崇明县委已遭破坏，俞保元经过千辛万苦终于联系上了中共江苏省委农民部的杨思公、严震两位同志，他们也是秘密到崇明领导党的工作的。

与组织联系上后，俞保元积极配合同志们在三星、海桥、堡镇、汲浜一带，发动群众，恢复党的组织，在崇明岛东部地区建立了 3 个党支部。星星之火，重新开始燎原。

1929 年秋，俞保元担任县委书记兼崇明一区的工作，化名蔡昌，到堡镇西边的桃源小学，以教师身份掩护，从事革命活动。

1930 年春，县委根据中共江苏省委的指示，决定召开全县工农兵代表会议，研究五一示威游行罢工、组织武装暴动等问题。不料被叛徒刘金浦出卖。

4 月 12 日晚，全县工农兵代表会议在海界宅举行，海界宅位于堡镇以西四里多路，四周都有宅沟，仅在东边宅沟上架有一座小木桥的宅子里召开会议。由于叛徒出卖，敌人得知情况后迅速包围了宅子，蜂拥着从小木桥上冲了进去，选择的会议地点原本是为了安全起见，没想到也成了无法逃生的绝境。抵抗又没有武器，突围已无路可退，只能销毁文件、会议记录。俞保元和到会代表全部被捕，被扣押在国民党崇明的看守所。

党组织先后多次展开营救。敌人对于俞保元用尽酷刑后，又连夜押解至上海监狱。敌人用夹棍、电刑、老虎凳、皮鞭、灌辣椒水等酷刑威逼他招供，俞保元心里只有一个信念："我是共产党员，绝不吐露半点党的机密，要保存党的组织，保护同志。"在狱中俞保元对同室难友施季麟说："我是县委书记，身份已经暴露，我已经做好了牺牲的准备。你们把责任都推到我身上，这样你们就可以出狱，继续革命工作，你们是火种，要好好地保存，不能让敌人的阴谋得逞。"他秘密用纸条通过墙上穿电线灯的小孔传给隔壁牢房的难友，纸条上写道："我是县委书记，我以组织的名义命令你们，把一切责任都推到我的身上，希望你们出狱后继续为革命工作。"

一大批同志保住了。他实现了入党时"遇到危险，只牺牲自己"的誓言。

1930 年 9 月 9 日俞保元被敌人押往刑场，英勇就义。

抗战英雄周济凡

周济凡，乳名鼎康，1923 年 12 月 9 日出生在崇明县东庶乡（今新河镇新建村）的一户贫民家庭。父亲是个教书先生，周济凡在父亲指导下完成初中语文和数学课程。

1940年，日军在崇明焚烧了一家家善良的平民百姓的房屋，也把周济凡家的房屋烧成一片废墟。站在劫后的焦土碎砾上，周济凡紧握着双拳，发誓要把日本鬼子赶出中国。

共产党员施群从这位年轻人身上看到一股倔强和对日军的仇恨，便主动接近他，讲一些革命道理，引导他走上一条革命的道路。经过半年多的考察，施群介绍周济凡加入了中国共产党，派送到苏北。1940年12月，他被分配到苏四区游击指挥部第三旅政治部服务团，活动于南通、海门、启东一带。

1941年，他又被派到新四军第一师第三旅参加第一期教导队学习，学习结束后担任政治指导员。他经常带领武装民兵出没敌人据点，惩治汉奸特务，打击敌人的反动气焰。

初夏的一天，周济凡头戴礼帽，身着长袍，腰藏短枪，他装成阔少爷大摇大摆走在五福桥，他是去抓一个落脚在大地主家的特务，并同时为我党获取重要情报。

初夏的一个清晨，二甲镇新市场出现了一个卖棉纱的乡下人，挤在赶集的人群中，他是周济凡，为革命需要，他扮演着多种角色。这天，他是去侦察敌人的火药库。忽然市场上一阵躁动，几个日本兵在市场上对老百姓敲诈勒索，并将一位老人推倒在地，用枪柄死命地打着老人。老人顿时满脸鲜血地倒在地上，周围的人敢怒不敢言。愤怒让周济凡双眼冒着火花，怒不可遏，随即拔出手枪，对日本兵连发数弹，市场顿时大乱。趁混乱，周济凡跟随人群迅速离开。

1944年3月20日，周济凡只身去同兴乡部署反"清乡"斗争。部署好工作，夜幕已降临，他又给乡干部分析了斗争形势，进行工作研究，并准备在俞锡庆家住宿。汉奸曹文魁得到消息，如获至宝，立即向白龙庙据点的伪军告密。得到情报的伪军在当晚联合驻东社镇的日军，集中百余名日伪军，分三路在拂晓时包围了周济凡的住处。单枪匹马，突围未成，周济凡落到了日军手里。

敌人用尽酷刑，坐老虎凳，灌辣椒水，逼迫他供出中共党组织的情报站及活动在崇明县的我党地下工作者。周济凡严厉斥责，痛骂汉奸、走狗、小日本鬼子。敌人恼羞成怒，改用鞭子打得他遍体鳞伤、皮开肉绽，然后用棉花絮连皮带肉又一块一块地撕下来，又用烧红的铁丝穿进周济凡的手腕，绑上手推车游街。之后又假惺惺地说："只要你声明脱离共产党，我们就放了你。"周济凡严正回绝说："真正的共产党人绝不会自首，你们死了这条心。"气急败坏的敌人见软的不行就又开始疯狂地折磨周济凡，甚至用盐卤水注入周济凡的体内，用棉花絮蘸着火油烧他的身体。周济凡的身上没有一块完整的皮肉，10多天惨无人道的折磨，敌人仍无法使这位钢铁战士屈服。1944年4月2日傍晚，无计可施的敌人将周济凡拖到一个预先挖好的泥坑，残忍地将他活埋。牺牲时，周济凡年仅21岁。

共产党员像竹园里的竹笋

朱慧萍，乳名桂新，曾用名渭萍，出生在崇明县新河镇永丰村。

1945年8月加入中国共产党，1946年6月26日，蒋介石公然撕毁《停战协定》和政协协议，掀起中国历史上空前规模的反革命内战。在崇明，敌人开始对启东地区进行疯狂的全面"清剿"。

为粉碎敌人的"清剿"阴谋，朱慧萍和许多地方干部一起冒着生命危险，在敌人据点间的缝隙里，在敌人眼皮子底下机敏地开展各项革命工作。当时苏北战场上大小战斗频繁发生，大批伤员从前方送到后方医院抢救治疗，朱慧萍不分白天黑夜投入到抢救伤员的工作中。

1947年4月，朱慧萍奉命前去东圩乡开展工作，与她同去的还有周风清。不料遇到还乡团，朱慧萍身份暴露。敌人从朱慧萍随身带的篮子里搜出了周风清的介绍信，厉声喝道："谁是周风清？"朱慧萍镇定地回答："到县里领粮去了。"愚蠢的敌人信以为真，沉浸在抓住朱慧萍的得意忘形之中，就这样周风清逃过了一劫。在被押往惠安镇据点的途中，敌人用枪柄打断了朱慧萍的腿，还强迫她爬着走。

敌人对她软硬兼施，得不到任何情报，便把她绑上老虎凳上刑，同时用10根针刺进朱慧萍的指甲里，再逼她用上过刑的手指像老鼠扒松泥一样扒土。朱慧萍在敌人的淫威面前，忍着剧痛，咬牙咒骂敌人野蛮残酷，并告诉敌人，共产党员就像竹园里的竹笋，挖掉还会长出来，是挖不完的。

4月22日的后半夜，黔驴技穷的敌人将朱慧萍押解到惠安镇南市区公所的田野里活埋。就义时，朱慧萍拼尽最后的力气高呼共产党万岁，毛主席万岁。

年仅28岁的女共产党员朱慧萍为了人民的解放事业，为了千千万万人民的幸福，留下了两个年幼的孩子，英勇地献出了年轻宝贵的生命。

枪林弹雨中方显英雄本色

郭泽露，字威，乳名干达。崇明县新河镇人，1923年6月6日出生，1940年入伍，同年10月加入中国共产党，历任青年干部培训班小队长、青年干事、连文化教员、指导员、团保卫股长、华东野战军第4纵队第12师35团二营指导员。

1948年11月7日，淮海战役打响了，郭泽露所在的二营接到进攻邱县的任务。凌晨，郭泽露带领二营到达邱县时，敌人已撤退到东林庄据守，从邱县到东林庄有一条大河相隔，敌人在对岸用火力封锁江面，郭泽露决定强行渡河。他带领着战士们冒着敌人的枪林弹雨跳进冰冷的河水中，在齐腰深的河水中艰难行进，并与敌人一个加强连交上了火。战斗异常残酷，有的战士倒在了河水中，最终他们强行压制敌人的火力，让后续部队迅速渡河，从西、南、北三面对敌人形成包围。

狗急跳墙的敌人凭借攻势以疯狂的火力做垂死挣扎，部队再次被迫停止了进攻。郭泽露心急如焚，看着指针一分一秒、一个小时又一个小时的过去了，他决定率先尝试强攻。为迅速消灭东林庄的敌人，保证大部队顺利挺进，控制运河以东的阵地，阻击敌第 13 军东援，他带领一个班冲锋，端着机枪冲在最前面。突然一排密集的子弹扫射过来，郭泽露连中了数发子弹，鲜血顺着他的身体流进了河水中，他急红了眼，用生命最后的力气，顽强地打出了一梭子弹揣掉了敌人的一个火力点，然后倒了下去，壮烈牺牲。

战士们气红了眼，像离弦之箭的勇士，勇猛地冲锋，把顽抗的敌人，彻底地消灭干净。

用生命保护国家财产

沈志高，1948 年 6 月生，共青团员。1971 年 1 月 25 日（农历小年夜），井冈山百货门市部特别繁忙。上午沈志高参加完集体学习后，接待了一批客人；中午，他顾不上吃饭，为一户居民装配了一台缝纫机；傍晚沈志高踏着自行车把商品送到了 10 多里外的宋大伯家里；天黑前赶回家吃了饭，又连忙回到店里值班，这时沈志高已整整工作了 12 个小时。

夜已深了，沈志高把疲惫的身子放到了床上，准备稍作休息后起来巡视，就在这时从殿堂传来"啪啦"的一声，随之一股冷风钻了进来。沈志高一个机灵从床上跳了起来，顾不上穿衣，拿起手电筒，冒着零下 5 度的严寒直奔店堂。电筒亮处，只见一个人龟缩在墙旮旯里。显然这是一个盗窃国家财产的歹徒，沈志高不顾一切地扑上去，死死抓住那个歹徒的双臂掀倒在地，歹徒发疯般地挣扎，对准沈志高的太阳穴，恶狠狠的一拳把沈志高打昏在地。

过了一会儿，沈志高慢慢地苏醒了，他努力地睁开双眼四处寻找歹徒，只见歹徒正在撬开钱箱，准备盗窃箱内的财产。沈志高挣扎地爬起来，又一次扑向歹徒，死死地咬住了这个歹徒的手，顽强地与歹徒搏斗了整整 40 分钟。惊恐万状的歹徒无论怎么挣脱也摆脱不了沈志高，最后歹徒从身后抽出了刀，对着沈志高一顿捅，鲜血顿时染红了店堂的地面。年仅 23 岁的沈志高为保卫国家财产，献出了年轻的生命。

为表彰沈志高的英雄事迹，中共上海市委、市革命委员会决定追认沈志高为革命烈士，并授予"优秀共青团员"的光荣称号。《解放日报》专题报道了沈志高烈士的英雄事迹，号召青少年一代和广大人民向优秀的共青团员沈志高同志学习。

1998 年 12 月，刚刚大学毕业的黄东穿上了军装，告别父老乡亲离开崇明岛，踏上了去浙江奉化消防部队服役的征程。2000 年 8 月 3 日，服役即将期满的黄东在一次渔船火灾扑救中英勇牺牲，年仅 23 岁。

2008 年 7 月 1 日，一个丧心病狂的歹徒突然袭击了一位正在出警的二级警司陈刚。陈刚遭袭身负重伤，经医院抢救无效，于次日下午 1 时 45 分永远地离开了我们，牺牲时年仅 30 岁。

422 名崇明籍的革命烈士，他们用英勇的血肉之躯谱写了一曲曲感天地、泣鬼神的悲烈壮歌和动人心魄的乐章，让我们无不为之动容。让我们仰视他们，让我们弯下腰，触摸他们不朽的高贵灵魂。

他们抛洒热血的这片土地，成为了英雄的土地。他们鲜血浸染的是整个中华大地。他们高尚的灵魂释放着人性最灿烂的光芒，承载着不屈的中华民族之魂。

娘家人

——记上海机器工会临时会所遗址掠影

倪思瑶

★
★
★
★
★

上海机器工会临时会所遗址简介

上海机器工会临时会所遗址位于黄浦区自忠路，原西门路泰康里 41 号，本是一幢砖木结构的破旧临街住宅。而如今，这里到处都是鳞次栉比的高楼以及绿意盎然的公园。原建筑早就不复存在。

1920 年 8 月，江南造船所锻工李中受中共发起组委托，联合其他觉悟工人，发起组织上海机器工会。

上海机器工会在中国历史上发挥的重要作用不可磨灭，它将上海工人阶级团结在一起，最终发展成为全国工人的领路人。而工人阶级则成为推翻反动政权的中坚力量之一。

呼之欲出

1920 年 7 月末的一天，上海的马路上基本看不到人影，因为实在太热了。只有聒噪的蝉儿躲在树叶里不停地嘶鸣，让人觉得更加炎热。

一位身着土灰色长裤长衫的男人却不辞辛劳地在西门路上一路寻觅着什么。

当他停在一幢破旧的临街住宅前，推开吱吱呀呀的简陋木门，朝着里面喊了一句话后，便停住了脚步。

经过讨价还价后，男人与房主阿姨达成了每个月 6 块钱租下这幢临街的两层木楼的协议。

男人叫做李中。

李中终于找到了合适的地方，嘴角眉梢带着一些喜色，告别了房东后，便匆匆回家，去跟"陈先生"报告这一喜讯。

他回到法租界老渔阳里 2 号，刚刚进门，就听到里屋传来一阵激烈的讨论声。

"如今，在我们的工人队伍里，鱼目混珠着一些穿'长衫'的人，他们并不为工人发声，是青洪帮幕后操纵着他们。这样的人，不利于工人阶级的成长，要想办法将他们清除出去。"李汉俊道。

"社会上各种人只有做工的是台柱子，世界上'只有做工的人最有用，最尊贵'。做工的人要快快觉悟，第一步就是要争取'改良待遇'。"陈独秀的声音传来。

"劳动者若看清了资本家的专横跋扈、掠夺无人道，就应该组织劳动者的团体去和资本家对抗。团体越巩固，势力越大……"李达一口湖南口音道。

"是呀，要尽早将工人阶级组织起来。如今我们国家的革命光依靠学生团体是不行的，还必须依赖广大的工人阶级。"陈独秀颇具激扬的声音道。

"对！尤其是上海机械化生产规模的不断扩大，工人阶级迫切需要能真正为自己说话的'自家人'。经过在咱们举办的半日学校的教育和启蒙，很多工人已经有觉悟了，现在就需要一个组织，将他们都团结起来。"李达兴奋地道。

这时，站在外面的李中走了进去，略带激动地道："陈先生、李先生，你们都说得太好了，我们工人太需要'娘家人'了。"

"李中，你的事情办得怎么样了？"陈独秀一脸温煦的笑容，和蔼地问道。

"陈先生，找到了一个比较合适的地方。就在西门路泰康里41号，一个月6块钱的租钱。陈先生，就将'沪滨工读自助团'的通讯处设在那里。"李中也露出朴实而真诚的笑容道。

"好，好！"陈独秀带着十分赞赏的目光看向李中道，"李中，现在党有一个十分重要的任务交给你，那就是凭借你在江南造船厂工人当中的影响力，在上海组建一个机器工会。你能接受吗？"

"陈先生，我非常愿意接受。现在就缺一个机遇了，一个能迅速将广大有觉悟、求进步的工人同胞团结起来的机会。"李中炯炯有神的眼睛里散发出不一样的光芒。

当时，上海机器化生产开始普及，产业革命已经兴起，相对于原来码头工人等主要依靠体力不同，机器工人要求有一定的技术性，代表了当时最先进的生产力，因此成为工会组织首先要团结的群体。

李中作为中国共产党发起组成员中唯一的一名工人党员，顺理成章地成为上海机器工会的发起者。

为了向工人宣传马克思主义，启发他们的阶级觉悟，1920年8月15日，李汉俊、陈独秀发起创办了专门供工人阅读的刊物《劳动界》。

1920年8月22日，陈独秀在《劳动界》上发表《真的工人团体》一文指出："工人要想改进自己的境遇，不结团体固然是不行。但是像上海的工人团体，就算再结一万个也都是不行的。新的工会一大半是下流政客在那里出风头，旧的工会一大半是店东工头在那里包办。觉悟的工人呵！赶快另外自己联合起来，组织真的工人团体呵！"

顺理成章

1920年秋，杨树浦日本资本家开设的第一、第二、第三厂的工人，要求资方增加工资，为此举行了罢工。

"李中，机器工会的机遇来了呀！"陈独秀得知这件事后，将李中叫到跟前，神情激动地道。

"陈先生，您是说罢工会激发工人的觉悟？他们或许能意识到组建这个工会的迫切性？"李中也敏锐地道。

"对！李中同志，你要抓住这次机会，积极向工人同胞讲解机器工会的宗旨和任务，告诉他们这个工会绝不是以往的'招牌工会'。提高他们的积极性。"陈独秀殷切地道。

李中郑重地点点头。

很快，他就与一些党的成员，抓住这次罢工的机会，一面向工人作演讲，发动工人为争取自由解放而斗争，一面向同情工人的知识界和市民开展募捐，声援和支持纱厂工人的罢工，使得这次罢工斗争取得了胜利。

正式成立

1920年10月3日下午，霞飞路新渔阳里（今淮海中路567弄）6号迎来了一批特殊的客人。

他们来自上海造船厂、电灯厂、厚生纱厂、东洋纱厂和恒生纱厂等，一共70余名代表聚集一堂，热烈讨论。

另外，坐在这一群工人代表当中有几个看起来略微不同的人，他们分别是陈独秀、杨明斋、李汉俊、李启汉等6人以参观者身份出席。

会上，李中因为既是工人，又是党员，而且在帮助工人学习先进的马克思主义思想中起了重要的作用，具备了一定的影响力，被选出来担任起了临时主席，并作了报告。

报告中指出，机器工会要做到"五不"：第一不要变为资本家利用的工会；第二不要变为同乡观念的工会；第三不要变为政客和流氓把弄的工会；第四不要变为不纯粹的工会；第五不要变为只挂招牌的工会。

这"五不"在工人代表当中引起了强烈和持久的掌声。

李中将《机器工会章程》一一念出来给工人代表讨论，逐一通过，并将临时会所设在西门路泰康里41号。自此，党领导下中国工人自己成立的第一个工会组织就此诞生了。工人阶级开始有了真正的"家"。

陈独秀、杨明斋、李汉俊、李启汉等中共发起组成员并被推举为名誉会员。

空前盛况

1920年11月21日下午，上海机器工会在白克路207号上海公学举行正式成立大会。

除了先前的那些工人代表，还有其他工会的代表也纷纷派人出席，来了近千人，盛况空前。

孙中山、陈独秀等社会知名人士也前去祝贺，会场的气氛十分热烈。他们都做了激动人心的演说。

慷慨激昂的演说让工人热血沸腾，感觉有了工会组织这个"主心骨"，大家的力量更大了，劲能往一处使了。

当月的《民国日报》对这次盛会予以报道，扩大了上海机器工会在工人阶级中的影响。工人们的革命意识开始苏醒，集体发出自己的"声音"。

国际认可

上海机器工会成立后，还创办了自己的刊物《机器工人》与正式的会所。

《机器工人》创办后，着手各式各样的理论宣传活动，以通俗的形式向工人宣传马克思列宁主义，向工人宣传社会主义思想，启发和提高他们的觉悟。

工会会员数量与日俱增，工会从发起到成立，短时间内，已有会员 370多人。

1920 年 12 月 14 日，美国最大的工会组织——世界工人联合会执行部总干事罗卜郎发来贺信，祝贺上海机器工会的成立。

上海机器工会的建立，标志着中共发起组在领导工人运动方面，由宣传教育阶段进入有计划地组织工人的阶段，由理论付诸实践，为中共一大的召开和中国共产党的诞生奠定了阶级基础。

工人阶级从此有了"娘家人"，也成为"娘家人"生生不息的革命源动力。

作为马克思主义与中国工人运动相结合的产物，上海机器工会的成立标志着中国工人阶级的觉醒，标志着以近代产业工人为主导的工人运动的兴起，标志着中国工人阶级以独立姿态登上中国革命的历史舞台。

永远的记忆

——记三林烈士陵园

倪思瑶

★
★
★ **三林烈士陵园简介**
★
★ 三林烈士陵园，位于上海市浦东新区三林镇三鲁路 7681 号，建于 1987 年
3 月，占地面积 5344 平方米，由上海县三林乡人民政府投资 20 多万元建
成。1991 年 1 月经浦东新区管理委员会批准，定为浦东新区区级重点烈士
纪念建筑物保护单位，是爱国主义教育基地。2001 年浦东新区和三林镇人民
政府又拨款 100 多万元，对陵园进行了改建和修缮。陵园内建有一座 12 米
高的金山石纪念碑和一尊重约 3 吨的古铜色雕塑，辟有 400 多平方米的烈士
墓区，安葬着沈干城、毛福余、王圆方三位烈士。烈士事迹陈列室陈列着各
个时期在三林地区牺牲的 39 位烈士的事迹和著名经济学家薛暮桥同志的题
词；由彩色砖铺成的 1000 多平方米的纪念广场上树立着 12 米高的不锈钢
旗杆，园内一座六角亭掩映在绿树翠柏之中，环境肃穆而幽雅。

　　三林是具有光荣革命斗争历史的地区之一，这里诞生了中国共产党早期
铁路工人运动的先驱者——沈干城，哺育了历经大革命时期和抗日战争烽火

锤炼的不屈战士——王三川；在抗美援朝期间，有 10 多位战士光荣献身；20 世纪 70 年代末，又有王友弟、陈龙明等在对越自卫反击战中壮烈牺牲；在社会主义建设时期，还有不少同志为了保卫国家财产和人民生命安全而献出宝贵的生命。

沈家长孙

1898 年，上海县浦东三林塘村沈家的长孙出生了。祖父沈懿德给这个孩子起名沈逢甲。沈家乃书香之家，家主沈懿德以秀才之学创办私塾和懿德小学，大半生精力都用在尽心推广平民教育之事上，沈家由此备受村人尊重。转眼间，沈逢甲长大了，更名为沈干城。

一天，老态龙钟的祖父沈懿德将长孙叫到跟前，问起了功课学业。

小沈干城对答如流，头头是道。沈懿德见长孙聪慧机灵，很是高兴，对他说：逢甲，祖父年老了，私塾的事情以后交给你去做，好不好？

沈干城还未成年，对祖父的这番话一知半解，但是他知道祖父这是想叫他继承衣钵，继续为启发民智、教化乡人做一点事情。

沈干城没有犹豫，答应了祖父的嘱托。他以优异的成绩考入三林镇书院，毕业之后又投考南京中等师范。

最终，沈干城没有考上，但是他并没有忘记祖父对他的期许，毅然回到家乡，接过祖父留下的事业，开始在私塾里执教。

投身工人运动

1921 年，沈干城已经 23 岁了。他决定离开家乡，去外面见更大的世面，开启新的生活。4 月，沈干城来到杭州，在杭州铁路闸口机修厂找到一份临时工作。由于沈干城性格开朗加上有教书的底子，通过对技术书籍的学习加上实践，很快就掌握了机修厂的技术工作。由于沈干城阅读兴趣广泛，不但生产技术有所成就，而且对社会问题有自己的独特见解，很快就成为工友们心中的"百事通"，工友有什么问题都愿意请教这位好老师。

1921年8月20日，中国劳动组合书记部机关报《劳动周刊》在上海创刊。《劳动周刊》接连发表文章，揭露官僚、资本家利用帮会分裂工人队伍，挑唆工人互相争斗的事实，启发工人按产业建立自己的工会组织。工人称《劳动周刊》是一盏指路的明灯。中国共产党机关报《共产党》月刊称赞《劳动周刊》"办得异常完善，大可以增进劳动者的知识，这真是教育训练劳工们一个最好的机关报"。

一日，一位工友拿来一份《劳动周刊》小声地说："沈老师，你快看，报纸上新闻说武昌铁路工人组织工人罢工呢。"

沈干城接过报纸随口说道：《劳动周刊》以前怎么没有听说过？"

"沈老师，这是上个月刚出的第一版呀，以前没有。"工友急忙答道。

从此，沈干城接触到了进步的《劳动周刊》，通过阅读《劳动周刊》的文章，让他重新认识了社会，对自己的社会问题见解有了更加理论性的支持。这对沈干城来说，犹如"脱胎换骨"，从此沈干城就深深爱上了这本周刊。

偶尔，他也会鼓起勇气对一些工人运动、社会问题向周刊投稿，发表自己的看法。但是由于思想的认识还不足，文章没有深度，质量不高，几次投稿都被拒。沈干城有点灰心了。就在这时，沈干城居然收到了《劳动周刊》总编张国焘的回信，这让他喜出望外。张国焘在信中对他的投稿表示感谢，并鼓励他继续投稿，还介绍了一个王姓进步工友给他认识，希望相互交流探讨，期待他的大作云云。

其实，《劳动周刊》总编张国焘给沈干城的回信中介绍的王姓工友正是津浦铁路镇机厂"中华工会"的会长王荷波。1922年初，他成为沪杭铁路闸口机厂的正式一员，其后又与北方劳动组合书记部主任罗章龙取得联系，担任该部驻沪杭铁路特派员，更有机会接触铁路产业工人。

次年 4 月，他受中国劳动组合书记部的派遣，参加了由长辛铁路工人俱乐部发起召开的京汉铁路第一次工人代表大会，商讨筹建工会一事。这期间，沈干城有幸结识邓中夏、何孟雄等人。不久，他在徐梅坤的介绍下加入中国共产党。

伟大的事业

时间到了 1926 年，这时沈干城已经成长为党在铁路工人运动中颇有影响力的领导者之一。从组织中共杭州小组创办工人自修学校到二七惨案后接待京汉、津浦铁路的 8 名工会代表，再后来筹建国民党浙江省党部，并成功组织了杭州铁路工人二七惨案周年纪念集会和随后的罢工运动。这些活动使铁路工人运动汇合到杭州地区整个产业工人运动的洪流中去。在全国铁路总工会第三次代表大会中，他又被选为 7 名候补执行委员之一。

12 月的一天，沈干城高兴地对沈乐山说："今晚老地方召集钟鼎祥、薛雨霖、赵刚几个小组开会，有重要任务。"

沈乐山说："北伐军不是在南昌吗？难道……"

"快去吧！注意安全。"沈干城催促道。

当晚，杭州铁路总工会秘密召开。会上，沈干城介绍了当前北伐军的动向以及当今国内的革命形势。

"同志们，大家都知道自从我党的叶挺独立团 10 月 10 日攻入武昌城，北伐军又在 11 月份攻克了南昌。吴佩孚已经败北了，孙传芳见势不妙，已经去天津找张作霖搬救兵了。北伐军进攻杭州指日可待，现在组织要求我们配合北伐开展工作，大家讨论一下下一步工作方式和方法。"沈干城首先发言。

赵刚首先说道："我觉得我们铁道工人还是有很多可以做的，比如我们可以通过监视铁路运输的物资判断孙传芳军用仓库的位置。"薛雨霖随后说道："我们应该想办法断绝铁路运输，比如把火车头的主要部件拆卸掉，这样整个火车都不能走了，这样岂不是更好？"

钟鼎祥也发言："除了监控物资情报和破坏火车以外，我认为我们应该发动工人对工业生产物资进行匿藏和保护，比如工厂用的卡车和维修配件以及钢板等重要资源提前保护。"

大家都踊跃发言，对配合北伐的工作部署细节提出建设性的意见。最后沈干城总结："大家提出的意见都很好，通过火车运输物资摸清孙传芳部的军用仓库，破坏铁路运输线和匿藏汽车等工业物资等，这些意见我赞成。为了保障各种计划的顺利实施，我提议成立'铁路工人纠察大队'和'铁道兵团'，组建自己的武装力量，在关键时刻保证任务执行。"

就这样，杭州的两个工人武装组织就秘密成立了起来，为以后的武装革命斗争提供了革命的种子。

1927 年 2 月，沈干城组织了工人和闸口一带居民对孙传芳军队设在玉皇山天龙寺的军用仓库进行了突然袭击，破坏了敌人作战部队的粮草供应。3 月，当北伐军向嘉兴、上海挺进的时候，张宗昌的白俄雇佣军"铁甲车队"被派来扼守铁路桥梁。

猛烈的炮火使北伐军一时不得前进。沈干城他们准备的汽车等战略物资有了大用处，欣然接受了自行建造装甲车的任务。

在沈干城的发动下，闸口铁路机厂的党、团及骨干人员都投入到这次新任务中去，加班加点数日，建造了 6 辆装甲车，取名"中山号"，在战斗中起了重要作用。

灵旗天际看

沈干城等革命同志领导了蓬勃发展的工人运动，引起国民党右派集团的恐慌，一场血雨腥风的反革命政变正在逼近。

沈干城也已经察觉到危险即将来临，但是丝毫没有退缩，不顾风险，继续领导工人的罢工运动，并且在《申报》上发表声明，义正词言地痛斥国民党右派的所作所为，揭穿敌人的一个个阴谋。

1927 年 6 月 26 日，因叛徒告密，沈干城与其他四位执委在总工会不幸被捕。

敌人审理"铁路工潮案"，妄图以严刑拷打逼沈干城投降。沈干城毫不畏惧，依然保持着乐观的态度。

一次提审回来，沈干城拖着伤痕累累的身躯经过战友钟鼎祥的牢门，他镇定地说："我已经承认了我是共产党，有些事我已承担了，你们就不要承认。"

在生死关头，沈干城想的还是同志。由于他的极力开脱，王汝高、许重平得以释放出狱。

1928 年春，反动刑事法庭判处沈干城"一类刑"投入监狱。面对重刑，沈干城豪爽地大笑道："一登龙门，身价百倍。"

1934 年 9 月 22 日，中秋节前一天，他以微弱的声音对同监难友说："同我一起革命的贺晓天、汪寿华、孙津川等都已牺牲了……共产党员是不怕死的，是杀不完的。我小时候读过夏完淳的两句诗，'毅魄归来日，灵旗天际看'。我如果在死后能成为刚毅的鬼，高举义旗，同敌人斗争到底，有多好！"

第二天，当许多人家正在为过节忙碌的时候，沈干城却再也看不到那一轮明月了。月明星稀，铁路工人运动史上的一颗明星陨落了，但那道光芒却傲然地划过沉沉黑夜，给人光明。

烈士的遗体在妻子的陪伴下，回到了故乡上海浦东三林，躺在了亲人身边。

1987 年，三林烈士陵园得以在浦东三林建立，沈干城、毛福余和王圆方三位烈士安葬在那里。如今，三林烈士陵园已成为广大群众，尤其是青少年进行革命传统教育的好课堂。

海之子的怒吼

于 析

★
★
★ **中华海员工业联合总会上海支部办公处遗址简介**
★
★ 1922 年 7 月 2 日，中华海员工业联合总会上海支部成立，在百老汇路 163

号公开挂牌办公，林伟民、钟筱明任正副会长，领导上海海员罢工斗争，先

后两万余海员加入，取得胜利。1927 年四一二反革命政变后转入地下，

1933 年 7 月，中华海员工业联合总会和各地分会宣布解散。

百老汇路 163 号位于今大名路南浔路口，系一幢坐南朝北的三层楼街面房

屋，今为商用，保存了当年的房屋结构。

怒吼吧，海之子

1917 年的冬天，寒风刺骨，黄浦江附近格外冷。

朱宝庭在码头已经干了 12 个小时的活，船和码头中间只有一个一尺多
宽的浮板连着，朱宝庭和其他工友就在这上面来来回回地装卸货物，一走三
晃，随时都能掉进冰冷的江水中。

"麻利点给我干活，谁也别想偷懒耍滑！"把头鞭子在空中一挥，正好

打在一个十七八岁的小杂役身上，这小杂役身子一倾没站稳，整个人连同箱子一起落到了黄浦江冰冷刺骨的江水里，等工友把他捞上来的时候，已经没气了。

这少年没爹没娘，把头说他自己没站稳掉水里去了，一边骂骂咧咧地跺脚心疼落水的货物。最后，交涉失败，朱宝庭等几个平素里交好的工友各自出了点钱，把少年给下葬了。工作环境恶劣、设施简陋，收入微薄，剥削、欺压、辱骂早就成了家常便饭，年年都有几个为此送命的工友。

"日子真是没法过了！"工友拿着手里的粮票叹了口气。

"正因为这样我们才要更加团结，只有团结才能形成真正的力量！"朱宝庭说道，这个时候他心里已经有了想法。

这粮票就是工资，被把头、班长、账房层层克扣，到手里的就勉强只能够吃饭的了。本来工资应该发放的是现金，却折成粮票，需要用钱的时候，就得用粮票兑换成现金，又被抽走了一两成。

朱宝庭蹲在角落里，抽了支烟，自己从西崽到水手，从"开封"轮到"盛京""保定"轮，干了20年，来往东西洋之间，见闻多了，视野也开阔起来了，最让他激动的就是前几年的大革命，一直到现在，他回想起当年的情景，依然忍不住热血沸腾，私下里他也时常和其他水手谈论起新思想，关注报纸上的最新消息。

"不能再这样忍耐下去了！一切权益都要靠自己来争取！"朱宝庭想到这里，掐灭了旱烟。年后，也就是1918年朱宝庭和好友钱孝裕在水手中率先发起成立"均安水手公所"，陆陆续续有4000多海员参加，从开展水手之间的互助互利，就业捐款，失业借款，到为遇难海员发放葬仪费，帮助家属解决困难和开办海员子弟学校，受到海员欢迎。1919年北京爆发五四运动后，朱宝庭联络焱盈社、联义社、四明公所等海员组织，发动了6月上海海员大罢工，参加反帝爱国运动，积极传播进步思想。

这一系列举动引起中共上海党组织的注意。1921年秋天的一个清晨，有人敲响了均安公所的大门。

"咚咚咚，咚咚咚。"

这么早会是谁呢，朱宝庭打开门，看到一张陌生的面孔。

"你好，我找朱宝庭。"

"我就是，你是？"

"我姓李。"陌生人说完脱下大衣，朱宝庭看到他胸前别着一枚红色徽章，顿时意会了。就这样，朱宝庭和李启汉相识了。李启汉正是被党组织派遣到这里宣传革命工作的，两人彻夜长谈意犹未尽，朱宝庭被深深地吸引着，让他更加确认只有联合起来才能形成真正具有影响力的力量。很快朱宝庭加入了中国共产党，从此辗转上海、汉口、香港、天津、闽浙赣根据地、延安甚至是苏联，长期从事工人运动、工会工作。1947 年，朱宝庭在延安病逝，追悼会上，刘少奇赞誉其："在建党初期即表现了自觉自动坚决执行党的决议和尊重组织的模范党性，从不计较个人得失。"周恩来赞扬他："献身革命事业三十年如一日。"毛泽东赠送挽词："工人阶级的英雄。"

联合社团打破帮口界限

5 月，广州已经春暖花开，木棉和杜鹃漫山遍野，更别说那城里城外都蓬勃生长的三角梅了，一股勃然的生机从眼帘照进了内心。朱宝庭走在小马路上，惊讶于南北物候的不同，一时间没注意迎面撞上了戴着毡帽的男人。

"真是对不住，对不住。"朱宝庭赶忙道歉。只见那人彬彬有礼并不介意。相聊之下，才知道他们都是来参加第一次全国劳动大会的。这一年正是1922 年，这个戴毡帽的男人正是工人运动先驱林伟民。

会上，两人坐在邻座，这让两人更有亲切感，同样在海上摸爬滚打挣一口饭吃，同样饱受资本家的压迫和剥削，同样被先进思想风潮影响，同样领导工人运动走上革命道路，很快两人在彼此的经历和言谈中产生了共鸣。

傍晚，两人在宿舍附近边走边聊。

"你知道么，外籍的海员和我们干一样的活，工资却是我们的两倍，甚至更多，而且他们有假期、有奖金。"林伟民边走边说，时不时地扫一眼天上的明月，就好像这月光没有照到整个大地一样。

"这种不平等只能靠我们的争取才能消除。"朱宝庭握紧拳头，经验告诉他，斗争才能出结果。

"去年我和苏兆征几个人在香港建立了中华海员工业联合总会，今年1月我们顺利开展了香港海员大罢工，你知道么，不到一个星期的时间，罢工规模扩大程度超出了我们的想象，香港各行各业的中国工人为了支援我们海员实行了总同盟罢工，上海、湖北、河南等地成立了不少香港海员罢工后援会。5条太平洋航线和9条近海航线陷于瘫痪状态，这次胜利非常重要。"林伟民兴奋着说道。

"这是一次全面性胜利，当时我们在报上看到消息，大家都异常激动，一直到现在还总是谈论这件事情！"朱宝庭也是一脸兴奋。

"海员们充满了革命热情，也充满了力量！这是我们工人阶级的力量。"林伟民握了握拳头。

"是的，我们上海有均安公所，还有焱盈社、联义社等团体，每个团体里少说也有几千海员，若是能打破帮口界限，将所有海员联合在一起，那将是一股足以震撼人心的强大力量！而我们上海又是工人阶级最集中的地方，大有作为。"朱宝庭已经有了想法。

第一次全国劳动大会结束后，林伟民和朱宝庭一起回到了上海，开始筹备中华海员工业联合总会上海支部。

均安公所、焱盈社、联义社等社会团体的骨干力量和会员都十分支持中华海员工会上海支部的成立，均安公所的主要成员是船上的水手。焱盈社是上海海员早期自发建立的群众团体，是早期影响较大的海员组织之一，会员多为船上生火加油的工人，故起名焱盈。1914年成立，拥有会员6000余人。

联义社则是 1913 年成立的社团组织，总部设在"满提高轮"上，成员多为船上管事，组织发展很快，在日本的横滨、美国的旧金山等地都有自己的组织，苏兆征、林伟民、陈权等都有参与筹建。

黄浦江畔公开挂牌领导罢工

初夏的风从黄浦江畔扑面而来，温和中带着凛冽。

筹备工作中重要的一环是选址。

林伟民、朱宝庭、钟筱明等几人站在江畔，看着远处来来往往的货运船只。

"咱们是大海的儿子，我看选址一定要近海。"林伟民建议。

一直走到百老汇路 163 号，一栋坐南朝北的三层楼街面房屋，引起了大家的注意，这房屋正好闲置，交通便利，位置极佳，大小也正合适。

他们眼睛一亮，地址就定在这了。

经过近两个月的筹备，在 1922 年 7 月 2 日这一天，中华海员工业联合总会上海支部在一片鞭炮声中成立了，并且公开挂牌办公，遒劲有力的字体昭示着海员们永不放弃斗争的一颗颗赤子之心。

林伟民、钟筱明担任正副会长，从此，上海海员罢工斗争走向团结化、规模化，成了一支有领导、有组织的先进工人团体代表力量。

整个 7 月，海员在这栋楼里出入频繁，面对剥削压迫不平等，海员打算来一场大罢工。

"看，这是今天早上收到的。"朱宝庭将一封信函放到桌面上，上面有华商轮船局的印章。

无疑，这又是轮船局的拒函。海员已经第四次提出加薪的条件，按照工作时间、工作强度、中外对比，合情合理。可每次遭到的都是拒绝。

"和预想的一样，我们的联合大罢工势在必行！"林伟民看着窗外，热血涌动。

"我们这边已经联络得差不多了，宁绍、同裕、三北、裕丰等 20 多家轮船公司 3000 多名海员都会参加联合罢工行动。就差日期了。"朱宝庭和钟筱明等骨干分子纷纷汇总进展情况。

"就定在 8 月 5 日！我们来个出其不意！"林伟民说。

在几个不眠的夜晚之后，8 月 5 日黎明的曙光已经穿过了江面，这一天的清晨格外安静，没有一艘轮船开工，甚至码头上、货船上没有任何一名工人，急得资方原地打转找不到人，不知道什么情况。

"不加薪拒不开工！""反对剥削、抵制压迫！"……

一句句嘹亮的罢工口号在上海市的大街小巷响起，20 多家轮船公司的 3000 多海员高举条幅，罢工游行，声势浩大，轰动了整个上海滩。

罢工持续了 20 天，华商轮船局犹如热锅上的蚂蚁，再也坐不住了，再不开工损失不可估量！面对罢工和社会各界的压力，轮船局最终被迫增加三成工资，这次联合罢工以胜利告终。

上海支部设立后，先后加入的海员有 2 万多人，饱受压迫的上海海员团结一心，争取自己的权益。1927 年，四一二反革命政变后，海员工会被迫转入地下。也正是这一年，长期战斗在广东、香港等地工人运动一线的林伟民因为繁忙的斗争和艰苦贫困的生活使得腿部结核病恶化，病逝时年仅 40 岁。广州盐船工人冒着极大的危险，集资安葬了他的遗体。全国解放后，他的遗骨移葬于广州银河革命公墓。

1933 年 7 月，中华海员工业联合总会和各地分会宣布解散。中华海员工业联合总会上海支部是在中国共产党领导的大革命洪流中诞生的工人运动组织，为扩大党在上海的力量，奠定了扎实的思想基础和组织基础。

如今，走在黄浦江畔，江风依旧扑面而来，百年前中华海员的怒吼声依稀回荡在江面。今天大名路南浔路口就是当年百老汇路 163 号，依稀可见一幢坐南朝北的三层楼街面房屋，虽为商用，却保存了当年的房屋结构。

大师的履迹

于 析

★
★
★
★
★

郭沫若故居简介：

郭沫若上海故居有两处。

一处位于多伦路（原窦乐安路）201 弄 89 号，坐东朝西两层楼房，老式弄堂，面积 62 平方米。1927 年 11 月至 1928 年 2 月，郭沫若携日籍夫人安娜（佐藤富子）及 4 个孩子居住于此，在此翻译了歌德的名著《浮士德》第一部。该处现为民居。

另一处位于溧阳路（原狄司威路）1269 号，坐北朝南两层楼旧式花园洋房，建筑面积 406 平方米。1946 年 5 月至 1947 年 11 月，郭沫若携夫人于立群居住于此，此处亦是国共两党重要人物的社交场所，邓颖超经常在此招待各界友人。郭沫若在此居住期间翻译了《浮士德》第二部。该处现为民居。

郭沫若（1892—1978），新文化运动巨匠之一，卓越的科学家、文学家和政治活动家。原名郭开贞，四川乐山人。著有《沫若文集》《郭沫若选集》《郭沫若全集》等。

破皮箱里藏珍宝

从武汉发往上海的船到了码头，一个身穿和服的女子提着黑色破皮箱，另一只手抱着一个小女孩，身后跟着 3 个提着行李的半大男孩，几双眼睛迷茫地望着偌大上海滩，一时间不知何去何从。下船的人摩肩接踵，你拥我挤，差点把一个男孩的行李推掉，和服女子则紧紧抱着破皮箱，生怕它落水，因为那里藏着丈夫的"珍宝"。

"富子，富子，我在这里呢！"这时候岸上有人向他们挥手。和服女子领着孩子们走过来。

"您还是叫我中文名字安娜吧。谢谢您的关照。"佐藤富子很有礼貌地鞠躬。来接她的是同乡友人。

"一路辛苦了，我在窦乐安路给你们找好了房子，面积不大，环境也简陋，但房租便宜，周围都是日本侨民，暂时安顿一下吧。"

"真是太感谢您了。"安娜依然紧紧抱着皮箱，友人说帮她提着，她则婉拒了。

很快到了窦乐安路 201 弄 89 号，有几个日本侨民主动和安娜打招呼，这才让她一路提着的心稍微放下点。

安顿下来付了房租，手头上所剩无几，安娜把棉被拿去典当的钱能维持五口人吃几天，容不得休息，她马上找到洗衣服的活计以维持生活。

"妈妈，爸爸什么时候回来呀？"小女儿总是这么问，其实她对爸爸并没有太深的记忆。三个哥哥很懂事，也帮着妈妈糊纸盒，安慰妹妹很快了，很快了。

零活有时候会断，快断粮的时候，大儿子说："妈，要不咱把那皮箱里的东西典当了吧，您就不用这么辛苦了……"

安娜瞥了一眼柜子顶上的破皮箱，摇摇头："儿子，那对爸爸来说很重要。"说完，只听得儿子肚子"咕噜咕噜"响，儿子转身喝了一碗水，不再说典当的事了。

转眼三个多月过去了，一个深秋清晨，有人急急叩响了门。安娜下楼开门，她看到朝思暮想的丈夫出现在门口，一时间泪如泉涌。

"鼎堂，你憔悴了……"安娜心疼地摸着郭沫若的脸颊。

郭沫若一把搂住安娜，一时间想起了北伐战争、南昌起义经历的一切，像一场梦似的，回到家中看到妻子，悲欣交集涌上心头，搂着安娜呜呜咽咽起来。好一阵子，这才释怀。

"蒋介石不还在通缉你么？现在回来安全么？你不是写了一个什么招惹他的东西么？"安娜急切地问道。

"没事没事，我是悄悄回来的，在内山家住了几日，这才来这。"郭沫若说道。

"那你日后少出门露面，多在家里呆着。"安娜忧心说道。

"这段时间真是辛苦你了。"郭沫若心疼地说道。

"我到没事，做些零活，勉强能糊口，只是有时委屈了孩子们。"安娜说到这里也潜然泪下。

"我回来了，以后有我在呢。不会再让你们受苦了。"郭沫若虽然这般安慰妻子，可其实对未来自己心里也充满了诸多不确定，可此刻却心满意足。

简陋的房子里从此多了儿女绕膝，欢声笑语。郭沫若因前几个月写了《请看今日之蒋介石》，揭露了他的清党行为，一直被通缉，如今辗转回到上海也并不能夜夜睡得安稳，面对经济上的拮据，公开抛头露面谋得一份工作实在太危险了，如此处境，让郭沫若想到一个书中的人物：浮士德。

想到这里他立刻起身要拿出旧稿看看。也是这个夜晚，他决定把从前没有翻译完的《浮士德》翻译完，也借此换来生活费。

"我的箱子还在么？"郭沫若问。虽然是深更半夜，可安娜听后立刻拿出来交给丈夫。她一直视若珍宝，如今完璧归赵。

"我的浮士德呀!"郭沫若抱着皮箱,一整颗心都有了着落了。

可当他打开皮箱后心却凉了,手稿、原卷残破不堪,水迹、纸屑,甚至还有蛛网和老鼠屎。这些是在日本时就断断续续翻译的手稿,这些年四处颠沛流离,有不少已经被老鼠啃噬得不成样子,字迹湮黄、残缺不全,其实他早有心理准备,可看到这一幕的时候,心猛地一疼,差点晕厥过去。

安娜递过来一杯温水,好一阵子郭沫若才缓过来。

"罢了罢了。"郭沫若挥挥手,接着俯下身子整理手稿,《浮士德》的初译手稿近一半基本已经没有了。虽然心里惋惜,却也激起心里一种斗志。再翻译一次又如何?重新翻开《浮士德》这书,再读起来,感受却已然不同,这个人物丰满、活跃、有力。一些早年间没有注意到的细枝末节被郭沫若重新勾勒出来。

这个时候合上书,心里已彻底平息刚才的"遗恨",甚至很感谢这次"书灾",让自己重新理解、重新定义了浮士德。郭沫若独自站在窗前,看着远处依稀灯火,想起初次翻译此书到现在近十年的时间,自己一路的经历。此刻,他感恩这些经历,甚至是苦难和挫折,正因为这些让自己对事物的看法、对人生的认知又有了新的境界,因此对《浮士德》的理解也已不同了,他便决定重新再翻译一遍。于内心深处,郭沫若喜欢浮士德这个人物对人生意义的竭力探索,对社会理想的竭力付诸,这和自己的追求有一种精神上的共鸣,因此在翻译的时候,郭沫若也倾注了自己的情感。很多时候,仿佛自己就是浮士德,跳跃的烛火,流墨的笔尖,弥漫的烟味,这些充盈着每一个夜晚。

日复一日,挑灯秉烛,本着对原著的熟悉和全新的理解,半个多月后,郭沫若的二度翻译和润色很快完成,再来看比初次翻译要成熟和满意很多,也许丢失在某些时刻反而成了一件幸事。郭沫若笑了,把书稿交给创造社出版科后便第一时间把这个好消息告诉贪黑起早支持自己的妻子和孩子们。

几日后,妻子收到日本好友花子一家从广州辗转东渡回日的消息,船期正好可在上海留宿一晚。故人相见,家里热闹了许多,这一顿也吃得难得丰盛。

"花子，你好像不太舒服？"郭沫若见她时不时就揉着太阳穴，一副疼痛样子。

"是啊，这几天不知道怎么了，头总是疼，好像得了风寒，幸好就快回家了。"花子说道。

"郭先生不是学过中医，不妨给看看。"花子丈夫桂毓泰说。连日来忙于奔波赶船期也没到医院找大夫。

"好，那我就看看。"郭沫若立刻给花子把脉检查，以为是伤风感冒。次日花子夫妇登船回日，可郭沫若却因此感染了花子的斑疹伤寒，没几日便也头疼脑热，高烧不退，连说胡话。安娜非常着急，虽然蒋介石的通缉令还在，可救人要紧，安娜扶着他连夜到了日本医生石井勇那里，这才确诊。石井勇告诉安娜，斑疹伤寒没有特效药，治愈率不到一半，能不能挺过去就看他的生命力了。

多日来，迷迷糊糊中，安娜听郭沫若说着"苏联苏联"，安娜握着他的手，病梦中的郭沫若还不知道开往海参崴的船已经开走了，不会再有班期了。原本他们是计划全家去苏联避避难的，可惜事与愿违。

等郭沫若脱离危险可以回到家中静养的时候已经是1928年元月了，他零零散散写些散文、诗歌，倒也有闲情逸致。2月初《浮士德》第一部便正式出版了。这时候郭沫若已经萌生翻译第二部的想法。可惜好景不长，2月的某日，朋友来访，匆匆告之此处已经不安全，卫戍司令部已经知道他的所在了，赶紧转移。

此刻去苏联没有船，只能前往日本。一家人匆匆收拾后次日便分两路离开这里，相约汇山码头见面，郭沫若化名南昌大学教授吴诚，前往东京考察教育工作，登上"卢丸"号，安娜和孩子们乘坐"上海丸"，一起去往日本。

这一去，郭沫若还不知道就是十年的漂泊之旅……此刻他心里想的是上海的生活场景，景云里、拉摩斯公寓、咖啡馆……一砖一瓦沾染着离别的气息。

名流荟萃，再续《浮士德》缘

绿树红砖、假山流水、鱼池花圃、木门轩窗，此时初夏将至，阳光和煦，一名男子正在木桌上悠然地写着什么……

微风起，他急忙用镇纸压住手稿。而此时，楼阁上一女子正面带笑容地欣赏着他，在她眼里，他和风景融为一体，成了一幅画。男子伸了个懒腰，一回眸，正好和女子四目相对，两人嫣然一笑。

"鼎堂，吃饭啦。"妻子于立群温柔的声音将郭沫若从文字中拉回现实。他抚摸着妻子隆起的肚子顽皮说道："我猜又是男孩。"

一家人大大小小坐在桌前吃着于立群的拿手好菜，儿女们有说有笑。郭沫若看着窗外，想起这数年来，从香港到广州，从武汉到重庆，如今又来到上海，颠沛流离半生漂泊，战事未停，时局未安，而此刻尚有笑声，弥足珍贵。这让郭沫若又想起浮士德这个人，他的下半场经历的不也是这些嘛，二十年前自己在上海翻译了《浮士德》第一部，如今又是上海，第二部也该走上舞台了，冥冥中郭沫若觉得浮士德的命运和自己的命运有一部分交叠在一起，这让他更想翻译好这部作品。

"爸爸，你在想谁出神呢？"儿子的话打断了郭沫若的思绪。

"我猜又神游在某个大师的作品中吧。"于立群笑着给丈夫夹菜。

"哪有，哪有，我看你们真是子唱母随，我在想把这栋房子改造一下。"郭沫若说，"不然这么大浪费了，多亏了冯乃超给我们租来这么好的地方，在这里写东西事半功倍。我看把一楼彻底改为会客场所挺合适的，够宽敞，连着院子，可以观景戏鱼，喝茶闲叙，来个十五六个好友不成问题。咱们的房间和我的工作室就都安置在二楼，添加一些桌椅、推拉门、榻榻米，不知你们觉得如何啊？"

"好好好，你说了算。等改造完咱们也请些朋友来庆祝一下。"于立群说道，"我这可有明前最新的茶叶呢。"

没多久，洋楼和庭院焕然一新。

这天，冯乃超、胡子婴、史东山、应云卫、赵丹、周璇、陈步高等上海的进步文化名人都来到郭沫若家，聊聊时局、谈谈文化历史，探讨一下未来之出路，郭沫若特意邀请来的还有叶以群，当初在国民党政府打压恐吓下就是叶以群护送郭沫若一家兵分两路乘两趟邮船来到这里安身的。这时候的郭沫若还不知道一年多之后他们离开上海也是叶以群护送的。

自此之后，隔三岔五总有好友过来闲聊，这成了郭家很大的乐趣，渐渐地这里也成了上海民主人士的联络处之一。转眼到了 8 月，这里迎来了一场盛会，邓颖超来到这里招待了文化界名人，20 多人其乐融融，欢聚一堂，那晚的欢声笑语一直持续到深夜。11 月的时候，进步文化人士又在这栋洋楼里为朱德 60 寿辰举行庆祝会，灯光暖暖，笑声飘扬。中共参与"北平军调部"工作的同志向进步人士揭露美蒋假调处、真进攻罪行的招待会以及以宋庆龄名义主办的"募集贫病文化人救济基金的义卖游园会"发起人会议等也都是在这幢洋楼里举行的。

平日里的热闹完全没有影响郭沫若的创作，反倒让他的翻译再创造吸收了更多新东西，一年多下来，《浮士德》第二部翻译顺利完成了。

于立群手捧译稿，高兴地说："浮士德与你之缘恰似你与上海之缘。"

转眼过了一年多，到了 1947 年深秋，白色恐怖的笼罩依然在加深，11 月的某天，叶以群来到这里，告诉郭沫若一家出于安全考虑，这几日准备一下离沪，先到香港暂居一段。

郭沫若望着庭院和屋子里的一切，虽不舍，却也要割舍。走前，他握着叶以群的手深情地说道："你知道么，这一年多我过得很满足、很快乐，我真是舍不得这里啊。"

一花一草一池塘，一砖一瓦一书房，至此含泪相别。

五四思潮下的新阵地

府　天

★
★
★　**《星期评论》编辑部遗址简介**
★
★　如今的自忠路，地处淮海中路商圈，淮海公园、太平桥公园、复兴公园环绕

四周，既有喧闹商场，也有居民住宅，较之百年前法租界白尔路（今太仓路）

的繁华，有过之而无不及。

一百年前，就是在这条自忠路上，如今业已消失在翠湖天地住宅中的三益里

17号一座三层小楼中，最初的《星期评论》编辑部里，曾经汇聚着来自不同

领域的有识之士，为马克思主义的早期传播作出了卓越的贡献。

一、《星期评论》的诞生

1919年6月8日，《星期评论》在上海创刊。最初，它只是《民国日报》的附刊，每周一期，周日出版。编辑部则是在上海爱多亚路（今延安东路）新民里5号，由戴季陶、沈玄庐、孙棣三创刊。

它的订阅方式有两种，一种是附赠给订阅上海《民国日报》的读者，另一种是邮购或订阅，包括海外读者，全年订阅费用为一元大洋。它在全国多

地设立了代理点，其中包括上海、杭州、绍兴、丹阳、成都、长沙、北京、天津等，辐射广，影响大，除了《民国日报》附赠的之外，单独的订阅量一直在不断增加。

戴季陶和沈玄庐作为前期的主编，为该报撰写了大量的文章。而后期，李汉俊挑起了编辑部工作的大梁，因此，三人常被称为《星期评论》的三驾马车。

那时候，报坛最时兴的就是评论。陈独秀和李大钊主办的《每周评论》，毛泽东在长沙创办的《湘江评论》，再加上《星期评论》，极大地影响了五四运动前后的思潮。这当中，《星期评论》地处上海，发行量极高，更吸引了众多文人提笔撰文，前后撰文的作者有 51 人之多。

到了后期，李汉俊主持《星期评论》编辑工作之后，更是引入了陈望道、俞秀松、施存统等人笔耕刊文，由此，《星期评论》的政治倾向日渐鲜明，成为上海宣传马克思主义的主要阵地之一，甚至一度被称为"社会主义刊行品"。

《星期评论》最初宣扬的是改良主义，但由于十月革命的理论与实践广泛传播，其研究渐渐从最初的民主主义，转为对马克思主义的理解和认同，再到后期深入探讨马克思主义这种理论武器。在创刊到终刊这一年时间里，它充分体现出五四运动前后新文化思想领域的变化。

二、一对传奇兄弟和《星期评论》编辑部的搬迁

说起《星期评论》编辑部从爱多亚路新民里 5 号搬迁到白尔路三益里 17 号，不得不提到一对传奇的同胞兄弟，那就是李书城和李汉俊。

李书城，同盟会元老之一，近代民主革命家，无论反清还是讨袁，又或者是后来的反对蒋介石独裁，他都是急先锋，新中国建立之后，他也曾担任农业部长。

　　李汉俊，中国共产党和中国社会主义青年团的主要创始人之一，中国最早的马克思主义启蒙者之一，虽然一度因为和陈独秀的分歧而脱党，但自始至终积极投身革命洪流，于 1927 年被杀害。

　　兄弟俩出生于清末，却先后东渡日本，接受西方思想的熏陶，归国之后，他们不遗余力地宣传所学，发展同志，在各自的领域作出了杰出贡献。

　　如今位于上海兴业路 76 号的中共一大会址，便是李书城在上海的旧居望志路 106 号、108 号。然而，鲜为人知的是，李书城将位于白尔路三益里 17 号的旧居腾挪给《星期评论》编辑部之后，这才搬迁到望志路。

　　1918 年，李汉俊从日本毕业归国，其中有一段时间就住在兄长李书城位于三益里 17 号的家中。虽然李书城的妻子甘世瑜已经于 1917 年去世，但此时的李书城家依旧人口众多。住在这里的有李书城的母亲王氏，长女李声歆、次女李声謤、次子李声茂，在日本留学的长子李声华也常常在暑假回国探亲。而在李汉俊从日本回来之前，他的妻子陈氏以及两个孩子李声簧、李声馥也住在这里。再加上厨师、娘姨（女佣），十几口人把三益里 17 号填得满满当当。

　　转眼到了 1920 年春，李汉俊的妻子陈氏也因病去世。王氏打算带着孙子孙女回乡办理丈夫李金的丧事，李汉俊也要回乡葬妻。而此时的李书城，因为家中人口减少，再加上戎马半生，积蓄所剩无几，而且他一向倾其所有资助李汉俊的各种革命活动，因此三益里 17 号这座三楼三底的宽敞宅院，就显得有些开销过大了。

　　三益里 17 号是英商泰利洋行的资产，按照当时的租界政策，申请租界内土地，必须由外籍人士出面申请，因此泰利洋行的老板白兰泰坐拥众多洋房，三益里 17 号这座洋房，每月的租金高达七八十元，价格不菲。

　　为了节省开销，再加上《星期评论》的蒸蒸日上，编辑部不但工作日渐繁重，而且还吸引了众多进步青年前来拜访。一来二去，新民里 5 号便显得有些局促，李书城就想到，不如自己从三益里 17 号搬到二楼二底的望志路，由《星期评论》编辑部租用三益里 17 号。如此一拍即合，《星期评论》编辑部最终搬迁。

三、进步青年和进步思想的摇篮

1920 年春，满身疲惫的施存统从北京来到上海。他满心期望地参与了"北京工读互助团"，但不到两个月，他寄予厚望的第一组就以解散告终。而其中缘由，虽然包括胡适、陈独秀等各方人士在各种报纸杂志上多方争论，但年轻的施存统却有自己的看法。

本来，他打算去福建投奔思想上倾向社会主义的陈炯明，但来到上海，因为一直阅读《星期评论》，他第一时间想到的，就是拜访《星期评论》编辑部。

一身长衫，风尘仆仆的他提着皮箱来到三益里 17 号时，迎接他的正是同样曾经参加过"北京工读互助团"的俞秀松。在参加互助团时，出身富家子弟的俞秀松比施存统更加激进，甚至在离家出走之后，一度给家中寄去了决裂信，认为如此方可以展望新生活。

如今，两人在异地他乡的《星期评论》编辑部重逢，握手之后，明明有千般话语在心头，却偏偏不知道如何开口。最终，俞秀松没有说大道理，而是热情地为施存统引荐了编辑部中的其他人。

俞秀松一再表示，在此工作的男女 14 人，"主张都极彻底，我实在还算不得什么"。但是，哪怕在这样和谐融洽的氛围之中，对于之前北京那失败的工读耿耿于怀的俞秀松，却最终决定，自己要去工厂。而他也说到做到，同年 4 月就进了厚生铁厂，一面工作，一面给工人讲课，宣扬革命道理，同时，他也不时回《星期评论》编辑部，发表文章的同时，也做一些评点工作。

对于好友的选择，身体病弱的施存统非常支持。他甚至遗憾，自己因病而不能同进工厂，但是，他却依旧决定用实际行动来实践自己的理想。于是，虽然一个在工厂，一个在编辑部，俞秀松和施存统两人却默契地撰文，用笔杆子在旧时代写下新篇章。

对于"北京工读互助团"的失败，戴季陶在《星期评论》上撰文指出，这是因为财产私有、大机器化生产以及资本化社会。参加者劳动时间少，因此失败是注定的。而他提出的解决手段，是投身于资本家的工厂，靠劳动者的团结与奋斗来解决难题。

而戴季陶发表文章的同一期《星期评论》上，作为后辈的施存统和俞秀松，却并没有被前辈的态度折服，两人用正文和附记的形式，旗帜鲜明地阐明了他们的态度——要改造社会，需得是全面的改造，而不是枝枝节节的改造。社会没有改造前，不能体验新生活。

然而，当时文化领域思想开放，施存统的激进态度，并没有激怒戴季陶，恰恰相反，戴季陶非常欣赏施存统，而且阴差阳错的是，日后走上了反革命道路的戴季陶，此时却成了施存统走上学习马克思主义思想道路的引路人。同时也是戴季陶慷慨资助，这才有了施存统的东渡日本之行——而施存统因为宣扬马克思主义思想而被日本当局驱逐出境，回国后和俞秀松等有志之士一起创立并主持社会主义青年团，这就是后话了。

当时，在三益里 17 号的《星期评论》编辑部中，施存统、俞秀松、杨之华、沈仲九、刘大白、丁宝林、邵力子、陈望道……各式各样的进步青年汇聚一堂，思想碰撞的火花，化成了《星期评论》上一篇篇壮怀激烈的文章。陈望道甚至因戴季陶之请，翻译《共产党宣言》，一度准备在《星期评论》上发表此文。

正是在这里，众多进步青年得到了成长，而《星期评论》宣扬的马克思主义思想，也将青年学生以及知识分子中思想进步的那一批人筛选了出来，形成一个先进群体，为日后马克思主义思想的进一步传播奠定了基础。

四、黯然谢幕

1920 年 6 月 6 日，《星期评论》在最后一期发表了《星期评论刊行中止的宣言》。停刊的缘由，一是北洋政府的阻挠和破坏，二是编辑们自陈缺乏知识，打算致力于学术的研究。此时，戴季陶正因为孙中山的力邀而打算南下赴粤，由于他在当时文化思想界的声望，虽然力邀陈望道主持编辑部工作，但最终《星期评论》还是终止了发行，总共 53 期。

而三益里 17 号的《星期评论》编辑部，也最终黯然谢幕。虽然存在不过短短一年，但它依旧在历史上写下了浓墨重彩的一笔。

从《红旗》到《红旗周报》，红色旗帜永不倒！

——记中共中央《红旗》秘密印刷所遗址

府　天

★
★
★　**中共中央《红旗》秘密印刷所遗址简介**
★
★　东大名路位于虹口区东南部，最初名百老汇路，为上海公共租界工部局修筑。

这是一条总长不过两公里的马路，当年曾经因为靠近滨江地区，不时能够听到高亢的码头号子，然而却少有人知道，在上海曾经最黑暗的时期，在东大名路 1180 号的一处秘密印刷所中，一册册精心印刷后却又改头换面的《红旗周报》流往全国各地。

20 世纪二三十年代，上海的红色印刷出版业曾经无数次遭到敌人破坏，然而，野火烧不尽，春风吹又生，它犹如坚韧的绿草，最终覆盖了中国广袤的国土；犹如鲜明的旗帜，指引着广大革命者和群众前进的方向；犹如胜利的号角，告知人们黑暗终将过去，光明即将到来。

从《红旗》到《红旗周报》

自从 1922 年，中共中央发行了第一份机关报《向导》之后，由于屡遭查禁和破坏，《向导》《前锋》《热血日报》《布尔塞维克》《红旗》……一份份中共中央机关刊物和机关报就犹如接力棒一般，火热面世。尽管在敌人的破坏和打击下，众多红色报刊不得不在中途黯然停刊，但它们将革命的理念和信念传递给了后人。

1928 年 11 月 20 日，中共中央宣传部在上海创办了《红旗》，最初为周报，主编为谢觉哉。1929 年 6 月改为三日报。1930 年 8 月 15 日，《红旗》与中共江苏省委主办的《上海报》合并，改为《红旗日报》。然而，在《红旗日报》大受欢迎的同时，各大反动势力的反扑却从未有一刻停止过。《红旗日报》印刷所屡次遭到敌人破坏，出版环境异常恶劣，不得不停刊。

在这种情况下，中共中央宣传部长张闻天根据宣传形势的需要，决定调整党报的形式，将《红旗日报》改为《红旗周报》。1931 年 3 月 9 日发行第 1 期，第 1—9 期为 8 开版，第 10 期开始改成了刊物形式，为 32 开版。即便将印刷和发行从每日一次改成每周一次，秘密印刷所仍旧屡遭查禁，步履维艰，负责印刷的共产党人不断和敌人斗智斗勇，谱写了一段红色出版印刷史上的传奇。

不断搬迁的印刷所

印刷是报刊出版发行的重中之重。然而，在曾经号称远东明珠、舆论自由的上海，印刷红色刊物却依旧会受到租界和政府的双重查禁和阻挠。在最初没有印刷条件的时候，印刷靠的是共产党员亲自联系私人小印刷所，但随着各种报刊发行量越来越大，组建自己的印刷出版部门便成了迫在眉睫的大事。

1923 年中共三大结束之后，中央局从广州迁至上海，为了扩大宣传，中共中央决定派罗章龙、徐白民、恽代英等人组建出版委员会。徐白民的上海书店，一度成了一个红色窗口，无数进步青年纷纷来此寻觅他们的指路明灯。

然而，需求量的激增，也使得印刷所的压力不断增加。而印刷机器的噪音极大，很容易被人察觉。因此，不断转移，就成了秘密印刷所的家常便饭。从第一座自己的印刷所——国华印刷所开始，1925 年到 1926 年短短的时间，负责印刷众多机关刊物和报纸的印刷所就不得不搬了 6 次家。此后，印刷所更是如同打游击战一般东躲西藏，在最艰难的条件下挣扎求存。

每次印刷所的搬家都是一桩劳心劳力的大事。因为往往旧的印刷所暴露，新的印刷所却还未找到，印刷机和相关设备不得不先搬进一个秘密的地下转移站，如果遇到特殊情况，甚至还要辗转好几个地方才能运进新的印刷所。印刷机体积庞大，为了不引起敌人注意，要拆散装箱，用板车装运，地下交通员等则是随车保护。而排字的铅字则更是要分批运输，装进木箱或者藤箱，由交通员假装旅行结束提进新的印刷所。

1927 年之后，白色恐怖笼罩上海，印刷所的处境更加艰险。1931 年张闻天接手宣传工作之后，党中央设在虹口庄源大弄的秘密印刷所遭到破坏，他便派可靠的同志租下了东百老汇路（今东大名路）1180 号，建立了《红旗周报》地下印刷所。

改头换面的《红旗周报》

清晨，东百老汇路 1180 号一座临街的单开间三层楼房门口，烟杂店"萃丰祥"的伙计打着呵欠打开门板，仿佛是正准备开门做生意。柜台后的货架上，香烟、笔墨、纸张、袜子、手绢、纽扣、香脂、热水瓶等小百货一应俱全。柜台一角还有不少书报，仿佛是连书报生意也一块兼营了，最上面一份赫然是国民党的机关报《中央日报》，店主俨然是政府的忠实拥趸。

不但如此，门口的木质招牌上还挂着兑换银钞的标志。从表面上看，这似乎只是老上海再平常不过的，连兑换钞票和银圆都兼营的一家小烟杂店。

二楼用隔板隔开的卧室里，两张床上收拾得干干净净，是老板以及伙计的卧室，还有个小阳台。而三楼就显得杂乱多了，到处都堆着各色杂物。然而，在一个高柜子后方，却隐藏着一个小小的印刷所，排字架，圆盘印刷机，麻雀虽小五脏俱全。而为了避免印刷产生的声响，从地板到墙壁，全都包上了一层厚厚的棉毯用来隔音，窗户在夏天也从来都不打开。每当白天马路上声响最大的时候，也是这里的印刷机开足马力工作的时候。

因为这个秘密印刷所涉及党的宣传战线，除上级负责同志和交通员外，其他共产党员全都不知道此地。而"萃丰祥"是印刷所对外的掩护，除却邻近街坊常常来这里买点小商品，送货才是烟杂店主营的业务。送各种小杂货也只是掩护，将印刷好的书报送走才是真正的目的。

这一天开店之后，扮成老板的中共党员王中照例打包了一大摞刚刚印制好的《红旗周报》，骑上自行车开始了送货。虽然有些奢侈，但相比乘坐电车，又或者靠两条腿走路，这是最方便快捷的运送方式。

叮铃铃的铃声在路上响起，他看上去仿佛和其他骑自行车的人没有任何不同。偶尔遇到路上那些巡捕又或者警察的时候，镇定自若的他还会点头哈腰表示敬意。

然而，这一天注定不太顺利，因为他刚刚把一大摞《红旗周报》送到一家相熟的思想较为进步的小书店，就遇到了巡捕例行检查。他不但没有退后，反而主动迎了上去。

"新出的《时时周报》，您要不要来一份？"

巡捕随意翻了翻，发现一大摞全都是封面一模一样的《时时周报》，封面背后甚至还印着"中央党部宣传部特准发行的几部新书"。他随手翻开上面几份，发现确实无误，就自顾自地继续去抽查别的书报。而他这才将一大摞报纸交给了相熟的店主，发现是《时时周报》，对方顿时会心一笑。

而等到巡捕离开，店主这才打趣道："之前几期不是《实业周报》吗？

怎么就突然改成《时时周报》了？"

对于这样的调侃，他憨厚一笑，一切尽在不言中。

在窃取了大革命胜利成果之后，国民党采取了文化专制措施，1930年颁布《出版法》，次年10月又制定《出版法施行细则二十五条》，1932年11月，国民党中央宣传部又颁布《宣传品审查标准》。这也就意味着，所有宣传共产主义的统统被批为"反动"，一切图书杂志在付印前，必须将稿本送到国民党宣传部图书杂志审查委员会审查，否则就要予以处分。

《红旗周报》的第1—9期，都是以报纸形式印刷出版的，但因为报纸目标太大，而且难以伪装，在当局严厉的查禁下，也为了蒙蔽敌人，《红旗周报》从第10期改成刊物形式出版。印刷所就开动脑筋，想方设法弄到其他刊物的封面，对《红旗周报》进行伪装。

之前店主说的《实业周报》，就是《红旗周报》从第10—17期的封面，不但印有"上海实业周报社出版"，甚至还煞有介事地注有"中华邮政特准挂号认为新闻纸类"字样，俨然具有极高的合法性。而眼下，曾经的《实业周报》摇身一变，又变成了《时时周报》。

一周之后，当王中再次来送《红旗周报》时，《时时周报》的封面却又不见了。原来，第19—22期的《红旗周报》，再次变成《实业周报》，而第23—25期则变回《时时周报》，第26期又改回《实业周报》。

用这两种刊物作为封面伪装，印刷发行了17期周报之后，为了让敌人抓不准规律，就如同后来游击战的精髓打一枪换一个地方，《红旗周报》连续三期，也就是第27、28、29期，采用了《平民》作为封面和封底。

在接下来的印刷出版中，《红旗周报》印刷所的共产党人竭尽全力地利用所有资源，先后采用了《现代生活》《新生活》《大潮》《摩登生活》《现代文艺》等，甚至运用过月里嫦娥牙膏的广告当作封面，以及借用《佛学研究》这样的冷门名头。在借用《新医药刊》作为伪装出版第63期《红旗周报》时，还刊登了新医药刊的目录。

1934 年 3 月 1 日第 64 期《红旗周报》，用的是《建筑界》杂志的封面，注明"中国建筑学会"出版，这也是最后一期《红旗周报》。

这些封面用各种各样的图画和宣传作为假象，骗过了敌人的检查，为《红旗周报》的顺利印刷发行创造了难能可贵的机会。

于是，上海的进步书店中，开往外埠的火车轮船上，一份份改头换面的《红旗周报》以各种各样的伪装，流入到全国各地无数进步青年的手中，为他们带去了燎原火种，指路明灯。红色旗帜，并没有随着《红旗周报》的停刊而倒下，而是传递给了更多的人！

印刷所的前世今生

以"萃丰祥"作为掩护的东大名路 1180 号《红旗周报》秘密印刷所，其存世的时间并没有《红旗周报》这么长。据称，1931 年底，因为党中央出版负责人失踪，党中央不得不决定撤销这个秘密印刷所，转移到其他地方。

此后，齐物浦路元兴里（今安国路口）146—148 号、梅白克路（今新昌路 99 号）、麦特赫斯脱路（今泰兴路）386 号、武定路 181 弄 12—14 号、北京西路张家宅路 73 弄 48 号等地，全都留下了党中央秘密印刷所的足迹。

如今，这些地方或被拆除，或成为民居，或改为商店。无数红色战线上的先烈冒着千难万险、前赴后继的牺牲，终究换来了如今人们的平静生活。

谁是叛徒？

——中山旅社事件旧址

三　蛊

★
★
★
★
★

中山旅社事件旧址简介

据有限的文献资料记载，龙华二十四烈士被捕地点之一的中山旅社，位于旧上海公共租界天津路 275 号，今天津路 480 号。

在这里，龙华二十四烈士中的何孟雄、阿刚、蔡伯真、欧阳立安、伍仲文等因叛徒告密，被国民党军警逮捕。

　　1931 年 1 月 19 日上午，17 名共产党员被押到江苏省高等法院第二分院刑庭，一场特殊的审判秘密开庭。何孟雄心里十分清楚，与他并排站在被告席上的所有人有着一个共同点，都是给刚刚召开的中共六届四中全会提意见的同志。何孟雄抬头望了望林育南（林彪的堂兄），林育南也正注视着他，从林育南的眼中，何孟雄读出了一个问号和一个惊叹号，问号是，"这究竟是怎么回事？"惊叹号为何意，他心中暂且无解。

　　庭审开始，首先由工部局的律师甘镜光报告逮捕过程。随后西探福特报告：在东方旅社搜出共产党文件，从第三个被告（即林育南）身上搜出一包重要的东西。华探报告：东方旅社的房间是李云卿开的，中山旅社的房间是王君明开的。侦缉员做补充说明：本案是市党部报的，17 日、18 日共产党有重要会议……

　　听到这里，何孟雄倒吸一口凉气，这才读懂方才林育南眼中的那个惊叹号。根据西探、华探、侦缉员的陈述，基本能够判定，"我们中间出了叛徒！"他环顾四周，在心里默默清点着人数，身在庭上，却开始担忧起外边同志的安危。

　　如他所料，外边的搜捕仍在持续展开。就在庭审当时，敌人正在搜查华通书店，把郑襄阁的脑袋死死摁在柜台上，长达二十分钟，直到搜查完毕，将他头一蒙就给押走了。近午时分，江苏省委宣传部秘书李宜兹（即李初梨）不知机关已遭破坏，赶到沪东区委书记罗铁成家里，向他传达江苏省委精神，刚一进门，两名包打听（密探）突然从门后闪出，反剪双臂将其带走。但何孟雄万万没有料到自己会祸及家人，敌人搜查了他家，逮捕了他的妻子、妻妹和两个孩子，正巧遇见上门联系工作的张诗人，便顺手一道掳走。同日，就连刚从南京赶来上海的南京市委书记恽雨棠、李文夫妇也被逮捕了……几乎同时，费达夫等人也被捕了……外边的，加上庭上的，里外共计 36 人被捕。在这场暗无天日的所谓庭审结束之后，36 人被集中关押在警察局。

　　监牢之中，十几天来所发生的事在何孟雄的脑中反复放映……

　　1 月 7 日，在共产国际东方部副部长米夫的一手推动下，中共中央在上海举行六届四中全会，会前秘而不宣，很多人是突然接到通知的，以为是召开紧急会议，到宣布开会时才知开的是四中全会。

　　因持有不同观点，候补中央委员林育南等人被排除在全会之外，并规定出席会议的非中央委员与中央委员享有同等的表决权。在这种情况下以一票之差通过了四中全会决议，空头理论家王明被选为中央委员、政治局委员，夺取了党中央领导权。

　　但党内许多同志都反对王明路线，其中就包括江苏省委以何孟雄为首的一批同志，全国总工会党团、"苏准会"以林育南和李求实为首的一批同志。接下来数日，何孟雄与林育南、李求实走得很近，渐渐摸清了其他同志对全会的看法。

1月13日，共产国际代表米夫等人在静安寺路一幢花园别墅内召集那些在四中全会上持不同观点的同志开会（后被称为"花园会议"）。会后，与会者都被扣上了"右派""托派"等帽子，遭到无情打击，其中就包括林育南、何孟雄、李求实等骨干。自此党内走向分裂。

何孟雄跟林育南说："很显然，早有密谋，全会被米夫操纵了，王明连中央委员都不是，而且严重缺乏斗争实践。"何孟雄没有说错，出席会议的成员是经米夫和王明精心挑选的，中央委员22人，非中央委员15人，共产国际代表2人，米夫本人却反而没到会。这次会议接受了新的"左"倾路线，王明在中央领导机关内大获全胜。

经林育南、何孟雄、李求实等人秘密磋商，决定召开一次会议，研究反对王明的办法。会议决定分为两组，林育南一组在东方旅社，何孟雄一组在中山旅社。借着1月17日即将召开的为期两天的上海各级党组织贯彻六届四中全会精神的分头会议，他们把分设在东方旅社和中山旅社的两场"会中会"安排在了17日下午。

1月17日，中央政治局的同志和共产国际的代表出席了全国总工会党团会议，面对全总党团上下不绝于耳的质疑声与反对声，米夫讲了话，竭力说服大家支持四中全会，结果无功而返。

沪东区华德路小学支部召开支部大会，也作出了反对四中全会的决议，米夫派来参加会议的区委干部一怒之下当场宣布解散支部大会，引发大会更为激烈的争论与一片不满情绪。目光转向江苏省委这边，何孟雄在常委会上刚刚传达完四中全会文件，会上立即分为对立的两派，有拥护的，也有反对的，但情势较之其他会场稍显温和一些，至少不是一边倒的反对声。也正因如此，江苏省委的会场最为波澜不惊。

但谁都没想到，下午 1 点 40 分，就在东方旅社和中山旅社的两场"会中会"秘密召开之际，国民党的大搜捕正式开始了，出动了警车和大批军警、特务、西捕，迅速包围租界内的东方旅社，在 31 号房间逮捕了林育南、李云卿、苏铁、柔石、殷夫、冯铿、刘后春（即彭砚耕）、胡也频 8 位同志，把他们押上警车带走，并且留下特务蹲点，守候"落网之鱼"。从东方旅社出来，军警又直扑天津路 275 号中山旅社 6 号房间，逮捕了伍仲文、蔡伯真、阿刚、欧阳立安 4 位同志。如法炮制，把人押走后，仍留人蹲点守候。

傍晚，何孟雄在中山旅社被捕。晚上 11 点半，大批军警又包围了华德路鸿运坊 152 号，从房间里搜出"左联"的文件，逮捕了房主汤士德和他的爱人王孙氏（化名），并从房中搜出一封留有地址的信，按图索骥逮捕了费达夫和王小妹。次日凌晨 1 点，军警又在昆明路逮捕了汤士德的哥哥汤士伦。早餐时间，李求实也被捕了。深夜 11 点，党领导的外围组织互济会干部陈铁如在武昌路 650 号被捕……

何孟雄回想自己被捕时的情景。他是在下午会议期间被林育南派来的一位同志叫走的，那位同志从东方旅社的会场而来，何孟雄知道林育南有话要捎给他，便带这位同志去了一条街外的一间茶馆坐下细谈，等他归来已近傍晚。中山旅社的规模不大，但走廊很直很深，他们的会场设于走廊尽头的 6 号房间。

当长期从事地下工作的何孟雄返回中山旅社时，异常的安静引起他的警觉，他故意先去敲 7 号房间的门，借此听听 6 号房内有什么动静。但不巧正遇负责蹲点的特务从 6 号房间出来，看见何孟雄的一刹那本能地从腰间拔出枪来指向他，紧接着另一名特务也从房中跟出来。中山旅社的走廊长且明亮，无处躲藏更难以逃脱的何孟雄就这样被带走。

叛徒究竟是谁？林育南派来的那位同志没有被捕，但假如真是此人，为何不就地一网打尽而要事后守株待兔，再将他拿下呢？这说不通。

他突然又想到，恽雨棠夫妇和汤士伦的被捕都能与《红旗报》记者、交通员王掘夫（又名唐禹、唐虞）扯上关系。恽雨棠在住地被捕，其住址只有他和王拙夫两人知道，汤士伦被捕也类似。如此看来王拙夫似乎有着较大的叛变嫌疑。但此人仅为党的普通干部，不掌握多个组织系统的关系，不大可能为敌人"一网打尽"的部署提供如此全面的线索。因为党的秘密工作有严格规定，系统与系统之间，支部与支部之间，只有上下级单线联系，而少有横向关联，类似于他与林育南这般特殊的关系少之又少，如此一旦出现叛徒，可将破坏性降至最低。

以林育南、何孟雄、李求实为代表的 36 名被捕同志分属不同的组织系统，但如今他们同时被捕，那就只剩下一种可能性：叛徒出在上层领导中。想到这一层，何孟雄出了一身冷汗。

中央对狱中的同志十分关心，派人以家属名义探监，并指示"互济会"给他们送去衣服、药品和钱。在林育南的提议下，36 名同志表达忠诚的方式十分特别，他们在牢墙上画了一面红旗，依此将自己的名字写在上面，最后，何孟雄咬破食指，血书"誓死不屈"四个大字。

1 月 23 日，对于在押的 36 名共产党员来说是一场严峻的考验。他们最后一次被集中审讯，严刑拷打，但仍无一人屈服。这天下午，警察局内戒备森严，如临大敌，国民党军警荷枪实弹押着 36 位遍体鳞伤的同志（29 男 7 女）上了警车，何孟雄身边还有两个未成年的孩子，他搂着他们说，"好孩子，莫怕，无论看见什么，听见什么，把眼闭起来，再睁开时，一切都过去了。"车门关闭的一刻，警车发动，外面响起刺耳的军号声，同志们以为最后的时刻已经到来，手拉手喊起了口号，军号声没吓着孩子，这一喊，倒是把两个孩子给吓哭了。警车实际上是把他们从南市转移至龙华警备司令部。

2 月 7 日晚，看守长亲自带人点名，点完一间号子便锁上一间。何孟雄把两个孩子拉到身边，笑着对他们说："爸爸要去一个很远的地方，要去很长时间，等爸爸回家的时候，你们可能已经长大了，不要怕，想爸爸的时候就让妈妈带你们看星星，要是看见星星眨眼了，那就代表爸爸也想你们了。"

果然，一切将终结于今夜。包括林育南、何孟雄、李求实在内的 24 人排成一行走向刑场，脚下铁镣划破寂夜。他们过了一座小桥，又被编成两排，赤脚站在雪地里，行刑队则躲在一间黑屋中，从窗口伸出枪来。枪响得太突然，第一排来不及做任何反应就倒下了，可林育南、何孟雄、李求实所在的第二排非但没有躲，竟还顶着密集的枪弹集体朝前走，似一堵移动的坚墙。那是神奇的几秒钟，行刑队停止了射击，全体持枪愣在黑屋中，扣不下扳机。这是年轻的刽子手们前所未见的奇迹——生命的奇迹——信念铸就的血肉之躯所创造的奇迹。但最终，他们还是倒在了敌人的枪口下。

24 名烈士就义后，中共创办的《红旗报》等报刊发布了消息，"左联"等进步团体也谴责国民党反动派的野蛮罪行，并呼吁国际革命团体的声援。

1933 年，鲁迅在《为了忘却的记念》中写道："在一个深夜里，我站在客栈的院子中，周围是堆着的破烂的什物；人们都睡觉了，连我的女人和孩子。我沉重的感到我失掉了很好的朋友，中国失掉了很好的青年，我在悲愤中沉静下去了，然而积习却从沉静中抬起头来，凑成了这样的几句：惯于长夜过春时，挈妇将雏鬓有丝。梦里依稀慈母泪，城头变幻大王旗。忍看朋辈成新鬼，怒向刀丛觅小诗。吟罢低眉无写处，月光如水照缁衣。"此文是鲁迅为纪念龙华二十四烈士中的"左联"五烈士柔石、胡也频、殷夫、李伟森、冯铿而作。

新中国成立后，人民政府从龙华警备司令部旧址挖出 18 具完整遗骨及数具零碎遗骨，移葬在烈士陵园，并树立了庄严的纪念碑。

在如今上海的版图上再也找不到中山旅社的任何痕迹，但中山旅社无疑将会与烈士的名字一道永存于后人的记忆。

拔掉那颗虎牙

——七号桥碉堡

三蛊

★
★★
★★★
★★★★
★★★★★

【漕宝路七号桥碉堡遗址简介】

七号桥碉堡遗址位于漕宝路七号桥东侧闵行文化公园内。抗日战争时期，这里曾发生抗日武装歼灭敌伪军的战斗。解放战争时期，国民党在此建了 34 座碉堡，人民解放军进军大上海途中在此与国民党守军血战三昼夜才打开上海西大门。

"必须拔掉这颗虎牙，除掉李英杰，不惜一切代价！"新四军支队长朱亚明斩钉截铁地跟中共党员老李说，转而面向指导员："全员备战！午夜发起进攻，拿下碉堡。"他整了整腰间的武装带，尽管它已经不能更端正。他说的"这颗虎牙"正是七宝的七号桥碉堡，而这一天是日本宣布无条件投降后的第五天——1945 年 8 月 19 日。在这个月月初的七八天里，李英杰的日伪旧部，以七号桥碉堡为据点，多次倾巢而出，对朱亚明的部队发起突袭。

早在抗战胜利前，七号桥碉堡已臭名昭著。

七宝位于日伪"清乡"封锁线西侧，上海市内所需的粮、棉、油等物资，很大一部分要经过七宝偷运进去。因而日军盯上了这条运输补给生命线，在漕宝路七号桥设下了"检问所"，并在桥东堍南侧建了一座两层砖碉，驻扎一小队日军，养了 5 条狼狗，还以李英杰为首配有一批伪军和两个翻译。这里一度成为"清乡"封锁线的重要卡子。

这个卡子几乎把运输线拦腰截断，逼得"跑单帮"的穷苦百姓为了生计铤而走险，被抓后遭严刑拷打，许多上海市民惨死在日伪军的刺刀和子弹下，更有数十名妇女先后受辱。一时间，七号桥碉堡成了人间地狱，恶贯满盈的李英杰更是狐假虎威，为害一方，朱亚明早已切齿拊心，欲除之而后快。

抗战刚结束，汉奸李英杰急转风向，率部摇身一变成了"国军"，凭借固若金汤的碉堡，妄图雄踞上海的西南门户七宝。

1945 年 8 月 19 日，阴，入夜后不见星月，正是天赐的夜袭良机。

深夜，老李从桥西发来信号——三声蛙叫，潜伏在 50 米开外的朱亚明便知桥东值夜的哨兵共有三人，碉堡和哨卡都位于七号桥东侧，若此时号令身后战士渡桥，没有把握同时拿下三名哨兵且不打草惊蛇，更为关键的是，老李曾说起过，哨卡的岗亭里应该还有一名哨兵，只要稍稍一抬手就能拉响警报。

朱亚明没有轻举妄动，按照事先部署，他把全部战士一分为二，兵分两路沿浦汇塘西岸向南北两个方向进发一里，趁着夜色越过浦汇塘，剪断铁丝网，来到东岸，再从南北两边向中间合拢，迂回到岗哨的背后。

北侧突前的 6 名战士闪电般手刃 4 名敌方哨兵，然后与大部队会合，在朱亚明的带领下匍匐前进，试图对碉堡形成包围圈，几名冲锋战士已将成捆的手榴弹死死地抱在怀中。探照灯毫无规律地向四面八方扫视，借着荒草的掩护，他们推进得很慢，但很顺利。

据老李的查探，营房在碉堡的背后，呈凹形的平房，朝西开口，碉堡在其开口处，真的如虎牙一般存在着。营房里睡着高度警觉的百余名士兵，每夜枕戈而眠。营房前一块空旷的操场，是直捣营房的必经之地。

朱亚明之所以敢以少打多，全凭夜间偷袭的优势，假如绕过碉堡，先攻敌人最薄弱的营房，他们必将处于危险境地。那碉堡上下两层，四面八方都有射击孔，朝向营房方向至少有三个，即使能打掉探照灯，他们也很难穿越那片空地，没有人能躲开机枪的扫射。

所以，这一仗唯一的打法是先以最快的速度拔掉虎牙，摧毁碉堡，再向营房发起冲锋，争取让敌人直接在梦中见"阎王"。

但百密一疏，推进到距碉堡不足 10 米的地方，朱亚明最担心的事情发生了，此时营房外的空地上狼狗狂吠，紧接着传来士兵的吼叫声。他们被发现了。

朱亚明早有预案，临危不乱，举枪打掉碉堡上的探照灯，命令冲锋队从三个方向同时冲击碉堡，他则带领其余战士绕过碉堡向营房迅速挺进。随着碉堡内传来的一声闷爆，朱亚明知道冲锋队得手了，碉堡第一层哑了火，但第二层的东西两侧仍吐着火舌。朱亚明对碉堡的内部结构并不熟悉，他没想到经过刚才那一爆，上层竟然毫发无损。

远远地，他看见已经有黑影从营房内蹿出来，不能再等了，他大吼一声，"冲啊！"战士们跟在朱亚明的身后，向营房发起冲锋。在穿越空地的时候，他听到身后有人倒下，他没有回头，边跑边射击，把那些刚从营房里冒出头来的士兵击退回去。敌人只听到外面冲天的喊杀声，并不知道有多少人，因而大多数守在营房内不敢出来。

按照原先的部署，趁其不备关门打狗已经不可能，眼下只能啃硬骨头了，不是你死就是我活。身后再次传来闷爆声，朱亚明暗喜，这回虎牙彻底被拔掉了，接下来只要集中火力，以寡敌众，彻底消灭对方百余名士兵。

眼下的形势对朱亚明依然有利，尽管他们暴露在空地上，但为了炸碉堡，他们带来了足够的手榴弹。朱亚明下令投弹，一轮又一轮，掷向南东西三排营房，几十颗手榴弹下去，火光冲天，此起彼伏，近半营房坍塌了。

退无可退的敌人红了眼，纷纷从门里、废墟中冲出来，喊杀声一片，朝向暗夜漫无目的地疯狂射击。空地上没有任何屏障，当前排敌人倒下后，便成了后排的屏障。

营房毕竟不是为了在空地上展开实战而设计的，刚冲出来的敌人几乎陷入了南北营房自相残杀，而朱亚明和队友们则被夹在中间靠后的位置无法再推进。

毕竟兵力悬殊，这么相持下去，一旦被敌人从身后收口包围，弹药耗尽，后果将不堪设想。朱亚明当机立断，下令退回凹口，以碉堡为掩护与敌人展开阵地战。

在撤退途中，又有两名战士中弹牺牲，朱亚明的右臂也被流弹击穿，血流不止，在全队人马退至碉堡后，他扯下绑腿给自己做了简单的包扎。

打打停停，战斗持续了3个小时，弹药即将耗尽，我军越来越难以扩大战果，眼看已近拂晓，再不撤退，此战必将迎来败局……

这次战役新四军虽然没有取得彻底的决定性的胜利，但重创了敌人，共计歼敌28人，伤者10余人，更为大快人心的是，大汉奸李英杰衣冠不整地死在营房的废墟之下。新四军方面，除了朱亚明英勇负伤，另有5名战士光荣牺牲。

3年后，国民党政府已面临彻底崩溃，为了"保卫京沪杭"，京沪警备司令部工兵指挥部在上海市郊构筑大批工事。1949年1月，国民党上海守将汤恩伯为了固守上海，又在近郊大肆修筑碉堡防御体系，以钢骨水泥的子母堡体系为核心，在七宝地区建起34座碉堡（分布在今天的红明村12座，九星村14座，七宝村4座，其他4座），建成了上海外围防守七宝一带主阵地的观察指挥所，扼守漕宝路、浦汇塘，俯视七宝镇附近方圆十余里，把守解放军由西南方向进入上海的必经之路，企图凭此负隅顽抗。

经过勘察，京沪警备司令部工兵指挥部仍选址在七号桥，在桥东堍北侧再建一座三层钢筋水泥碉堡，以此为母堡，既而利用自然地形，相互依托，沿七宝浦汇塘一线及镇郊，形成立体防守的层次，构筑起一大批子堡。原曾被新四军破坏的南侧碉堡就此废弃，李英杰旧部早已不知去向。就这样，七号桥碉堡作为西南工事重中之重的母堡，再度成为一颗令解放军头疼不已的虎牙。

1949 年 5 月，解放军由松江、泗泾一线东进，5 月 15 日攻占七宝，5 月 16 日，第 27 军 80 师一部向七号桥碉堡发起猛攻，却受挫于国民党军队的据险顽抗。其后，80 师某部四营于 5 月 21 至 23 日连续发起进攻，歼敌无数，却仍未拿下七号桥碉堡。

解放军只能采取迂回战术，逐一攻破母堡两侧的阵地，越过浦汇塘，使敌人腹背受敌。发动总攻之前，先头部队之一的 81 师四营指战员刘凯在下达作战任务时讲了一句话，竟与当年新四军朱亚明一模一样："必须拔掉这颗虎牙！不惜一切代价！"

终于，在与敌堡守军激战了 3 个昼夜后，刘凯率部攻克七号桥碉堡。这场战役打得异常惨烈，我军牺牲战士 37 名，伤者数百名。

战后，37 名战士遗骸安息于七宝教寺北侧。1951 年清明节，上海市副市长潘汉年亲临祭奠。1952 年，忠骨移至上海烈士陵园。

七号桥碉堡遗址被完好地保存了下来，1987 年被列为上海县文物保护单位，命名为"七号桥抗日、解放战争纪念地"。1995 年又由闵行区人民政府命名为"爱国主义教育基地"。1996 年 4 月，被列为闵行区首批文物保护单位，七宝镇政府投资 50 多万元，修建了面积达 500 多平方米的广场，请上海油画雕塑研究院设计制作了一座革命勇士形象的雕像。还建成了闵行文化公园，在其东侧兴建起一幢新楼，辟为七宝镇近代史陈列室、镇党校和业余艺术学校。2014 年 4 月 4 日，上海市人民政府公布：漕宝路七号桥碉堡为上海市文物保护单位。

昔日的战场，而今绿树成荫，塘水潺潺，一片欣欣向荣的景象。抚今追昔，和平安宁的局面来之不易，没有人热爱战争，更没有人喜欢流血牺牲，但在民族危亡之际，当祖国母亲含泪召唤每一个普通人勇敢为她挺身而出的时候，让我们牢记人民英雄大无畏的革命精神。抑或当我们在人生的道路上遇到艰难险阻的时候，想起这句话："拔掉那颗虎牙！"

炮火连天也不能阻挡教育

——市南中学

刘 闯

★
★
★ **上海市市南中学简介**
★
★ 上海市市南中学，创建于 1860 年。1880 年改为清心书院，1908 年更名为
清心中学，1953 年由政府接办，改名市南中学，距今有 160 年历史。校园
绿树成荫，环境优美，古典建筑和现代化教学大楼交相辉映。

校址自始即在陆家浜路、跨龙路路口。八一三事变后日军大举进攻上海，南
市区炮火连天，清心中学被迫迁入法租界借惠中中学（今五爱中学）2 年和
英租界南京路进修补习学校 6 年半为临时校址，抗战胜利的次年返原校址
（即现今陆家浜路 597 号）。其中，1923 年，中学部采用三三制，小学部采
用四二制。同年因学生与日俱增，原有校舍不能满足教学需要。通过募捐所
得，在陆家浜南浜建造新校舍，从那时候起，女校迁至浜南办学。

"同学们，牛顿三大定律：第一定律说明了力的含义，力是改变物体运
动状态的原因；第二定律指出了力的作用效果，力使物体获得加速度；第三
定律揭示出力的本质，力是物体间的相互作用。"

夏老师在讲台上铿锵有力地大声喊着上课，他穿着西式衣服，朴素却很干净整齐，甚至领带也系得一丝不苟，面色干净，看不到一丝胡楂的痕迹。

轰隆一声巨响。

学生脸上露出担忧之色，惴惴不安，幼嫩的笑脸上满是害怕和惊恐，这种巨大的声响简直要震碎耳膜，好像整个教室都在颤抖一样。

这是 1937 年上海市南市的清心中学高一年级班，说是高一年级班，其实班里的孩子年龄跨度很大，兵荒马乱之年月，充满饥荒与危险，维持青少年接受教育，本就是极为困难之事。

此刻正在上着物理课，夏老师戴着金丝边眼镜，因为很消瘦，显得镜框很大，气质儒雅，原本应是温声细语的性子，此时为了学生能听清楚而呼喊着，惨白的脸色有些红晕。

他可能是肺不好，时不时要咳嗽几声，腰佝偻着一会儿。

谁能想到这是曾经上海滩颇有名气的贵公子哥儿。

学生都极为认真地听着课，看着油墨印刷的书本。

这年月，班级每位学生都能够有印刷的书本，太过难得。

这还多亏了夏老师的张罗，以及从清心书院走出的夏瑞芳，商务印书馆的创办人。夏瑞芳幼年时就在清心书院读书，在那里，他又与宁波同学鲍咸恩、鲍咸昌及上海的高凤池结为好友。几年后毕业，成绩都不错，又学会英文排字，夏瑞芳又娶了鲍家女儿，和鲍氏兄弟成为郎舅近亲，都是教会学校出身，通英文，又会排字印刷。三人便合股开了一家小印刷所，只在德昌里租了两间房子，取名商务印书馆。

因为翻译国外文学典籍和科技书刊，商务印书馆发展迅速，此时全国闻名。

夏老师正是夏家人，也正是因为他的关系，班级里的学生才能每个人都有课本，学生也都很爱惜，如饥似渴地学习那些知识，听夏老师说那些知识能给国家带来富强、民主，那一双双眼睛放着光芒。

每当看到那些眼神，夏老师都会露出会心的微笑。

然而，巨大的轰鸣打破了一切。

前不久，日军大举进攻上海，此时的南市区背靠租界，日军为防止轰炸到租界引起国际纠纷，在南市采取了残酷的巷战。

近了，越来越近了，那枪声似乎在耳边响起。

夏老师看着那一张张稚嫩的脸庞，这本该是充满朝气之年华，却经受家国之危难。

小脸上露出惶恐之色，可这些孩子依旧没有左顾右盼。

"你们怕吗？"夏老师大喊。

学生们有些惭愧，却听其中一个响亮的声音回答："不怕，夏老师，我们不怕，您继续讲吧。"

这是一位年岁很小的孩子，只有12岁，脸色白净，透着点病态的蜡黄，眼神却格外明亮，才思敏捷，总是能提出很多稀奇古怪的问题，让夏老师又喜爱又头疼。

此时，听着那震耳欲聋的炮火，夏老师心中无法保持平和，他看着那孩子，问道："你不怕么？我们随时会死，学习知识又有何用呢？死了，什么都消散化为尘土。"

那孩子目光依旧坚定，喊着回答："朝闻道夕可死！死又何惧？至死，知识在我脑海，在我心中，何其快哉？总比卑躬屈膝、庸碌无为地活着强一万倍。"

"好！"夏老师激动地拍了下课桌，原本有些迟疑的神情消散，难道他还不如孩童看得通透么？朝闻道夕可死！死，何足惧？在惊恐等待中死么！不，我要在传道授业中死去。

"同学们，我们就说这子弹的运动必然受到重力作用，只是子弹发射的初速度太快了，那么需要多远的距离才能有明显的下坠呢？对我们的血肉之躯，又会产生多大动量的冲击呢？"

克服恐惧的方法就是了解恐惧，直面，战胜。

其他班级已经乱了，老师跑了，学生慌乱往外跑，反正没办法坐着，更不要说集中精力听课。

课堂的讲课声继续，门外有人用力敲门，推开之后，扯着嗓子喊道："老夏，这都什么时候啦，你还在上课，真是痴儿，赶紧组织学生撤离呀，小鬼子马上来啦。"

"还没下课。"夏老师一脸平静，又能撤离到哪去呢？班级这些孩子都是穷苦人家出身，逃得进租界去么？

"随你，我们先走啦。"

来人一脸焦急，没得办法，在教师队伍中，这老夏也是脾气古怪，命都要没了，还上什么课，学什么知识。

"力的分析，物体的运动都要遵循物理学定律，但是理论终究是理论，理论分析问题都是简化处理。"夏老师继续讲课，声音带着嘶喊，铿锵有力。

"啪"，校长又来敲门，矮胖的老人满脸的焦急。

敲门十几下还不开门，从窗户焦急地望进来，扯着嗓子喊道："快点让娃走，日本鬼子堵住学校大门了。"

夏老师不理会。

校长急道："班级里还有女娃儿，走不掉啦。"

他最后的语速很快，快到他想在短短瞬间，将自己所有的智慧都打包传输给学生一样。

"同学们，我们一定会赶走这些日本人，我们的祖国将来一定会强大，你们要记得，要坚信。"夏老师喊完宣布下课。

其他学生都疏散了，校长焦急等着，急得直转，念叨："怎么办？怎么办？"

夏老师微微一笑，甩了一下长衫，道："我去前门，校长带着学生们从侧门走，拜托了。"

"你……"

校长错愕，如何不明白这含义。

夏老师，富家少爷，他可以躲进租界，他可以拥有很美好的人生。

这些年，夏老师资助了很多学生，班级里的孩子多是苦出身。

对于夏老师的人品，校长佩服。

"你父亲、母亲……"

校长不知该如何劝说。

夏老师挥了挥手，对着学生，快步下楼，那长衫的背影很洒脱。

不再耽误，校长带着学生朝另一侧跑去，必须带着孩子们离开，否则夏老师这一去就没价值了。

可，可你为何不早点走？校长很想问！都到这节骨眼上，还上什么课啊。

他不知道夏老师的过往，一直看他如苦行僧一般，时常皱眉着表情严肃，只有在给孩子们授课时，眼神中才有光彩。

谭嗣同当年明明可以走，也不走。"望门投止思张俭，忍死须臾待杜根；我自横刀向天笑，去留肝胆两昆仑。"

可是忍辱负重地活着，不比赴死更有意义么？

"夏老师不和我们一起走么？"一个学生忍不住问，其他学生也附和。

校长忍住心中那一股悲伤，坚定地说道："同学们，记住夏老师给你们上的这一课，最后一课，记住他。"

一个人彻底的死去是没有人记住。

此时，日军已经进入了校园。

夏老师推了一下眼镜，目光炯炯。

此前，他听到那些枪炮的轰鸣，曾产生了畏惧，这让他很羞愧，为何要害怕这些可恶的侵略者？惧怕就像一种恶性病毒，会传染，会迅速侵蚀一个民族的气节。

现在，他要给同学们上最后一课了，那就是勇气。

一名日本士兵看到他，凶狠地叫喊，嘴里哇唧唧哇地叫着，那眼神带着蔑视，挥舞着长枪上的刺刀，一抹阳光反射着森然的冰冷。

唯有一腔热血。

士兵咆哮叫喊，让他跪下，否则就杀死。

夏老师曾到日本留学，能听懂。

"你们这些侵略者，滚出中国人的土地，你们终将失败，终将如丧家之犬一样败走。"夏老师厉声地呵斥，白皙的脸色带着红晕。

两个士兵怒气冲冲打飞了夏老师的眼镜，枪托子砸在他的身上。

血肉如何抵挡刀枪？但热血可以。

夏老师嘴里吐着血水，吐掉破碎的牙齿。

他最后一眼看到整个青葱的校园，原本是那么宁静，孩子们朗朗的读书声是最美妙的乐章，在这里，他的心格外宁静。

将来，我们一定会胜利。孩子们还会回来读书。

他笑了，他仿佛看到梦中那明媚少女带着甜美的笑容向他走来，轻声细语说："夏，你来啦，我好想念你。"

这女孩死于日本人之手，当时他害怕了、逃避了。此后，他一直活在自责中。

这一刻，他释然了。

冲破黑暗迎曙光

走　走

★
★
★　**同济大学学生运动纪念园简介**
★
★　同济大学学生运动纪念园，坐落于四平路同济大学内一二九路"一·二九"
大楼东面。新中国成立后，为牢记在同济原工学院礼堂发生的军警特务镇压
学生的流血事件，将工学院礼堂改称"一·二九大礼堂"。该大楼为三层平顶
砖木结构建筑，占地面积 720 平方米。在大楼前，建立了同济大学学生运动
纪念园。1987 年 5 月 17 日举行纪念园落成典礼。1990 年 12 月 7 日举行
"上海市青少年教育基地"挂牌揭幕仪式。它不仅是同济大学进行革命传统教
育的课堂，也是杨浦区乃至上海市对青少年进行爱国主义教育的基地。

在中国共产党的领导下，国民党统治区的学生运动是整个人民革命运动
的一部分，促进了人民运动的高涨。在中国两种命运的最后决战中，同济大
学的学生在党的领导下，勇敢机智、前赴后继，和国民党反动派进行了坚决
的斗争。这当中，最为惨烈的，就是发生在同济大学的一·二九事件。

同济大学是当时上海主要的综合性大学之一，1947 年 5 月，在中共党
组织上海学委和国立大学区委领导下，建立了党总支，团结了大批积极分

子，他们在学生自治会等各种学生组织中发挥着重要作用，同济大学也因此迅速成为上海学生运动的一个新的民主堡垒。

1947年12月6日，国民党政府教育部抛出了一个《修正学生自治会规则》，规定学生自治会的筹备人员和理事由学校当局"指派、圈定"，可由学校命令"随时退职"……这样一来，自治会就成了"被治会"，党领导学生经过斗争得来的成果将付诸东流。恰好那时同济大学第三届学生自治会面临改选，同学们不顾校方阻挠，还是踊跃投票。1948年1月14日，校长丁文渊决定开除上届学生自治会代理理事长等两名学生。

"对杜受百、何长城两名同学的迫害，就是对我们大家的迫害！"

"我们要和他们两人共进退。"

1月15日，气愤的同学们决定去学校总办公处找校长评理，希望他能收回命令，承认自治会。大家在寒风中等了半天，校长拒不接见，正在这时，有机警的学生发现了一个可疑人物，从他身上搜出实弹的白朗宁手枪一支，同济、交大的校徽各一枚，警察局证件两张。这个人供认是丁校长叫他来的，这时群情更为激愤。这时突然开来3辆卡车，车上满载武装军警，学生只能在文、法学院内游行一圈后解散。

不料1月18日星期天，校方就迫不及待贴出布告，说是要开除5名学生，并要求被开除的学生3天内离校。1月20日晚上，同学们在工学院礼堂举行了控诉晚会，40余所大、中学校的代表参加。"我们没有眼泪，只有恨。我们绝不离校。"在会上，被开除的学生真切的发言让各高校的学生更加团结在了一起。

在各种抗议无效后，大家决定赴南京请愿。这下，当局慌了手脚。1月28日晚，市长吴国桢派市警察局长俞叔平出面阻止，俞叔平当时在同济法学院挂名兼课，他花言巧语地说："我以师生关系告诉你们，我是直接负责治安的，不忍对自己的学生实行武装干涉，请你们不要去南京。"

学生们坚持："如果你能要丁文渊收回开除学生的成命，我们可以不请愿。"

"我们可以从长计议嘛。"俞叔平开始搪塞。

"那你能保证我们请愿学生的安全吗?"

"如果去,要出事。"俞叔平的威胁简直是赤裸裸的。

虽然一直谈判到深夜,最终还是没能让校方作出任何改变。

1月29日就这样到来了,那是同济大学历史上最为血雨腥风的一天。

天蒙蒙亮,5辆架着机关枪的"飞行堡垒"铁甲车就来到了上海市区东北面的其美路(即今天的四平路),堵住了同济大学工学院的正门,校园四周铁丝网外也布满了身穿黑衣的武装警察。沿着其美路往南的方向,前面是一排排的武装警察,后面是四排骑巡队,几十匹高头大马上坐着杀气腾腾的骑警,身佩马枪,腰挎马刀,再后面是配备着步枪和机枪的军队。从其美路到四川北路底,经天通庵去北火车站的桥梁要隘,全都架着机关枪。国民党当局总共出动了近万名军警和便衣特务,来对付赤手空拳的学生。

上午8点,1000多名学生集中在工学院门口,列队待发。8点半以后,复旦大学的欢送队和同济附中、同济高职的学生800多人,理学院、新生院300多名学生先后赶到,但都被军警阻挡在距工学院大门100米外。机智的学生敲响了大锣,响亮的锣声让军警一时慌了手脚,不知所措。这时,校园内外两支队伍互相呼应,工学院内1000多名学生趁机冲了出来,与外面学生会合。而被骑巡队、铁甲车封锁在四川北路文、法学院的400多名学生也采用声东击西之计,一部分学生假装冲向大门,吸引军警的注意力,大部分学生则从后门化整为零地出来,他们冒严寒、抄小路,涉过结冰的小河,奔向工学院。此时,全市各大中学校,包括交通大学、圣约翰大学、大夏大学、上海法学院、同德医学院、中华工商专科学校、南洋模范中学、南洋女中等27所学校的1000多名学生代表,也从市内四面八方步行而来,他们穿行在郊区的田间小路上,绕开了军警的封锁。

10点左右,4000人的队伍会合在一起。"团结就是力量,这力量是铁,这力量是钢，比铁还硬，比钢还强……"其美路上响起了《团结就是力量》的嘹亮歌声。

10点3刻左右，市长吴国桢、京沪杭警备副总司令宣铁吾、警察局长俞叔平，在大小头目、军警特务的簇拥下，出现在了其美路同济工学院门前。

"你们给我退回校内！"

学生回答吴国桢的却是有节奏的喊声："立即撤退军警！""反对开除学生！""保障学生的权利和自由！"

吴国桢爬上铁甲车说："我对你们同济的事，一向关心，我们是文明国家，讲民主，有什么要求，可以坐下来谈判，游行请愿是非法的……"

话还没说完，学生队伍里就竖起了一幅醒目的大标语：宪法（指国民党的宪法）第十条：人民有游行请愿之自由……

吴国桢看了看，厚着脸皮说："去年5月18日政府颁布的《维持社会秩序临时办法》严禁十人以上的请愿和一切罢工、罢课、游行示威。至于宪法，现在还没有公布，不能生效。"

队伍里立刻有人大声责问："你们的国民大会不是早已通过了宪法，为什么不能生效？"

吴国桢继续强辩："现在还不能算数，还要等蒋总统批准呢！"

马上有人揭露他："这说明你们的国民大会是伪造民意的机关，宪法是骗人的把戏了！"

吴国桢拉下了脸，涨红着脖子说："不提这个，我说不能请愿就是不能请愿。"接着，他话锋一转："这样吧，还是让我们坐下来谈判。"他装出愿意解决问题的样子。

这时，学生队伍里走出一个学生，他不慌不忙地站到高凳上，向着学生队伍高声说："刚才吴市长说我们是文明国家，讲民主，叫我们像吃了催眠剂似的，迷迷糊糊地进入一个美妙的世界。但是，现在活生生的现实是，我们站在刺骨的寒风中，被枪口对准着胸膛。吴市长口口声声讲民主，请问，民主在哪里？连一点影子也没有。丁校长几次开除同学，我们到处申诉，找过吴市长和教育部长，不少教授、校友出来调解过。请问你们当初跑到哪里去了，你们出来讲过一句公道话吗？我们全校同学走投无路，最后不得不到南京去请愿，但是你们却调来这么多武装军警对付我们，请问这就是你刚才所说的文明吗？我们不要这种文明！"

这时，学生们齐声唱起了反迫害的歌曲。那个学生接着说："至于坐下来谈判，这个建议我们可以同意，如果谈判得不到结果，再去南京，大家有什么意见？"学生们齐声喊："赞成！""我们可以等待！""立即撤退军警！当局拿出诚意来！"

12点，学生代表和吴国桢等进入学校近旁的康陇酒家进行谈判。这是一家只有几只桌子的郊区小酒馆。刚坐定，学生代表就提出撤退军警、收回开除学生成命的要求。吴国桢避而不谈这个，却另提建议，由校方推派教授、校友各一人，学生也推派教授、校友各一人，连同吴国桢组成五人"调解小组"。学生代表表示同意，当场提名杨烈教授和黄伯樵校友（黄当时是私营中国纺织机器制造公司总经理），杨烈教授随即来到。学校方面却以找不到丁文渊为借口，拖延不提人选，四处找丁，就是找不到。这时，全体学生冒着严寒站在旷野之中已经好几个小时，吴国桢却燃起了烟斗，开始洋洋自得起来。显然，国民党采取的是拖延策略，企图以谈判为诱饵，让大家十分疲劳，拖垮请愿。一直到下午2点半，还是没能找到丁文渊，吴国桢借口丁不到就无法谈判。

于是，请愿大队决定出发。这时，军警突然抓起路旁石块向学生队伍掷来。学生不甘示弱，也用石块还击。特务趁机开始抓学生。大家愤怒高呼："释放被捕同学！""不准打人！"这时学生队伍不断向前推进，军警节节后退，队伍离和吴国桢谈判的小酒店只有一段距离了。这时候，代表抓住军警任意逮捕学生事件，迫使吴国桢来到学生队伍前面谈判，学生纷纷责问他：

"为什么捕人?"

吴国桢说:"假使捉了,我一定放。"

但就在这时,一场血腥的暴行开始了。警察骑巡队向徒手请愿的学生冲了过来,学生中的纠察队赶忙手挽手保卫同学,但是赤手空拳怎挡得住马队的猛冲,学生一堆堆地倒下去,有的被打破了后脑壳,有的被刺伤了嘴唇,有的被踏伤了内脏。学生只能先退到路边田野,救护自己受伤的同伴。面对警察的野蛮进攻,学生毫无惧色,英勇还击,纷纷拾起路旁筑路石块,向他们掷去,双方进行着激烈的搏斗。在混乱之中,站在学生队伍近处的吴国桢躲避不及,被愤怒的人群冲倒在地,丢落了呢帽,失掉了烟斗,摔破了眼镜。学生们都恨不得拣起路旁的大石块向他砸去。就在这时,同济大学学生自治会谈判代表冯立文和复旦大学的另一名学生,出于共产党员的革命警觉,意识到如果把吴国桢打死,不但不能解决问题,反而会给敌人更加疯狂的屠杀以理由,大批学生和革命力量将遭受更严重的损失,并带来我们政治上的被动。他们当机立断,坚定地拦阻和说服同学不要动手,然后将跌倒在地的吴国桢拉起来。在旁的特务一面嚎叫:"吴市长被打了!"一面拔出手枪,对准学生。吴国桢也知道,在愤怒的群众面前,只要枪声一响,不怕死的群众马上就会冲过来,将他打死、踩死,于是他一面举手阻止,一面狂叫:"不要开枪,不要开枪!"

天色转黑,北风刮起了阵阵黄沙和尘土,学生们退入校内,其美路青灰色的路面上留下了斑斑血迹。这一天下午学生共69人受伤,4人重伤,33人失踪。怒火在每一名同学的胸膛里燃烧,大家决定:当即派代表向吴国桢抗议,同时在礼堂举行"血债晚会"。

此时,在校外的康陇酒家里,吴国桢、宣铁吾、俞叔平等人都到齐了,小小的饭馆成了镇压学生运动的临时指挥部。5位学生代表毫不畏惧地推门而入,提出严正的抗议,要求惩办凶手,撤退军警,释放被捕学生,赔偿损失。刚才在其美路上还狼狈不堪的吴国桢,这时又神气起来,他拍桌大骂学生："你们是土匪，你们目无法纪，你们竟敢侮辱我！"

代表们继续抗议，不料吴国桢竟然下令绑走4名其他学校的代表，只剩同济大学的一名代表。这时吴国桢反咬一口，提出：一、交出已被开除的全部学生；二、交出请愿团全部工作人员；三、交出打吴国桢的"凶手"；四、限期复课；五、如不答复，军警入校捕人。

留在学校的4000多名学生则聚集在工学院礼堂举行晚会。舞台当中鲜红的7个大字是"血债要以血来偿"，两侧墙上是"争民主，争自由"，"生要一起生，死要一起死"的巨幅标语。虽然每人只喝了一碗粥，但大家激情不减，通过朗诵、活报剧、舞蹈、合唱，控诉敌人的暴行，揭露敌人的阴谋，嘲讽"市长先生"的丑行。阴冷的寒夜里，礼堂里响起了一阵阵悲壮的歌声。

此时，礼堂外面，黑暗中鬼影重重，大礼堂已经被敌人包围。晚上10点，学生的大合唱正在进行，礼堂大门被一群头戴白色钢盔的"飞行堡垒"打手砸破，几百名警察、特务如狂犬恶狼般地扑进了会场。学生立即手挽着手，怒视着敌人。十几个特务张牙舞爪地跳上舞台，一个瘦家伙在台上嚎叫着："本人是市政府代表。你们打了吴市长，犯了大罪，现在我提出四条：第一，交出所有被开除的学生；第二，……你们马上照办，不然的话，你们都要吃点苦头！"回答他的是千百双喷着怒火的眼睛。

"限你们三分钟答复，只有三分钟！"

台下依然是一片沉默，7分钟过去了，还是没有一点声音。

一个身穿长衫、歪戴铜盆帽的家伙蹿上台去，自称是同济"校友"，他嚷嚷道："好汉做事好汉当"，要已被开除的学生自己站出来。没有等他说完，突然全场发出响亮的声音："军警退出学校！释放被捕学生！生要一起生，死要一起死！"

这时，敌人使出了最后的手段。一个警备司令部的头目向台下横扫一眼，狂叫一声"干"，会场四周的打手立刻两三个人扑向一个学生，学生手挽着手，依然唱着《团结就是力量》，英勇自卫。暴徒挥舞着木棍、钉棒、枪柄、板凳脚向学生打来。愤怒至极的学生也拿起可以自卫的东西进行还击，与反动军警展开了搏斗。但是，学生终于敌不过全副武装的军警，最后一个个被敌人强拉出礼堂。

礼堂出口处，军警站立两旁，一排蒙面特务露出两只眼睛，用电筒照着每一个被拖出的学生，逐个检查学生证，指名抓人。

时间已是午夜 12 点，这时被捕学生已达 200 多人，但是反动派仍不罢休，他们想要一网打尽进步学生。学生们被拉到操场上，按不同学校一一隔开，由军警特务监视着。此时可是数九寒天，四周都是田野，嗖嗖的西北风吹到身上冰冷刺骨。学生们忘记了寒冷和饥饿，他们的心里只有对敌人的仇恨。突然，从教室大楼 2 楼的窗口里发出一个响亮的声音："同学们，不要灰心，坚持斗争！"这是同济一位被捕学生的声音，这浩然正气，使学生受到激励，使敌人感到战栗。

吴国桢召来了各大、中学校的校长，要他们来一一"验收"学生，有学生证的领回学校处理，无学生证的一律逮捕。但是，他哪里知道，上海共产党学运领导人之一吴学谦和其他学委、大学区委的领导干部都已机智地同交大、复旦等学校的学生一起先后离开了同济大学。确实有一些共产党员在搜查中被捕，但敌人却抓不到任何证据。

同济大学一·二九事件的消息迅速传到全国，引起各地的强烈反响。党在香港出版的《群众》周刊，报道了事件真相。此后短短 5 天内，上海接连发生了三次大规模的斗争，参加的群众达两万余人。内外交困的国民党政府，不久便被迫释放了大部分被捕学生。

敌人动用了上海全部反动机器，制造了骇人听闻的惨案，只能把同济学生的斗争暂时压下去，却无法达到破坏共产党组织的目的，因为党是在群众中生根的。相反地，这一天的斗争，却使成千上万的学生更加坚强起来，他们将永远记住这一天，更坚定地向反动派作殊死的斗争。

学子的天空

哥舒意

新会路华童公学旧址简介

华童公学（Public School for Chinese），是上海公共租界工部局开办的第一所华人学校，1903 年由华商郑陶斋、唐杰臣、陈辉庭捐银 3 万两建造，地址在克能海路（今康乐路），1904 年 11 月 12 日举行开学典礼。1930 年华童公学迁至赫司克而路 63 号（今中州路 102 号）前汉璧礼西童公学校址，四层校舍可容纳学生 700 余人。1938 年迁至马白路（今新会路）25 号新址，1941 年改称"市立模范中学"。

抗战胜利后，为纪念爱国将领谢晋元，更名为"市立晋元中学"。1956 年改名"陕北中学"，1984 年恢复"晋元中学"校名。1999 年异地重建，改成现代化寄宿制高中，并更名为"上海市晋元高级中学"，新会路 25 号设为华童公学旧址，作为对这所拥有百年沧桑历史学校的纪念。

第一所华人公学

20 世纪初至 20 世纪 30 年代，公共租界工部局先后开办了 4 所男子中学和 1 所女子中学，即 1904 年的华童公学、1910 年的育才公学、1914 年的聂中丞公学、1917 年的格致公学和 1931 年的工部局女子中学。也就是说，工部局华童公学，实际上是工部局开办的第一所华人学校。

在 1932 年刊印的《华童公学校刊》中介绍了学校建立过程："上海广学会董事卜舫济牧师、福开森博士、已故李提摩太牧师……代表华籍市民，要求工部局设一所中西文学校，培植中国学生。（民国）前十二年由纳税人会议通过，拨工部局公款以购地，并筹措开学后常年经费，其兴筑校舍之费，则由华董郑陶斋、唐杰臣、陈辉庭三君募集之。越四年而学校始告成立……函请英国剑桥立士学校白勃牧师延聘校长及教员。"根据董事会记录记载："校定按照任命西童公学同样的条件任命该委员会，那就是说任命期为 3 年，由下列人士组成：牧师李提摩太博士，牧师卜舫济先生，陈鹤廷先生，朱葆费先生，代表董事会的 E.S. 李德立先生。据悉所有这些士绅均愿意出任。"

在这些爱国教育人士的不断催促和努力下，华童公学于 1903 年开始建造，1904 年 11 月 12 日举行开学典礼。校址初设在克能海路（今康乐路），位于虹口爱尔近路与克能海路相交处，占地约 14 亩，仅有初小四级、高小二级，后增设中学部。随着学校的逐渐发展，原有地址不敷使用，工部局遂作出了学校搬迁计划，"民国十九年迁至赫司克而路六十三号前汉璧礼西童学校校址，校舍四层可容纳学生七百余人"。

1938 年上半年，华童公学由赫司克而路迁至马白路（今新会路）25 号新址。今天新会路 25 号作为华童公学旧址，在 2009 年登记为上海普陀区不可移动文物，同时也成为长寿路上的社区文化中心。

战争中炸毁的校舍

1932 年的《华童公学校刊》介绍了华童公学早期办学情况："民国前八

年九月一日开学，只有学生 55 人，分成四班。校长李淇先生，西籍教员康普先生，华籍西文教员 3 人，汉文教员 6 人。课程分中西两部，并定学程为八年"；"民国前三年，学生已扩增至 400 人，最高达到 466 人"。学校师资最初大多为校长聘请的英国剑桥大学毕业生，早期也有华人师资，文化名人胡适也曾受聘于华童公学教国文。

据《华童公学中文课程概要》介绍："国文课程分阅读、说话、作文、书法、文法、文学、应用文等科"；"小学读自然卫生，初一读生理学，初二读植物学，初三读动物学。高一、高二读生物学"。在课堂之外，华童学校最大的特色是音乐与体育。

作为公学，全部教材与伦敦的学校教材同步，课程有英文科和中文科，修业 8 年。学生成绩优秀可应英国康勃利奇大学（即剑桥大学）入学考试。华童公学是当时上海滩最为出名的男校之一。

跟国际接轨，华童公学在一百年以前就做到了。

1937 年，淞沪会战在上海打响。华童公学原校舍也在战争中被炸毁，因此，学校决定搬迁至新会路 25 号。新会路 25 号原来叫"薛家花园"，是染料商薛宝润于 1934 年翻建的，没想到短短几年后的 1938 年，薛家花园就成了爱国学子读书的校园。

今天我们去新会路 25 号参观，在大楼的大门墙上有块牌子"新会中学"，是文化学者余秋雨题写的。大门右转就是一幢红砖头 3 层楼房，一幢欧罗巴式的老房子。薛家花园原来是两幢砖木结构 3 层大楼。一幢于 1992年拆除。现存大楼建筑面积 2682 平方米，平面长方形，三层三段式构图，中间主体部分为连续拱券柱廊，带券心石，由 9 根爱尔奥尼柱支承。入口突出，拱券门，两侧立塔斯干柱，二三层都是阳台。

大楼在 2006 年按原样修缮，保持了它过去的样子，留住了那些幽静的长廊、爱尔尼奥柱、塔斯干柱、券心石、拱券门、汰石子外墙、玻璃彩窗、马赛克地砖。也在小花园里保留了当时的古树、洋灯和欧式喷泉。在园中散步，仿佛还能听到严复的演说。"夫教育国民，国之大政，无中外，无古今，莫不皆然。"

这里还必须提到的是谢晋元团长和四行仓库的八百壮士。

孤军营与中学生

从卢沟桥事变，日军全面侵华开始，战火就逐渐烧到了华东。1937 年 8 月 13 日，淞沪会战爆发。70 万国民党军队在淞沪和日本军队激战两月有余，虽然粉碎了日军 3 个月灭亡中国的企图，也给日军造成了惨重打击，但国民党军队在上海的失败已成定局，在此情况下，大多数国民党军队开始陆续撤离上海，只留下少量军队留守抵抗。第 88 师旗下 524 团的一个加强营收到命令坚守 7 天，掩护全军撤退。

此时淞沪会战已经过去了艰难的两个多月，营长杨瑞符和谢晋元团长带领全营撤退到四行仓库时，部队仅剩下 414 人。他们的对手，是后来制造了南京大屠杀的松井石根指挥的日本王牌军第三师团。

四行仓库原为四大银行的仓库，位于上海闸北区，苏州河北岸，曾是第 88 师司令部，仓库南岸就是公共租界，十分利于退守阻击。为了迷惑敌人，对外宣传有八百人坚守阵地，这就是四行仓库八百壮士的由来。

四行仓库保卫战之后，将士们被迫撤入公共租界，还被解除了武装，在如今胶州路余姚路附近一块空地上被软禁了 4 年。八百壮士成为了真正意义上的"孤军营"。而就在这段时间，华童公学正好搬迁到了现在的新会路薛家花园，离孤军营只有一公里的路程。公学里爱国学生经常自发前往一公里开外的"孤军营"慰问，有的毕业生还为谢晋元做英语翻译，好让孤军营从租界当局那里获得更好的待遇。

1941 年，谢晋元遇刺身亡。公学的学生都前往吊唁，含泪缅怀崇敬。也是因为这段历史，抗战胜利后，为了纪念与谢晋元和八百壮士这段特殊的情谊，华童公学更名为"晋元中学"。

翻看校史，1941 年华童公学改称"市立模范中学"。抗战胜利后，为纪念抗日英雄谢晋元将军，学校更名为"市立晋元中学"，1956 年又改名"陕北中学"，1960 年被列为上海市重点中学。20 世纪 80 年代学校恢复"晋元中学"校名。1999 年异地重建为现代化寄宿制高中并更名为"上海市晋元高级中学"。2005 年被上海市教委列为首批"上海市实验性示范性高中"。

不论学校几经搬迁，校园校舍迁移到何处，学校始终带着学校里谢晋元铜像一起，晋元中学，这个带有纪念意义的名字，是注定要与这所学校相伴，永远为这里的学子，以及所有的上海人民所铭记。

走出学校的作家

在华童公学读过书的学生里，不少都成了国家的栋梁之材，其中也有作家的身影。中国著名作家唐弢也曾是华童公学的学子。唐弢不但是文学理论家，也是鲁迅研究家和文学史家。新中国成立后，历任复旦大学、上海戏剧专科学校教授，上海市文化局副局长，中国作家协会上海分会书记处书记，《文艺新地》《文艺月报》副主编等。1959 年任中国社会科学院文学研究所研究员，是第二、三、四届全国政协委员，第四、五届全国人大代表，中国作家协会理事。他是中国现代文学研究领域的开拓者之一，在史料、史论方面有重要贡献，他主编的《中国现代文学史》(3 卷本)、《中国现代文学史简编》是学习现代文学的经典著作。

他曾经在《我的自修生活》《我与杂文》等文章中回忆过自己早年的求学经历。他于 1926 年春离开故乡，入读上海华童公学，被录取进预科二年级 (相当于小学五年级)，在该校念了 3 年书，读到正科二年级 (相当于初中二年级)。

在《华童公学校刊》1933 年 1 月出版的第 1 期曾发表署名"唐端毅"

（唐弢原名）的诗作。该刊系中英文合刊，由华童公学编辑，不定期出版，属于校刊。其中有一首《送监院 G. S. Foster Kemp 先生回国》。这首诗是唐弢为送别华童校长福斯特·康普任满回国而作。华童公学成立伊始，康普即来沪任教，荣膺校长，对华童公学这所学校的贡献有目共睹，深得所有师生和社会各界民众一致赞誉。近 50 年后，在《浮生自述——唐弢谈他的生平经历和文学生涯》中，他还曾提及这位康普校长，是由英国剑桥聘来的。这里摘录全诗如下：

> 在异国留下花一般的青春，
> 如今载着你的白发归去了；
> 可有古邦遗风染上你灵魂，
> 在异国留下花一般的青春？
> 你额上为孩子们添了皱纹，
> 你也造成个世界刚将破晓，
> 在异国留下花一般的青春，
> 如今载着你的白发归去了。

　　现在读起来，这首诗所赞美和怀念的，不仅仅是来自异国的师长，更是这所学校本身，从民国而来，经历了战火和重建，不断新生，哺育出越来越多中华学子的学校，曾经的华童公学，仍然在这里矗立着，被所有在这里读过书的学子，以及经历过这百年历史的城市里的人铭记着，没有归去，没有遗忘。

吴淞半江水　初心之圣地

——半淞园新民学会会议遗址

居　平

★
★
★　**半淞园新民学会会议遗址简介**
★
★　半淞园，原为上海南市南部一处著名的营业性私家园林，占地面积 60 余亩，
园名取自杜甫《戏题王宰画山水图歌》。1937 年，日军空袭上海南火车站，
毗邻南站的半淞园也遭战火焚毁，此后并未重建。申办 2010 年世界博览会
成功后，半淞园原址被规划进世博园区。

1920 年 5 月 8 日，毛泽东由北京抵上海后，曾以游览为掩护在半淞园里举
行旅沪新民学会会员会议，欢送赴法勤工俭学的会员，并讨论学会工作。这
就是著名的"半淞园会议"。半淞园新民学会会议遗址处在上海黄浦区花园港
路西、望达路东。

"焉得并州快剪刀，剪取吴淞半江水。"初冬的黄浦江边，已经寒气袭
人，走在半淞园路上，寻寻觅觅，不由想起"诗圣"杜甫的诗句。

似水流年，斗转星移。时光穿越到光绪初年。半淞园所占的地区，在
19 世纪 80 年代时，为一吴姓人家所有，占地近百亩，园内遍植桃树，夏季

盛产水蜜桃，是当时上海水蜜桃的主产地。

1909 年，吴姓桃园逐渐衰落，并由上海士绅、沙逊洋行买办沈志贤购入其部分土地，并营造私家园林"沈园"。1917 年，沈志贤与姚伯鸿决定扩建沈园，将大部分桃树废去，改建成为一处营业性的园林。扩建工程于当年 2 月开始，到翌年完工。

此次工程结束后，园林面积扩大至 60 余亩，园内水域面积占总面积近一半，形成半陆半水新景观。

因为这里濒临黄浦江，故将江水引入园中，以水为主景，并因唐代诗人杜甫"焉得并州快剪刀，剪取吴淞半江水"的诗句得了灵感，取园名为"半淞园"。园林整体风格为中国传统园林式样，半淞园占地面积颇广，加之是南市地区少有的娱乐场所，所以自建成后成为上海主要的公共活动场地。曾传淞沪护军使卢永祥尝假其地，会沪上官绅议防守等。

半淞园内不仅有人工岛，而且岛上有当时上海最高的假山，面积 0.66 公顷，高 20 多米，比豫园里的假山还高出约一倍，颇为壮观。

同样是人工开凿的山水，在有半淞园的四五十年后，西边的长风公园的人工山和人工湖，分别命名为铁臂山和银锄湖，取的是毛泽东的诗"天连五岭银锄落，地动三河铁臂摇"。

这一园子的设计是中西结合且贯穿古今，园内既有九曲桥、湖心亭和长廊等，还有弹子房、跑驴场、照相馆。如果玩饿了、跑累了，里面还有茶室、中西菜馆和中西点心店，包括素菜馆。

园内四季繁花盛开，最让人心醉的是牡丹、红梅和桃花。

半淞园扩建开放后，门票为银元 2 角，儿童及仆从的门票则为半价。姚氏将花园改造得很好，其中有听潮楼、留月台、鉴影亭、迎帆阁、江上草堂、群芳圃、又一村、水风亭等，蜿蜒长廊，曲折环水，顶部有紫藤，四壁遍嵌玻璃板所印之《快雪堂书帖》，波光粼粼，清雅宜人，在这里观景甚美。

但数年后，花园西部被自来水公司购去，建成自来水厂。

　　花园开放后，每年在半淞园的黄浦江边都会举行划船比赛，其中五月初五的"端阳竞渡"更是热闹非凡，游客蜂拥而来，争先恐后，一睹为快！原半淞园门口的高昌庙路也因之而改名为"半淞园路"。

　　半淞园路在上海市区东南部，东起沪军营路，西至高雄路。长 1399 米，宽 10.8—18.8 米，车行道宽 7.0—18.0 米，1918 年后修筑，当时因半淞园得名。

　　半淞园因地处南市，而该地区人口稠密却缺乏园林等娱乐场所，同时毗邻沪杭甬铁路上海站，所以自开业后始终客流不断，并且是沪上一些活动的首选之地。

　　尤其是节假日，游园更是热闹，常常通宵达旦。人们把这里当作聚会的一个好地方，并在此举办花卉展、龙舟赛和焰火晚会等各种各样大型的活动，其中就有 1928 年 3 月 12 日为纪念孙中山逝世而举办的上海首届植树节。

　　1937 年 8 月，日军飞机轰炸上海南站，半淞园受此牵连也毁于兵灾。此后，半淞园原址则为南市电厂和其他工厂所占用。

　　申办 2010 年世界博览会成功后，半淞园原址被规划进世博园区。

　　如今，漫步在半淞园路上，感觉"半淞园"是一个历史的记忆，不时叩问着人们的心灵。

　　但是，100 年前，半淞园里却有着一场与中国近现代史紧密相连的聚会。

　　1920 年 5 月 8 日，27 岁的毛泽东同彭璜、李思安等 12 位在沪的新民学会会员聚会半淞园，欢送陈赞周、萧三等 6 位会员赴法勤工俭学。

　　这是毛泽东第三次来上海，他住在今天的安义路 63 号，当时叫哈同路民厚南里 29 号。

　　这是一幢两层楼砖木结构的房子，大门为普通的排门，底层前半部是店堂，后半部右侧为灶间，左侧为小天井。店堂与灶间之间是楼梯。顺梯而上，前楼是宽敞明亮的正房，房外有一个小阳台，后楼为一小亭子间，上有晒台，有尖头木栅栏与邻居相隔。

据李思安回忆，毛泽东到上海以前，这个房子是她出面租赁的，用来作为湖南新民学会会员到上海活动时的住处。她还回忆说，毛泽东和随同来沪的 15 岁的张文亮住在前楼正房，房内有两张单人木板床，毛泽东的床铺横放在落地长窗下，床头有一张方形茶几，上面堆放着各种报刊。小阳台上放置一张藤睡椅，毛泽东常坐在上面看书。不久，她也搬了进来，住在灶间。楼下店堂不住人，供吃饭和会客、开会之用。靠近楼梯的地方，有一圆形柴炭风炉，炭篓放在楼梯底下。所有家具，都是东租西借凑合起来的。

那时，他们的生活十分简朴和艰苦，每人每月才 3 元零用钱，常常吃蚕豆煮米饭和青菜豆腐汤。

当时，东西向的安义路在上海展览中心与静安公园之间，有一阵子，37 路的终点站就设在这条路上。毛泽东从静安寺赶到南市黄浦江边的半淞园路，是要横穿上海的，车钱肯定是少不了的。当时，毛泽东生活很是清苦，还靠给别人洗衣服挣钱，他曾说："洗衣服所得的钱，又转耗在车费上了。"

6 月 7 日，毛泽东写信告诉北京的黎锦熙："工读团殊无把握，决将发起者停止，另立自修学社，从事半工半读。"

但年轻的毛泽东为了革命理想，吃再多的苦也在所不辞。

这天，半淞园内空气清新，鸟语花香。

入园后，毛泽东等人以游览为掩护在半淞园里举行旅沪新民学会会员会议，他们一行说说笑笑，先是驾舟游湖，后又登山望远，淞江半水，绿草碧波，望之不尽，心旷神怡。

正当大家玩得兴味盎然的时候，李思安女士呼唤道："我们还是选取一个地方坐下来谈一谈吧！"

大家选择了一个安置有石凳石桌的亭子，挤坐在石凳上。

在这里，他们谈了要加强会友联系，谈了要在会友之间建立一种新型关系，谈了吸收新会员的条件，谈了赴法勤工俭学面临的问题与解决办法等……

此次，毛泽东由北京抵上海，曾以游览为掩护在半淞园举行旅沪新民学会会员会议，欢送赴法勤工俭学的会员，并讨论学会工作。这就是著名的"半淞园会议"。

如今，中共一大会址纪念馆陈列有一张1920年5月8日毛泽东与多人在当时上海名园半淞园的合影。此即毛泽东与旅沪新民学会会员，在半淞园开会并欢送湖南赴法勤工俭学生的留影。照片左一为萧三，右六为毛泽东。

毛泽东当年主持编订的《新民学会会务报告》第一号刊载了半淞园会议的情况，其中提到："这日的送别会，完全变成一个讨论会了。天晚，继之以灯。但各人还觉得有许多话没有说完。中午在雨中拍照。近览淞江半水，绿草碧波，望之不尽。"

1917年5月1日出版的《新青年》第3卷第3号，对发起赴法勤工俭学的目的介绍道："诸先生所以有此教育运动者，实欲将欧洲近世文明之'科学真理''人道主义'二大要素输入本国。"可见赴法勤工俭学运动，与五四新文化运动提出的"民主"与"科学"的口号，完全契合。

赴法勤工俭学运动最早发端于旅法的华工教育。1909年，旅法老同盟会会员李石曾、吴稚晖等人，通过在华工中开展勤工俭学的实践，意识到此举能使国内更多青年知识分子走出国门，接受深造，最后达到"输世界文明于国内"以改良中国社会的目的。他们觉得当时的法国堪称"民气民智先进之国"，如"欲造成新社会新国民"，留学法国无疑是首选。

第一次世界大战爆发前，从中国赴法，多从北京乘火车，途经奉天（今沈阳）、长春、哈尔滨、伊尔库次克、车里雅宾斯克、莫斯科、华沙，最后抵达巴黎。途中需换乘八九次车，快车需走12天，慢车要15天。"十月革命"后，俄境内局势不靖，且有国外重兵封锁，陆路赴法因此告断，这样中国赴法勤工俭学生只能改走海上，从上海乘船启程赴法。

这样一来，全国各地赴法勤工俭学生出发前，便都集中到了上海。毛泽东第一次来上海是 1919 年 3 月，他是专程绕道到沪欢送湖南赴法勤工俭学生的。当时他是从北京返回湖南，本应由京汉铁路经汉口转长沙，为欢送湖南赴法勤工俭学生，他特地转道上海。然后于 3 月 17 日和 31 日，两次赶到黄浦江畔码头送别两批赴法勤工俭学生。这年 12 月，毛泽东再次来沪即是欢送蔡和森、蔡畅、向警予及蔡母葛健豪等赴法勤工俭学。这次则是他第三次来上海。第二天毛泽东等人即在黄浦江畔欢送萧三、劳君展等六人上船，踏上赴法勤工俭学的旅途。

我徜徉在黄浦区花园港路西、望达路东的半淞园新民学会会议遗址处，思绪万千。

伴随上海共同成长起来的"半淞园"，如今是一幢幢高楼大厦、一个个地标建筑屹立在黄浦东南角，城市面貌日新月异、城市功能显著提升、社会事业蓬勃发展、人民生活明显改善。

吴淞半江水，初心之圣地。重温伟人的足迹，我们激情满怀，在新的征程中，让梦想拥抱现实，用行动谱写未来！数风流人物，还看今朝！

苏州河畔的无形缅怀

凌　寒

★ 天后宫——黄仁烈士殉难地简介

宋代，海运贸易发达，船舶进港出海，粤、闽船员有祭拜妈祖之俗（妈祖为宋都巡检林愿第六女默娘，传说死后成神），祈求海上平安。当时有福建商人在十六铺外滩江边建顺济庙供奉妈祖。清代改称天后宫，屡建屡毁。清光绪十年（1884 年）六月，迁址重建落成的新天后宫，入门是广场，中间建有戏台，广场两侧是看楼，戏台的后进是大殿，殿后寝宫。大殿为九脊歇山顶，殿宇高敞，雕梁画栋，气势恢宏。天后宫重建后，香火鼎盛。但到清末民初，逐渐衰落。辛亥革命以后，出使行辕改为上海市商会会址，天后宫内赌摊林立，藏污纳垢，秩序混乱。租界当局多次声言要入内查禁。地方款产经理处总董秦锡田、协董沈周有鉴于此，决定整顿宫风，驱逐赌摊，将戏台看楼改建为第三小学，中华职业教育社也借用看楼创办商业学校。当时，上海的各界人士往往也借天后宫开展一些活动。

1924 年 10 月，黄仁烈士殉难于此。

1927 年 3 月 12 日，李立三曾借天后宫集会，成立上海总工会。四一二国民党右派叛变革命，进驻天后宫，在宫内设立国民党上海第三区党部，进而驱逐道士、捣毁神像，将大殿改建为树基小学。1937 年八一三事变后，该宫曾

> 改作难民收容所。上海沦陷期间，佛教僧人知空师徒一度住持该宫，在内改祀佛像。
>
> 上海解放以后，该宫部分殿庑仍作学校，部分殿屋改作山西北路地段医院。1977 年，在该处重建山西中学时，为保护清代优秀殿堂建筑，有关部门将大殿原拆原建移迁到松江方塔园内。1993 年 10 月 12 日，天后宫由松江县人民政府公布为县文物单位。1999 年原址被闸北区人民政府公布为闸北区文物保护单位。

1904 年 9 月，四川省富顺县有一个可爱的小男孩呱呱坠地，父母看他小小年纪一脸善相，就给他取名叫黄仁。

黄仁幼年在乡村小学读书，纯洁无瑕就像村庄上空飘浮的白云一样。但是外面时代的风吹进了村子里，黄仁受到了五四运动及新思潮的影响，他想要走出村庄，看看外面的世界。但是家里人思想保守，没有一个人同意他的请求。黄仁是个认准一件事情就要干到底的人。终于，家里人经不住他每天"软磨硬泡"，只能同意他到县中学就读。

在中学里，黄仁成了一名进步学生，1921 年，他就在成都参加了爱国主义宣传活动，与他志同道合的同学们的激情让他更加心潮澎湃，走在队伍的前锋。

此时，先锋的黄仁感到四川各方面都比较闭塞，为了追求新思想、新文化、新潮流，加上此时家里人不在身边，已没有人能够阻止他前进的脚步，1922 年，年仅 18 岁的黄仁来到上海，考入江苏第一工业学校，1923 年又转入上海中华职业学校，并加入中国社会主义青年团，紧接着成为一名光荣的中国共产党党员。当他举起拳头宣誓的时候，他就知道他这一生都跟党息息相关了。1924 年 6 月至 8 月，黄仁参加上海学生联合会与上海大学筹备组织的"上海夏令讲学堂"，并担任委员，9 月考入上海大学社会学系。

这所大学原名叫私立东南高等师范专科学校，校长陈绩武、会计汤石菴等人打着"提倡新文化"的旗号，却广为招生敛财，然后携款私逃，不料东窗事发，酿成学潮。学生强烈要求改组校务，重组后的董事会吸收了学生的意见，更名为上海大学，隆重聘请国民党元老于右任担任校长。于右任是一个生性散淡的人，他深知这所学校的前身颇为复杂，并不想卷进是非去担任这所大学的校长。当时还是中共党员的副校长邵力子学刘备三顾茅庐，上门邀请，无奈之中于右任只好答应先去看一看学生再定。

这一天细雨蒙蒙，于右任轻车简从来到闸北青云路 323 号的青云里上海大学校舍，远远地只见一百多名学生冒着细雨，没有打伞，任凭雨水打湿了衣衫，一动不动地站在校门口的马路上恭候未来的校长。于右任被学生的诚意感动了，下车后，看着那一张张青春焕发的脸和那一双真诚期待的眸子，他说了一句："孺子可教也！"他认为这样的学生是大有希望的，决心留下来担任校长。

但是要办好一所学校，一定要有最优秀的师资。于右任自感身单力薄，决定请他的好朋友李大钊帮忙。他甚至还向李大钊提出，把上海大学交由共产党来办。李大钊考虑再三，认为共产党刚刚创立不久，学校还是由国民党出面来办比较好。但共产党一定尽力帮助国民党将上海大学办好。他派出了两位中共优秀的领导人到上大参与办学，一位是邓中夏，担任了上海大学总务长；一位是瞿秋白，担任了上海大学的教务长兼最重要的社会学系主任。同时还建立了一个新的董事会，孙中山担任名誉董事。

在上海大学任教的老师也多数是五四运动中的学生领袖、新文化运动的骨干，因此吸引了一大批有志于民族解放、追求真理的青年学子，黄仁就是其中之一。他学习勤勉，积极向上，中共上海大学党组织领导成员瞿秋白第一次看到这个斯文俊朗的学生就非常喜欢，当时在上海大学任教的老师中，最受欢迎的无疑是瞿秋白。当时瞿秋白刚从苏俄回来不久。他处处照顾这个学生，黄仁也对瞿秋白十分敬仰，他跟老师请教文学，瞿秋白讲希腊罗马，讲文艺复兴，也讲唐宋元明。黄仁还跟老师谈社会和理想，每每有相见恨晚的感觉。

黄仁进入上海大学社会学系后，多次参与社会活动。但他没想到 1924

年 10 月 10 日的一次活动，会是他短暂而又辉煌一生的最后一次。

那天，上海各团体在河南路桥边的天后宫举行国民大会。国民党右派把持大会，意图帮助浙江军阀卢永祥打倒江苏军阀齐燮元。而中国共产党明确指出江浙战争的实质是军阀争夺地盘之战，是帝国主义间接之战，主张打倒一切帝国主义和一切封建军阀。因此，瞿秋白嘱咐参加国民大会的学生要注意国民党右派的活动，随时揭穿他们的阴谋。

这个地方刚好在英租界外边，流氓活动猖獗。瞿秋白再三叮嘱前往参会的上大学生："同学们，你们一定要十分警惕国民党与流氓地痞勾结，社会复杂，要注意自身的安全。凡事要见机行事，如果发现有什么不对的地方，就不要再往前冲了，要以守为攻，实在不行，就撤退回学校。"

黄仁既是中国社会主义青年团团员，又是秘密的共产党员，他回答："放心吧，老师。"

和他一起带队的同学郭伯和、何秉彝也都是中共党员，他们也跟着响应道："老师，放心吧，我们会注意安全的。"

说完，他们带领几十位上海大学的学生毅然赴会。一到现场，年轻人马上就热血沸腾起来了，把答应老师的话都忘得干干净净的。他们到处散发"打倒一切帝国主义，打倒一切军阀"的传单，让国民党右派非常恼火。

在会上，国民党右派童理璋、喻育之号召要帮助卢永祥打倒齐燮元。为此，上海大学林钧等人发表了反对一切军阀、反对一切帝国主义的演讲，结果却被诬蔑为齐燮元的奸细。双方争论不休。

会开到一半，一群流氓受恼羞成怒的国民党右派雇用，手持木棍冲入会场，他们对着上大学生举棍便打，把许多学生打得头破血流。

黄仁见状忍无可忍，他奔上主席台（天后宫的戏台）严词斥责这一暴行，与主持会议的国民党右派辩论，"请你们驱逐流氓打手，主持公道！"

话音刚落地，一群流氓就冲上主席台毒打黄仁，乱棍之下，黄仁毫无还手之力。这还不算，这群流氓竟然还把他推下 7 米高的主席台。黄仁跌落台下撞到硬石上，顿时口鼻流血，不省人事。

现场乱成一团，国民党右派非但不救人，到来的警察也与他们勾结，竟将黄仁和在这次冲突中的 11 名上海大学学生及全国学生联合会职员全都抓起来，关闭起来，而任由凶手走脱。

杨之华等人几经交涉，才将同学们救出，这时黄仁还在昏迷中，他们赶忙把受伤最重的黄仁送往同济医院救治。但院方看到黄仁的惨状，却以伤势过重为由拒不收留。

杨之华等只好又马不停蹄地将黄仁送往宝隆医院。到医院的时候，黄仁苏醒过来，但还没等大伙高兴起来，却见他鼻子里流出黄水，呕吐出带血的饭来，惨不忍睹。同学们忍住泪水帮他拿盆递水，只希望他快点能好起来。但才醒了一会，黄仁又昏迷过去了。医生检查过后说伤在脑部，而且错过了最佳的抢救时间，已经救不了了。

当晚党组织派杨之华等到医院看护黄仁。午夜过后，瞿秋白来看望黄仁，杨之华哽咽地说："黄仁他……医生说伤势太重，快不行了。"

瞿秋白俯下身来抚摸着黄仁的额角，小心地揭开被，轻轻地呼唤着黄仁的名字。但是黄仁始终昏迷不醒，无法答应。

临走时瞿秋白强忍悲痛说："明天清晨我就把棺木、寿衣送来。"

一听这话，同学们哭成一片。

第二天夜间黄仁呼吸困难，求生的欲望让他挣扎到 12 日凌晨 2 时气绝身亡。他死得不甘心，他还有那么多理想和没有完成的事情要做，他还有亲人来不及告别。

学校要求解剖尸体，他们要知道黄仁是怎么死的，要还他一个公道。尸体解剖证明，黄仁的颅骨已破，脑质损坏，内脏多处受伤，确实为外伤严重死亡，而此时黄仁年仅 20 岁。

气愤难平的上海大学学生会向全国发出通电，强烈谴责国民党右派的暴行，并隆重召开了黄仁烈士的追悼大会。当时担任上海大学文学系主任的陈望道主持了大会，何秉彝致悼词，瞿秋白、邓中夏均作了十分感人的演说。何秉彝还在《向导》上发表了《哭黄仁烈士》的长诗，表示"要尽我这残生，继你的素志，为革命而战"。

"黄仁惨案"在社会上引起巨大反响，各界群众义愤填膺，强烈抗议，有人写诗称黄仁乃是"第一个法西斯蒂所牺牲者"。上海大学学生发表通电，揭露惨案真相，要求国民党上海执行部严惩右派。

黄仁牺牲后，瞿秋白奉中共中央之令组织了反对国民党右派暴行的"行动委员会"，发动全市人民起来反对此种法西斯暴行。陈独秀、恽代英、邓中夏、施存统等分别撰文，发表于《向导》《民国日报》副刊《觉悟》《中国青年》《评论之评论》等报刊，以文字形式严厉谴责国民党右派的暴行。《向导》还以"国民党右派惨杀黄仁案"的专栏，集中发表了抗议惨案的文章、通电等，并且号召人民像"黄仁烈士那样的奋斗吧！"

在此期间，上海大学学生会在中共上海大学支部积极支持和直接领导下，向全国发表通电。"我们今日所受帝国主义与军阀走狗之摧残侮辱，我们并不认为是我们的失败，也不自引为我们的差耻，更不问他们的手段为苛刻残酷……无论何等牺牲，我们都不怕的。我们自今日以后，更明确更坚定与一切反革命势力作战之观念与意志。"

一石激起千层浪。"黄仁惨案"在社会上引起剧烈反响。社会各界都来谴责国民党右派的暴行。上海大学一大批觉醒青年纷纷加入党团组织，踏上革命道路。

如今的苏州河旁高楼林立，宁静中又有着繁华。站在桥头，回忆过往，前辈们的事迹在一片祥和中如同电影一样一幕幕闪现，我们能过上今天的日子，是先烈们用鲜血换来的。无论过去多少年，无论怎样物是人非，我们仍能回忆起建党初期那一段令人热血澎湃的红色记忆。凤凰涅槃，浴火重生。而上海大学的红色基因，也生生不灭；革命精神，代代相传。

锄霸英雄赵天鹏

曹益君

★
★★
★★★
★★★★
★★★★★

赵天鹏烈士纪念碑简介：

赵天鹏，原名赵长生，1903 年 12 月 11 日出生，南汇县泥城乡横港村人。求学期间，他受老师林钧影响，接受革命理想，在反帝反封建的爱国浪潮中革命思想进一步成熟，于是改名为赵天鹏，彰显他远大的革命志向。之后在共产党人的引导下，他冲破封建家庭的牢笼，积极投入五卅运动，参加北伐战争、八一南昌起义。起义失败后，他克服重重困难回到家乡，于 1927 年 10 月在曙光中学加入中国共产党，并以南汇县鲁家汇县立观涛小学教师的身份，从事党的地下工作。1928 年 6 月 16 日，赵天鹏奉组织之命，处决奉贤县四团镇大恶霸张沛霖，回程途中被捕，就义于四团镇古银杏树下。

上海解放后，四团乡人民政府在赵天鹏烈士就义处树碑纪念，1964 年，奉贤县人民政府在四团中学内修建雄伟庄严的纪念碑，背面有周大根同志题词："网儿虽大，捕不尽东海之鱼；钢刀虽快，杀不尽天下贫民。" 2001 年，奉贤区人民政府在纪念碑原址，为天鹏烈士塑像。现如今，静穆高大的水杉树下，洁白的烈士塑像巍然挺立，一对石狮在两端静静守候，与不远处的古银杏树遥相呼应。每年清明，人们络绎不绝，前来祭拜烈士。

　　四团镇，地处奉贤东部，与南汇大团镇接壤。民国初期，这里穷乡僻壤，盗匪四起，地主恶霸横行乡里，百姓苦不堪言，民间怨称镇上有"四大恶霸，八大王，三十六个油吃司令，七十二个跟屁头"。这些人为非作歹，鱼肉百姓，人民苦难深重。于是革命的火种率先在这里点燃，这里相继成立了中共党组织，领导乡民起来反剥削、反压迫。

　　1928 年 6 月 16 日，赵天鹏、周大根、唐兰生三人奉命令，前往四团镇处决恶霸地主张沛霖。张是"四大恶霸"之首，任奉贤县东一乡行政局长（相当于乡长），近期，他频频向国民党警察局告密，使东乡中共组织屡遭严重破坏，实属罪大恶极。

　　这天傍晚，趁天未黑，赵、周、唐等三人，提前来到镇北街张沛霖住宅，察看周边地形，制定缜密行动方案。入夜，唐兰生负责望风警戒，赵天鹏、周大根直闯内宅，执行锄霸任务。

　　谁知两人刚进张宅外门，就迎面撞见张沛霖的堂弟张玉声，此人也是镇上一霸，认识赵天鹏、周大根，并且知道他俩是共产党员。眼见来者不善，张玉声拔腿就跑，翻墙逃走。情况危急，赵、周两人怕打草惊蛇，没有追赶张玉声，而是疾步向里屋走去。

　　两人走进里屋，又碰见一人，此人是张沛霖的外甥姚永生。姚一看来了两个陌生人，狐疑地问道："你们是干什么的？"

　　"哦，找沛霖先生商量点家务事。"天鹏从容答道。

　　姚一听是找娘舅的，便把赵、周两人引到张沛霖的房间。到了门口，天鹏敲了敲门，平静地喊了声："沛霖先生在家吗？"

　　闻听有人找，张沛霖在房内应了一声："在，谁呀？"

　　赵、周两人推门一看，只见屋内淡淡的烟雾，神游四方。张沛霖半躺在太师椅上，酒足饭饱后红光满面，正边抽大烟，边喝茶，还看着一张《申报》。抬头一看，两个陌生人，心里一惊，红润的脸色退了一半。

　　然而他故作镇定说："两位还没吃夜饭吧？我去叫人做。"说着就想往外溜。

天鹏截住他，按住他的手臂，义正辞严地说："不要吃。"

"那就泡杯茶喝。"张沛霖转身要去泡茶。

"用不着。"天鹏断然拒绝。

"那就抽根烟。"

"不会抽。"

张沛霖见三次碰壁，急了，额上汗珠也流了下来。他想到了钱，不是说"有钱能使鬼推磨"，钱能通神。于是他急忙从柜子里取出钱，递给赵、周两人说："这是一点小意思，请两位笑纳。"

见此情景，赵天鹏怒火冲天说："你想错了，谁要你的臭钱。"

"那你们到底要什么。"张沛霖几乎哀求地说。

"要你的狗命。"赵天鹏说着，赵、周两人几乎同时撩起衣衫，掏出两支手枪，对准张沛霖。张沛霖"扑通"一声跪在地上，两眼露出绝望的神情，不断磕头求饶命。

赵天鹏一手抓起张沛霖的衣领，一手用枪抵住他的胸口，列数他的罪状："张沛霖，你密告国民党水警队，最近两次袭击我地下党机关，今天我俩奉党的命令来处决你。"说着，赵、周两人对着张沛霖连开四枪，子弹从张的胸部穿过心肺，击断锁骨而出，张沛霖杀猪似地一声嚎叫，瘫在地上，当场毙命。

静夜里砰砰的枪声，惊动了张宅上下。张沛霖的外甥姚永生进屋看到娘舅死了，赶紧想夺门报信，哪知前脚刚跨出门口，左肩被击中一枪，瞬时倒在地上。

张沛霖的小老婆汪文达，听到枪声与哭声，也从房内奔出，发疯似地扑向赵、周两人，张宅的家丁闻声也冲了过来，还准备关门截断赵、周两人出路。情势越发危急，为了迅速撤离张宅，赵、周两人又开枪击伤汪文达等人。当他俩走出里屋，到达长廊时，突然撞见张沛霖的姐姐，那个胖女人拦腰将赵天鹏抱住，情急之下赵天鹏用手枪猛击她的头部，胖女人头上顿时鲜血四溅，昏倒在地，搏斗中赵天鹏的上衣溅到几点血。

这时，赵、周两人看到恶霸已锄，便奋力摆脱张宅家丁的纠缠，趁着夜色，迅速撤离，但黑夜里赵天鹏与周大根失散了。

不久，四团镇上响起了一阵阵枪声，原来翻墙逃跑的张玉声，一直躲在张宅屋后的玉米地里，等到屋内平静后赶紧到镇上公安分局报告。于是驻镇上的水警队开始行动，全镇大搜捕，捉拿枪杀张沛霖的刺客。

赵天鹏与周大根两人失散后，周大根连夜经奉城，到塘外三角洋岳母家过夜，赵天鹏与唐兰生则趁黑向西北方向跑去，准备连夜赶到鲁家汇。

夜里 11 点左右，赵、唐两人行走到泰日桥霞仙楼茶馆时，被巡逻的国民党警察发现，警察见他俩行踪可疑，便把赵、唐两人带到泰日公安分局。然而赵天鹏身上的几滴血迹，立刻引起了警察的怀疑，天鹏见敌人看出苗头，想先下手为强，一边平静答道："我是鲁家汇小学的老师。"一边迅速伸进口袋想摸枪，还没等他把枪摸出，几个警察一拥而上。面对穷凶极恶的敌人，赵天鹏与唐兰生无所畏惧，奋力搏斗，但终因寡不敌众，手枪被敌人夺走，两人的手被敌人用手铐铐在一起。

赵、唐两人被捕后，敌人随即对他们进行搜身，搜出子弹 11 颗，还有钱与日记本等，并对他俩进行严刑拷打：老虎凳，灌辣椒水等，无所不用其极，并要他们承认是共产党员，但赵天鹏大义凛然。为了保护战友唐兰生，只承认自己是共产党员，并始终咬定枪杀张沛霖是自己一个人所为，其他一句话也没说。敌人不死心，再三盘问，赵天鹏则斩钉截铁地说："我为本党报仇，为民除害，目的已达，何必多言。"敌人无计可施，便把他俩押送到南桥公安局。1928 年 6 月 17 日清晨，赵天鹏被解送到淞沪警备司令部，被判处死刑。

赵天鹏、唐兰生被捕后，组织上曾多方设法营救，但由于张沛霖堂弟张玉声与地方土豪盯得很紧，加之结案迅速，致使营救未成。为刹张玉声的嚣张气焰，周大根化名周务农，给张玉声警告信，内有"网儿虽大，捕不尽东海之鱼；钢刀虽快，杀不尽天下贫民"等语，警告他不要把事情搞得过分了。

1927 年 7 月 2 日，农历五月十五，四团人民永远铭记的日子。那天天空阴沉，下着牛毛细雨，赵天鹏上身穿着一件破碎的洋布短衫，下身穿一条深色长裤，脚穿一双旧布鞋，双手被反铐，神情凝重坦然，他知道为党尽忠的最后一刻将要到来。

清晨，县公安局警察员顾风丹带着三个刑警，就准备把赵天鹏押送到四团刑场。他们先是从南桥乘机器船到奉城，11 点左右，在奉城西门上岸，然后把赵天鹏锁进独轮车，马不停蹄，沿着里护塘急速向四团镇推去。

一路上，赵天鹏抓住时机，及时向推车工以及护塘上群众宣传革命道理，揭露张沛霖的罪行，还引吭高唱《国际歌》，神情庄重，歌声嘹亮，响遏行云。路边群众热泪盈眶，目送英雄离去。

午时，独轮车被推到四团镇南码头，刑警把赵天鹏带下，并要带他绕镇一圈游街示众，以此想扑灭革命群众的斗争火焰。而赵天鹏则利用生命的最后时刻，向站立两边的群众宣讲："乡亲们，我叫赵天鹏，为了穷人的利益，我枪毙了张沛霖，所以敌人要杀我，但我相信国民党一定不会长久，共产党一定会成功。"

宣讲完毕，他又唱起雄壮的《国际歌》，边上的刑警威胁道："赵天鹏，你死到临头，还唱啥歌。"赵天鹏激昂地说："死，有什么可怕，二十年后我又是一个小伙子。"其声如洪钟，感动了在场所有群众。

临刑前，敌人不给赵天鹏饭吃，他厉声质问："只有杀罪，没有饿罪，为什么不给我饭吃。"敌人无法应对，只得给赵天鹏吃中饭。

下午 2 点左右，赵天鹏从张沛霖家被押解到里护塘上，来到一棵古银杏树下，敌人商量说，就把他枪毙在这里吧。赵天鹏抬头看了看高大的树冠，说了声"好!"并挺身走到大树下，随即高呼："打倒土豪劣绅，打倒蒋介石，打倒国民党反动派，中国共产党万岁，共产主义万岁!"等口号。

这时，里护塘上站满了四方赶来围观的乡民，大家纷纷向前，想把英雄的容貌看得再清楚些，惊恐万状的敌人连推带骂挡住人群。见此情景，赵天鹏挺起胸膛，昂了昂头，大声说："要杀就快点开枪吧！"赵天鹏视死如归和威武不屈的英雄气概，惊呆了那帮刽子手，他们没想到一个临死之人居然如此无所畏惧。于是在刑警催促下，第一个刽子手上去，哆嗦着两手，连枪都不敢放，第二个刽子手上去，抖抖索索一连开了5枪，锄霸英雄赵天鹏，高大身躯慢慢倒在古银杏树下，年轻的生命永远定格在25岁，为党和人民流尽最后一滴血。赵天鹏的英雄壮举，连那些刽子手也暗自叹服，他们私下里说道："真是条汉子，结棍，了不起！"

其实赵天鹏就义那天，党组织准备去劫法场，他们预计敌人解送天鹏到奉城，会停留一段时间，哪知道狡猾的敌人到了奉城西门，一点不歇停，直接用独轮车把赵天鹏推到四团，使劫法场的同志们失去时机，等他们赶到四团，为时已晚。

英雄赵天鹏牺牲时，许多乡民失声痛哭，他们知道天鹏是为人民利益而死，人们永远记着他的好，他永远活在人们心中。他牺牲后，反动派不准家人收尸，但人民群众冒着生命危险，偷偷把他葬在古银杏树下。解放后，人民政府在此树碑纪念，并于1964年修建了庄严雄伟的烈士纪念碑，2001年为烈士塑像。为了永远铭记烈士英名，赵天鹏英勇就义走过的路取名"天鹏路"，周边的街道、小区、企业等，也都以"天鹏"命名。每逢清明，大中小学学生、社会各界人士，都纷纷前来祭扫，深切缅怀赵天鹏的英雄行为。

如今，用烈士鲜血浇灌的古银杏树，枝繁叶茂，生机盎然。春夏季节，叶子嫩绿亮丽；深秋时分，树叶金黄璀璨。这棵600多年的古树，本是渔民出海打鱼归来的标志，解放后曾一度是航空标记，而今人们把它当作一棵英雄树，驻足树下，就会想到锄霸英雄赵天鹏，于是他的故事就代代相传。

图书在版编目(CIP)数据

黎明前的胜利曙光:党的诞生地·上海革命遗址系
列故事/上海市作家协会编.—上海:上海人民出版
社,2021
(红色足迹;第3辑)
ISBN 978 - 7 - 208 - 17430 - 6

Ⅰ.①黎… Ⅱ.①上… Ⅲ.①中国共产党-党史-史
料-上海 Ⅳ.①D235.51

中国版本图书馆 CIP 数据核字(2021)第 259231 号

责任编辑 刘 宇
封面设计 零创意文化

红色足迹 第3辑
黎明前的胜利曙光
——党的诞生地·上海革命遗址系列故事
上海市作家协会 编

出 版 上海人民出版社
　　　　 (201101 上海市闵行区号景路 159 弄 C 座)
发 行 上海人民出版社发行中心
印 刷 上海商务联西印刷有限公司
开 本 720×1000 1/16
印 张 27.5
插 页 2
字 数 371,000
版 次 2021 年 12 月第 1 版
印 次 2021 年 12 月第 1 次印刷
ISBN 978 - 7 - 208 - 17430 - 6/D·3867
定 价 98.00 元